卓越小学教师培养的新思考与新实践

南京师范大学教育科学学院小学教育系 著

南京师范大学出版社

图书在版编目(CIP)数据

卓越小学教师培养的新思考与新实践/南京师范大学教育科学学院小学教育系著. —南京：南京师范大学出版社，2021.12
 ISBN 978-7-5651-5054-8

Ⅰ.①卓… Ⅱ.①南… Ⅲ.①小学教师－师资培养－研究 Ⅳ.①G625.1

中国版本图书馆 CIP 数据核字(2021)第 247255 号

书　　名	卓越小学教师培养的新思考与新实践
著　　者	南京师范大学教育科学学院小学教育系
责任编辑	李思思
出版发行	南京师范大学出版社
地　　址	江苏省南京市玄武区后宰门西村 9 号(邮编:210016)
电　　话	(025)83598919(总编办)　83598412(营销部)　83373872(邮购部)
网　　址	http://press.njnu.edu.cn
电子信箱	nspzbb@njnu.edu.cn
照　　排	南京开卷文化传媒有限公司
印　　刷	盐城市华光印刷厂
开　　本	787 毫米×1000 毫米　1/16
印　　张	23.5
字　　数	365 千
版　　次	2021 年 12 月第 1 版　2021 年 12 月第 1 次印刷
书　　号	ISBN 978-7-5651-5054-8
定　　价	88.00 元
出 版 人	张志刚

南京师大版图书若有印装问题请与销售商调换
版权所有　侵犯必究

编写委员会

主 任
易晓明

副主任
朱 曦　魏善春

委 员
（以姓氏笔画为序）

王　平	王　宁	王　琼
冯攀静	朱　曦	乔雪峰
华　伟	杨　跃	吴永军
吴晓玲	张　蓉	易晓明
金海月	郑璐璐	胡　湜
徐　婷	殷　飞	高　霞
章　乐	简玉婷	魏善春

序　言

南京师范大学小学教育本科专业开办，我作为南师大人，是见证者、亲历者之一。当时我在南师大分管教学工作的副校长任上，受教育部师范教育司马司长委托，与当时上海市教委张民生副主任、上海师范大学校长杨德广教授共同承担一个论证"世纪之交小学教育本科专业设置"的项目。

要选一所中等师范学校来研究为何小学教育要本科化，毫无疑问，由伟大的人民教育家陶行知先生亲自创办并任首任校长的晓庄师范是首选，而且晓庄师范在中华人民共和国成立后的办学也已经取得不错的成就。高等师范院校这一边，南京师范大学进入了"211"建设高校的行列，探索综合性大学办师范专业和师范教育，南师大责无旁贷。就这样，选择了南京的这两所学校。我当时既作为专家组成员，在专家组工作，也把晓庄师范作为试验田、试验校，经常要去那边工作，几乎每一周都要带领包括文学院、数科院、物理学院、化科院、生科院，甚至体科院、音乐学院等等，凡是涉及相关课程的学院院长去那边。那一段岁月给我留下了难忘、精彩的回忆。

我们当时要做的主要事情就是论证中国现代小学教育本科专业设置的必要性和合理性。为什么必要？是因为世界的师范教育专业设置进入了一个高的层次，师范生进入本科培养乃是世界潮流。以美国为代表的一些国家，在20世纪80年代就已经纷纷把师范专业的办学从中师升到专科，从专科升到本科。中国的台湾，当年比较早的时候就把一批中师的校长、教师送到美国去读博士，20世纪80年代中后期，这些博士纷纷回来，开始把中师变成师专，师专变成师范，然后在师范里边设置研究生院，培养硕士生乃至博士生。所以当时这个项目是有远见的，这是人类大势所趋，它顺应了人类师范教育改革，提升教师学历，使教师培养更加综合化、专业化的要求。

陶行知先生当时从美国哥伦比亚大学回来，应郭校长的邀请，回到南高师。他先是在教育系任教授,提出课程改革的方案,后又任南高师的教务长。他受杜威影响,认为师范生不能仅仅有书本知识,还要懂实用。对南高师如何培养人,陶先生提出很多思想。陶先生是我们共同的前辈,他把这些重要的教育思想带回来,并且亲自操持、参与教育改革和实践,这是我们南师大的光荣,是我们南师大的光荣历史。一百年来,出这么伟大的前辈、有晓庄师范这样一块试验田,我们应该感到无比荣耀。

所以当时论证小学教育本科化,我们主要定位在小学教师培养的高水平、综合化和专业性上。我们当时差不多花了一个月的时间进行理论务虚,讨论"本科化"为何要由综合性大学来实现?中师有哪些优点值得我们继承?把这些问题讨论清楚,我们才有充分的思想、眼界、思维、知识的准备,来建立一个小学教育本科初创的雏形。我们具体讨论了几个问题:第一个是学制的安排。我们初步设想的是3+1,要保留中师的优良传统,需要很长一段实习见习时间,同时要吸收大学的优势,让学生学习做科研,要拿出时间来设计科研论题、写科研论文。所以,大学的科研优势、中师的实用优势,是无论如何不能丢的。第二个是设计课程框架。课程的大框架就是要体现综合化、大学的专业性和中师的实用性等原则。要注重教师的身份体验和认同,还要把见习实习都包含进去。第三个是要讨论教材编写的设想,包括普通课(通识课)、专业桥梁课的教材、专业课。对大三段的学生要安排实习、见习。再具体一点,比如对培养语文小学教师、数学小学教师等等专业教师进行细分,比如一定要开儿童文学课,开戏剧、舞蹈、表演方面的课,需要注重教师的情感条件和教育情怀,否则就培养不好小学教师。要通过合理的课程设置,培养出一批又一批专业基础扎实、一专多能、十分活跃、十分爱孩子的小学教师。

总而言之,当时形成了一个要体现小学教育高的专业性、强的综合性、宽的实用性的构想。南师大当时和晓庄师范合作办了第一届的小学教育本科专业(校址在晓庄师范)。2001年第一届小学教育本科培养的学生对斯霞老师进行汇报演出,充满感情、热情,场面令人感动。我们就是要培养热爱小学儿童、热爱小学教师这个职业的人。爱,是小学教师的灵魂,没有爱,就没有一切。我们一定要牢牢记住前辈的教诲。此外,还要经历磨炼,要好学,就像小学儿童一样,永葆兴趣、爱学习、爱人,朝气蓬勃。这才有希望成为优秀的

小学教师。没有这样的基础,我们培养的学生就不能胜任小学教师这一职业。最后一年学生更多的是要学习怎么做科研。论文和研究要走进小学儿童,小学教师要去做设计,而不能像其他研究生那样只做研究。这样培养的学生才既是教学能手,也是科研能手。

今天,南师大小学教育本科已经走过二十年的历程了。二十年来,南师大的小学教育本科专业成绩不菲,培养了很多优秀的小学教师。我相信,南师大的小学教育能够在南师大光荣历史传统和陶先生思想的哺育下,在这样的熔炉里经历锻造,培养的人一定是不错的,希望我们不要辜负前辈的教导。

朱小蔓

2019 年 5 月

(本文根据访谈整理)

编者的话

培养卓越小学教师不仅是新教育时代的迫切需要,也是面向 21 世纪我国教师教育模式新的路径探索。习近平总书记曾强调:"教师的重要,就在于教师的工作是塑造灵魂、塑造生命、塑造人的工作。一个人遇到好老师是人生的幸运,一个学校拥有好老师是学校的光荣,一个民族源源不断涌现出一批又一批好老师则是民族的希望。"可见,培养卓越的教师队伍关系整个国民素质的提高,关系民族文化的传承和伟大的民族复兴。

南京师范大学是国家"211 工程"重点建设的江苏省属重点大学、江苏省与教育部共建高校、国家"一流学科"建设高校和江苏高水平大学建设高校。它源于 1902 年创办的三江师范学堂,是中国高等师范教育的发祥地之一,随园校区也素有"东方最美的校园"之称。作为一所百年老校,南京师范大学目前拥有国家重点学科 6 个、国家重点培育学科 3 个,江苏高校优势学科 10 个,江苏省一级学科重点学科 19 个,7 个学科在全国第三轮学科评估中进入全国前十,6 个学科跻身 ESI 全球前 1‰。在第四轮的学科评估中,我校教育学科获得了 A 的好成绩。一百多年来我们秉承"厚生"的师范教育传统,培养了一批又一批优秀的师范生。如今,他们在全国各地尤其是江苏地区的教育战线上发挥着重要的作用。南京师范大学在小学教师本科水平的教育方面也是率先尝试,率先探索。

南京师范大学的小学教育专业发展到今天,大致经历了四个阶段和发展时期。一是 1980 年到 1998 年的萌芽阶段,南京师范大学教育系在培养中师师资以及中学教师的基础上,开始尝试培养小学教师。主要是以鼓励毕业生进入小学工作、开设小学教育专修班、举办小学教育专业自学考试等形式为主。二是 1998 年到 2000 年的起步阶段,南京师范大学和国内其他三所师范大学率先开设小学教育本科专业,开创了我国师范教育"培养本科学历小教师"的历史。1998年我校以南京师范大学晓庄学院的形式创办小学教育专业,合作培养了3届共322名学生。三是2000年到2008年的发展阶段,2000年9月,在前期探索的基础上,南京师范大学教育科学学院在学校本部招收小学教育专业本科学生,确立了以语文和社会为特色的文科方向、以数学和科学为特色的理科方向这两个培养方向。2004年学院亦率先在全国招收在职小学教育专业教育硕士。四是2008年直到今天的成熟阶段,2008年南京师范大学教育科学学院小学教育专业被评为江苏省高校品牌专业,2009年开始招收全日制两年制的小学教育专业硕士,2010年成为国家特色专业建设点,2012年成为江苏省高等学校本科重点专业类(教育学)中的核心专业,2013年南京师范大学成立小学教育系,2015年成为江苏省卓越小学教师培养计划项目学校。

上述发展阶段充分证明,南京师范大学不仅有着深厚的师范育人的传统,还有着强力的学术支持。正是有了这些条件,其小学本科师资人才的培养才能取得广泛和良好的社会认可。《中共中央国务院关于全面深化新时代教师队伍建设改革的意见》的发布和教育部等五部门印发的《教师教育振兴行动计划(2018—2022年)》的通知都把对教师教育的重视提到了前所未有的高度,这必将带来我国小学教师教育新一轮的探索和改革的深化。

鉴于此,南京师范大学小学教育从举办本科小学教育专业起就立足基础教育的前瞻发展,定位于教师专业成长的卓越取向。二十多年来,我们先后提出了"双能型教师""多能专业型小学优秀教师""研究型全科小学教师"的培养目标。根据《教育部关于实施卓越教师培养计划的意见》以及学校实际情况,我们定义的"研究型"是强调培养具有教育思维品质,能够主动发现和反思教育现象和问题,并运用教育理论和方法进行研究,以促进教育教学改革的教师。同样,"全科小学教师"是指具有较好的综合素养,能够从事一门主学科的教学,同时可以兼教某门小学科,并且能胜任知识整合教学的小学教师。围绕"研究型全科小学教师"的培养目标,我们在课程设置上突出师德情怀素养类和专业应用性模块课程的设置,推进研究性课堂教学改革,实施浸润式教学辅导和教学实践,提升学生的综合素养、研究能力以及教学实践能力等。在不断借鉴国内外先进理念和实践经验的同时,我们从培养目标的

建构、职业伦理的修为、课程体系的创制、教学方式的改革、专业能力的提升和跨文化的交流合作等多方面做出了大量有益的理论研究与实践尝试。

我们呈现给读者的这本探索合集,不仅是对南京师范大学卓越小学教师教育的实践经验的总结,还是对未来卓越小学教师培养模式和路径的理论研究与展望。我国是一个基础教育大国,因此探寻卓越小学教师培养的有效机制和方式必将是一个时代的命题。正是基于这样一种执念,我们才愿以微薄的理论与实践成果与国内外同行共同回应这样一个时代的要求。

目 录

序　言 ……………………………………………………………………… 001

编者的话 …………………………………………………………………… 001

专题一　卓越小学教师培养理念的当代建构 ………………………… 001
　　从师范教育到教师教育的专业变革 ………………………………… 003
　　分科抑或全科：本科小学教师培养理念与课程建构省思
　　　　——基于过程哲学的视角 ……………………………………… 019
　　基于学生核心素养的小学教师培养思考 …………………………… 033
　　立足于实践的卓越小学教师教育新范式 …………………………… 043

专题二　卓越小学教师的核心素养培育 ……………………………… 063
　　论教师专业化发展的德性维度 ……………………………………… 065
　　师范生情感能力的培养 ……………………………………………… 075
　　师范生审美素养及美育能力的培养 ………………………………… 084
　　师范生批判性思维的培养 …………………………………………… 098
　　论班主任课程领导力的职前培养 …………………………………… 107
　　师范生的德育意识和能力及其培养 ………………………………… 120
　　师范生"家—校—社"合育能力培养 ………………………………… 133
　　基于课程设置的师范生研究能力及其培养探索 …………………… 145

专题三　卓越小学教师培养体系与评价 ……………………………… 159
　　专业标准视域下的小学教育专业课程设置的思考 ………………… 161

基于在线开放课程的教育理论课混合式教学改革 …………… 169
　　生活史：一种重要的小学教师教育课程资源 ………………… 181
　　临床教育学视域下小教师范生课堂教学模式变革 …………… 193
　　基于研究性学习的课堂改革 …………………………………… 205
　　论师范生教育案例教学的整体优化 …………………………… 216
　　基于过程性的教师教育类课程评价研究 ……………………… 228

专题四　卓越小学教师培养的实践系统 …………………… 237
　　论师范生专业实践能力支持系统的建构 ……………………… 239
　　小学教育专业 STEM 实验室建设的实践研究 ………………… 252
　　师范生的教育实习反思及指导 ………………………………… 263
　　工作场所学习：师范生实践教学的新视角 …………………… 274
　　校友资源的开发和利用 ………………………………………… 285
　　教育实习对师范生教师身份认同的影响 ……………………… 292

专题五　卓越小学教师培养的国际视野 …………………… 303
　　面向全球、扎根实践的美国小学教师培养 …………………… 305
　　中美卓越小学教师培养模式及途径比较研究 ………………… 315
　　培养教师的全球素养：美国的举措及启示 …………………… 328
　　英国小学教师教育专业化发展模式 …………………………… 342
　　基于渐进式标准的苏格兰教师核心素养探讨 ………………… 353

专题一

卓越小学教师培养理念的当代建构

教师是立教之本、兴教之源，教师承载着传播知识、传播思想、传播真理、塑造灵魂、塑造生命、塑造人的时代重任。站在新时代的起点，面对新形势新任务，小学教师教育专业需要深入思考、认真回答培养什么样的教师、如何培养教师以及为谁培养教师等根本性问题。小学教育专业需要将以立德树人为己任，立志成为有理想信念、有道德情操、有扎实学识、有仁爱之心的好老师放在师范毕业生要求的首要位置。为此，本书第一章将从现代教师培养的历史转型、本科小学教师培养理念与课程建构、学生核心素养下的小学教师培养、卓越小学教师培养范式等视角，思考当今教师教育的走向，以及当代卓越小学教师教育的目标、价值、定位等核心理论问题。

从师范教育到教师教育的专业变革

最早的师范教育一般认为始于17世纪中叶法国神父拉萨尔创办的师资培训学校,但有关师范教育的思想可以追溯到我国的孔子时代和欧洲古希腊时代。我国的师范教育有两个源头:一是在1897年盛宣怀创办的"南洋公学师范学院",这是我国最早设置的师范教育专业;二是1902年根据《奏定学堂章程》在北京设立的京师大学堂师范馆和在南京开办的两江师范学堂,这是清代制度意义上的师范教育体系的开创,史称北高师和南师大。1902年7月,实业家张謇在南通创办"民立通州师范学校",这是我国近代史上第一所专门的中等师范学校。纵观西方师范教育的历史转型和我国百年师范教育的传承嬗变,不难看出师范教育不仅直接关系一个时期、一个国家教育文化的发展,而且与时代和民族的生存利益息息相关。

一、 西方主要国家师范教育的基本转型与目标取向

近代以来,以西欧为代表的主要国家在师范教育的历史演变中,大致经历了德性师范教育取向的定型期、学术与技术取向的转型期和教师专业教育取向的整合期。不同时期的师范教育从价值目标、课程设置到培养方法都有许多值得传承和借鉴的方面。

1. 德性师范教育取向的定型期

欧美主要国家师范教育的定型完成于19世纪中后期至20世纪20年代。

教师职业的产生与学校的产生同步,但教师培养是在学校出现之后的很长时间才有的。尽管西方各国师范教育的起步时间各有早晚,但到了19世纪末20世纪初,西方各国的师范教育都基本得以定型和规范。此阶段的师

范教育特点主要体现如下三点。

一是培养目标上侧重教师的道德示范。19世纪之前,受宗教哲学和德性伦理观的影响,接受教育逐渐成为人的发展历程中一项特定的使命,对青年的所有教育都从属于道德目的,教师为此才被赋予了道德权威。教师职前教育更加注重的是准教师的行为品德、教学经验以及必需的学科知识。所以在教师候选人的资格规定上,特别注意候选人的榜样特征。强调律己克制的品性,认识到教师的社会和道德责任以及反映这些责任的生活方式,把真诚、正直和一定程度的道德严肃性置于批判分析的训练或信奉社会变革之上。

二是培养模式上注重实践模仿。当时的观点都认为,教学只是一种重复的技艺训练。在教师的专业能力中必不可少的理性总结只是一种技巧和经验的提示,并且这种能力主要来自实践者业已拥有的技艺性经验。因而教师培养主要是用实践模仿的方式,突出教学技术能力的训练而忽视学术知识的积累。如英国导生学徒制,选择12岁以上的优秀学生作为导生,正式教师每天早晨用两个小时对导生进行教学内容和教学方法的指导,随后让其把所学到的内容传递给其他学生。①

三是师范教育的公立化和培养机构层次的提高。19世纪之前,西方的教师教育机构大都由教会宗教团体组织举办,教师制度基本实行的是师僧合一制度,神父就是教师。在之后的社会发展中,由于教育普及的需要对教师数量的需求日益增加,师范教育在政府投入、政策制定上越来越得到关注和重视,教师培养层次也在不断地提高,一些国家甚至通过立法强化师范教育制度。如英国1902年颁布的教育法准许地方教育行政机构自办师范学院,1904年建立起了第一所公立师范学院。在德国于1919年颁布的《魏玛宪法》第四章"教育与学校"中有条款指出要全国统一协调师范教育。在《魏玛宪法》的基础上,德国各地的教师教育都先后实行了改革。到20世纪20年代末,除了巴登地区和巴伐利亚地区还存在中等教育形式的师范学校外,大部分地区都采用了高等师范教育培养师资。尤其是师范学院的建立,被称为德

---

① 苗学杰.西方教师观的形态演进和教师教育理论与实践关系变迁[J].教师发展研究,2017(4):111-117.

国教师教育史上的一次革命,它使德国师资培养水平提高了一个层次。德国师范学校主要招收高中毕业生入学,学制2年,实施职业专门教育,包括学术教育、专业技能教育和实践教育三个部分。在美国,师范学校向师范学院转型,一是体现在入学标准提高、课程范围拓展及学制延长等方面。"师范学院将入学标准提高到高中毕业,同时将学制延长为4年,且有向5年延长的趋势。"①二是体现在学位授予权的获得等方面,师范学院获得了学士乃至硕士学位授予权。

2. 学术与技术取向的转型期

20世纪30年代至20世纪70年代,西方主要国家的师范教育走向了一个新的发展阶段。

随着西方国家的社会发展走向技术化、工业化,各国义务教育的推行与普及,师范教育更加趋向职业化和半专业化。从这一时期开始,师范教育的"学术性"和"师范性"便成了师范教育最具有争议的话题。人们认为科学是通向真理的最合乎逻辑的甚至是唯一的途径,所以传统的德性教师观受到了现实性的挑战。这样的争议带来的最大的好处就是从科学意义上强化了教师的专业色彩,可以说这是师范职业教育向教师专业教育转型的一个开始。从专业的立场来看,教师所从事的专业活动就是依靠理论的指导,依靠他们所掌握的知识概念、教育信条和教学原理来开展的,因而此时的师范教育更注重对教育理论知识的掌握。本阶段的主要特点体现如下。

一是师范教育成为大学专业。随着欧美主要国家义务教育普及程度的提高以及一些国家对义务教育年限的延长,加之科学技术变革浪潮的影响,各国对教师的科学知识素养提出了新的更高要求。要解决这个问题,满足学历教育的需求,最好的办法就是提高教师的学历水平。例如,从20世纪30年代开始,美国各州的师范学院陆续转变为州立学院或州立大学。二战后的美国把师范教育几乎全部并入了高等教育行列,师范学院与商学院、医学院一样成为综合大学的一个组成部分。随着社会的稳定发展,20世纪60年代

---

① 单中惠,徐征.西方国家师范教育机构转型的路径、成效及动因[J].国家教育行政学院学报,2012(5):84.

以后又对教师的学历和学位提出了新的要求。在教育专业领域中,除教育学士、教育硕士外,还增加了教学硕士、教育博士学位。研究生院也越来越多地承担起培养中小学师资的职责,使教师的学历结构和学位结构发生了很大的变化。这样一来,师范生既可以获得与其他专业的学生相同的文理基础知识和学科专业知识教育,确保其学术水平不低于其他专业的学生,同时又能接受教育专业的训练。这种方式使师范教育的学术性和师范性很好地结合起来,师范教育的专业化也相应地被提高到与文、理、工、商等专业并驾齐驱的地位。如今,学者未必为良师,良师必为学者的教师教育观已成为美国师范教育的新概念。德国的教师联合会也于1960年发表了《不来梅计划》,这个计划主张国家应将教师培养机构统一起来,追求师范教育的学术化和科学化使得师范教育走向综合大学的组成部分成为一种必然趋势。英国在20世纪初至50年代采用的大学教师培训与区域联合的模式可以视为"U-G"(高校与地方政府)模式的雏形,这种模式比较好地解决了准教师职前的经验预备问题,为其今后的成长打下了一定的实践基础。1963年的《罗宾斯报告》、1971年的《詹姆斯报告》和1972年的《教育白皮书》的发表,以及1964年全国学位授予委员会的成立等都在很大程度上促成了独立大学教育学院的出现,这些都为师范教育机构走向大学化,并为其学术化趋势打下了坚实的基础。①

二是师范教育的学术化趋势。师范学院转型为综合大学教育学院后,确立了以加强学术教育,以培养学术型教师为中心的目标。教师培养上的学术教育与专业教育开始从分离走向整合,课程模式及学位授予等也随之改变。德国联邦政府在1970年公布了《教育报告1970年——联邦政府的教育政策报告》,报告的前言中提出要把教育和科学列为该阶段优先发展的项目。在师范教育中学术性教育的比重逐渐地压倒了实践培训,师范性大学或综合性大学的教育学院开始从事教育科学和专业教学法方面的高深理论研究,开始开设硕士课程甚至是博士课程。在英国,教师教育课程被分成了不同的层

---

① 单中惠,徐征.西方国家师范教育机构转型的路径、成效及动因[J].国家教育行政学院学报,2012(5):84.

级,即基础类的教育课程居于顶层,中间部分是学科教学法等课程,实习(实践)课程位于教师培养项目的底层,并且一般是将教学理论与实践训练分开,在大学课堂或有限的模拟课堂中进行教学实施。教育学科已经在大学中取得了和其他文理科目同等的地位。二战后,美国师范教育的课程设置出现了"即时性"和"同时性"两种模式。"即时性"课程设置模式指职前教师在接受教师教育项目培训之前已经获得学科专业文凭,然后再有一年或两年的时间学习教育学专业课程。"同时性"课程设置模式是指在4年学制内既要学习学科专业课程也要学习专业教育课程。①

从上述资料可见,20世纪80年代以前,西方师范教育发展走的是一条以传统专业如医生、律师的专业化方式为范例,以追求一套科学化、系统化的知识技能体系为基础,以基于学历实行长时间的、学院化的知识技能训练为手段的传统职业专业化模式的道路。这一时期的变化为教师专业化的培养提供了非常广阔的学术基础和实践样本。正如美国卡耐基教学促进会主席舒尔曼认为的那样:一个专业在原则上至少有六个方面的特点,即服务的理念和职业道德、对学术与理论知识有充分的掌握、能在一定的专业范围内进行熟练操作和实践、运用理论对实际情况做出判断、从经验中学习、形成一个专业学习与人员管理的专业团体。总之,师范教育经历了这样一个转型,不仅提高了教师的学历水平,还逐步形成了专业化教育的特征。

3. 教师专业取向的整合期

20世纪80年代后,西方师范教育实现了新的转型,由传统意义上的师范教育转变为教师教育。

即便解决了学术性和师范性的矛盾,也不能从根本上解决教师的综合素养形成和专业能力提高的问题。20世纪80年代之后的西方师范教育开始走向整合性的新的转型,教师教育开始摆脱技术理性主义与行为主义的单纯训练模式,逐渐走向一种带有复杂认知结构框架的教学过程。诸如教学机智、教学智慧、实践性知识、教育情怀等因素变得越来越重要了。人们逐渐意识

---

① 李松丽.道德示范·技术理性·反思实践:20世纪以来美国教师教育转型发展研究[D].石家庄:河北大学,2019.

到应用型教师取向造成了理论与实践的沟壑,认识到实际教学情景的多变性和难以预料性,开始注重教师自身的反思能力与能灵活处理教学中各种问题的能力。如邓洛普在对20世纪70年代的理论与实践关系进行综述后得出结论:教师教育不再是单纯模仿工程技术人员的培养模式,而是致力于培养"反思的专业实践者",更为强调理论与实践融合的个人实践理论。① 师范教育趋向培养目标的专业化和培养模式的多元化,注重与基础教育学校的联系。

英国随着《1988年教育改革法》的颁布和以提高教育质量为主旨的教育改革运动的兴起,其教师培训机构趋于架构的多元化,主要包括大学教育学院、高等教育学院、校本教师培训机构(教育联盟、教师培训合作伙伴)等。以校为本的教师教育模式表现出两种截然不同但又彼此呼应的专业能力目标,即课堂教学能力与拓展的专业能力,注重培养学生对教育实践的反思能力,让学生在教育理论和实践经验基础上建立属于自己的理性教育观,最终达成专业实践能力的提升。英国"以学校为基地"的教师教育模式,是把中小学教育教学实践作为培养教师教育教学能力的主渠道。

德国在1990年统一后,其教师教育的一体化改革把各州的教师教育培养分为修业训练与实习训练两个阶段。学生要通过两次国家考试才能成为真正的教师。详情如下表②:

表1 德国各州教师教育培养的两个阶段

第一阶段:修业训练	1. 教育学科和执教学科的专业知识学习	
	2. 学校实践活动	教育实践:参与学习活动,了解学校教育情况,如了解学生和学校的运作情况等
		教学实践:从事教学活动的实践,如组织教学、激发学生的学习动机等
通过第一次国家考试		

---

① 苗学杰.西方教师观的形态演进和教师教育理论与实践关系变迁[J].教师发展研究,2017(4):114.//DUNLOP F. What Sort of Theory Should We Have? [J].Journal of Further and Higher Education,1977(1):78-92.

② 覃丽君.德国教师教育研究[D].重庆:西南大学,2014.

续表

第二阶段：实习训练	1. 听课	
	2. 试教	由指导老师与见习生一起备课的试教
		见习生独立备课后进行试教
通过第二次国家考试，成为正式教师		

同时要提出的是德国教师培养模式曾有过重学术性和专业性的波茨坦模式，以及重视对师范生教育学理念培养的克拉夫基模式。

美国则主要探索了如下三种教师培养模式：一是"临床—专业型"教学模式。这种教学模式的核心理念是"专业实践根植于以研究为基础的学术性知识之中"，其建构的专业概念和知识基础源于医学专业培养临床医生的概念，即教师需要确保那些依赖于知识的实践具有合理性。这种方式注重理论与实践的交互，一方面是结构的交互，即教育理论课程与教育实践课程间隔安排；另一方面则是主题的交互，即在实践环境下教授基于儿童青年发展与学习的理论知识核心课程，使教师对课程评价、学科教育学和社会文化背景形成深刻认识。二是"大学—学校"合作实践教学模式，强调课堂与社会相结合，教学方法包括具有创造性的合作教育、案例法、岗位见习与教学实践等。课程体系有四年本科通识教师教育项目、五年整合教师教育项目、五年制教师教育项目。三是"融合型"教师教育模式，注重教师职业的专业体验，从进入专业发展学校的第一天开始，准教师就完全沉浸在中小学课堂活动中，充分体验中小学的生活样态，不断积累自身的教学经验。

最后，在新世纪师范教育的国际改革趋势研究上，学者们的分析可简要归纳为学术性和师范性整合、师范教育的多层次化、师资培养渠道的非师范化、师范教育课程的通识化、教师职前职后培养一体化等内容。

二、我国师范教育的模仿建构与精神传承

从我国教育的历史发展阶段和发展水平考察，当教育还没有从生产劳动

中分离出来,专门的学校还不具备基本的教育功能的时候,我国长期以来实行的是巫师合一、官师合一的制度。教师的角色往往定位在长者、能者、知者。现代师范教育制度则源于清末的变革与西方教育文化的渐侵。国内学者朱旭东等人,认为我国的师范教育体制主要是模仿借鉴了国外的师范教育模式,包括模仿日本、模仿美国和模仿苏联等三个阶段。

1."师日":高等师范教育体制的初建

中国近代师范教育始于19世纪末20世纪初。当时正值清末洋务运动和维新运动时期,早期师范教育是应洋务运动和维新运动之需而兴起的。应该说我国的师范教育是现代教育体系中最早的组成部分。

1897年,清大理寺少卿盛宣怀奏准,中国近代最早培养师资的新型师范学校南洋公学在上海徐家汇创立,南洋公学师范院的成立,标志着中国近代师范教育的开始。1902年,《钦定学堂章程》正式规定了师范教育体系,其中关于高等师范教育阶段的要求是"高等学堂应附设师范学堂一所,以造就各处中学堂教员"。根据这个章程,京师大学堂首先在其速成科里附设了"师范馆",并规定了其学生的入学资格、修业年限,学生的学业程度与大学预科相同。一年后,京师大学堂的"师范馆"改为优级师范科,但仍附设于大学堂内。京师大学堂"师范馆"的设立是我国高等师范教育之始。

1904年初我国仿照日本模式的《奏定学堂章程》对师范教育章程重新进行了修订。该学制把京师大学堂的优级师范科改为独立设置的优级师范学堂,并规定"优级师范学堂,京师及各省城宜各设一所",同时还对学堂的培养目标、学习科目、学额数量,以及学生的入学资格、修业年限、待遇及义务等都做了明确规定。

优级师范学堂作为国家统一承办的一种独立设置的专门培养中学师资的机构,标志着"定向型"高等师范教育体制在我国开始形成。同时它也被认为是中国高等师范教育体制的最初形式。优级师范学堂自1904年建立至1922年,没有随着政治制度的巨变而发生太大的变化。只是在1912年,优级师范学堂改为高等师范学校,由原来的省立变为国立。根据全国六个高等师范学区的划分,分别在北京、南京、武昌、广州、沈阳、成都设立了6所高等师范学校及一所北京女子高等师范学校,从此奠定了我国独立设置的高等师

范教育体制的基础。①

2."师美":高等师范教育体制的探索

1919年前后,大批留美学生回国,使美国的教育思想和教育体制对中国的师范教育产生了不可忽视的影响。在此背景下,独立存在的师范教育受到质疑,归结起来主要有以下几点:① 从培养模式来看,高等师范和普通大学并无区别且师资匮乏;② 从学制设立的角度看,以前仿照日本的学制已经不适合中国国情;③ 从招生的角度看,有志青年多不愿就读师范学校。因以上对师范教育的反思,加之五四运动后我国新教育思想的兴起和欧美教育的变革,我国高等教育体制发生了重大变化。

1922年,全国教育联合会颁布了《学校系统改革令》(壬戌学制),一改独立设置的师范教育体制,授予普通大学以中等师资教育权。全国原有的7所高等师范学校中,除北京高等师范学校升格为国立北京师范大学,北京女子高等师范学校保留外,其余5所高等师范学校在短短5年内,全都合并或改为普通大学,其中绝大部分变为大学中的一个科或系。自此,经历了近二十年的"定向型"高等师范教育体制,演变成了既含定向又含非定向的"混合型"高等师范教育体制。这种体制尽管在之后的近三十年里一波三折,但一直持续到了中华人民共和国成立的前夕。这种体制中既有独立的师范大学,又有大学附设的教育系或学院。尽管我们的初衷是效仿美国,希望通过开放独立的师范体制来提升师范的质量,但由于受当时社会发展水平和教育发展程度的限制,这种体制虽有其形,却未达其意。

由此,这种体制造成中等学校师资严重缺乏。为解决中等学校师资问题,1938年教育部颁发了《师范学院章程》,规定"师范学院单独设立,或于大学中设置","以养成中等学校之健全师资为目的",入学资格和修业年限与大学本科同。这一时期,我国师范学院的出现和快速发展(1938—1946年,师范学院从无发展到67所),使独立设置的高等师范教育有所恢复。然而,1946年末《改进师范学院办法》的颁发,又把师范学院分设的系(除教育、体育)归并为文理学院,令未设师范学院的国立大学增设教育系。这样,独立设

---

① 马啸风主编.中国师范教育史 1897—2000[M].北京:首都师范大学出版社,2003.

置的师范学院实质上只是作为过渡性的中等师范培训机构。总之,从1922—1949年,这27年间我国高等师范教育既保留了独立的高等师范教育体制,又存有不成熟的开放型体制。

3."师苏":高等师范教育体制的巩固

中华人民共和国成立以后,全国第一次师范会议于1951年召开,会议对有关高等师范教育办学的方针和任务以及学校设置与调整的原则、办法做了明确规定。这一次会议,为中国高等师范教育体制定了调,并且大体上奠定了中华人民共和国成立后近五十年高等师范教育的格局。有关规定概括如下:① 原独立设置的师范学院应加以整顿巩固,充实文理科各系;② 设在综合性大学内的师范学院(教育学院),应逐渐独立设置,并增设数理科系;③ 大学文学院中的教育系应逐渐归并于师范学院;④ 以个别大学的文理学院为基础,成立独立的师范学院;⑤ 每一大行政区至少建立一所健全的师范学院,各省和大城市应设立健全的师范专科学校或师范学院。①

在1951年会议精神的基础上,我国于1953年和1956年分别召开了两次全国高等师范教育会议,讨论高等师范教育发展的方向、任务、规格、质量以及存在的问题和12年规划,明确要系统学习苏联的先进教育经验。

三、走向专业卓越的小学教师教育

1966年联合国教科文组织和国际劳工组织在《关于教师地位的建议》中强调教师的专业性质,认为教学应被视为专业(Teaching should be regarded as a profession.)。这一教育史上的重要文献,可以说是第一次经由国际教育学者和政府人士共同讨论与合作,对于各国的教师地位,给予了专

---

① 《中国教育年鉴》编辑部.中国教育年鉴 1949—1981[M].北京:中国大百科全书出版社,1984.

业的确认与鼓励。时隔三十年,1996年联合国教科文组织第45届国际教育大会,通过了九项建议,其中第七项建议就是专业化——作为一种改善教师地位和工作条件的策略。由师范教育到教师教育转变的内核就是"专业"的内容建构与培养。

1. 观念转变:从"师范教育"到"教师教育"

在我国,"师范教育"概念的使用已有百年,而"教师教育"则出现于20世纪末,并逐渐代替"师范教育"概念。1998年,梁忠义和罗正华首次提出"教师教育"的概念,认为"教师教育"一语包含着教师培养和教师进修的职能,是职前与职后两种教育概念的综合概念。① "师范教育"通常是指职前教师培养,含义不及"教师教育"广。2001年5月,《国务院关于基础教育改革与发展的决定》第一次以政府文件的形式用"教师教育"的概念代替了"师范教育"的概念,此后"教师教育"较于"师范教育"更多地出现在相关学术文章和政策文件中。

尽管学术界对于能否以"教师教育"代替"师范教育"还没有统一的答案,但"教师教育"概念的出现和被广泛使用本身已体现了我国教师培养培训的时代转向,体现了对终身教育和教师教育连续性的追求,国内有较多的学者都持赞同意见。黄葳指出:"师范教育概念被教师教育概念所取代,是教师教育发展的内在要求,标志着教师教育培养进入了一个新的历史阶段,也意味着教师培养水平的提高,它体现了教师培养的整体性、专业性、开放性和终身性。"② 袁振国主张教师教育"不仅仅是一种文字上的变化,而是有其深刻的历史内涵;不是出于对时新的追求,而是对现实变化的客观反映和对教师教育未来发展趋势的把握"③。钟启泉等也提出:"'师范教育'已经不能反映教师培养和培训的实际情况,不能反映教师教育的发展需要和未来特征。因此,需要实现从'师范教育'到'教师教育'的观念更新,同时推进教师教育课程体系的整体变革。"④ 管培俊认为:"过去理解上偏重于教师培养和师范院

---

① 梁忠义,罗正华分卷主编.教师教育[M].长春:吉林教育出版社,1998.
② 黄葳.从"师范教育"到"教师教育"的转型[J].高等师范教育研究,2001(6):14-16.
③ 袁振国.从"师范教育"向"教师教育"的转变[J].中国高等教育,2004(5):29.
④ 钟启泉,王艳玲.从"师范教育"走向"教师教育"[J].全球教育展望,2012(6):22.

校的'师范教育'概念,逐步转变为包括教师培养在内的、包容性更强、更符合国际惯例的'教师教育'。"①

开放的教育体系与"新三级"办学层次逐渐形成。20世纪末,随着我国社会发展和经济体制的改革,教师教育的宏观背景发生了重大变化,在我国高等教育大众化进程加快与我国高校管理体制改革和布局结构调整的背景下,在借鉴国际教师教育经验、开放教师来源渠道、提高教师培养质量的诉求下,我国相对独立的师范教育体系开启了探索改革开放的新里程。一方面,师范院校不再是培养职前教师的唯一渠道,非师范院校及综合性大学也加入其中。另一方面,教师教育办学层次提高,由"旧三级"(高等师范本科、高等师范专科、中等师范)逐步变成了如今的"新三级",即"专科—本科—研究生"三种学历层次。

开放的教育体系的建立得到了国家政策的支持。1999年6月,《中共中央国务院关于深化教育改革　全面推进素质教育的决定》提出:"鼓励综合性高等学校和非师范类高等学校参与培养、培训中小学教师的工作,探索在有条件的综合性高等学校中试办师范学院。"同年,教育部发布了《关于师范院校布局结构调整的几点意见》,对建设开放的教师教育体系进行了具体部署,这标志着师范教育从独立走向开放。《教育部2003年工作要点》再次强调"加快建立开放灵活的教师教育体系,提高办学层次,推进师范院校改革,鼓励综合性大学开展师范教育"。这些政策共同确立了教师教育开放性的体制特征。2010年,《国家中长期教育改革和发展规划纲要(2010—2020)》提出"加强教师教育,构建以师范院校为主体、综合性大学参与、开放灵活的教师教育体系"。2018年,中共中央、国务院颁布《中共中央　国务院关于全面深化新时代教师队伍建设改革的意见》,提出"实施教师教育振兴行动计划,建立以师范院校为主体、高水平非师范院校参与的中国特色师范教育体系"。

开放的教师教育体系的逐步建立,一方面培养了大批的合格教师,另一方面也促进了教师教育办学层次的提升,教师教育重心逐步上移并走向"大学化",最明显的变化就是中等师范院校的停办、升格和合并。从2000年到

---

① 管培俊.我国教师教育改革开放三十年的历程、成就与基本经验[J].中国高教研究,2009(2):5.

2011年,我国中等师范院校从683所减少至132所,减少了80.67%;我国专科层次的师范教育院校从221所增长至527所,增长了138.46%。本科层次的师范院校数量逐年增长,从2007年的341所增长至2011年的627所,增长率为45.6%。① 这些数据反映出我国的教师教育迅速成为"本科教育"的重要组成部分。1996年以来,教育硕士专业设置已涵盖中学所有学科。到2007年,全国教育硕士累计招生约6.5万人,近3万人获教育硕士专业学位。至今,越来越多的院校开始招收教育硕士及教育博士,我国教师教育办学层级已经完成了从"旧三级"到"新三级"的转变。办学层次的提高为我国培养高学历专任教师提供了基础,高学历师资队伍的培养为基础教育事业提供了人才。

教师职业向专业化发展,为探索新型教师提供了更为宽广的路径,但并非任何一个人都能做教师,作为一种职业,教师具有其专业性。"教师专业化是指教师在整个职业生涯中,通过专门训练和终身学习,逐步习得教育专业的知识与技能,并在教育专业实践中不断提高自身从教素质,从而成为一名合格专业教育工作者的过程。"②1966年联合国教科文组织和国际劳工组织就强调教师的专业性质,提出"教学应被视为一种专业";1996年联合国教科文组织在日内瓦召开的第45届国际教育大会通过了九项建议,其中第七项建议就是"专业化,作为一种改善教师地位和工作条件的策略"。我国1994年1月1日开始实施的教育法规定"教师是履行教育教学职责的专业人员",这是我国教育史上第一次从法律上确认教师的专业地位。

我国现有教师教育对教师专业化的追求可以从如下两个方面看出。一是教师资格制度的实施。如今对应学科和教育层级的教师资格证是每个致力于从事教师职业的人必须考取的证书,也成为中小学招收新教师时考核的必要标准之一。实施教师资格制度是教师职业走向专业化的必要步骤,体现了教师职业的专业性和不可替代性。学校任用教师不能仅凭其学历的高低和学科知识的多寡,教师职业要求教师掌握教育规律,熟悉教育理论,有传授

---

① 田晓苗,石连海.教师培养:从去师范化到新师范教育[J].国家教育行政学院学报,2019(3):55.
② 李中国.我国教师教育发展现状、问题与建议[J].继续教育研究,2010(8):92.

知识和发展学生个性的技能,还要有教书育人的能力和科学的教学方法。"实行教师资格制度,将有利于提高教师的社会地位和专业化水平,增强教师职业的吸引力。"①二是多层级的教师专业发展目标的初步构建。2012年,教育部研究制定了《幼儿园教师专业标准(试行)》《小学教师专业标准(试行)》和《中学教师专业标准(试行)》,构建了教师专业标准体系。同年,国务院下发《关于加强教师队伍建设的意见》,进一步明确指出要完善教师专业发展标准体系,根据各级各类教育的特点,制定幼儿园、小学、中学、职业学校、高等学校、特殊教育学校教师专业标准,作为教师培养、准入、培训、考核等工作的重要依据。② 教师资格制度和教师标准为教师教育培养专业化人才提供了重要依据和保障。

不断深化的培养模式及宏观环境的迅速变化导致社会对教师人才的需求不断变化,教师教育作为教师人才培养的主要力量也需不断变革,其"核心是教师培养模式的变革"③。我国教师培养模式呈现出不断深化的特点,主要体现在改革学制、改善课程体系和强化实践三个方面。

在改革学制上,有机结合学科专业教育与教师教育,教师教育学制延长。我国师范院校摸索出了多元的教师培养模式,如:东北师范大学实施的双专业模块式教师培养模式,即在师范专业本科4年学制内实施学科专业、教育专业和通识教育三模块课程;华中师范大学实施的双专业双学段教师培养模式,即4年学制分2个学段——3年专业课程+1年教师教育课程;北京师范大学和华东师范大学实施的双专业双学位教师培养模式,即先接受4年专业学科的本科教育,再接受不同年限的教育专业教育,获得教育双学士或硕士学位;再如单专业教育学位教师培养模式,即根据教师职业岗位的需要设置专业,强调专业的针对性、实用性和实践性,如首都师范大学、南京师范大学开设的"学前教育""小学教育"等专业④。在课程体系上,20世纪90年代后,

---

① 李想.探析中国师范教育的发展趋势[J].继续教育研究,2009(3):113.
② 陈雪儿,俸晓玲.我国教师教育发展的现状、问题与对策[J].中国成人教育,2019(6):87-88.
③ 管培俊.我国教师教育改革开放三十年的历程、成就与基本经验[J].中国高教研究,2009(2):6.
④ 管培俊.我国教师教育改革开放三十年的历程、成就与基本经验[J].中国高教研究,2009(2):7.

师范教育课程设置经历重大调整,将教育专业课程由公共课划归为专业必修课,增设教师基本技能系列课程,如普通话、书法、班主任工作等,这也是培养教师职业专业性的体现。在强化实践环节上,注重理论与实践相结合,探索教师培养模式的改革。如西南大学探索师范生顶岗实习制度;东北师范大学在吉林白山地区建立教师教育服务区和综合改革实验区,将师范生顶岗实习与服务基础教育相结合;忻州师范学院更是十年如一日地坚持"师范生顶岗实习支教"。

在对信息技术的利用上,信息技术已经改变了教师教育的原始形态,现代化的信息科技元素已逐步渗入教师教育领域。为提高教师信息技术应用能力,国家及地方构建了网络服务平台与教师信息技术工程,通过信息共享与交流,实现教师能力的发展与提升。运用网络开展培训,构建网络服务平台,实现资源共享已成为促进教师专业发展的重要途径之一。我国从2013年开始实施示范性远程研修项目——网络研修与校本研修整合培训项目。该项目累计培训教师5万余名,建立了校本研修良性运行机制,是我国网络研修走向社区、走向校本、走向常态化的标志性项目。与此同时,教师具备一定的信息技术能力成为时代发展的迫切要求。

2. 我国教师教育现存问题

如今我国教师教育在取得显著成就的同时也出现了一些问题,对此,多位学者都有所论述,主要可总结为两点:一是教师教育体系过度开放的趋势导致师范教育地位弱化,二是师范院校在与其他院校竞争的同时失去了自己独特的发展优势。师范教育不断收缩为师范学院、师范类专业,成为湮没于众多学科和专业中的一个类别,师范院校朝着综合化方向发展。目前,所有师范院校的非师范专业数量都远远超过师范专业。教师教育在本科和专科层次的受重视程度及"师范"特色远不能和当年相比。随之而来的是教师教育质量逐步下降。宽松和放任的教师培养政策不仅浪费了教育资源,使得教师职业呈现饱和状态,而且降低了整个教育体系的效益。这直接表现在生源质量变低、师资队伍职业素养偏低以及课程设置不合理等方面。"除了教育部直属的师范大学和个别省属重点院校可以继续维持高分数的招生外,其他众多的地方性师范院校、高等师范专科学校,尤其是由师范中专升格为大专的院校等都只能维持在低分数的招生上。"[①]相比于原来中等师范学校报考者皆是学业优异的初中生,考不上师范学校的才去读其他学校,现在的师范学校已经丧失了这样的"底气"。现在的师范教育过分追求学历而忽视教师职业中的基本技能,一味地追求专业化,追求更高水平的教育理论知识而远离课堂情景,学生无法将理论知识运用于课堂实践。

更为重要的是,我国在师范教育到教师教育再到卓越教师培养的历程中,始终没有形成一种稳定的培养模式和有效机制。这一方面是囿于国际教师教育发展潮流的影响,另一方面也显示了师范教育的体制和模式已经远不能适应现代基础教育的发展趋势及其多元化的需要。

(作者:朱 曦)

---

① 闫建璋,郭赟嘉.从开放走向新封闭:精英化教师教育体系的构建[J].河南师范大学学报(哲学社会科学版),2017(5):153.

分科抑或全科:本科小学教师培养理念与课程建构省思
——基于过程哲学的视角

我国从1998年首开小学教师本科培养先河,推广至今历经二十年时间,完成了小学教师培养从中师、大专到本科的三级过渡,同时也从培养模式上实现了从中师培养的"胜任为本、一专多能",专科的"分科培养、学有专长",到本科阶段的"综合培育、专项发展"的转换。① 2014年8月,教育部颁布《关于实施卓越教师培养计划的意见》,提出未来在小学教师培养领域将"重点探索小学全科教师培养模式,要培养能够胜任多学科教育教学需要的卓越小学教师"。至此,小学全科教师受到广泛关注。有研究者认为,全科教师的特殊性在于能胜任小学阶段多门课程的"全科教学能力";也有研究者提出全科教师的关键在其"能力的综合和回归儿童的'知识、兴趣及人性'的启蒙"②;还有研究者直接将"学科融合的理念及以儿童本位取代学科本位的课程设置"③作为全科教师培养的关键;当然,仍有研究者认为全科教师是解决我国农村师资结构化短缺的举措,但在当前基础教育分科考试作为升学路径的当下并不务实。理论界对"全科教师"的多重理解带来实践领域的无所适从,分科和全科的争论既带来高校职前培养阶段在培养理念和课程设置方面的迥异,也为广大一线小学的教育教学实践带来困扰。

一、基于传统实体思维的本科小学教师分科与全科培养的现实困境

其实,关于小学分科和全科教师的争论在19世纪晚期即已出现。当时,

---

① 晋银峰.我国小学教师培养的发展历程与模式变迁[J].当代教育科学,2018(4):73-75.
② 江净帆.小学全科教师的价值诉求与能力特征[J].中国教育学刊,2016(4):80-84.
③ 许红敏,曹慧英.小学全科教师的内涵辨析与培养策略——基于江苏省的需求[J].教育理论与实践,2016(11):33-35.

杜威的新教育理念及课程进入学校,导致新旧教育分庭抗礼,小学课程繁杂导致学生负担加重,"希望通过全科教师实现课程整合"与"由分科教师发挥新旧教育各自课程的优势"的两种声音一直相持不下。面对当时的争论,杜威从儿童经验是基于情感、情绪、本能和习惯的统一,而非成人思维的对事物进行的有意识分析和综合的视角,认为通过一名教师教多门学科实现课程整合,是形式的、外部的整合,而非心理的、思维的整合,这种所谓的全科教师是一种错误的假设的观点[①];但是,杜威同时也认为分科教师缺少统一的教育观念,容易从学科本位出发,教学有可能提供的是技能而不是教育[②]。由此可见,近百年前杜威即反对小学教师分科或全科的主张,认为传统的小学教师分科或全科培养是非此即彼的二元论思想。然而,历史的发展具有惊人的相似性,百年后的今天,关于小学教师分科或全科培养仍是一个热门的话题,面临诸多现实的困境。

  首先,分科培养的学科知识导向与儿童认知发展需求之间存在冲突。长期以来,我国基础教育小学阶段实施分科教学,与此相适应,师范院校实行分科培养的方式,课程设置以学科课程为主,教学中更重视师范生对学科知识的摄入、理解,以及如何将学科知识教给儿童的学科方法论的学习。然而,这种分科培养的理念与小学阶段儿童认知发展的需求存在强烈冲突。小学阶段的儿童习惯以整体的、综合的眼光看待事物,以形象的、艺术的方式感知周围世界。儿童对事物的认知主要基于情绪、情感和本能的统一,对事物的接受度受自身经验的影响较大,习惯于将事物视为整体,零散的科目和知识学习易造成儿童思想的僵化和创造力的消逝。[③] 分科培养的小学教师在真实的学校场域中会以其学科知识导向的教学理念割裂儿童对真实世界的体验,给予儿童的是支离破碎、分化的知识,缺少对儿童整体特质的研究和关注。

  其次,分科培养的学术化倾向与当前小学教育需要具备综合素养的教师之间存在矛盾。小学教师分科培养的学术化倾向具体表现为:教育理论类课

---

  ① DEWEY, J. Lectures in the Philosophy of Education:1899[M]. NY:Random House, 1966:192-193.
  ② DEWEY, J. The Educational Situation[M]. Chicago:the University of Chicago Press, 1902:36.
  ③ 怀特海.教育的目的[M].徐汝舟,译.北京:生活•读书•新知三联书店,2002.12.

程比例偏高,方法类、技能类课程比例偏低;教学内容上重视学科内容及学科教学素养的培养,忽视知识的整合及学生人文精神的培养;教学方法上重理论轻实践,案例教学、项目式学习、观察学习等方法没有落到实处。但是,小学教育专业具有不同于其他师范专业的特殊的基础性和综合性特征,与中等师范教育培养面向某个特定学科教学的专门教师有本质的不同。① 小学的教育教学质量更依赖教师是否具备较好的综合素养,是否能够"爱生命、爱自己、爱儿童、爱角色、爱教育";是否拥有"数学与自然科学知识、人文与社会科学知识、关于儿童的知识、教育学的知识、有关学科的知识、学科教学的知识";是否具备"德育能力、教学能力、管理能力和研究能力",即既能够从事学科教学,同时亦能够胜任班级管理、设计并实施学生活动等。②

再次,全科教师的主张与实践与人之多方面充分发展的不可能性之间存在矛盾。杜威曾言,一个人既在学术上,还在方法上,也在历史、艺术和多种手工活动方面被充分培养,并能确保儿童以一种平衡的(balanced)、对称的(symmetrical)方式获得所有的经验,这种人基本不存在。③ 相对于片面、零散的知识学习,小学阶段儿童的教育和教学应更重视培养儿童对世界整体感知的能力,在知识与人格培养、生理与心理发育、科学与人文素养等方面寻求最基础且平衡的发展。因此,教师在课程教学上要以对称的方式包含儿童经验的所有方面,要对儿童日常的所有经验和经历的材料做全方位的认知,这将耗费教师大量的时间、精力和智力。然而,事实上没有人能够在所有方面都成为专家,或者充分地、准确地掌握与儿童相关的全部的事实和材料,④即使存在兴趣浓厚和能力全面发展的优秀教师个体,也可能因为数量太少而满足不了学校教育的需要。

最后,全科培养与当前我国大部分城市地区小学分科教学的现状之间存

---

① 马云鹏.从小学教育专业定位看卓越小学教师培养[J].东北师范大学学报,2018(3):150-154.
② 教师教育工作司.小学教师专业标准(试行)解读[M].北京:北京师范大学出版社,2013.
③ DEWEY, J. Lectures in the Philosophy of Education:1899[M]. NY:Random House, 1966:183.
④ BOYDSTON, J. A. The Collected Works of John Dewey: Volume 5[M]. Southern Illinois University:The Board of Trustees, 1972:246.

在矛盾。在国人传统印象中,所谓全科教师即"数理化通吃、语文艺术天文地理全扛",什么都会点、什么课都能教的教师;而学界一般认为的全科教师分为小综合与大综合两种:"小综合"是指教师具备主要学科如小学语文、数学和英语的教学能力;"大综合"则指教师具备语文、数学、英语加"副科",即音乐、体育、美术等的教学能力。虽然在北京、上海、深圳等发达城市的一些名校内已开始推行"全科教师"及"全科教学",但我国绝大多数城市地区的小学教师仍独立承担某门学科教学的任务,每位教师一般主教一门课程,同时可兼教另一门"副科"。在一些办学条件优越的学校的音乐、体育、美术科目的教学中,甚至对教师的学科知识与能力的要求越来越细分,以应对家长对儿童艺术素养发展越来越高的需求。因此,即使是接受全科培养的教师,无论是"小综合"还是"大综合",在当前小学教育的现实境遇中也仍缺少对儿童实施全科教学的可能性。而基于农村教育改革现实需求提出的小学全科教师,往往是受制于办学条件不得已而为之的"被全科"。

二、过程哲学视域下本科小学教师培养的理念逻辑

影响小学教师培养实践的根本问题和关键因素并不多,包括培养目标、课程体系、教学和评价方式等。但最为关键的是我们在何种理念指导下进行目标的确立、课程体系的架构、课程实施及评价方式的选择。英国著名过程哲学家、教育家怀特海(Alfred North Whitehead)曾言:"过程是我们经验中的基本事实,我们处在现在,这个现在是变化不居的,它源于过去,孕育未来,而且正通向未来","物质世界是由一种普遍的关系结合在一起的,这种普遍关系使物质世界成为一种广延连续体"。① 也就是说,过程性和关系性是宇宙万物本身固有的属性。小学教师培养理念的确立正是对事物"过程—关系性"这一属性的揭示,应当秉持动态生成的观念让师范生在被培养过程中不

---

① 怀特海.过程与实在(修订版)[M].杨富斌,译.北京:中国城市出版社,2004:123.

断回溯个人的成长过程、反思"小学教师与儿童的关系"及"课程与儿童成长的关系",让他们不仅关注当下的自己,也关注学科课程中的知识以及如何习得知识的方法;更以"整合、关系生成及实践"的理念对小学教师的培养过程进行抽象概括,从理念层面解决小学教师"分科"或"全科"培养的两极化"痼疾",充分把握小学教师培养的精髓。

(一) 整合性思维:小学教育本质属性的诉求

21世纪以来,小学教师学历本科化已逐渐普及,小学教师与中学教师在学历层次上基本无明显区别。但学历层次的统一并不代表培养目标和要求的相近,能够承担中学教学的教师并非都能胜任小学教学,中学和小学教师的区别也并非只是知识水平上的差距,相较于中学教育对学科教学的高要求,小学教育更具有综合性和情意性。[①] 小学教育在培养理念上应坚持整合性思维,包括培养路径的整合及课程设计的整合,从儿童的立场和视角出发,回归儿童的真实生活图景。

从培养路径看,构建高等院校、地方教育主管部门或教研机构以及优质小学(U-G-S)协同培养共同体,在 U-G-S 共同体中实现人、财、物等方面优质资源的深度整合和机制创新,尤其是实现高校内部和一线小学优秀师资的共享。西方国家在高等师范教育师资队伍建设中特别重视从一线小学引进具有丰富实践经验的教师,专门从事学科教学法的教学或引导师范生进行儿童研究,这些师资往往不受学历背景的约束,受聘于高校 3—5 年不等,为师范生带来基于真实场景和真实问题的教学,聘期满后仍回到小学任教。这应该是我国在建立 U-G-S 协同培养模式中打破高校传统的唯学历倾向的用人机制,实现真正的资源整合,完成体制或机制创新的可借鉴之处。

课程设计及课程实施中的整合性,是指建构一种基于小学真实场景事件的课程模块,实现不同学科课程内容及教师教学力量的整合。在怀特海的视

---

① 宋秋前.我国本科学历小学教师培养存在的问题与解决途径[J].教育发展研究,2014(10):57-61.

界中,事件是自然界的终极事实,他视事件为事物的时空定位,事件一旦发生将不会消失,而只是流淌、过渡到另一事件中。① 各种事件相互摄入、相互关联,最终使得整个世界形成一个有机的整体。儿童是基于情感、兴趣、态度、本能和习惯统整其思维并投射于对事物的理解中,因此,对其而言,其学校生活是一个整体事件,其真正体验到的课程亦同样如此,并未被区分或隔离成地理课、语言课和文学课。② 因此,小学教师职前培养的课程建构应基于儿童整体思维的背景,以学校场域内的各类事件为关键元素统整各类课程,以此回应小学教师培养应当与儿童真实生活联结的诉求。

总之,立足整合性思维培养本科小学教师,是小学教育基于"儿童立场"和"儿童视角"的本质诉求。一方面,我们可以发现小学教师职前培养需打通多元路径之间的资源壁垒并实现基于儿童生活事件的课程整合,即以儿童生活事件的"流转性"和"活动性"关照小学教师职前培养阶段的学习生活。另一方面,这种整合性还表现在培养本科小学教师需具备的整合能力上,教师要能够整合课程与儿童生活的关系,能够整合儿童的兴趣与儿童的经验,能够有机整合不同教学内容,能够整合学校、家庭及社区资源进行协作教育等。这种整合性思维以及由此衍生的整合能力将越来越重要,不仅作为本科小学教师培养阶段重要且基本的素养而存在,更成为高等师范院校在培养小学师资时所应遵循的无形氛围和精神力量。

(二) 关系向度:儿童需要具有丰满人性的教师

传统实体思维从实体本体论出发探讨事物的本质和规律,将本质和规律视为确定且绝对的存在,由此认为事物之间是一种静止、封闭且彼此孤立的关系。反映在小学教师培养理念方面,即以"要素分析"视角解构职前教师的培养过程,师范生、高校教师、一线小学教师、高校课程体系等作为培养过程中独立的各要素被考察和解释,甚至小学教师的培养任务也被片面地认为是

---

① 陈奎德.怀特海哲学演化概论[M].上海:上海人民出版社,1988:53.
② DEWEY,J. Lectures in the Philosophy of Education:1899[M].NY:Random House,1966:193.

高校的职责。于是,师范生的学习更多是基于"文本信息"的学习,一线小学的师生及其鲜活的生活甚少与师范生发生联系。而过程哲学认为:全部现实存在所构成的宇宙是一个有机整体,万物内在相互关联。关系支配着性质,关系性是一切类型的一切事物的内在本质。① 以"关系性"审视小学教育专业的人才培养,应该不囿于高校一隅,不拘于高校师生之间的互动,应与小学、儿童及小学一线教师以及与师范生内在自我的复杂性相关联,以此满足小学教育对教师丰满人性的需求。

首先,小学教育专业的人才培养过程应始终与儿童及其生活发生深层次的关系。小学阶段的儿童具有不同于初高中学生的特殊性,年幼的儿童是周围环境的一部分,他们习惯并喜欢通过模仿环境中的一切(包括人、物、事)去学习。② 这要求小学教师——作为儿童成长的重要环境之一,能理解儿童并从儿童的视角去发现和学习;要求师范生在职前培养阶段即能够深度了解小学学校、主动体验儿童的生活、拥有与儿童相关的实践经验,能够常常以话语和身体为媒介与儿童进行真实的情感与信息的交流。这是一种外显且双向或多向的关系,这种关系能使师范生与小学学校及儿童间增进彼此间的了解,为其专业信念和专业情意的培养奠定非常深厚的基础。

其次,作为主体的职前小学教师在培养过程中与高校及小学一线教师存在着一种密切的"共在"关系。大学教学在向课堂要效益、要效率的同时,应更注重学生思维能力、自主能力及解决问题能力的发展,学生的学习处于学习过程三阶段中的"综合运用阶段",师生是"共同问题"解决的合作者和参与者。职前小学教师的思维发展、问题解决学习应以儿童的真实生活为中心,形成"问题共同体"(communities problem),其生成和发展源自师范生与一线及高校教师从实践和理论的不同视角对学习对象的新的认知和新的探索。教学中的"问题"成为师范生及两个场域内教师共同关注的目标,"问题"产生于真实的儿童学习及生活,既能够成为提升师范生实践性知识水平的重要抓手,同时,因为是师生共同的"问题",故能够进一步形塑师范生与理论及实践

---

① 杨富斌,等.怀特海过程哲学研究[M].北京:中国人民大学出版社,2014:145-146.
② 特林·芬瑟.学校是一段旅程[M].吴蓓,译.北京:人民文学出版社,2006:7.

教师之间和谐的师生关系。①

小学教师职前培养阶段存在的第三种关系即师范生与自我之间的反思和接纳关系。教师将其灵魂状态、学科以及师生共同生存的方式投射到学生心灵上,教师对自我内心世界的认可及对自我的接纳更容易让自己充满信心地为学生服务,提升作为教师的幸福感。② 因此,师范生在职前培养阶段就应当不断地进行自我反思,洞悉并接纳自我的内心世界,为未来的师生交往和优秀教学奠定良好的基础。这一点在小学教师职前培养阶段尤为重要。儿童的世界是一个充满情感的神秘未知世界,只有具备丰满人性的、能够不断地自我反思和接纳的、心灵完整的教师才有机会成为优秀的小学教师。

(三) 实践导向:培养过程应面向真实的教育场域

怀特海过程哲学思想认为,现实存在由其"生成"构成,过程即经验的生成③,经验的生成过程实际地构成了现实存在,不同现实存在之间的相互影响、相互作用和相互制约,就是现实存在作为主体在享有经验和经验某物的过程④。这里的"经验"有名词和动词两层含义,与"实践"紧密相关。小学教师职前培养过程中个体经验的生成将构成未来其作为小学教师的现实形象,经验来源于实践,师范生以其"身体"为基础,融入其情感和认知,去认识儿童及其生活并与其互动,多样化的实践积累的经验,为师范生成长为合格的小学教师奠定了基础。

强调小学教师职前培养应坚持实践导向包含两层含义:一方面指教学内容组织的儿童化、生活化和情境化,另一方面是指人才培养过程中师范生在小学学校的实践浸润,即"做中学"。小学教师的职前培养应从高校课堂走向一线学校,同时在一线学校收获实践性知识又反哺高校课堂的理论教学。例

---

① 魏善春.大学有效教学:目标、要素及实现可能——一种过程哲学的审视[J].现代大学教育,2013(1):35-40.
② 帕克·帕尔默.教学勇气[M].吴国珍,等译.上海:华东师范大学出版社,2014:2-7.
③ 怀特海.过程与实在(修订版)[M].杨富斌,译.北京:中国城市出版社,2004:214.
④ 杨富斌,等.怀特海过程哲学研究[M].北京:中国人民大学出版社,2014:293.

如,围绕儿童生活主题开发"儿童游戏与戏剧"课程,将教学内容和教学组织摆脱囿于教室空间内的文本教学,师生共同走近儿童、走进儿童生活、了解儿童的兴趣,师生成为课程共同的开发者和组织者,将儿童生活游戏化、儿童游戏课程化,通过集体研究、反思、互动、体验等合作学习形式生成儿童游戏及戏剧的理论与实践知识,师范生的实践参与及师生互动使这门课程生动起来并提升了教学效果。

"教师之为教师,不仅是静态的社会身份,更是动态的教育实践"[①],作为准教师的师范生需要通过教育实践为其成为合格教师奠定基础。小学见习和实习是小学教育专业实践的重要形式,也是培养学生专业态度和专业能力的重要方式。但是这种实践浸润并非仅仅指教育见习和实习,理论课程中也应融入相关的实践性教学,使理论更丰富且具有实践的可能。学生在一线小学通过不断的观察、观摩、共同讨论和分析,使反思能力、解决问题的能力得到提升;通过观察校长和教师的日常言行细节,体悟他们的儿童观和教学观;在专业实践过程中会面临诸多问题和挑战,这是对其专业情感、专业态度和专业信念的考验。这种丰富的实践浸润使师范生经验的积累有了保障,强化了其作为准教师的生命体验,将学科、教学及关于儿童知识的学习融于实践之中。

三、过程哲学视域下本科小学教师培养课程建构省思

传统的分科培养在强化某一学科深度学习的同时让师范生过早确定个人未来所教的"学科方向",全科培养又因强调"多元"和"特色"发展而使得需要修习的课程面广量大,学分总量要求越来越高;前者在重视课程教学的逻辑因素的同时忽视了儿童的心理因素,后者在强调儿童的心理因素的同时疏漏了教学和学科的逻辑因素。这种非此即彼的二元论思维带来课程设计的

---

① 刘铁芳.什么是好的教育——学校教育的哲学阐释[M].北京:高等教育出版社,2014:105.

片面、一维倾向:似乎课程设计只关乎课程主题、课程内容和课程数量等与课程本体相关的问题,谁来设计课程以及课程与谁相关这一系列问题并未得到研究和探索。既然"分科"或"全科"培养的人才规格在现实境遇中是遭遇问题的,其背后支撑的课程体系也应被重新解释和建构。

(一) 整体建构课程体系的分析框架

当下高校小学教育专业课程设计的责任主体是高校教师,课程开发及实施被异化为教师团队或个体从理论到实践的、固化的"一团行动着的习惯"①。而针对小学教育人才培养的特殊性,当以过程之美及过程中的关系诉求对其进行重新审视,深度思考小学教育人才培养的课程与谁相关、谁当参与其中、课程中的内容和素材从哪里来等一系列问题。因此,我们可以以课程人、课程环境及课程内容为分析框架反思课程从无到有的全过程。

在过程思维的课程概念中将出现一种新的教育秩序,主导教育领域的线性的、序列性的、易于量化的秩序系统将让位于更为复杂的、多元的、不可预测的系统或网络,课程将更多地成为一群人在共同探究有关课题的过程中的相互影响。② 因此,分析小学教育人才培养课程体系,高校教师不再是唯一的责任主体,课程人、课程环境及课程内容都具有其独特的内涵及价值。其一,课程是来自基础教育小学、教研机构、高校的一群人共同研究、相互影响和创造的结果。"课程人"既包括直接与课程实施相关之人——高校教师,更关涉与儿童生活及儿童研究密切相关之人——小学校长、教师及教研员,除此以外,还需特别关注师范生作为特殊的"课程人"在课程创造过程中的价值。其二,过程思维中的"课程环境",是指对课程开发及实施产生影响的诸多因素及因素间的相互关系,涉及自然、社会政治、经济与文化、儿童生活、教师生活、儿童及教师心理等诸多方面,各种因素相互影响、相互交织,形成小学教师职前培养阶段复杂的、生态的课程环境。其三,从过程、对话及探究的

---

① 魏善春.基于过程哲学的课程建构:理念、价值与实施[J].南京师大学报(社会科学版),2016(3):96-104.
② 小威廉姆·E.多尔.后现代课程观[M].王红宇,译.北京:教育科学出版社,2000:5-6.

角度,而不仅仅从内容和材料的角度审视小学教师培养的课程内容,可知课程并非局限于固定的教材,在传统的教育理论、学校管理、学科知识及学科教学法内容的基础上,更是教师、研究者和师范生通过自发或自觉的行为及相互作用不断建构生成的新的意义世界,具有无限的、开放的、不断扩展的可能性。

(二) 确立课程开发及实施的原则

本科小学教育以培养具有综合性和情意性的小学教育人才为目标,课程作为人才培养目标的重要支撑,不仅要专注文化和价值世界,更注重创新及意义建构。

其一,小学教育课程开发及实施应遵循"全人培养"的价值引领原则。这里的"全人培养"包含两个层次。一方面是职前小学教师的"全人培养"目标,未来教育对象——儿童生活的丰富性和不确定性,要求教师的教学走出确定知识传授的狭隘思维,以复杂情感和对话与儿童进行深层次的精神交流。因此,对师范生而言,课程的开发及实施应关注自我的"全人"发展,包含知识、智慧、心灵及精神内涵的统整和愉悦享受。另一方面,课程的开发及实施还应关注未来教育对象——儿童的"全人培养",除开设与小学类似的学科"目录单"及教学法课程外,还要专注于将儿童发展所需的直接经验以及儿童日常生活中的直接体验作为课程开发的重要领域,不仅关注儿童的知识学习,更以儿童情感、态度和价值观的发展作为儿童"全人培养"的基底。

其二,"多方主体参与"的课程赋权原则。新课改以来,基础教育课程实施主体在实现课程专家、学科专家、校长等角色身份的外在赋权的同时,越来越重视教师与儿童的主体赋权身份。[1] 然而,相较而言,大学的课程开发仍受实体思维的局限,学科专家在课程开发及教材编写中拥有绝对的话语权,但这种课程生成方式与师范教育培养高质量的师资队伍之目的并不契合,高等师范教育与基础教育场域中的人、事、物有着千丝万缕的联系,其课程生成

---

[1] 魏善春.基于过程哲学的课程建构:理念、价值与实施[J].南京师大学报(社会科学版),2016(3): 96-104.

更偏于"经验世界"的缔造,应遵循"多方主体参与"的课程赋权原则。课程开发应该是基础教育、高校、研究领域等多方研究者的外在身份赋权与基于心理和信念的内在赋权结合的过程。同时,应关注师范生及儿童在课程中的主体赋权,从儿童身心发展的综合性特点出发,从儿童的情感和态度出发实现课程的开发与实施,给予小学一线教师适度的话语权,让其与高校教师共同成为小学教师职前培养课程的研究者与开发者。

其三,"基于现象的"(phenomenon-based)课程实践原则。现象学强调现代科学应回到生活世界、回到事物本身去关注人的存在,通过主观感受重新审思我们认识世界的能力。这与过程哲学"事件理论"的互依联结及实践的观点非常契合。反映在课程开发及实施中,课程内容只有与真实世界的现象或者问题解决相联系,在理论与实践的联结过程中才有意义。本科小学教育专业人才培养当以"基于现象"的课程实践充分彰显课程内容与儿童生活中的事件、与儿童视角所看到的世界的关系;同时,"基于现象"的另一层含义即从课程实施的角度让师范生在职前培养阶段充分深入实践场域,统整书本知识与儿童真实的生活世界,与真实的儿童及其生活发生关系,依赖真实问题的解决,深化对教育理论概念和范例的理解和认同。

(三)建构基于"事件"的本科小学教师培养课程模块

"分科培养"对应于"分科教学",重视课程的学术性和教学的逻辑性;"全科培养"聚焦于研究儿童,在开设相关学科及教学法课程的基础上,强调课程的综合性,以提升人文、自然、艺术和实践能力为诉求。但现实境遇中的综合往往是不同种类、不同性质的课程的组合,缺乏关键且核心的元素的高度统摄和凝练,这又带来课程量的增加和内容的重复。其实就我国当前小学教育实践而言,除农村地区有可能因师资结构性短缺存在全科教师外,基本不存在完全的分科或全科教师,课程设置中除数学、语文、英语等学科课程,还有一种"主题式"的跨学科融合性课程,越来越显示出对儿童发展的重要价值。这种课程发展趋势对小学教育人才培养提出更高要求——需要教师掌握某一个或两个领域较高深和具体的知识,同时对儿童及其生活具有敏锐的洞察

力和解释力,具备与不同学科教师合作完成不同深度的各类主题式教学的能力;要求小学教育专业课程设置能够以小学教育场域中发生的各类"主题事件"以及儿童关注的"生活事件"为核心概念,统整分散且名目繁多的各类课程,建立还原儿童立场和儿童视角的课程架构。

小学场景中的"主题事件"包括"学科教学与学习""班级管理与教育""师生沟通与合作""儿童发展与健康""儿童游戏与戏剧""家庭与社区教育"等。小学教育人才培养应以"学校场景事件"为中心打破孤立的学科系统,用"事件"整合物质、时间和空间,还原儿童真实的学校生活;以儿童关注的、感兴趣的各类"生活事件"安排课程主题,整合通识课程、教师教育课程及专业课程,实现课程是真正基于儿童和儿童生活的统整,而不是拼盘式的"综合课程"。怀特海尤其主张"要根除各科目之间那种致命的分离状况,因为它扼杀了现代课程的生命力……我们没有向学生展现生活这个独特的统一体……"①。小学教育人才培养的课程体系应从儿童的需要和小学教育的本质属性出发,打破传统教育理论课程、学科及学科教学法课程之间的壁垒,基于"事件"思维整体设计课程模块及内容,实现课程之间的有机整合,强化不同学科知识的相融以及理论研究与实践操练的结合。这样的课程设计将打破彼此孤立的学科壁垒,以"事件"统整知识、物质、技术、心灵、价值等科学;这样的课程教学需要多名教师教学智慧及力量的整合,以利于儿童学习兴趣的激发,推动小学教师人才培养的课程改革。在此意义上,我们可以进一步确证,一人承担多学科教学任务的"全科教师"很难存在,需要我们进一步关注并完善的是如何集合多人的知识、技术、情感、智慧,通过儿童感兴趣的"主题式"教学促进儿童的全面发展。

四、结语

将小学教师分科与全科培养置于人才培养的两极,是实体思维的"简单

---

① 怀特海.教育的目的[M].徐汝舟,译.北京:生活·读书·新知三联书店,2002.12.

位置"的机械论思维方式,它孤立地看待每个时空点,割裂一事物与他事物的内在关联性,这就是怀特海所言"以抽象的概念或理论解释具体的事情或将抽象的概念当作具体的事实"的"具体性误置的谬误"(The Fallacy of Misplaced Concreteness)的观点①。以过程思维省察小学教师人才培养的现实际遇可知,分科与全科并不是非此即彼的选择,二者之间有着千丝万缕的联系,"分科"的背后当隐含全科发展的诉求;所谓"全科"亦可能实施的是全科培养理念下的分科教学,二者都指向人才培养的综合素养和全局视野。这要求教师能够站在"儿童立场"、以"儿童视角"与儿童深度联结,理解并认同"儿童思维的整体性及经验的自然统一性",以满足儿童对美好事物、对充满无限生机的未知世界探求的愿望。

(作者:魏善春)

---

① 怀特海.科学与近代世界[M].何钦,译.北京:商务印书馆,1997:57.

基于学生核心素养的小学教师培养思考

从《国家中长期教育改革和发展规划纲要(2010—2020年)》提出"实施基础学科拔尖学生培养试验计划和卓越工程师、医师等人才教育培养计划"到 2014 年教育部《关于实施卓越教师培养计划的意见》,再到 2015 年 9 月南京师范大学入选江苏省"卓越小学教师培养计划改革项目",试点培养小学"全科教师",培养"师德高尚、专业基础扎实、教育教学能力和自我发展能力突出的高素质专业化中小学教师"已成为近年来高校小学教育专业建设和人才培养的重要目标。

一、学生核心素养及其培育诉求

近年来,在世界教育改革浪潮背景中的教育评价改革、教育质量提升等话题依然是教育研究中的重点。其中,围绕学生核心素养展开的研究、讨论以及由此波及影响到的教育实践改革又是重中之重。早在 1997 年 12 月,经济合作与发展组织(OECD)就启动了一项名为"素养的界定与遴选:理论和概念基础"(Definition and Selection of Competencies: Theoretical and Conceptual Foundations)的项目。2003 年,OECD 将该项目多年的研究成果出版成《核心素养促进成功的生活和健全的社会》(Key Competencies for a Successful Life and a Well-Functioning Society)一书。在这份报告中,首次从"人与工具""人与自己""人与社会"三个维度提出学生发展的核心素养框架。随后,一场围绕"核心素养"概念、内涵、实践等话题的探讨迅速在世界范围内展开,并对许多国家和地区的教育研究和实践改革产生了大范围的影响。

在此背景下,为了更好地迎接社会变革对人才需求和学校教育的挑战,培养现在以及今后能够适应并引领社会变革、参与社会创新的人才,我国教育部委托北京师范大学牵头,联合国内众多专家历时三年多研究,并于2016年9月发布了继"双基""三维目标"之后标志着教育改革进入"3.0时代"的《中国学生发展核心素养》。研究课题组领衔专家林崇德先生将"核心素养"界定为"学生在接受相应学段的教育过程中,逐步形成的适应个人终身发展和社会发展需要的必备品格和关键能力"①,他认为,之所以提出构建学生发展核心素养体系,是为了回答"培养什么人、怎样培养人"这一教育的根本问题。据此,课题组对"核心素养"的关键特征给出了这样的描述:①"核心素养"体现了"教人成人"和"人的全面发展"的理念;②"核心素养"是学生应当具备的知识、技能、态度、情感、价值观等的结合体,而不是某种单一的素质要求;③"核心素养"是面向所有学生的,代表了个体普遍应达到的共同必要素养,因而意味着"不可或缺",是"最低共同要求";④ 核心素养同时具有个人价值和社会价值;⑤ 核心素养具有终身发展性,也具有阶段性②。

在这些关于"核心素养"的界定以及特征描述中,可以看出,研究者对"核心素养"的定位具有这样几个方面的特征。

第一,作为"必备品格和关键能力","核心素养"是相对于"非必须""非关键"的那些品格和能力而言的,因而"核心素养"不是全部素养,而是少数素养,是在人的发展和社会发展中居于"核心"位置的素养。

第二,这些素养在人和社会的发展中居于"核心"位置,这是在"人之为人"以及人的"全面发展"的意义上而言的,而不是在它们对人的需要的满足、对社会的功用(比如面对未来社会挑战等)的层面上说的。

第三,"核心素养"是一个完整的综合体,而不是单一的知识、能力或者某一方面的素质。这就意味着,每一条"核心素养"及其维度都必须在同其他方面的素养和维度放在一起,综合成一个整体的时候,才能被称为"核心素养",而不是单一呈现的。(教育教学中单独设定的意在培育某一个或几个方面的核心素养的课程和教学目标是违背核心素养的初衷的。)

---

① 林崇德.中国学生核心素养研究[J].心理与行为研究,2017(2):145.
② 林崇德主编.21世纪学生发展核心素养研究[M].北京:北京师范大学出版社,2016:29.

第四,"核心素养"是在人的成长过程中通过教育逐渐发展的,而不是固定不变的。不同年龄阶段的学生核心素养的具体表现不同,不同年级和学段都存在着不同侧重点、不同方面的核心素养的培育问题。因此,"核心素养"不是一个拿来就可以用,做了就可以立刻看到效果的"标准",而是需要探索不同年龄段、不同个体发展的实际情况,并在做出针对性的判断之后而提出的具体细化的发展和教育目标。

"核心素养"在学科层面的影响和表现方式主要体现在它有可能颠覆传统意义上的"学科"概念。相比于过去以严格的"学科"划分,并将"知识""技能"的学习作为着眼点的观念,"核心素养"是对学科知识和技能学习能力的整合,它不指向某一个具体的学科或技能,而是"强调个体能够积极主动并且具备一定的方法获得知识和技能"①。因此,如果说过去的学科划分所寄望的是学生对"知识""技能"等的掌握的话,那么在"核心素养"理念的要求下,教育和教师更应该帮助学生具备"获得知识和技能"的方法。学校教育的使命就是要帮助学生"学会学习"。

学生"核心素养"在价值导向上规定了人才培养的"规格""标准",即"培养什么样的人"的问题,而且这一价值导向还直接要求并导致教育过程和学习过程的变革,对学校课程设置、教学方式等提出了新的要求。由核心素养内涵所带来的学科定位和功能的转变、学生核心素养提升过程的客观要求等都将其关键性的影响因素指向教师,对以教育观念、教学过程、教育评价乃至于教师自身的知识能力等为核心的教师的素养内涵提出了挑战和新的要求。

二、基于学生核心素养培养卓越小学教师

为了适应小学生的发展特征需求,满足小学阶段学生核心素养培育的教

---

① 辛涛,姜宇,刘霞.我国义务教育阶段学生核心素养模型的构建[J].北京师范大学学报(社会科学版),2013(1):6.

育要求,"培养什么样的小学教师"这一问题理所当然地成为高校小学教育专业培养目标的制定和面向未来教师的师范生培养不得不思考的一个问题。近年来,无论国际还是国内,除了课程改革、教学模式创新等教育变革措施之外,其余变革的力量和方向几乎都毫无例外地指向教师。基于小学儿童核心素养内涵培养了解小学教育、懂得小学儿童发展需要(核心素养)、具备将帮助小学儿童成长和小学生核心素养培育付诸实践的能力和品质的小学教师,将是学生核心素养提升不可或缺的支持措施。

早在2001年教育部印发的《基础教育课程改革纲要(试行)》(教基〔2001〕17号)中,就明确地对小学阶段的教学和课程等进行了定位,明确小学阶段应"以综合课程为主",课程结构上要"改变过于强调学科本位、科目过多和缺乏整合的现状"。2011年教育部发布《义务教育各学科新课程标准》,提出以三维目标统整教学目标,其中也体现了学生素质的全面发展、和谐发展、个性发展和终身发展等素质教育理念。2011年教育部《教师教育课程标准》(教师〔2011〕6号)、2012年教育部《小学教师专业标准(试行)》(教师〔2012〕1号)等都相继为小学教师的培养提供了目标、课程等方面的国家标准。这些对推动教师教育,尤其是推动小学教师教育改革适应小学教育教学改革的要求,培养了解当代小学生身心发展特征和需求,懂得当代小学生生活,掌握小学生学习规律和特征,能够在教育教学中通过创新、综合而引领小学教育教学变革,引导当代小学生健康成长的小学教师提供了政策支撑。

在以上的基础上,2014年教育部颁发了《关于实施卓越教师培养计划的意见》(教师〔2014〕5号),其中提到,"针对小学教育的实际需求,重点探索小学全科教师培养模式,培养一批热爱小学教育事业、知识广博、能力全面、能够胜任小学多学科教育教学需要的卓越小学教师"。

由此,关于小学教师的"全科""卓越"的定位和要求正式成为对今后小学教师培养和小学教师专业成长中的重要的目标和期待。

"卓越"既是一个目标,也规定了小学教师的"规格"和小学教师教育工作的方向。厘清"什么是卓越""教师的卓越意味着什么"以及"小学教师之'卓越'的内涵"等问题,对于小学教师教育工作十分重要和关键。

首先来看第一个问题:什么是卓越?

根据字面意思,"卓"意味着"卓尔不凡""出类拔萃","越"指"超越现状""胜出已有"。"出类拔萃"意味着"不同",即独立;作为一个人,应具有独立的人格。"超越现状"意味着不满于现状,即有反思精神;作为一个人,要有远大的志向。合起来,"卓越"也就意味着超越、不同寻常的能力或者品质。它区别于"优秀",也不是"优越"。

第一,"卓越"不等同于"优秀"。"卓越"之"超越""胜出",首先指个人对自己的"超越",即自我卓越,表现为一种自我要求。而"优秀"则需要一个客观标准。

第二,"卓越"不等同于"优越"。作为一种品质,"卓越"是个体身上散发的魅力或者在人格与专业上追求的目标,是一种内心笃定的、对更高目标的向往和追求。"优越"则更倾向于一种自我满足以及在和他人或某种标准相比之后对自己的处境和情况感到胜出一筹。

第二个问题:教师的卓越意味着什么?

李琼等人通过对北京市八百多名中小学教师的量化研究发现,"教学组织与管理、学科教学知识、教学反思与研究是中小学卓越教师共同的关键特征;学生观与教学特色是小学卓越教师的关键特征,而学科知识与专业精神是中学卓越教师的关键特征"[1]。也有人通过对卓越教师的传记分析后认为,强烈的职业动力和成就动机、对学生的爱、对教育的责任感、面对挑战与困难的时候的个人魅力、善于运用教学规律进行灵活教学、融洽的师生关系等,都是卓越教师身上共有的一些特征和品质。[2]

1987年,美国国家专业教学标准委员会(NBPTS)制定了优秀教师的标准,认为优秀教师的特征主要表现在这样几个方面:① 从事教育工作的使命感;② 稳定而持久的工作动力;③ 对工作的事业心与上进心;④ 获取成就的动机与欲望;⑤ 对教学具有高度的自我调节和完善能力[3],等等。

---

[1] 李琼,吴丹丹,李艳玲.中小学卓越教师的关键特征:一项判别分析的发现[J].教育学报,2012(4):89.

[2] 黄露,刘建银.中小学卓越教师专业特征及成长途径研究——基于37位中小学卓越教师传记的内容分析[J].中国教育学刊,2014(3):99-104.

[3] 刘久成.卓越小学教师培养:目标·标准·途径[J].现代教育论丛,2011(C1):3.

对于教师而言,除了知识、技能之外,教师的理念、职业动机、对学生的关爱、责任感、上进心、反思能力、使命感等,都是使其卓越的重要内核。我们认为,教师的"卓越"包含以下内容。

第一,了解并熟悉自己的专业和学科,并且基于了解和熟悉,不断反思自己,不满足既定的发展现状,想方设法创新、反思,寻求突破,不断追求人生和专业上的自觉、超越。具体而言,在个体身上,表现为保持对自我生命状态的超越和积极追求,对自己的工作永远感到不满足。

第二,教师的卓越还意味着能够用其自身的卓越影响去教育更多的学生。

三、小学全科教师培养

根据政策和文件"探索小学全科教师培养模式"的精神要求,要将"全科"和"卓越"二者联合起来,使"全科"真正体现"卓越"、为"卓越"服务,从而使得"小学"这一为学生终身发展和素质全面提升打基础的学段能够不因专科教师在视野、知识等方面的过于狭窄而变成纯粹的知识训练阶段和割裂、抽象知识的阶段。此外,要在教师职前和职后的培养模式、课程设置等方面进行探索、总结,形成符合"全科教师"内涵养成需要的模式和路径。

(一)小学教师培养目标之"全科"

"全科",顾名思义,字面意思就是全部学科,在实践中被理解为培养能够胜任小学所有学科教学,或者能胜任一门主科并同时兼顾1—2门副科教学的教师。这是目前占主流位置的观点。显然,这种观点是在"教学"的层面上说的,它将教师能够"教几门学科"作为评价与衡量"全科"的标准。"全科"之"全",简单地指向学科数量。然而,无论是在现实层面还是对于未来社会小学教师的素质需求,尤其是针对学生核心素养的养成而言,这种观点都是站

不住脚的。

首先,对"全科"作"学科数量"的理解是不合适的。因为能够胜任多门学科的"一专多能"的教师并不一定就是卓越的教师,教师之"卓越"的内涵也远远不在于"教学能力"或者说主要不能以"教学能力"或者在"教学"活动中体现出来,它是超出"教师能够教多门学科"这样的界定的。小学教师的主要职责以及未来小学教师的品质和素养不能简单地等同于在具体教学科目上的"全能"。这种用任教学科数来定义的什么都可以教的教师只会成为哪里需要哪里搬的"万金油"。

其次,小学教师的"一专多能"还不能满足未来学生核心素养养成的教育需求。"一专多能"仅仅停留在对教师知识面、任教学科等"表面能力"的要求上,而并没有回应也不可能满足核心素养时代学生素养提升的教育需求。因为知识之间的零散状态并没有因为教师可以教多门学科而得到改变,学科划分以及对技能的要求也并没有因为教师在多门学科教学上的胜任而改变,学生核心素养培育目标中要求的"知识整合"和"学会学习"等素养也难以在其中得以实现。一个任教科目数量层面上的"全科教师"依然无法满足学生核心素养提升的教育诉求。

"全科"之"全",应该是素养之深、之全,"全科"不是"全科教学",而是"全科素养"。不能在"学科"的层面上讲"全科",而要在"素养"的层面上讲"全科","全科"体现在教师的内在素养上。全科,是"全科教师",不是"全科教学"。这种素养和能力在教师的教学过程和学科中表现为"全科"——经过教师个人化的理解、阐释、整合之后的新的学科和知识样态。其背后起支撑作用的是教师卓越的个人品质和专业素养,也就是一个"卓越的教师"。

这就意味着,"全科教师"不是什么都可以教的"万金油","全科"不等于"多科",要摒弃以学科知识为导向,以教师的教学能力和对学科的驾驭能力为教师素养评价的唯一指标的评价模式,而要求教师以人的发展作为教育和教学的导向,将学生的不同特征、不同需求,学生个性化的发展和健全生命与人格的发展作为自身教育教学工作的导向,将"育人"作为教师素养的核心。"全科教师"对人的发展有全面深刻的认识,对小学阶段的教育任务、小学生的生命成长需求、特征等都有较为清晰的把握,并且具备综合各个学科知识,将它们整合成符合小学生成长发展特点的,有助于小学生素质健全、综合发展的知识系列。

作为一种综合性的能力和素养的概括,"全科"小学教师的道德素养和业务能力是一体的,他具备"与充满好奇心、随时提出问题的学生共处,并能进一步激发学生求知欲、胜任教育者角色的素质与能力,形成能随时代、科学发展而不断学习和拓展的多元文化素养和复合知识结构,具备在富有时代精神和科学性的教育理念指导下的教育能力和研究能力,在实践中不断凝聚生成教育智慧"①。

(二) 培养全科小学教师

面对学生核心素养培育的要求,面向未来社会培育卓越的小学教师,对高校小学教育专业的人才培养模式提出了很高的要求和期待。如何培育卓越的小学教师?《教育部关于实施卓越教师培养计划的意见》(教师〔2014〕5号)中指出,卓越小学教师培养的主要任务是探索小学"全科"教师培养模式。近年来,不少研究者和实践者通过在师范院校的小学教育教师培养实践中尝试不同的小学教师培养课程设置、模式设置等,探索卓越小学教师的全科培养之路。有人通过对20个教育部"卓越小学教师培养改革项目"的培养方案进行分析研究,发现卓越小学教师培养方案总体上具有这样一些特征:"依据'培养计划'制订实施规划;明确卓越小学教师培养定位;突显特色及服务职能;重视课程体系建构、教学模式改革以及师资队伍建设;基于'三位一体'协同培养机制并有所创新",等等。在具体的课程设计方面,主要的做法有:"采用模块、平台等方式进行课程设计;体现实践取向的课程的设置;注重隐性课程对卓越教师培养的功能"等。并且指出,虽然已有的探索取得了不少效果,但是依然有很多没有解决的问题,比如在"胜任多学科教学"上的理解就不一样,在课程设计上也就因为这种认识的不同而导致课程设置缺少学理

---

① 叶澜.新世纪教师专业素养初探[J].教育研究与实验,1998(1):41-46.

依据①。

由此可见,在培养全科小学教师上,可以从培养方式、课程设置、培养过程等多个方面来着手。

第一,在培养方式上,注重师范生在具体情境中发现问题、反思问题和解决问题的素养的提升。学生核心素养在学校教育中的落实主要通过课程教学和评价等方式实现。无论哪一个方面,都依靠具体的字词、知识点或者标准、环境等"情境"作为依托和支撑。正是因为"所有的素养都是与特定情境相依在一起的,人类不存在脱离情境的素养"②,因此,对于这些"情境"的具体方式的认识、了解在师范生(教师)的培养中就至关重要。在师范生的培养实践中,应该通过具体、真实的教育场景的展示和浸润,帮助师范生们学习如何通过对课程的具体理解、对教学组织和教学环节某一个过程的设计以及在具体的评价标准的设置中展示他们对学生素养的关注和回应。

第二,在课程设置上,注重整合课程的学习和提升师范生跨学科学习的素养。由于小学生特殊的年龄和身心发展状况,小学儿童在学习以及其他方面的发展都呈现出整体性、综合化的特征。能够更全面地了解小学生、为小学生提供适合他们特征和需求的教育和帮助的小学教师,首先不是某一个学科的教师,而是儿童发展方面的专家。为此,小学教师需要学习的内容既不仅仅是某一个学科的知识,也不仅仅是教育学、心理学的知识,而是一切有关小学儿童身心发展方面的知识。并且更重要的是,他们要能够在教育教学实践中运用所学到的这些知识去发现并帮助解决小学生发展中遇到的问题。具体到师范生培养实践中,需要注意打破学科边界,重视将从多角度"理解问题"的意识、在学习中展示"完整的生活"以及注重学科思维和学科理解能力等作为重要的课程设置原则和将教师需要具备的素养、能力作为培养的目标。

第三,在培养过程上,注重师范生(教师)之间的交流和合作。学生素养和能力的提升除了来自他们在学校中的课程学习、在课堂中的学习以及教师

---

① 解书,陈旭远.全科型卓越小学教师培养的理论与实践探析[J].东北师大学报(哲学社会科学版),2018(4):212.

② 崔允漷.素养:一个让人欢喜让人忧的概念[J].华东师范大学学报(教育科学版),2016(1):5.

对他们的评价之外,很重要的方面是来自教师自身。尤其是在小学阶段,教师对学生的了解和认识以及教师自身的素养等,都会成为对学生成长具有重要甚至于决定性影响的因素。教师除了自我学习、参加培训之外,一个重要的学习渠道就是教师群体之间互相学习。不同学科的教师在一起交流自己对于学生的认识和看法、不同学科教师之间形成对学生的教育合力,这对于教师更好地发现儿童、获得对儿童的了解、帮助儿童成长等非常重要。因此,在教师培养的时候,就应该着手训练他们的小组合作意识、与同侪交流学习的能力和素养,使得他们在将来的职场生活中能够基于自己的经验和研究,从专业的角度与同事之间展开交流与合作。这也是一条可尝试的全科教师培养路径。

(作者:王　平)

立足于实践的卓越小学教师教育新范式

教师专业发展分为动态和静态两个方面。动态角度的教师专业发展指教师群体接受严格的师范专业训练和主动探索学习从而成为专业人员的发展过程。静态角度的教师专业发展是指教师职业真正成为一个专业,教师成为专业人员得到社会承认这一发展结果。它不仅是教师培养、教师教育的过程,而且是教师培养、教师教育的目标和发展趋势,体现了对教师专业水平和社会地位的一种肯定和认可。① 2014 年 9 月,教育部出台的《关于实施卓越教师培养计划的意见》(以下简称《培养意见》),标志着我国教师队伍的建设开始由保证教师队伍的数量指标转向注重提高教师质量的指标,同时也意味着教师队伍的建设逐步地从培养"合格教师"走向培养"卓越教师"的转变。2018 年 1 月,中共中央国务院出台了《关于全面深化新时代教师队伍建设改革的意见》,文件中突出强调了新时代提升教师的培养层次和培养水平,造就卓越教师。

一、卓越小学教师本科培养实践的依据

自《培养意见》颁布以来,如何培养卓越的教师成为各方不断探索的话题。尽管许多高校都已经着手进行改革,但是仍旧处于迷茫的探索阶段。有关什么样的教师能够被称为卓越教师、培养卓越教师需要哪些努力、本科阶段培养对于卓越教师的意义等这些问题仍然没有一个既定的答案。2018 年 1 月教育部颁布了《培养新时代大国良师——普通高等学校师范类专业认证工作指南》(以下简称《指南》),这是我国政府颁布的第一个分级分类的师范类专业认证标准。该《指南》依据国家教育相关法规和《小学教师专业标准》

---

① 陈琴,庞丽娟,许晓晖.论教师专业化[J].教育理论与实践,2002(1):38.

《教师教育课程标准》等文件要求,将小学教育专业的认证标准横向划分为三个等级,分别是第一级的基本要求、第二级的合格要求、第三级的卓越要求。依据该《指南》,各师范学校开始了新的调整和布局。从 2014 年《培养意见》颁布至今,关于本科阶段如何培养小学卓越教师已经有了一些尝试,但是和《指南》规定的卓越要求之间是否有差距?有多大差距?哪些方面需要做改进?等等,这些问题仍缺少研究,这也就为本论文提供了研究空间。

(一) 政策依据

2010 年,《国家中长期教育改革和发展规划纲要(2010—2020 年)》(以下简称《纲要》)中明确指出要选拔本科生中的拔尖人才,实施卓越人才教育培养计划,不断推动本科教育和教学改革。① 在《纲要》的指导下,很多高校开始在招生方式、课程设置、教学方法、师资建设等方面进行相应变革,这些都为小学教育专业的发展提供了新的机遇和挑战,培养以卓越为目标的小学教育本科生也是必须面临的选择。2012 年教育部颁布了《关于全面提高高等教育质量的若干意见》,指出要实施卓越教师培养计划,探索人才培养模式、改革教学管理、创新教育教学方法、注重加强本科教学。② 2014 年《关于实施卓越教师培养计划的意见》中专门提到卓越小学教师的培养这一方面内容并给出具体的建议:希望各地政府、高校、小学三方合力,建立三位一体的协同培养机制;根据当前小学教育的需要,进行小学全科教师培养模式的探索;改革教学内容,突出实践导向;优化教师队伍结构,适当选聘一些小学优秀教师、教育行政人员等一线教育工作者担任兼职老师。③ 2017 年《普通高等学校师范类专业认证实施办法(暂行)》的通知中,依据国家教育法规和小学教育专业标准、教师教育课程标准及卓越教师培养计划的意见对小学教育专业

---

① 国务院.国家中长期教育改革和发展规划纲要(2010—2020 年)[EB/OL]. [2010-07-29]. http://www.gov.cn/jrzg/2010-07/29/content_1667143.htm.
② 教育部.关于全面提高高等教育质量的若干意见[EB/OL]. [2012-03-16]. http://www.moe.gov.cn/srcsite/A08/s7056/201203/t20120316_146673.html.
③ 教育部.关于实施卓越教师培养计划的意见[EB/OL]. [2014-09-19]. http://www.moe.gov.cn/jyb_xwfb/s5147/201810/t20181011_351107.html.

教学质量制定了卓越的认证标准。① 2018年颁布的《教师教育振兴行动计划（2018—2022年）》中，强调了办好师范学校和师范专业的重要性。②

（二）理论依据

"卓越小学教师的本科培养实践"是当今时代发展的迫切需要，是教育发展的必然要求，是满足人们对优质教育追求的现实转变。从培养"合格"的教师到培养"卓越"的教师是量到质的转变，是在高等教育大众化的平台上追求"精英"目标的取向。"卓越小学教师的本科培养实践"一方面可以为一线教育事业培养更多优秀的教师，提升教师队伍的专业化水平；另一方面可以尽可能地满足人们对优质教育的需求，减轻教育中的"名校热""择校热"；同时也可以通过针对农村地区定向培养小学教师的方式，提高农村地区教师层次，从而促进农村地区教育的发展。

教师专业发展理论是我们开展本科卓越小学教师实践探索的重要理论指引。有关"教师专业发展"的概念，不同学者有不同的看法。叶澜认为"教师专业发展"应该有两种理解："教师专业"的发展与教师的"专业发展"。前者意指教师职业与教师教育（尤其是师范教育）形态的历史演变；后者则强调教师由非专业人员成为专业人员的过程。③ 陈琴、庞丽娟等认为在满足社会发展要求和个体发展要求的基础之上，有计划有组织地为特定的学生传授一定的知识和技能，以使学生能够适应社会的发展，体现自我的价值和意义。把教师和医生、律师等这些高度专业化的群体进行对比，其专业化程度尚处于起步阶段。当今的教师需要一批优秀的并且接受过专业学习的人才能充当起这个角色，以避免教育中的一些悲剧事件发生。对于教师来讲，其专业性特点主要体现在学科专业性和教育专业性这两个方面。学科专业性指所

---

① 教育部.普通高等学校师范类专业认证实施办法（暂行）[EB/OL].http://www.moe.gov.cn/jyb_xwfb/s5147/201711/t20171109_318736.html.
② 教育部.教师教育振兴行动计划（2018—2022年）[EB/OL].http://www.moe.gov.cn/jyb_xwfb/xw_zt/moe_357/jyzt_2018n/2018_zt15/zt1815_yw/201803/t20180323_331063.html.
③ 叶澜，等.教师角色与教师发展新探[M].北京：教育科学出版社，2001.

教学科知识的系统性、扎实性、迁移性以及延伸性,教育专业性指能够根据学生身心发展规律来进行教育、授课、管理等方面的工作。以下是比较有代表性的教师专业化过程中所应具备的专业素质。

从上述代表性观点来看,教师专业素质主要分为教育知识、教育能力、教育态度三大类。在教师专业化发展的过程中,教育知识是从事教育工作的基础。教育知识又被分为通识知识、学科知识、教育学学科知识。教育目的有一个重要的特点是培养人、发展人,这就需要教师掌握除了专业学科知识以外的其他知识,例如自然科学、哲学、政治学等,这是一个人的"人文性"的体现,对于丰富人的精神世界具有重要的作用。教师拥有丰富的通识性知识,既可以满足自身发展的需要,也可以满足学生多方面发展的兴趣和需要。掌握学科知识是完成教学任务的基本条件,在学校里,教师的一个重要作用就是把一些知识系统地传递给自己的学生,而教师能够胜任教学工作的前提是必须自己懂得某一学科的知识。教育学学科知识是与学科知识相辅相成的。教学的最终目的是育人,那么如何将知识传递给自己的学生,学生具有什么样的特点,教学过程中使用什么样的教学方法,教育具有什么样的意义和价值,这些教育学学科知识能够帮助教师更好地进行备课、上课。在教师专业化过程中,教师拥有教育知识是从教的基本条件,但是进行有效的教学工作则需要相应的教育能力。

教师专业化发展是学界备受关注的话题之一,有关教师专业化发展的研究仍处于摸索阶段。教师的专业素质结构经过这么多年的发展虽然有了一个较为统一的说法,但是具体内容仍处于争议之中。学界对教师专业化发展的探索之于提高教师的水平或者促进教师自我的发展无疑是一个巨大的推进力。教师专业化发展理论为笔者研究卓越小学教师的培养实践提供了分析思路,同时也为研究问题的未来发展提供了方向。

再者,教师领导力理论为培养现代卓越教师的专业素养结构提供了一种新的视角。教师领导力的研究兴起于20世纪80年代的欧美国家,伴随着教育改革的不断推进,教师承担的角色逐渐得到关注。越来越多的人意识到教师绝不仅仅是教育改革过程中的经历者,发挥教师在教育改革过程中的领导力对于有效推动教育发展具有不可磨灭的作用。领导力是一种特殊的人际

影响力,指个体影响一群个体以实现共同目标的能力,而这种目标通常具有变革和创新的意义,是需要付出创造性努力之后才能够实现的。① 教师领导力的概念最早出现在《教师领导:理论与实践》这本书中,它的提出是对传统领导力认识的一种冲击。② 到目前为止,有关教师领导力的概念并没有一个权威的认定,一些学者认为"教师领导力这一理念中的领导在本质上是非等级制的,既非以职业为主,亦非以权力为本。它更少强调体系中的正式角色与合法权利,而是基于专业知识和晓以道义的劝告"③。还有一些学者认为教师领导力指教师在特定情境中为实现学校教育目标而对学校中的人和事施加影响的能力。④ 从以上描述中可以看出教师领导力的关键是强调教师对于其他人的影响力,这种影响力可能产生于教师群体之间,但是更多地产生于师生之间,因此如何提高教师领导力水平,如何发挥教师领导力的作用也是需要师范生学习的必备技能。教师领导力是教师自身所拥有的信念、知识、能力、情感等多种因素在一定的群体活动中,对"被领导者"(活动中的其他成员)产生的一种综合性影响力。⑤

有关教师学习的理论也是建构卓越教师课程的一个基础。本科阶段是教师教育职前培养的重要时期,如何更加有效地进行职前培养是当今师范教育不断探索的问题。《教师教育课程标准》的颁布为整个教师教育提供了培养内容上的参考框架,那么如何将这些内容落实在培养的各个阶段也是一个关键性的问题。本科师范教育在很大程度上的目的是培养未来社会所需要的教师力量,这些师范生被认为是"派往明天的教师"。高校在进行师范教育的课程教学时更多考虑的是这些"派往明天的教师"在未来的教育过程中所应该具备的知识与能力,往往把师范生自身的学习特点给忽视或者弱化了。随着教师教育的发展,一些学者开始关注职前教师在学习过程中的心理特点、情绪反应以及阶段变化,并且形成教师学习理论。目前在国际上比较成熟的教师学习理论如"教

---

① 周晓静,郭宁生主编.教师领导力[M].北京:北京师范大学出版社,2014,9.
② 陈纯槿,王红.英国学校改进中的教师领导研究述评[J].外国中小学教育,2010(9):36-39.
③ 卢乃桂,陈峥.作为教师领导的教改策略——从组织层面探讨欧美的做法与启示[J].教师发展研究,2006(17):54-57.
④ 周晓静,郭宁生主编.教师领导力[M].北京:北京师范大学出版社,2014,13.
⑤ 周晓静,郭宁生主编.教师领导力[M].北京:北京师范大学出版社,2014,14.

师学习六元素模式""在社群中学习教学模式""六层面洋葱模式"都给予了我们很大的启示。其中"教师学习六元素模式"是由美国学者舒尔曼提出的,他认为教师学习的关键六要素是愿景、动机、理解、实践、反思与社群;①"在社群中学习教学模式"是由哈姆内斯、达林·哈蒙德等人提出的,该模式认为教师学习的框架是由愿景、理解、知识运用的倾向、实践信念、工具构成;②"六层面洋葱模式"是由荷兰教育专家科瑟根提出来的,他认为教师学习的过程受六个层面问题的影响,分别是环境、行为、能力、信念、专业认同及使命。③

从以上三种学习模式中,我们可以发现教师学习理论具备以下共同的特征。第一是具有学习的动机。学生在接受师范教育培养的过程中,必须去认可自己未来所从事的职业,这样才会产生学习的欲望。第二是理解。这种理解是指教师必须理解或者认识未来所从教的对象的特点、工作性质以及从教的环境,这样才能有效地设置教学目的、组织课堂教学等。第三是指要具备践行的信念。随着对教育关注的增多以及学习内容的加深,师范生心中会萌发出某种教育信念,也可以称之为教育态度,这种教育信念或者教育态度对其以后从事教育工作的影响是极大的。第四是要学会反思。师范生在学习的过程中所接受的教育理论或者教育经验大多为间接经验,这就要求学生在学习之余要对所学习的内容进行反思。

师范生在从教前结合自己的学习经验会对教师工作有一定的认识,他们可以简单把握教师工作方面的程序性任务,但是这种认识仅限于对教师职业的表层认识,一些学者将这种认识称为教师职业的"前概念"。④ 在职前学习的过程中,这种"前概念"会使师范生对教师工作的认识产生异化,认为所学习的内容在实际教学中不会产生多大的作用,他们对教师职业会有一种不切

---

① SHULMAN L, SHULMAN. J. How and What Teacher Learn: a Shifting Perspective [J]. Curriculum Studies,2004(2):257-271.

② DARLING-HAMMOND L, BRANSFORD J. Preparing Teachers for A Changing World: What Teachers Should Learn and Be Able to Do[C].San Francisco,CA :Jossey-Bass,2005.

③ KORTHAGEN F A. Commentary Professional Learning from Within [J].Studying Teacher Education,2009(2):195-199.

④ KORTHAGEN F A. In Search of the Essence of a Good Teacher:Towards More Holistic Approach in Teacher Education[J].Teaching and Teacher Education,2003(10):77-97.

实际的想象。在调研过程中,很多刚入职的小学教师称这份职业和自己入职前想象的样子差距很大,这其实是在"前概念"影响下所产生的教师职业落差感。因此对教师学习理论的研究不仅可以帮助高校在职前培养过程中更好地把握学生的心理状态,也可以使未来的准教师更好地认识自己的学习过程,减少认识的误区,为成为一名教师做好准备。

(三)现实依据

随着基础教育改革的不断推进,小学教育在传统的知识教授的基础上更加强调育人的功能。如何在传递知识的过程中实现育人功能是现在小学教育所面临的难题。为了破解这个难题,小学教育工作中也进行了各种各样的尝试,例如引进学习不同的教育新理念、实施综合实践活动、加强主题教育、改进教学方法、更新教学媒介等,这些尝试都为推动小学教育事业的发展做出了贡献。在教育深化改革的过程中,教师的重要性开始被人们所重视,因为无论实施何种教学方法、学习何种教育理念、开展何种教育活动,教师都是最后的教育落实者,教师能力的高低直接影响着教育改革的成效。对于小学教师而言,这些改革都打破了传统的课本知识传授的要求,更加需要教师具备综合性能力。为了不断提升教育能力,突破教师个体的教育阈限,反思能力和研究能力就成为卓越小学教师必备的关键能力。

二、卓越小学教师的实践特征

在探究如何培养卓越小学教师的过程中,首先必须明确什么样的人能够被称为卓越教师,以及卓越教师应该具备哪些特征。目前,有关"卓越小学教师"的界定并没有一个较为统一的说法,尽管不同学者立足自我的研究立场对卓越教师的应有特征做出些概括,但给读者留下"理想乌托邦人"的印象。为了研究卓越教师应该具有的特征和素养,理想状态是应该找到相应的卓越教师,对其所具有的特征进行概括。但是目前在我国,"卓越教师"并没有一个合理的身份限定或者职称指代,这也给本研究寻找理想的研究对象带来了一定的阻碍。在研究卓越小学教师的特征中,我们选取了 10 名比较有代表性的小学教师作为具体的调研对象。他们身上所具有的特征和素养可以为本科教学提供努力的目标和方向,也可以为本科生自身素养的提升提供榜样的力量。同时,为了使调研更加充分,在考察过程中,我们也通过调查大学教师、小学校长、一线小学教师以及小教本科生等这些相关群体对卓越小学教师的特征进行了分析。

(一) 卓越教师与普通教师专业能力的差异分析

我们选取了 10 名起点相同但发展程度不同的小学教师作为调研对象。在我国小学教师群体中,拥有高级教师职称和特级教师职称的比例是相对较低的,在本次调查中将其作为"卓越教师"组。从严格意义上来讲,特级教师或者高级教师并不完全等同于"卓越教师",有关"卓越教师"的身份界定目前仍处于相对模糊的阶段。但是有一点可以基本达成共识,那就是卓越教师一定是比较优秀的教师,或者说是教师群体中的佼佼者。选取特级教师和高级教师作为卓越教师分析的样本,是因为在很大程度上他们是教育界公认的优秀教师,是青年教师学习的榜样。为了提高研究的有效性,我们选择初始学历都为中等师范学校、年龄控制在 37—45 岁、教龄控制在 19—27 年的调研对象,调研对象的信息详见表 1。

表 1 调研对象的基本情况

	职称	初始学历	最后学历	年龄	教龄/年	任教科目
卓越教师组	高级教师	中等师范学校	在职研究生	45	27	语文
	高级教师	中等师范学校	本科	43	23	数学
	特级教师	中等师范学校	本科	48	32	语文
	高级教师	中等师范学校	本科	47	29	语文
	高级教师	中等师范学校	本科	47	28	数学

续表

	职称	初始学历	最后学历	年龄	教龄/年	任教科目
普通教师组	二级教师	中等师范学校	本科	45	26	语文
	二级教师	中等师范学校	本科	43	25	数学
	一级教师	中等师范学校	中等师范学校	46	28	数学
	二级教师	中等师范学校	中等师范学校	45	28	语文、道德
	二级教师	中等师范学校	中等师范学校	41	22	语文、生活

在卓越教师组中有1名特级教师、4名高级教师，他们都获得过市级或者省级优秀教师、教学能手、优秀班主任等荣誉称号。在普通教师组中有一名一级教师，其余四名都是二级教师，很少有人获得市级以上的荣誉。在任教科目方面，卓越教师组主要任教科目是语文或者数学，普通教师组的任教科目前后有变化，一方面是由于学校的授课调整，另一方面是教师个人的自我选择。

他们走向卓越的原因是什么？在调查这10名教师的过程中，通过访谈和听课，并对访谈资料进行分析，我们发现卓越教师组和普通教师组在关爱学生、教育信念、教学目标、学科知识等方面的认识并无明显的差别，但是涉及具体的教学过程中的细节、专业成长的自我意识性、教育科学研究的积极性方面存在明显的差异。

首先是反映在教学过程的差异，具体情况分析如下。

卓越教师和普通教师面对教学突发情况的应对方式分别表现为灵活调整和按部就班。在教学的过程中，学生会提出一些问题，有的问题不在教师的预设范围内，甚至有的问题与课堂教学关系不大。卓越教师会根据学生的实际情况及时地加以引导和解释，会依据课堂的情况及时地生成新的教学资源，但是普通教师更多的是选择回避甚至淡化学生的问题，更多的是按部就班地完成自己的教学计划，采用"下节课再说"或者"先听老师讲，一会儿再说"的形式回应突发情况。

卓越教师和普通教师在学生高阶能力培养的意识方面分别表现为"你怎么解决的？"和"你懂了吗？"学习是学生高阶能力培养的重要过程，教师教学和引导就显得尤为重要。学生是学习的主体,培养学生良好的学习习惯和思维方式对于学生的成长具有重要的意义。卓越教师在上课时,经常在学生解答问题后会再反问:"你为什么会这么想?""有没有其他同学有不同的意见?"而普通教师却鲜有人会这么提问,一般会说"你回答得真好",甚至在一节数学课上,在讲评一张试卷时全程没有提问任何学生,只是核对答案和讲错题,最后让学生举手表示大概得了多少分。这种教学过程无疑就是答题的操作性训练,学生也只关注本题目的对错和怎么答,没有反思为什么答错了。"你怎么解决的?"和"你懂了吗?"看似是两种简单的问答方式,其本质代表了教师在教学过程中的关注意识。

其次是表现在专业成长的自我意识性方面的差异,具体情况分析如下。

影响人发展的因素有很多,主观能动性无疑是占据主导地位的。这些调研对象,他们原本都是中等师范学校的毕业生,但是经过二十多年的发展,一些人成为高级教师甚至特级教师,而还有一些人仍然是二级教师。虽然职称评定会受到多方面因素的影响,但是这与教师本人的努力程度是有很大的关联的。通过访谈和现场听课,我们能够明显感受到他们的差异。卓越教师组在谈及一些教育问题时总是带有自己的想法,甚至从话语中我们还能体会到他们教育理论的功底是相当扎实的,他们仍然坚持看书和写作,坚持听新老师的课,及时记录其存在的问题。"我评上高级职称四年多了,现在是我们区的语文教研组负责人。自我感觉压力更大了,因为教研活动是不断创新的活动,如果不及时学习就没办法指导大家,别人介绍时说我是高级教师,我更是不想让别人觉得高级教师也就这样。"①

与之相反,很多普通教师自认为是学校的"老人",每天坚持上课但是整体态度比较消极。"我每天都有课,没课的时候我一般都不在学校了。我还挺喜欢做老师的,如果不想评职称,挺轻松自在的。我是不打算再评了,就这样到退休吧。"

再次,在教育科学研究的积极性方面也有明显不同,具体情况分析如下。

在学校调研时,我们看到卓越教师的荣誉成就除了有常规的奖项之外,

---

① 选自笔者与 G 老师的访谈记录(20180917).

还有很多教育科研成果的奖项。他们大都围绕着一线教育教学现状提出自己的见解,甚至有的文章发表在比较好的期刊上。"现在小学教师也要做科研的,我们学校的老师每个月都有学术沙龙活动,围绕一些问题展开探讨。可以是关于教学方法的,也可以是关于具体教学内容的,还可以是关乎教育热点事件,在这样的过程中教师思想的深度会不断提高。"在调研对象的卓越教师组中,这些教师相应地都主持过区、市级以上的课题项目。与之相反,普通教师组中仅有2位教师参与过课题研究,有3位教师发表过1篇论文。

除访谈以外,我们还采用了调查问卷的形式辅助访谈。在调查过程中,我们共发放问卷320份,其中N校小学教育专业学生(包括毕业生)180份,小学在职教师140份。问卷共收回289份,有效问卷276份,其中N校小学教育专业学生159份,小学在职教师117份。

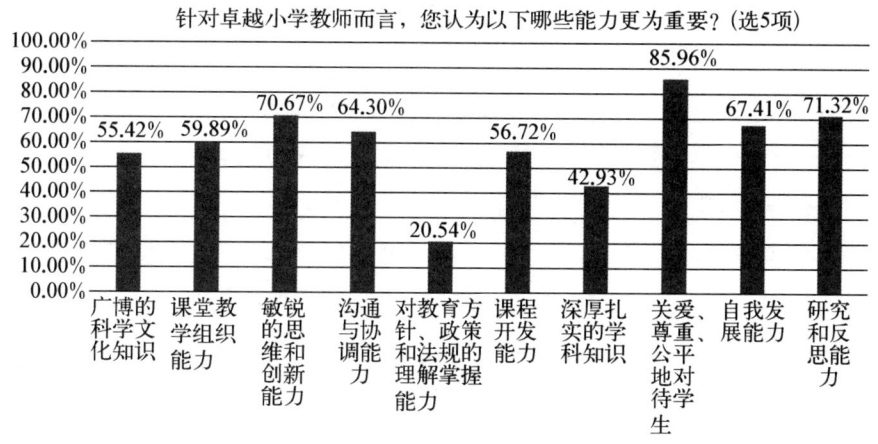

图1 关于卓越小学教师的特征统计图

根据对相关文献资料以及政策文本的分析,有关卓越小学教师的能力,以上10个方面被谈论得最多。通过对小学教育专业学生和在职小学教师进行调研可知,在这10项有关卓越小学教师的特征中,排名依次为"关爱、尊重、公平地对待学生""研究和反思能力""敏锐的思维和创新能力""自我发展能力""沟通与协调能力""课堂教学组织能力""课程开发能力""广博的科学文化知识""深厚扎实的学科知识""对教育方针、政策和法规的理解掌握能力"。这些调查问卷结果再次强调了师德情怀、反思能力、自我发展能力等方面对于卓越老师的重要意义。

(二) 卓越小学教师典型特征分析

第一,他们都具有师德情怀,能弘扬德高为师的精神并能扎根"教"土。

对于任何人来讲,高尚的品德都是其安身立命的根本。教育的根本目的是培养人,教师的使命是教书育人,无论对于教育还是从事教育的教师而言,教育中的"德性"都是第一顺位的。一名能称得上"卓越"的教师,首先要热爱这个职业,热爱所从事的这份工作,这份情怀也将是激励教师不断前进的重要动力。在小学阶段,学生的身心发展还未成熟,"向师性""从师性"等特征在小学生中表现得尤为突出,这也就决定了小学阶段的教师在师德方面必须有更加严格的要求。在卓越小学教师师德建设方面,首先必须加强对教育公平的重视;其次,教师要学会调控自己的情绪,不能让自我的情绪过多地影响教育教学,尤其是负面的情绪,最有可能导致教师对学生发火解气,这种负面的情绪状态也是导致教师产生辱骂、殴打等过激行为的导火索;最后,教师要尊重每位学生,保护学生的自尊心,不挖苦、嘲讽学生。

一个卓越的小学教师,首先必须是一位师德高尚的人,师德并不抽象,就是尽一切可能为了学生的发展,愿意为学生的成长而不断努力。师德是具体的,情怀是永恒的,随着时间的推移,学生将是他们生命的重要部分。几十年的教学生涯总有一些场景是相似的,所有的坚持也都需要教育信仰的引领。

第二,他们具有丰富的经验积累,并能生成教学实践性智慧。

教学是教师众多任务中最重要的使命,整个教育工作绝大部分是通过教学来完成的。对于教师而言,教学并不是一种天生自然力,而是需要不断积累与磨炼才学会的。从"教学"到"会教学"再到"好的教学",这期间的每一次变化都是一段艰难的探索过程。

在调查中,我们发现普通教师组和卓越教师组都是经验丰富的教师,都可以按照大纲要求完成相应的教学任务,但是普通教师组属于按部就班型的,喜欢按照既定的教学目标完成任务,是一种结果性导向。被访谈的教师说:"我从教十多年了,上过很多节课,同一课时的内容也反复上过很多遍。

我每节课后都会针对上课过程中学生的反应进行不断的反思,重新设计自己的教学方案。我在同一批入职的教师中也算是成长得比较快的了,很多新教师也会来听我的课。但是让我印象特别深的是有一次区里进行教学比赛,我参加了,下边有很多特级教师、教研组的老师来给我们打分。我们6位参赛老师抽签讲了3篇不同的课文。点评完后一位评委老师说他也想参赛,于是他抽了一篇课文,同样的内容,短暂的备课时间,教学重难点也是相同的,但是他的提问时机和处理学生问题的方式让我感到由衷的敬佩,我觉得非常震撼。那种对课程的掌控能力,引导学生自觉地提问、思考的方式,处理的时机真是游刃有余。这就是'差距',值得一位老师终身磨炼的教学实践智慧。"同样的教学内容,同样的教学目标,但是一位富有经验的老教师的演绎却令现场其他的教师由衷佩服,这是作为教师的一种独特魅力,是教师智慧的体现,这些是需要在实践中去不断锤炼的。这种智慧的呈现,意在告诫我们的师范生"路漫漫其修远兮,吾将上下而求索"。

第三,他们学会如何发展,自我督促,在反思中成长。

在现代教育观中,教师的角色像一条"潺潺的小溪",在自我不断更新的同时也给他人带来新鲜感和润泽感。对于小学教师而言,需要传授的书本知识是相对比较浅显的,很多教师在备几次课之后便失去了发展的动力,几年下来千篇一律地进行着教学,整个教育工作也未有新的起色和发展前景。作为一名教师,除了每年有固定的继续教育任务以外,要想获得不断进步、挖掘自身的潜能,需要不断进行自我学习,始终保持学习的精神和态度。当今世界,需要在政治、经济、文化等多方面进行互相交流,教育也不例外。现今我国的基础教育在进行如火如荼的改革,很多国外先进的教育经验被引入我国的教育之中获得借鉴。作为一名教师,一定要拥有国际视野,敢于并且乐于去尝试先进的经验,这也是促进我国基础教育发展的重要潜能。交流合作对于小学教师的发展而言也是重要的途径,当前的学校中有学科组、教研组、同伴教学等,都是教师合作的平台,教师在群体中也能不断学习其他人的经验,从而改进自己的教育教学水平。

对于卓越教师来讲,首先,反思能力是最基本的能力。每一位教师都能完成教学任务,有的教师的教学水平在不断进步,有的教师却几十年如一日,前者之所以能进步,在于他们能够不断反思总结自己的教学,不断改进教学过程。

其次是持续学习的能力。一个不热爱学习的教师注定不会成为卓越的教师,卓越教师其本身就不断经历着发展。卓越教师应该具备这种终身学习的意愿和能力,时时反思,不断对自己的方案和决定进行冷静的思考、回忆和反省。任何行业都强调专业发展,教育行业也不例外,那么什么是专业发展?简单而言就是实践+反思,没有实践谈不上专业落地,没有反思谈不上专业深度。

再次,教师自我成长力是卓越性一个重要支持,因为教师进入一线教学环境当中,他们的发展很大程度上依赖于自身有没有一种自我不断要求去改变、不断去反思教学的意识和能力。教学是一种经验性的专业技术工作,有的教师教学水平不断提高,有的教师几十年如一日,他们的差别并不在于上课次数的多少,而在于能否及时地反思自己的教学过程。反思的过程也是一种自我更新的过程,教师能够分析自己的不足,及时更新弥补,必定能在潜移默化中收获成长。

第四,卓越的教师能很好体现以学生为本的原则,心中有"人"。

教育的整个过程都是为了实现教育"培养人"的目的,所有的教育教学活动也都是围绕着"育人"来开展的。育人可以从班级指导以及综合育人两个方面来进行。例如在班级指导方面,我国小学阶段大部分采用的是班级授课制的组织形式,每一个班级都会有相对固定的班主任来进行管理。很多小学教师在学校里除了承担教学任务以外,也担任着班主任的工作。

作为班主任老师,首先要有包容之心,因为小学生和其他阶段的学生不一样,会出现各种意想不到的事情,所以教师一定要具备一颗包容之心。其次是睿智,现在的小学生很精明,能言善辩,自尊心极强,和他们接触时他们会提出很多问题,同时当他们犯错时会害怕受到批评,因为他们不想"丢面子",所以教师一定要睿智,以便能够应对随时被抛出来的问题。再次是要有童心,在小学待久了就会把事情简单化,因为每天打交道的对象都是孩子,所以小学教师应该具备童心,理解孩子的所说所想。最后就是向上,教师要永远保持一种乐观向上的心态,给孩子传递正能量。

"在育人方面,我们强调爱心,爱心的具体表现恰恰就是各种充满责任的行为。在爱心的统领下,为孩子的发展所担负起的有责任的行为是极其重要的,这就是一个教师育人的体现。小学阶段是一个孩子身心发展的关键时期,相对于学习知识而言,小学教师更多地应该承担起促进学生身心发展方面的任务,引导学生向善向美。孔子曰:'其身正,不令而行;其身不正,虽令不从。'尽管这个时期儿童的认知各方面不够完善,但是他们也开始逐渐明白是非善恶,作为教师,在关注学生身心发展的同时,也要注重自身言行对于学生的影响。"

三、卓越教师的特征与本科培养的关系

形成卓越教师的特质是培养的起点与目标,了解小学卓越教师的特征对于小学教育专业本科培养的专业设计、培养方案的制订具有重要的意义。小学卓越教师的师德情怀、对学生的关爱之情和对教育事业的热爱,对于小学教育专业的人才选拔具有重要的借鉴意义,在选拔招生过程中要注重选择"乐教""适教"的学生,并且在整个培养过程中要让学生了解师德规范要求,通过多种活动培养和激发学生的师德情怀,使其明确专业的培养方向,树立终身从教的信念。卓越小学教师的教学实践性智慧的生成,需要依托扎实的教学基本功。学会教学设计、教学管理,认识学生的学习特征,研究课程标准,学会解读教材,这些是教师走向讲台、成为一名合格教师的必备技能,也是学会教学的基础,而将这些基本理论知识和教学实践相结合,需要依托教育见习、教育实习的转化,从而提高多方参与主体的认识,这为本科阶段的努力提供了方向。学会发展、终身学习是一名教师从普通走向卓越的推动力,这就要求教学者在本科教学过程中注重培养学生自我学习和探索的能力,特别是要提高学生不断学习的认识,让学生认识到教师职业不断学习的意义与价值。教书育人是教师的基本职责,在让本科生具备扎实的知识的同时,也要培养本科生育人的能力。由于本科生年龄较小,在沟通方面、交往方面经

验有所欠缺,故在教授本科生的过程中要让学生了解与孩子、家长等沟通的技巧和方式,了解育人的技巧和能力。卓越教师的特征是在制订本科培养方案的时候需要考虑的,也是需要在课程内容中加以凸显和重点培养的。

对于师范生的培养而言,培育他们卓越的潜能是他们专业成长长远的效应。

小学卓越教师的培养是一个长期性过程,是职前和职后连续性的培养工程,不仅仅需要外在培养力的推动,更需要调动个体主观能动性。在本科阶段强调卓越教师的培养,其重点在于选拔和培养卓越小学教师的候选人,培养成为卓越教师的基本能力,发展学生成为卓越教师的各种潜能,使学校和学生了解卓越教师需要具备的特征,从而在今后的培养和学习过程中明确努力的方向。学习的过程是持续的,会受到各种因素的影响,仅靠本科阶段培养卓越教师是不现实的,也是永远不会实现的。但是在高校进行培养目标的设定时,将卓越教师作为培养目标仍然具有现实意义,"止于至善"也许就是一个最好的解释。

我们还要正确理解和把握卓越小学教师的评价标准,创造性地运用卓越小学教师本科培养的标准体系。对于小学教育专业的本科生而言,本科阶段的学习是其专业成长的奠基阶段,本科教育旨在为小学教育输入具有"卓越潜能"的优质师资,从而促进基础教育质量的提高。因此在结合了卓越教师的特征、师范专业认证标准、教师教育专业标准等的基础上,笔者尝试着建构有关卓越小学教师本科培养的标准体系。

表2 卓越小学教师本科培养的标准体系

一级指标	二级指标	卓越特征	支持性条件
师德建设	教育情怀	热爱教育、无私奉献、正直善良、教育责任感强、态度乐观向上、为学生和同行的学习与幸福提供支持	师德活动、教师职业道德、教师伦理知识、心理学知识、见习实习经验
	师德规范		
	个性品质		
	身心健康		

续表

一级指标	二级指标	卓越特征	支持性条件
学会教学	教学能力	学生成绩、教材解读力、备课能力、教学机智、课堂把控能力、良好的知识储备、课程资源的创生、能教授各年龄阶段的学生	学科知识、通识知识、教育学相关知识、现代信息技术、教育见习实习、教学基本功
	课程开发能力		
	教学评价与反馈能力		
学会发展	自主学习的能力	研究能力、求知精神、适应教育新变化、分担学校共同生活的责任、学习意识强烈、问题意识	教育研究方法、学习反思的方法、发现问题的意识
	终身学习的理念		
	教学反思的能力		
学会育人	班级管理	身体力行、平等观、学生各发展阶段的身体智力和情绪特征、严慈相济、方法得当、高效沟通、建设性地预期和管理学生的行为	教育学知识、心理学知识、教育实践能力
	学生观		

在此基础上,我们提出了以"研究型全科卓越小学教师"为培养目标的专业定位。从"双能型—多能专业型—研究型全科"的转变中可以看出,我们在小学教育专业培养目标上不断精雕细琢,力求使专业发展更加贴合社会以及学生的发展要求。"双能型"小学教师重视教师的教学能力和实际操作能力,突出强调师范教育的效率性和应用性,其背后折射出的原因便是整个教育事业的发展对于教师数量的庞大需求,我们希望用最少的时间,为教育注入更多新的师资力量。"多能专业型"小学教师既能从事小学各主要学科的教学工作,又能胜任班主任工作,同时还能独立开展小学教育教学科学研究,这一培养目标与"双能型"相比较更加突出教师的综合能力,同时也更关注教师的研究能力。结合新一轮小学教育专业课程调整的时机,我们又提出了"多能专业型"的培养目标。在2018年的师范专业认证评估中,我们结合新的要求对小学教育专业培养目标重新做了调整,提出了"研究型全科卓越小学教师"的目标定位。根据专业发展长期的积淀以及当前社会对小学教师的要求,培养目标更加具有针对性和具体性,更加具有指导意义和可行性。

从2015年卓越教师计划项目的实施到2018年师范类专业认证标准的出台,培养目标通过调整变得更加清晰和具体,这推动了教育教学工作更有力的开展。根据对培养目标的具体分析可知,其呈现出以下三个特点。

第一,培养目标立足实践,定向小学。

从专业定位来看,小学教育专业的培养目标必须定向在小学,所培养的师范生要具有较为系统的教育学、小学教育专业基础知识和应用技能,全面的教育教学能力和专业的班队经营管理能力,能够创造性地进行小学教育实践等。要突出师范性,强调热爱小学教育事业,师德高尚,能树立长期从教的信念,具有坚定的教育理想和教育信念。长期以来一些专科学校和中等师范学校承担着培养小学教育师资的任务,在小学的一线教育中,大部分的教师也都具有专科学校和中等师范学校这样的教育水平。为了满足小学教育发展的需要,小学教师师资培养逐步从专科转向本科,甚至一些地方达到了研究生的层次。本科层次的小学教师培养与专科和中等师范学校的层次相比,更加注重培养教师的研究能力、反思能力、自我发展能力,使他们具有扎实的教育理论功底、专业的教育研究方法和批判性思维,形成善于发现问题并运用教育理论和方法思考和创造新的想法、解决方案和模式的教育科研能力。

第二,注重培养全面性的专业素养。

从教师素养方面分析,小学教育专业在培养目标的设定上从师德、知识、能力以及身心发展四个方面对培养的学生进行了质的规定,这样对培养目标的设定符合当今小学教师专业发展要求。在师德方面,更加重视教师的职业道德素养,注重培养学生热爱教育事业的情怀。热爱教育事业、立志从教的情感是培养卓越小学教师的动力,只有有了更多毕业生愿意从事小学教育这份事业,才会有更多可供选择的对象,从而为小学教育事业选拔出最优秀的师资。热爱和兴趣也是一个人主观能动性的表现,只有当个体主观能动性被调动起来,才会有无限发展的激情和动力。当教师对教育事业充满着探索的动力和激情时,才会不断提高对自我的要求,减少职业倦怠感,而这也是成为卓越小学教师的潜在动力。在知识方面应注重学生多学科能力的培养,注重学生学科性知识、教育性知识、实践性知识、教育管理知识以及其他通识性知识的学习。

第三,注重全科型的通识能力和专业素养相结合。

从培养模式来看,我们以培养既能胜任分科教学,又能承担多学科综合

教学的研究型全科小学教师为目标。这在一定程度上符合小学教育以综合性课程为主的需要，顺应了未来卓越小学教师的发展趋向。然而，面对当今基础教育阶段分科型教育的现状，全科型教师也常常因为没有明确的学科培养指向而被诟病。小学教育专业从整体上来讲一直是走综合型培养路线的，我们的目标是培养全科型的教师，这里所强调的全科型教师就是以主科为主的，但同时兼顾其他一些小学科的教师。现在很多师范类学校在培养"卓越小学教师"时，都采用"卓越班""实验班""示范班"等模式。全科型教师的培养更加突出"研究"能力，希望加深学生对理论知识的学习。

在教师教育深化改革的过程中，不断提升教师的素养成为我们永恒的追求目标。在欧美等发达国家不断加强卓越教师的培养并取得显著成效的刺激下，2014年10月教育部立足我国的实际发展需要，出台了《关于实施卓越教师培养计划的意见》，为提升我国教师队伍的层次提出新的发展目标。当前在很多师范类高校中，有关卓越小学教师本科培养实践的改革正在如火如荼地进行着，但是却没有相对成型的培养范本。卓越小学教师本科培养实践主要是依据政策、理论以及现实的需要而进行的活动，这些方面的需要为卓越小学教师本科培养实践提供了有力的支撑，这些方面的种种探索必将为我国教师教育提供更多的范式和路径。

（作者：郑璐璐　朱　曦）

专题二

卓越小学教师的核心素养培育

有人说:"今天的教育和教师如果不生活在未来,未来的学生将生活在过去。"确实,在如今教师教育体系"大变革""大发展"的时代,小学教师培养面临着巨大挑战。面对学生、家长乃至社会大众对"好教师"的期盼,面对培养"小学生发展核心素养"的基础教育改革诉求,小学教师应该具备怎样的综合素质?除"知识""能力"等基本素养之外,还有哪些德性与智性品质是小学教师不可或缺的核心素养?本书第二部分即着重探讨如何培养小学教育师范生应该具备的教师德性、情感能力、审美艺术素养、批判性思维、课程领导力、德育能力、"家—校—社"合育能力、研究能力等关键品格与必备能力,以期其能够从容地应对未来小学教育变革的挑战。

论教师专业化发展的德性维度

进入 21 世纪,随着我国教育事业的深度发展,尤其是新课改的深入推进,"教师专业化"成了我国大陆地区教育研究中的"显学"课题。据我们统计,2001 年至 2007 年 7 月,在"教师专业化"语境下,直接论述"专业化"的论文就达 1500 余篇。但是,纵观这些文献,"技术理性本位"的取向十分明显,绝大多数文章在研究教师专业化发展时,把"专业属性"置于专业领域的科学知识与技术的成熟度上,而对"德性"维度缺乏应有的关注。尽管教师专业化发展研究的"德性论"正在崛起①,但这样的声音还显得异常稀少和微弱。因此,笔者想就相关议题做进一步的阐述,以就教于同行方家。

一、教师专业化发展为什么需要德性素质

教师专业发展一般包含两层含义:教师职业成为专门职业并获得应有的专业地位的过程以及教师成为专业人士的过程。前者主要是从外在的"体制""制度"层面进行探讨,后者则从教师内在专业素质结构来研究。一般认为,教师专业结构(素质构成)包括知识维度、能力维度和伦理维度(有的表述为伦理与心理人格维度或个性品质维度)。本文主要探讨教师专业素质结构中的德性维度。

教师专业发展的德性要求对于教师发展的重要性似乎是一个不证自明的命题。但近几年来,在"技术理性本位"的冲击下,教师专业发展的德性要求日渐式微,逐步"边缘化",成了可有可无的要素。因此,谈论教师专业发展的德性要求,首先必须重新明确一个基本前提:教师专业发展为什么需要

---

① 朱小蔓.教师专业发展与教师的道德影响力[J].临沂师范学院学报,2006(1):1-4.

德性。

首先,教师专业发展的德性要求是教师这一职业(专业)的内在的本质规定。众所周知,教育是培养人的社会实践活动,而作为一种培养人的职业(专业),教师工作的本质特性就是运用各种教育媒介对学生的身心产生积极的影响,使其获得全面发展。其中影响最大的,莫过于教师自身德性对学生的影响;而这种影响尤其又表现在教师德性对学生人格特质与精神品质的形塑上,这就是人们常说的"为人师表""身正为范"的终极价值。因此,一名伟大的教师,一名优秀的教师,乃至一名普通的合格教师,只要他/她是一名真正的教师,就必须从影响学生精神成长、人格发展的高度去反省自身的德性,去冶炼和锻造自身的德性,努力用高尚的道德和人格去影响学生的一生。这样看来,教师专业发展,首先应是教师的德性发展,抽去了德性的"技术理性本位"的所谓专业发展,只能是畸形的发展,其对学生的影响害莫大焉。

审视当今一些中小学教师(尤其是一些所谓的名师)的专业发展现状,我们不难发现"重知轻德"的倾向,他们为了所谓的专业发展,将主要精力用于课题研究(有许多是"伪研究")、备战公开课与赛课(多半是对学生发展毫无益处的应景之作)以及写所谓的论文(有些是毫无价值的杂糅之作),而认认真真育人、踏踏实实教学只是他们的业余事项,其负面效应日益显现。今天,教师专业发展已到了必须寻找"回家之路"的时刻,这就是:发展必先立德!也许,爱因斯坦对科学家的道德在人类发展中的价值的高度评价能给我们以巨大的启示。他曾在悼念居里夫人时指出:"第一流人物对于时代和历史进程的意义,在其道德品质方面,也许比单纯的才智成就方面还要大。即使是后者,它们取决于品格的程度,也远超过通常所认为的那样。"[①]同样,我们有理由断言:教师德性对于专业发展,乃至对于学生发展(这是教师专业发展的根本出发点,无此,则作为一种专门职业的教师的专业发展将毫无意义)的价值远胜于其专业技术。

其次,教师专业发展的德性要求是中国教育的一大优良传统,在走向现代化的当今中国社会,依然需要发扬光大。以"伦理本位"为主要结构的中国

---

① 爱因斯坦.爱因斯坦文集:第一卷.北京:商务印书馆,1977:339.

古代社会形成了重礼教的民族文化心理,这种独特的文化心理有一种"道统相继"的意味,尽管中国历代教师的从业门槛并不是很高,但对从业人员的要求极其严格,这就使得中国自古至今都十分重视教师职业的德性维度,强调为人师者必先立德,教师是道德的楷模、德化的体现。关于这方面的论述随处可见。如作为教师的孔子十分强调追求真理,不断学习,"朝闻道,夕死可矣"(《论语·里仁》);重视教师的以身作则,"其身正,不令而行;其身不正,虽令不从"(《论语·子路》);强调教师对学生的爱,"爱之能勿劳乎?忠焉能勿诲乎?"(《论语·宪问》);强调教师的负责精神,"教不倦,仁也"(《孟子·公孙丑上》)。① 在孔子儒家思想的影响下,中国一代又一代教师秉承着"德性"传统,怀着"修身齐家治国平天下"的远大理想,"以天下为己任",砥砺品性,践行美德,忠于职守,热爱学生,为学生的发展辛勤操劳和无私奉献,创造了一个又一个"惊天地,泣鬼神"的人间奇迹。在古往今来的中国大地上,具有崇高美德的教师不计其数,从古代"仁义立身"的孔子到现代"爱满天下"的陶行知以及当代以"师爱"闻名的斯霞,无不是因崇高的德性而馨满天下。

中国教师专业发展的德性维度有着鲜明的特征。一是不仅强调教师自身德性素质的养成,而且强调用高尚的德性去影响、感化和形塑学生,使其养成应有的德性素质。二是从小事做起,由细微处入手,用亲身实践去践行道德规范,正所谓"切己体察""知行合一"。上述两点在今天看来,依然不失其正面价值。三是"意识形态性"十分浓厚,其负面效应需要注意。中国传统的教师专业发展的德性架构是以封建宗法和君主制度为背景而构筑起来的,它与中国传统社会的组织结构、政治秩序和文化制度本是有机结合在一起的整体②,有许多成分(如核心价值观)已不符合现代文化之精神,这是我们必须警觉的,并要做必要的扬弃。

当然,在今天中国走向现代化的转型时期,很有必要发扬自古以来的德性之传统,这既是中国教师教育研究贡献给世界文化的珍贵财产,又是"不变"和"有变"所使然。"不变"的,是教师职业的本质特征。凡为教师,就理当

---

① 毛礼锐,瞿菊农,邵鹤亭编.中国古代教育史[M].北京:人民教育出版社,1983:41-60.
② 胡逢祥.社会变革与文化传统——中国近代文化保守主义思潮研究[M].上海:上海人民出版社,2000:281.

对学生的身心发展负责,尤其是对学生的人格特质和精神成长负责,因此其自身的德性冶炼就显得尤为重要。"有变"的,是当今社会态势。当今中国社会价值多元,泥沙俱下,乱象丛生,道德失范现象比比皆是,身为教师,理应用社会主义核心价值观引领学生,而有效的引领需要教师身正为范。

再次,教师专业发展的德性要求符合当今世界教师教育研究及其实践的大趋势。就拿世界主要发达资本主义国家来讲,不论是关于教师职业的文件,还是学者们的论述,抑或是一线教师的实践,无不异常重视专业发展中的德性维度。

针对 21 世纪 50、60 年代行为主义影响下美国教师教育忽视教师的态度、人格等内在因素的情况,从 60 年代末开始,在美国兴起了一种情感师范教育范式(人格师范教育范式)。这种范式认为更可贵的是教师的内在人格和条件,是教师对学生的爱心,即教师能否注意和关心学生的情感发展,教师自身是否具备情感人格方面的条件。① 英国政府对"教师专业发展"提出的六条标准中,涉及教师德性的就有"履行重要的社会服务、团体的伦理规范、高度的自主性"等三条。② 英国学者哈格里夫斯(Hargreaves)(1995)认为,教师专业发展不仅应包括知识、技能等技术性维度,还应该广泛考虑道德、政治和情感的维度。③ 美国女性学者内尔·诺丁斯(Nel Noddings)近十余年来更是在不遗余力地大力倡导以"关爱"为主题的教育的同时,呼吁教师的德性要以关爱为核心,时时处处表现出关爱,"在儿童的生活中,他们身边的个人表现出来的关爱可能比任何特别的课程或教育学模式都更加重要"④。而实践中对教师专业素质的要求也多半涉及德性维度。一项"中美好教师比较"的研究表明,美国学生心目中"好教师"的标准有:友善的态度、尊重课堂上的每一个人、客观地对待学生、耐性、公平公正、良好的品性、宽容、关心学生及班级、对学生能够理解和认同、与学生关系和善等。⑤

综上所述,从社会阶层的角度看,知识分子被称为社会的良心,那么既作

---

① 朱小蔓.谈谈"教师专业化成长"[J].南通师范学院学报(哲学社会科学版),2001(1):87-92.
② 王晓宇.试论英国教师专业发展理念的形成[J].外国中小学教育,2005(6):46-49.
③ 卢乃桂,钟亚妮.国际视野中的教师专业发展[J].比较教育研究,2006(2):71-76.
④ 阿伦·C.奥恩斯坦,等.当代课程问题[M].余强,主译.杭州:浙江教育出版社,2004:87,91.
⑤ 徐富明.中美"好教师的标准"比较分析[J].中国教育学刊,1999(6):50-52.

为知识分子阶层一部分又作为社会代表者的教师阶层,则被称为知识分子中的良心,这种"良心中的良心"的角色定位,使得教师专业发展中的德性维度更加凸显出来。当然,这种德性应摒弃传统的糟粕,尤其是"意识形态性",应以普世价值、主流价值为主,如爱与关心、责任、公平与正义、浩然正气、求真、美满、幸福等。实际上,今天的中国社会彰显教师专业发展中的德性维度,是教师专业化的一种本土化研究与实践的回归。

二、教师德性素质的基本要素

教师专业发展中的德性是教师在长期的教育教学实践中逐步形成的高尚的道德和精神品质,它是教师专业素质结构中的重要组成部分,对教师专业发展起到"方向性"("定向")作用。那么,教师发展中的德性包括哪些要素呢?限于篇幅,本文拟就一些核心要素,如爱与关心、责任、公平公正、幸福感等展开分析。

爱与关心既是教育的一个古老话题,又是一个常谈常新的话题。自古至今,几乎所有的教育家都把爱与关心视为教育的首要信条,教师德性素质的首要品质。没有爱与关心,就不会有教育,这已经被人类几千年的教育实践所证明。内尔·诺丁斯甚至要求,必须把关爱作为学校的主要目标,教育者们必须认识到关爱学生是教学的根本,同时,培养学生具有很强的关爱能力是向社会负责的一项主要教育目标[①]。所以,没有爱与关心,无以言教。关于爱与关心的重要性,古今中外的许多文献已有所阐述,在此不再赘述。那么,在今天这样一个急遽变动的社会中,教师如何才能有效地对学生表达爱与关心?也就是说,教师不仅要有关爱学生之心,而且还要有能力去爱与关心,而不是像现实中那样,即使怀着爱与关心,却培养出"功能残缺者"。

首先,教师对教育的本真意义应有深刻的理解、洞察,对学生的关注应以

---

① 阿伦·C.奥恩斯坦,等.当代课程问题[M].余强,主译.杭州:浙江教育出版社,2004:87,91.

"全人教育"的理念与视角来统摄。众所周知,现代教育(工业社会建立以来的教育)越来越像企业、工厂,越来越追求效率、规模、竞争、技术与控制,"麦当劳化"日趋严重,忽视了对学生生命意义与人生价值的引导,缺少必要的人性关怀。而教育的本真意义应当是:追求智慧,使人向善,教人成人,关注学生的精神成长,使学生成为独特的精神自我与有活力的生命个体。简单地讲,教育应当把人变得更美好、更纯洁、更善良。教师理解了教育的本真意义,随之而来的就应当是确立"全人教育"的理念,爱与关心学生,不能仅仅考虑其学业,考虑学生如何应付升学考试,而应当把学生视为一个完整的"生命体",以塑造学生健全、和谐的人格为本,就像日本学者小原国芳的"全人教育论"(又译"完人教育论")早已指出的那样。针对日本许多学校近乎成了"功能残缺者学校"并造成应付入学考试、死记硬背、填鸭式教学等弊端的情况,小原国芳提出了"全人教育论",即塑造健全的人格的教育。他指出:我们的愿望只是要培养出真正的人,培养出理所当然的,更确切地说是极为平常的人。一句话,教育应当是"人"的教育,但这样的"人",必须具备六个方面的文化修养——科学、道德、艺术、宗教、身体、生活,教育应追求真、善、美、圣、健、富这六种价值的创造。①

其次,在课程与教学方面,渗透爱与关心。教师要适时地表现出爱与关心,要培养学生爱与关心的品质,可以通过学校教育的主要领域——日常的课程与教学的建构与实施来进行。内尔·诺丁斯主张彻底重组学校的课程,把有关人类生存本质的问题和事件放到课程的中心位置上,一种可能的做法就是围绕关爱的主题来组织课程与教学——关爱自己、关爱亲密的人、关爱陌生人和全世界的人、关爱自然界和自然的生物、关爱人造的世界和理念的世界。② 笔者认为,广大教师正是通过这些日常的、平凡的课程与教学活动,不仅展现了自己对学生的爱与关心、培养了学生的爱与关心的品质,而且使自身的这些素质得以不断地提升,这才是专业发展的真谛!

教师的责任是教师职业之所以能成为"专业"的重要指标。叶澜认为,专

---

① 小原国芳.完人教育论[M]//瞿葆奎.教育学文集·教育目的.北京:人民教育出版社,1989:302-318.
② 阿伦·C.奥恩斯坦,等.当代课程问题[M].余强,主译.杭州:浙江教育出版社,2004:85.

业性职业至少有三个方面的规定①,其中第二点就是,作为专业的职业,承担着重要的社会责任。王晓宇在研究英国教师专业发展理念时也简练地提到西方学者关于"专业人士"的界定:知识、自主权和责任。② 可见,责任也是教师德性素质中极其重要的品质,无此,则教师职业不能成为专业。

教师的责任一般包括责任感(责任心)和责任行为两个方面。所谓责任感是指教师对于本职业(专业)职责、规范、要求的认同与遵守,而责任行为则更多地表现在践行这些职责、规范和要求上。作为"社会代表者"(由社会赋予相应责任并代表社会专门从事教育下一代的工作),教师的首要责任就是把社会主导的价值观、认可的科学文化知识传递给学生。而作为"教育工作者",教师的主要责任就是指导、帮助学生学习科学文化知识及包含其中的价值、规范等,促进学生全面发展。理论上讲,这两种类型的责任应内在地统一于一体。但是,在社会转型时期,在社会价值日趋多元化的今天,这两者常常不吻合,甚至发生严重的对立和冲突。尤其是在夹缝中生存的中国教师,常常面临着痛苦、艰难的抉择:是向社会不合理的、非专业的,然而又是强大到无法抵抗的要求屈服,还是坚持本真教育的崇高理想和神圣操守,更多地体现作为学生成长的"精神牧师"的价值? 这的确是一个严肃而重大的问题,它仿佛就是萦绕在哈姆雷特心头的大问题"生还是死"。不管怎样,它是教师德性素质水平的试金石,也是教师专业发展程度的标杆线。

公平公正也是教师德性素质内在规定的必备品质,它甚至是检验教师真爱还是假爱学生、对学生真负责还是假负责的主要标准。许多国家都把这一要求视为教师专业的重要标准。例如,美国国家专业教育委员会(NBPTS)在其制定的《教师应该知道什么? 应该能做什么?》中,提出了教师应该知道的和能够做到的标准,指导着美国教师专业发展的所有标准和评价过程。NBPTS 提出了五大核心建议,其中一项核心建议是教师致力于学生和他们的学习:教师平等地对待学生,识别不同学生的个体差异性,并在教学实践中能解释、说明这些差异。优秀教师通过观察以及对学生的兴趣、能力、技能、

---

① 叶澜.新世纪教师专业素养初探[J].教育研究与实验,1998(1):41-46.
② 王晓宇.试论英国教师专业发展理念的形成[J].外国中小学教育,2005(6):46-49.

知识、家庭环境和同伴关系的了解来调整自身的教学实践。① 那么，公平公正为什么会显得如此重要？从教育教学的层面来看，教师的教育对象是一个个具体的、活生生的、有着鲜明差异的个体，他们都具有自己独特的喜怒哀乐及其表达方式，都具有独特的智慧倾向，教师要想真正做到有教无类、爱无差别，必须公平公正、平等地对待每一个学生，充分满足其合理的学习和生活需要，公平公正地处理学生事务。

这里有必要指出，公平公正绝不意味着"平均主义"。要想真正有效地做到公平公正，首先，教师应秉持尊重学生生命独特性的教育教学理念，也就是说要尊重每一个学生的独特性，知道每一个学生都是独特的自我，不用同一标准衡量所有的学生。教师要了解每一个学生的长处和不足，知道每一个学生的智慧倾向，为每一个学生提供适应性教育，以满足学生个性化的学习需要，让每一个学生都能在教育中获得成功的机会，体验到生命成长的快乐。其次，教师的教育教学应始终指向具体教育情境的具体孩子。在具体教育情境中，教育者要善于把握教育时机，要从具体孩子的视角理解教育情境。就像加拿大学者马克斯·范梅南的著作《教学机智——教育智慧的意蕴》中提到的那样，教育要伸向具体的儿童的生活世界，探及儿童对世界的内心体验，时刻关注儿童对具体的情况、关系或事件的体验，然后以心"向着孩子""向着孩子的生存与成长"的角度，探寻在具体情境中如何机智和充满智慧地采取行动，并不断地反思自己的行动，反思儿童对自己的影响，从而重新塑造自我。

如果说上述三项品质是教师对学生展现的外在的德性素质，那么，幸福感则是教师德性素质的一种"内求"的品质，没有它，教师的德性素质就不完整，就显得残缺不全。所谓幸福感是教师自身在对教师职业认同的基础上，在具体的教育教学实践中体验到的一种从业的愉悦、快乐和满足，它对于提升、完善德性素质具有动力作用。许多教师在专业发展上也许并没有取得多大的成就，没有获得"体面"的成功（如成为学科带头人、特级教师、名教师等），但是，当他们看着学生在自己的教育下快乐成长，不断进步，也能体验到为人师的幸福。这种幸福感能进一步强化教师的职业认同（哪怕这种职业的

---

① 杨静.美国：给教师专业化定标准[J].上海教育，2005(1A):40-41.

经济回报是如此之低),这可能比他们获得什么荣誉称号还要重要,这就是中国广大教师的真实写照。

当前,教师专业发展研究及其实践基于"技术理性本位",主要关注教师"专业性"之"知识""能力""学科专长"等技术理性层面,既忽视了教师作为"整体的人"的"全域发展",也忽视了教师作为一个"完整的人"的"教师幸福"。我们有理由怀疑:如果教师作为一个"完整的人"未能做到"全域发展",只是"教育工具",未能体验到"教师幸福",那么,即使教师按照社会要求获得专业发展,又有何用?或许南京大学景凯旋教授的《人民不幸福,崛起是空话》之论述能给我们以新思维来观照教师专业化发展:"最近以来,关于中国正在十字路口做出选择,'大国崛起'的声音不绝于耳。可是,国家目标并不必然与个人生活目标相一致,政府或专家并不总是代表所有人利益。……国家的存在首先是为了每个公民的存在,人民不幸福,崛起就是空话。吴敬琏近日在经济论坛2007年会上说:'是不是大国和是不是崛起其实关系都不大,我想最重要的是怎么能够满足人民幸福和民族富强的要求。'……在幸福这个问题上,老百姓有自己的标准,就是个人的安居乐业,历史上从来没有崛起过而人民安居乐业的国家多的是,如瑞士、瑞典这些国家皆是,没听说他们专家整天叫嚷着要崛起的。如果经济发展只是使国家强大,却没有使我们每个人感到做一个公民的幸福,这样的大国崛起对民众来说未必是福。所以,如果问我是要崛起,还是要幸福?我的选择是后者。"[1]同样,在当前"教师专业发展"语境下,我们认为,与其引导教师进行基于技术理性的"专业发展",还不如更有力度地关注他们作为一个"完整的人"的幸福指数,这应当成为教育行政部门和学校管理层新的价值取向。

三、教师怎样锻造自身的德性素质

教师专业发展中的德性素质是教师在长期的教育教学实践中逐步锻造

---

[1] 景凯旋.人民不幸福,崛起是空话[N].现代快报,2007-02-14.

而成的，它的形成与发展没有捷径可走：不可能像专业技术那样靠操练达致"熟能生巧"，也不可能通过一些"关键事件"（如公开课、赛课、论文比赛等）一蹴而就，更不可能指望写几篇可以发表的论文而功成名就。那么，我们广大教师究竟应如何冶炼和锻造我们的德性素质？

一次，我应邀参加常州勤业中学举办的教师论坛。其中，一位教龄长达三十余年的蒋老师的经验介绍给我留下了深刻印象，我听之深受感动，颇受启发。如果以"技术理性"标准来衡量，他是否能算"成功人士"还存疑，因为他并没有什么显赫的"称号"（如劳动模范或特级教师、学科带头人等），但他在班主任这一平凡岗位上尽自己的全力做了许多有益于学生发展的小事情。他说："班主任就是做小事情的，我就是在平常的学校生活中为学生们做了一些小事情，才赢得了他们的信任，促进了他们的发展，我无怨无悔。"朴实的话语中恰恰蕴含着深刻的教育真谛。其实，教育就是在这些"小事情"组成的涓涓细流中发生着、展开着、延续着，而教师的德性素质也只能在这些日常的、平凡的、具体的、日积月累的"小事情"中冶炼锻造，舍此别无他途。因此，广大教师不仅要"身处教育情境"，更要用整个身心去深入体验教育生活，关注具体教育情境中具体孩子的体验、感受、困惑、烦恼以及心灵深处的悸动，并善于和勤于反思，寻求合乎德性的、合理的解决问题的手段和方法。没有全身心的体验，就没有真情实感；没有知识经验，也就没有德性素质的熔铸。体验教育生活，首先要抛弃各种所谓"教育学理论、概念"，用眼睛去看，用心去倾听、去感受，用行动去做那些哪怕是别人不屑一顾的"小事情"，然后从中得出关于教育最本真的东西。教师自身的教育生活就是教师自己德性素质形成和发展的不竭源泉。实际上，现实生活中许许多多的教师正是由于积极投身于教育生活，愿意并善于从小事做起，由细微处入手，才很快找到了合乎德性的、合理的教育方法，并在促进学生精神成长和人格发展的同时，通过自己的教育生活体验，完成了自己德性素质的建构。

（作者：吴永军）

师范生情感能力的培养

在我国,"教师是专业人员"这一观念是在 1993 年的《中华人民共和国教师法》中确定的。1995 年国务院颁布的《教师资格条例》开始实施教师资格制度,教师是一种专业的观念逐渐被接受。教师的发展在于教师教育的发展,教师教育发展的核心要素就是要培养教师的专业素养。教师的专业知识、专业技能已经成为教师必须具备的硬性条件了,可是教师作为专业所应该具有的情感能力却被忽略了。诚然,情感由于其丰富性、不稳定性、个体性等特性使得教师难以把握和测量,但是这种情感能力是教师成为专业人员不可或缺的重要因素。加强教师的专业素养已经成为全球的共识,教育界不仅需要对一线教学人员进行改革和培养,更需要关注那些潜在教师即小教本科生的情感能力的培养,也就是在师范培养体制中注入情感的元素。本文将从情感师范教育的背景出发来探究小教本科师范生情感能力的养成。

一、情感师范教育的兴起和发展趋势

20 世纪 70 年代,一些发达国家的教育现实中出现了情感教育的危机,人们在进行原因的探析中发现,在师资培养过程中偏重教师的认知素质和技能操作,而忽略了教师从业所应具备的独特情感能力,以至于影响到教师、学生以及教育教学活动的健全发展。因此,情感师范教育逐渐走入人们的视野。情感师范教育,指的是在各级师范教育中,加强对师范生情感素质方面的培养,使师范生的认知、技能水平达到师范教育目标,思想政治素质达到国家要求的目标,而且在情感素质方面具备其他类别目标没有的特殊的职业条件。在未来的师范职业中,师范生善于与学生进行情感交往,能够胜任对学生情感导向的教育工作。① 顾名思义,情感师范教育就是在师范教育培养体制中关注情感因素在从教人员内心中的生根、发芽到结果。我国学者朱小蔓教授把情感师范教育的目标分解为两个主要方面:其一,强调师范生本人的价值观、人生态度和个性气质。她概括为情感师范教育应注重培养未来的教师充满爱,具有温情、理解、接纳之态度,积极之自我观念,善于了解并培养学生之价值等思想人格素质。其二,强调师范生有情感交往的能力与技巧。② 那么,我国小教本科师范生的情感素质经历了什么样的发展历程?

在我国,南京师范大学于1998年在全国率先进行了培养大学本科学历小学教师的试验。1999年,北京、上海、浙江等地加入了试验的行列,由此小学教育开始被纳入高等教育行列。小教本科专业在我国的创建已有二十多年的历史,它是我国教师教育事业由二级师范向一级师范过渡中出现的新兴专业,承担着为基础教育培养高素质小教师资的任务。我国在《小学教师专业标准(试行)》中提到:小学教师是履行小学教育工作职责的专业人员,需要经过严格的培养和培训,具有良好的职业道德,掌握系统的专业知识和专业技能。对于小学教育专业的学生,即一名准教师,良好的专业知识和教育能力是其应该具备的基本素质,这是就业环节的核心竞争力,是师范教育的重要内容。小学教师的教育对象是6—12岁的儿童,他们天真活泼、善于模仿、崇拜老师,对教师有着特殊的敬畏感和热爱,更希望得到教师情感上的关怀。因此拥有良好的情感能力是教师走进儿童世界的重要因素,也是他们在专业化道路上持久发展和良性发展的催化剂和必备素养。我国在培养小教师范生的过程中,有一系列的教育理论课程、学科教学课程以及教育活动实践来确保师范生获得专业知识和教学技能,大部分小教毕业生经过师范院校的学习和实践,在学科知识和教学专业知识以及实际从教能力等方面都能得到相应的提高和发展。虽然我们对小教师范生的政治思想素质和道德素质进行培养,但是没有相应或者专门的课程和活动去培养教师应当具备的情感素质,并未认真发掘情感素质的层面。

国际上的师范培养模式自20世纪60年代以来经历过知识本位的师范

---

①② 朱小蔓.创建情感师范教育[J].江苏高教,1994(3):39-41.

教育模式、能力本位的师范教育模式和情感本位的师范教育模式,发展迄今倾向于综合素质取向的师范教育模式。我国的师范教育也顺应国际趋势,从封闭定向的师范教育体系逐渐向开放的教师教育体系转变,开始关注教师素质的全面化和专业化发展。我国在《小学教师专业标准(试行)》中对小学教师的要求从"专业理念与师德""专业知识""专业能力"等方面进行了规定,从其基本理念和内容来看,体现了对教师情感素质和情感能力的要求。教师的情感能力有许多成分,比如对学生爱的能力、对情感教学的把握、对学生期望的艺术等。心理学家古德等人的系统研究表明,低期望导致教师在与教学有关和无关的方面都倾向于消极地对待学生,这对学生的心理发展是极其不利的。我们从教育现实中多次发生的中小学生离家出走、自杀等现象也可以看出,忽略儿童的情感素质,往往会导致儿童情感的挫败和冷漠,甚至酿成悲剧。因此无论是国际上情感师范教育模式的发展趋向,还是我国小学教师专业标准和教育现状的发展状态,都要求我们关注教育对人的认知性关怀的同时,关注人的积极情感和健全人格的发展。由此可见,小教本科师范生的培养过程中不仅要关心其教学智慧,更应该提升其情感能力。"高校情感教育要渗透到高校教育的各个方面和教学的每个环节,从教学到管理,从课内到课外,只要有学生参与的教育、教学活动,就需要情感教育。"①

二、小教本科师范生情感能力的内涵与类型

情感能力是指人的情感在处理人与外部环境、人与他人的关系以及人自身的活动时,表现出的一种功能状态,是人成功完成情感活动所需的个性心理特征,它包括:情绪辨别能力、移情能力、情感调控能力、体验理解能力、情感沟通能力等。② 教育工作的特殊性要求教师具备较强的情感能力,小教师

---

① 洪明.高校情感教育与"人本"教育的理据探究[J].湖湘论坛,2005(6):97-98.
② 朱小蔓.情感教育论纲[M].北京:人民出版社,2007:83.

范生作为未来教师群体的生力军,他们的情感能力应该具备教师情感能力的特征。那么什么是教师的情感能力呢?陈永明在其主编的《现代教师论》中将教师的情感能力解释为教师与学生进行情感交往的能力。① 徐志刚参照吉尔福特的智力三位结构模型的研究思路,把教师情感能力定义为教师从事教育教学活动所必备的处理学生、教材以及自身情感的能力。② 夏支平根据戈尔曼关于情商的观点,把教师情感能力概括为教师正确认识和评价自己情绪的能力、管理自己情感的能力、自我激励的能力、正确认识和评价学生情感的能力、协调师生关系和生生关系的能力。③ 虽然这些学者各自的角度和侧重点不一样,但共同之处都是把教师情感能力视作教师对情感本身的认识与调控,且更强调教师作为专业的教职人员在教育教学实践中对情感的运用。

我们在讨论小教本科师范生的情感能力时,既要强调他们具有教师情感能力的某些特征,也应该看到他们还有自身的独特性。就本质而言,小教师范生是在校的学生,对专业知识的学习是其主要的任务,但由于小教专业的教育实践性,他们在进入校园实习时又经常被冠以"老师"的称号,同时师范性取向还决定了他们明确的就业去向,因此我们认为小教本科师范生的情感能力还应该包括以下几方面。

第一,自我专业认同的情感能力。主要指小教本科师范生对自己的身份保持积极的价值感和认同感,对自身的专业充满向往和热爱;当别人对小教专业存在误解时,他们能够迅速地识别和调节各种情绪,并合理地疏导和表达自己的意见。

第二,调和学生和教师双重身份的情感能力。这是指小教本科师范生能够识别和调整自己作为学生和教师不同身份时的情感情绪,使情感的表达和具体的情境、身份相符合的能力。

第三,教师生涯自我管理的情感能力。即小教本科师范生能够自觉地调整自身对教育事业的感情,使之符合师范生身份,并能够运用情感情绪在职

---

① 陈永明主编.现代教师论[M].上海:上海教育出版社,2001.
② 徐志刚.教师情感能力的研究[D].南京:南京师范大学,2007.
③ 夏支平.论教师的情感能力及培养[J].玉林师范学院学报(哲学社会科学版),2007(2):136-138.

业生涯方面进行自我提升、自我激励的能力。

　　小教本科师范生情感能力与其将来职业的特性紧密关联。教育工作的对象是人，因此教育应该以人为本，不但要发展人的理性，锻炼意志，更要培养人的情感，发展人的情感性人格。教师作为履行教育教学职责的专业人员，自然而然地承担着培养学生的品德与人格的神圣使命。可以说，能够运用一定的情感能力来促进学生的情感智慧发展和人格健全，已经成为评价教师素养的标准之一了。

三、小教本科师范生情感能力的教育价值

　　小教师范生的情感素质如何，不仅关系其自身的学习、工作及生活，关系他们的身心健康和全面发展，更关系我国基础教育的质量，关系国家的未来和中华民族的生存发展与文明进步。① 一个专门化的职业，最核心的体现就是能力，因此，培养小教本科师范生的情感能力有着不可或缺的教育影响和教育价值，这里将从三个方面进行具体阐释。

　　首先，情感的影响力是最基本的也是最持久的。我们知道情感是人和人之间最深层、最密切的纽带，"爱其师才能信其道"，教师若不具有良好的情感识别、情感表达等能力，那么他和学生交往起来就可能比较困难，若走进学生的情感世界都比较困难，如何再去影响学生的积极情感形成呢？诚然，在教学过程中，教师的教和学生的学都伴随一定的情感过程，而教师的情感必然会引起学生内心体验的变化。所以教师必须具备良好的情感能力，在教学过程中要非常重视用教师自身的积极情感去感染学生，这样才能够将人性中丰富的情感开发出来，为学生构建美好的情感世界。情感对人的影响力是一辈子的，当我们回忆起自己的老师，往往不是因为其惊人的教学知识，而是因为

---

① 夏支平.论教师的情感能力及培养[J].玉林师范学院学报（哲学社会科学版），2007(2)：136-138.

他给我们的情感影响所以感动,情感的相通让教师更容易走进学生的内心世界。

其次,情感能力有助于课堂教学和班级管理。陶行知认为,良好和谐的人际关系是重要的教育教学条件。基于情感融入的课堂、班级管理模式,能够实现师生交往的民主化和人性化。课堂教学是教师和学生教学互动的过程,这里面既包括知识的传播和互动,更体现着师生间的情感交流。教师良好的情感能力是师生有效互动的必要条件,这种互动不仅促进学生情感的发展,也能调动学生学习的积极性与主动性,从而提高整个教育教学的效率。对于课堂教学和班级管理中出现的教育问题,教师只有走近学生才能很好地把握和理解问题,这其中离不开人际沟通和情感交流的能力。因此在教育教学活动中,教师只有具备良好的情感能力,才能识别学生的情感需要,才能适时地创设对话和交流的情境,才能实现课堂教学和班级管理有序的民主的进行。

最后,情感能力是教师专业化所必备的专业素养。从专业性质的角度看,小学教育是以培养小学教师为教育目标的教师教育专业,它具有基础性、启蒙性、综合性、活动性等特点。相比较中学教育注重知识的逻辑性、严密性、科学性,小学教育则更注重知识的趣味性、生动性、综合性,教育过程的活动性、活泼性,教育教学形式与内容的丰富、新颖、生动、形象、有趣。从专业层次的角度看,小学教育本科层次培养的是"研究—能力型"的小学教师,因而对师范生的要求更高,小教本科师范生如果不具备相应的情感能力,则不能满足小学教育的需要,甚至无法成为一名好的小学老师,因为在小学教育教学活动中,教师必须具备相应的情感渲染力和人格魅力,这样才能把自身的情感活力融入教学课堂,才能引起小学生的兴趣,使学校学习、生活赋予学生多样而深刻的情感记忆,进而使得他们充满活力和表现力。

总之,师范生无论是在专业培养阶段还是在以后的从教生涯中,具备一定的情感能力都是具有积极的教育价值的。教师只有倾注情感于教育活动之中,才能体验到作为教师的价值感和幸福感,情感型教师的魅力也会使得学生对学校生活产生向往、热爱和幸福感,情感能力奠基了师生的幸福人生。

四、小教本科师范生情感能力的培养途径与方式

尽管师范生的情感能力是促其成为专业化人才的重要因素,但根据我们的观察和分析,目前本科师范生情感能力不尽如人意,例如:情感体验具有自我中心倾向;他们对教育专业的认同感偏低,专业意志颇为薄弱;缺乏明确的专业发展目标和职业情怀。正因为如此,我们认为增强小教本科师范生情感能力是十分必要的。从教师情感能力的特征出发,结合小教本科师范生自身的独特性,小教本科师范生情感能力的培养途径与方式可以从以下几个方面来进行。

(一) 对情感性课程的呼吁

情商在个体的成才过程中所发挥的重要作用已得到人们的普遍认可。师范教育应该改变传统的注重认知技能的培养而忽视情感因素的教学模式,将培养师范生正确的教育理念、教育信念和价值观,良好的个性品质以及良好的情感交往能力和技巧作为课程设置的主要目标。在课堂教学中,除了"从情感""通过情感"的角度增添师范教育的人文情怀,更应该从"为了情感""达到情感"的角度来培养师范生的情感性人格。此外在课程结构上也应该提高"情感性教育课程"的比例。这方面可以借鉴国外的办学模式,在基础课和教育专业课方面增设和普及"社会与情感课程""生命技能""人生技能""情绪情感的判断与分析"等"情商类课程"。总之,加强师范生的情商教育,不仅仅意味着"以情育人",更强调"育人以情",落实到情感性人格的形成。

(二) 专业认同方能规划职业

师范生自我专业认同的重点就是要形成教师的专业情意,即对自我所从事的教学工作的感受、接纳和肯定的心理。这方面除了需要学校加强教师教育,强化师范生的专业意识,更重要的是要依靠学生的自我教育。情感能力归根到底就是一种情感的调控能力,就是在处理自己和外界、自己和自己的情感问题时能够调适各种情绪,做情绪的主人,而不被停滞的情绪所控制。师范生专业认同感的问题其实是师范生自我认同的问题。提高自我专业认同感就是要加强自我接纳,经常性地、系统地自我反思,不悲哀,不嘲笑,不怨天尤人,去理解和化解、升华。通过理解,各种消极的情绪就能被照顾,通过接纳,自我的力量就会被唤醒。改变偏执的心态,用一种清醒的目光去看待自己和所学的专业,就能够获得情感的整合。在有关教师培训的调查中发现,教师最感兴趣和最关注的是教师的心理健康成长和职业规划,而师范阶段对所学专业的认同是教师人生职业规划的重要前提。

(三)在教育实践中生成情感素养

教学体验要求师范生切身地投入并珍惜每一次见习和实习的机会,注入自己的积极性和热情。师范生不仅要关注教师知识、技能的传递,还要观察教师的学科教学情感、教师的沟通交往情感,积极用笔记录,用心反思,要在见习之后书写一本专属的情感见习日记。在教育实习中,师范生要身体力行地参与情感性教学和情感性课堂。师范生在授课时要有意识地加大情感投入,注重自己的教态,通过无声的语言来引导学生、感染学生,让他们感受到教师感情的真挚、诚恳,以人感人、以情育人。师范生可以通过教育实习培养情境判断能力,在复杂多变的课堂环境中有意识地多学习、多反思,不断总结经验,锻炼自身的情感敏锐性。另外,师范生还要锻炼情感交往能力与技巧,先从学习观察和倾听学生的情感反应开始,适时地对学生的情绪做出应答,做到自然地与学生平等相处,进行情感交流。在此基础上,师范生要学会结合教学的内容,鼓励和激起学生的积极情感,营造良好的情感氛围。此外,教师教态的培养也是增强师范生情感能力的重要途径。

（四）师范生主动吸纳优秀教师的经验

我们这里所说的优秀教师主要是指那些活跃在教育工作第一线、具有较强的情感感染力和丰富的情感教育经验的教师和专家。正如一些人认为的那样：教育意味着一棵树摇动另一棵树，一朵云推动另一朵云，一个灵魂唤醒另一个灵魂。我们认为优秀教师的引领可以通过"名师对话""班主任沙龙"等活动来进行。学校邀请具有情感魅力的教师向学生现身说法，传递教育教学经验，用生动的案例说明如何在教育教学中运用情感能力。师范生也可以定期参与中小学的班主任沙龙，向班主任们学习和学生、家长以及任课老师们打交道的技巧，以及探讨教师职业认同和发展等问题，在班主任们的工作分享中不断整合理论课程和教育实习的学习心得。师范生在与优秀教师的接触过程中，要积极主动地向一线教师取经，积极诉说自己的教育情感困惑，许多师范生因害羞、积极性不高等因素很少发言和参与活动，这无疑是一种资源损失，主动地取经、学习能够更好地发挥主体性和激发情感的灵性。

最后我们还想指出，无论是通过课程设置、教育实践，还是自我专业认同、优秀教师引领，最重要的是，小教本科师范生情感能力的培养都要体现一种人文精神的关怀。因为师范教育培养的对象是人类灵魂的工程师，如果没有人文精神的滋养，灵魂就会失去活力。师范生只有自己在接受教育的过程中领悟到了教育的人文精神，在灵魂深处留下了触动，将来才能在教育工作中自然地释放出情感效能。而这种教育的人文精神内化到小教师范生的身上，就最终体现为对情感能力的运用具有一种价值性的取向，即以精神关怀学生情感性人格的形成。如果不以教育的人文精神为依归，那么对师范生情感能力的培养就会失去其内在的价值和意义。

（作者：朱　曦）

师范生审美素养及美育能力的培养

2019年4月,教育部颁发了《关于切实加强新时代高等学校美育工作的意见》,提出了新时代高校美育工作的总体要求,以及高校普及艺术教育、专业艺术教育和艺术师范教育的重点任务和举措等,这无疑为下一步高校美育的改革指明了方向。高等师范院校由于其师范的特殊性,需要进一步思考针对师范生的培养目标,确立师范生美育的关注点和具体措施,切实提高师范生的审美素养和美育能力。

一、师范生美育的育己目标

在美的价值日益凸显的当代,审美素养越来越成为当代人必备的核心素养。它不仅直接影响个人的生活质量和职场竞争力,而且关系国家经济、科技、文化等各领域的发展。随着人工智能时代的到来,它可能更是人类不被机器所取代的重要砝码。我们常说,教育是一门艺术,在未来,教育的艺术性将更加凸显,未来的教师只有具备更加丰富的情感性、艺术性和创造性,才能够战胜机器教学。美国国家教育科学院曾做过一个有5万多毕业生参与的问卷调查,其中有一个问题是"什么知识最有用",结果颇为意外:毕业1—5年的学生回答是"基本技能",毕业6—10年的学生回答是"基本原理",毕业11—15年的学生回答是"人际关系",毕业16年以上的学生则认为是"艺术最有用"。这里的"艺术"已经不只是艺术的技能,更是艺术的非物质有用性,即经过审美艺术浸染之后所拥有的一种独特感知世界、想象和创造的能力。由此可见,审美素养在一个人的可持续发展中具有重要的价值,而且随着技术日益占领和支配人类社会生活的各个领域,这种价值将更加凸显。所以,培养师范生作为现代人所应具备的良好审美素养,是师范生美育的重要任务。

"学高为师,身正为范",师范强调教师的示范、榜样作用。在教育过程中,教师自身的人格修养常常比知识传授给予学生的影响更大。以感知觉、情感、想象、理解和创造为核心的审美素养主要不是一种知识形态的存在,它的形成和提高很大程度依赖于环境潜移默化的影响,也就是人的审美趣味和能力常常是被熏陶出来的。比如法国女性良好的穿着品味和优雅的行为举止与她们生活在一个具有浓郁而丰富的艺术气息的国度中具有紧密的关系。所以教师自身的审美素养是学生成长中重要的隐性教育因素。他们的穿着打扮、行为举止所显示的审美趣味,他们给学生营造的具有审美氛围的学习时空环境,都有助于激发学生的学习兴趣,提高学习的效果,而且会不知不觉地让学生接受美的熏陶。情境教育的创始者李吉林老师正是这样一位教师,她以有形的审美化情境创设和无形的教育之爱,熏陶和感染着一代代学生,创造了教育的至善至美。由此可见,师范生自身审美素养的提高不仅关系其个人未来的发展,而且影响下一代成长,是发挥教育感化陶冶作用的重要因素。

(一)提高师范生的艺术素养

艺术素养是指人们在艺术认知、欣赏、创作与表现等方面的素质和修养。它是超越艺术技能的概念,更突出一个人由于追求艺术怡情养性、表达交流等内在价值而表现出的对艺术的持久热爱和参与。艺术是美最典型的体现,所以一个人对待艺术的态度,以及欣赏和创作艺术的水平是其审美素养的重要表征,艺术素养是审美素养的核心部分。笔者曾从艺术兴趣、艺术知识、艺术欣赏、艺术创作四个维度对江苏省大学生(包括师范生)的艺术素养状况进行了调查。调查数据显示,大学生总体的艺术素养水平处于中等略偏下,四个维度相比,艺术兴趣得分较高,其他几个维度,尤其是艺术知识和艺术创作得分较低。[①] 的确,在和师范生接触的过程中,我们发现很多师范生缺乏基本的艺术知识,对于艺术作品不知道如何欣赏,艺术表现和创作的能力薄弱。

[①] 易晓明,杜丽姣.大学公共艺术教育向何处去——江苏省内12所高校大学生艺术素养的调查[N].中国教育报,2012-08-20.

师范生这种不容乐观的艺术素养状况,会使他们难以适应未来个人发展需要和作为好教师的角色需要。

艺术是人类认识和把握世界,进行表达和交流的重要方式之一。只不过随着人的语言、逻辑理性的逐渐发展,艺术这种方式在绝大多数的成人世界中逐渐被忽视或丢弃。殊不知在人类经历了唯理性主义所带来的人性片面发展之后,越来越认识到艺术在提高人的感知能力、丰富情感经验、发展想象力和创造力、实现心灵净化等方面的独特价值。20世纪西方哲学家马尔库塞在《审美之维》中深刻指出,艺术作为一种肯定性文化能够实现人的新感性的塑造,从而改变现代社会所造成的理性对感性的压抑,改造缺乏批判和创新精神的单向度现代人,重建人与人、人与物、人与自然之间的新型关系。我国著名美学家李泽厚先生也同样关注当代人的新感性的塑造,在他看来,随着社会物质财富的不断丰富,随着"工具本体"问题逐渐解决之后,人类自由的闲暇时间会越来越多,那么人的"情感本体"问题将越来越突出,人们对情感的需求,对生命质量和心灵自由的关注将日益凸显,而文学艺术能够最好地满足人们的这种需求。他说在文学艺术中"社会的、理性的、历史的东西"积淀为"个体的、感性的、直观的东西"①,"人在对象化的情感客体中即在大自然和艺术作品中,观照自己,体验存在,肯定人生,此即家园,此即本体——人生和宇宙的终极意义"②。这正是艺术所具有的重要人文价值,艺术会使人的情感变得更加丰富、细致而深刻。由此,对于艺术素养相对较弱的当代师范生来说,获取艺术知识、体验多种艺术、培养艺术兴趣、提升艺术欣赏和创作水平就显得十分必要。通过艺术,他们能增强对美的感知力,丰富情感体验,加深对艺术文化的理解,提升精神境界,实现感性和精神的和谐发展。而且由于艺术的独特形象性和生动性,以及其重要的育人价值,在学校教育中,艺术和各学科融合的广度和深度越来越得到拓展,"通过艺术的教育"也越来越成为一种重要的教育模式,所以师范生艺术素养的提高也利于其开展艺术融合的教育教学。

---

① 李泽厚.美学三书[M].合肥:安徽文艺出版社,1999:517.
② 李泽厚.论语今读[M].合肥:安徽文艺出版社,1998:227.

（二）引导师范生走向生活的审美化和趣味化

人的审美素养是先天的审美倾向和后天的文化学习不断融合生长以及社会环境影响的综合结果。一个具有审美素养的人表现为对宇宙自然之美、对社会生活之美、对艺术之美有着自觉追求，在发现、感受和创造美的过程中使自身的感知力更加敏锐和细腻，情感变得更加丰盈，对事物的认识和理解更加生动而丰富，由此生活变得富有情趣和活力。所以审美素养不只局限于艺术审美能力，它也指向一种日常生活、人生态度的审美化。在现代社会，学习工作繁忙、生存压力巨大是大多数人的生活体验，这使得现代人的生活正如梁启超先生所说的：要么生活在夹缝中，被生计压得喘不过气来；要么生活在荒漠中，单调乏味，毫无乐趣可言。同样，很多师范生在准备各种考试、获得各种证书、求得各种求职机会的过程中，行色匆匆，错过了或根本无暇感知大自然、日常生活中的点滴美好。朱光潜先生说，审美能够给人带来眼界的解放，"眼界的解放给我们不少的生命力量，我们觉得人生有意义，有价值，值得活下去。许多人嫌生活干燥，烦闷无聊，原因就在缺乏美感修养，见不着人生世相的新鲜有趣"。"美感教育不是替有闲阶级增加一件奢侈，而是使人在丰富华严的世界中随处吸收支持生命和推展生命的活力。"① 所以，师范生美育需要打开他们逐渐迟钝和封闭的感知觉，丰富他们的审美体验，激发他们创造美的意愿，从而让他们成为有生命活力、生活趣味的人。生活趣味不止于单纯追求着感官和物质的享乐，达到情绪宣泄和满足。审美趣味是一种精神享受和自由的情感体验，它绝不停留在感官刺激所获得的情绪感受上，而是追求和自身情感、经验、心灵对话之后所获得的自由快感。在情感表达上它既可能是开怀大笑，也可能是泪流满面，但其内在都达到了一种自由和超越的情感体验，它是感觉、情绪、情感、理解、思考的一体化。康德（Kant）讲审美"鉴赏是凭借完全无利害观念的快感和不快感对某一对象或其表现方法的

---

① 朱光潜.谈修养[M].南京：江苏人民出版社，2019：134-135.

一种判断力","美是那不凭借感念而普遍令人愉快的"。① 也就是美感不同于生理物欲的快感,也不是在认知、道德理性支配下的快感,而是从个别事物的感性形象出发,不借助概念,以情感为桥梁,以感性形象生发的自由想象力和知解力为基础的判断,是在感受、想象、思考中获得的对事物本质和世界普遍意义的把握。正是这种普遍性和共通性使得审美能让人超越个体,超越功利快感,从自然走向自由。

所以我们需要通过美育促进师范生开启一种新的、不同的看待、感受、思考世界的方式。他们越是积极地感受,全身心地参与,就越能够发现更多、感受更多,寻求与他人、世界更好的联系,寻求他们每个人的根基,从而更好地理解自我,最终打破他们枯燥、被动、厌倦的生活,建构新的意义,发现一个新的世界。苏联教育家凯洛夫在《教育学》中对美育有着较为深刻的认识。他说:"艺术教育永远培养着知觉能力。艺术教育的一般规律和教养意义之一,就在于:艺术在培养人善于'看',善于'听'的能力时,创造着那些为了扩大和深入地认识现实世界的前提。由此可见,美育的本质,不仅是培养对于作品外形的知觉能力,而且也在于发展印象的再现、分析、联想以及回忆以往体验的能力,在于正确地掌握和鉴别被观察的对象的一切能力以及建立自己的内在世界与人生之间的联系的能力。"② 只有具有生活趣味的师范生,才会在将来的教育教学中以自己的审美化人生态度去感染和引领下一代。

二、师范生美育的育人目标

师范生美育的另一个重要任务就是培养师范生育人的能力,即引导师范生树立正确的教育美学观,教会他们如何实现未来教育教学的审美化,如何在教育教学中对学生进行审美教育。长期以来,在现实教育中,美育几乎等

---

① 康德.判断力批判:上卷[M].宗白华,译.北京:商务印书馆,2009:42,51.
② 凯洛夫.教育学[M].北京:人民教育出版社,1950:358.

同于艺术教育,美育的任务几乎都由艺术教师来承担,这导致美育在其他学科教学中的缺位,学科教师的美育意识、知识和能力薄弱。这种状况一方面反映了在唯知识唯应试教育之风盛行下,美育处于无位状态;另一方面与师范教育中美育的缺失不无关系。除了艺术类师范生,其他学科的师范生培养几乎不涉及美育知识和能力的培养。目前高等师范学校对师范生的教师教育类课程主要包含教育学基础、学科教材教学法、教师发展、教育技术以及教育见实习这几门课程,就其教学内容来看,偏重于教育学基本概念原理、学科知识体系和教学方法等的传授。所以绝大多数师范生所接受的高等师范学校教育没有足够重视美育,也基本缺乏美育知识的传授和能力的培养。缺乏美育意识和能力的教师是难以胜任未来教育的改革和发展的。

德国哲学家席勒(Schiller)在18世纪首次提出了美育的概念,他针对人的感性冲动和理性冲动的分裂,提出了"人同美只应是游戏,人只应同美游戏","只有当人游戏时,他才完全是人"的美育观念。他说关于美和趣味的教育是"在尽可能的和谐之中培养我们感性和精神的整体的教育"。① 席勒的美育内涵绝不是艺术知识技能的教育,而是达成人性完整的教育,指向的是教育的根本价值追求。当代人依然存在着感性和理性分裂或冲突的状况,甚至还将面临机器取代人类的危机,那么如何通过审美艺术塑造人的新感性,培养身心和谐、富有情感和创造力的新一代是教育必须思考的问题。

(一) 帮助师范生树立"教育需按照美的规律来实施"的教育美学观

继席勒指出美育应该是教育的根本价值追求之后,马克思进一步指明了教育应该按照美的规律来实施。马克思说,"动物只是按照它所属的那个种的尺度和需要来建造,而人却懂得按照任何一个种的尺度来进行生产,并且懂得处处都把内在的尺度运用到对象上去;因此,人也按照美的规律来建造"②。马克思所讲的美的规律或美的本质,正是人类主体的目的性和客观

---

① 席勒.审美教育书简[M].冯至,范大灿,译.上海:上海人民出版社,2003:123-124,163.
② 马克思,恩格斯.马克思恩格斯全集:第42卷[M].北京:人民出版社,1982:97.

对象规律性相统一时所达到的自由的创造性实践。这是人和其他物种的根本区别。教育作为人类一种特殊的社会实践活动,理应遵循实践的一般规律即美的规律。本真的教育应该是教师和学生两个生命主体之间经验、情感、精神和心灵的对话过程,真正的教育美是教育实践中显现出来的真善美的和谐统一,是富有生机和活力的创造体验。所以在今天的教育美学研究中,学者们已经突破了传统基于工具性价值的教学艺术研究,认为教育的美不只在于挖掘教师言语、行为、板书、教学内容等层面的美,不只是通过美的元素的渗透提高教学效率和效果,他们越来越强调从人的生命成长的角度,实现美的规律的教育教学过程。这种教育美学观,从根本上界定了教育应有的价值追求。有学者甚至提出了"最高的美是教育之美,美学是未来的教育学"的观点。① 可见,"教育之美应是教育的本质属性"这一观点逐渐被认识,这意味着各学科教师需要思考如何按照美的规律,将教育教学过程从单向的知识灌输转变为师生之间平等自由的情感、认知和精神的交流,从而实现彼此生命的成长。这可能正是未来不能被机器所取代的教育形态。所以,在师范生美育中培养未来教师的教育美学观将尤为重要。

(二) 培养师范生学科美育观以及对学科美的感知能力

早在1922年,蔡元培先生就提出"凡是学校所有的课程,都没有与美育无关的"②。他一一列举了数学、物理、化学、生物等各门学科同美育的关系。"例如数学,仿佛是枯燥不过的了;但是美术上的比例、节奏,全是数的关系……几何的形式,是图案所应用的。理化学似乎机械性了;但是声学与音乐,光学与色彩,密切的很。雄强的美,全是力的表示。美学中有'感情移入'论,把美术品形式都用力来说明他……化学实验,常见美丽的光线;元子电子的排列法,可以助图案的变化。图画所有的颜料,有许多是化学品……"③他还

---

① 檀传宝.美学是未来的教育学[J].人民教育,2015(15):1.
② 蔡元培.蔡元培教育论集[M].长沙:湖南教育出版社,1987:344.
③ 高平叔编.蔡元培教育论著选[M].北京:人民教育出版社,2017:415.

说智育中这些美育的原素,"一经教师之提醒,则学者自感有无穷之兴趣"[1]。在此,蔡元培提出了通过学科美激发学生学习兴趣,在学科教学中渗透美育的深刻思想。美不局限于艺术,大千世界之美更为广阔。天地有大美,大到宇宙天体,小到微观世界,从无机界到有机界,无不蕴含着色、线、形、音、对称、均衡、节奏、和谐等美的要素和形式,这正是一切艺术元素和法则的来源。大量的研究展示了科学之美,阐述了科学与艺术的沟通,例如《天体的音乐》揭示了天体是音乐的元素,宇宙则是一个庞大的交响乐队。人类社会中,言行举止无不彰显人性之美丑。所以美育的资源绝不局限于艺术,大量的自然之美、人性之美、生活之美等都是美育不可缺少的重要内容;美育的任务也绝不是艺术教师的专属,其他学科教师都需要自觉地承担美育的使命,树立学科美育的观念。学科教师需要有意识地挖掘并向学生展示学科之美,让学生在学习学科知识的同时感受美的多样形态和丰富意味,潜移默化地接受美的熏陶。由此,师范生美育就有了新的要求,那就是对于不同学科的师范生需要有基于学科的美育内容,应该让师范生从美的角度审视自己的学科,挖掘学科中美的要素和形式,这不仅有利于他们今后开展学科美育,而且有助于他们深入理解和掌握学科的规律,因为许多伟大科学家的事例都证明了对于宇宙自然和谐之美的感知有利于科学家发现世界规律。

三、师范生美育的改革路径

目前高等师范学校主要通过设置艺术博雅课程、开展校园文化艺术活动等公共艺术教育形式开展师范生美育。笔者曾经对高校公共艺术教育实施现状和效果进行过调查。问卷中对高校艺术博雅课程的现状调查主要涉及课程目标、内容、形式与资源、教师素质、课时安排等内容。结果显示,大学生对于高校公共艺术课程现状的评价明显低于问卷设定的中等水平。学生对

---

[1] 蔡元培.蔡元培美学文选[M].北京:北京大学出版社,1983:175.

教师素质、课时安排的评价处于中等水平,相对较好,其他三项均低于中等水平。艺术课程形式与资源的得分最低,说明大学生对目前高校艺术博雅课程形式和资源的丰富性、新颖性的认可程度不高。对于艺术活动的调查主要涉及大学生对于艺术活动的主题、形式、宣传、内容、参与程度和参与数量的评价。评价结果为:大学生对高校艺术活动现状的评价为中等,认为自身参与度不够。另外,对于高校公共艺术教育效果的调查显示,学生对效果的总体满意度低,其中对艺术教育提高他们艺术创作、表演能力所起的作用评价最低。① 这些调查结果显示了当前师范生美育的开展还需要进一步的改进。针对师范生美育育己和育人的双重目标,高等师范学校可以从课程的定位、设置、文化艺术活动的开展以及校园公共空间环境的改善等多方面开展师范生美育。

(一) 美育博雅课程的定位:从艺术知识型转向审美文化型

目前高等师范学校美育主要通过艺术博雅课程来实施,这类课程较多是从分科的角度,为学生提供各艺术门类的知识普及和鉴赏教育。诚然,艺术知识是学生审美艺术素养的重要方面,但从美育的角度和提高学生审美艺术素养的角度来看:首先,这类课程更应该将艺术作为文化来传授,关注艺术与人类的情感、生活、文化、科技等方面的关联,更多地帮助学生理解艺术对于个体与社会发展的价值,在艺术中了解独特的文化符号,培养多元文化的意识等。所以课程的综合性、文化性应该有所增强。其次,这类课程设置的目的不在于让学生记住一些确定的死记硬背的艺术知识,而是通过艺术激发学生的情绪情感、想象和思维,提升他们的审美感知能力,丰富其审美情感,增强其审美理解力。所以这类课程的情感性和人文性要凸显。最后,既然艺术审美只是审美的一维,那么这类课程的内容就不应该仅仅局限于艺术,而是应更多地向自然美、生活美开放,向学生展示各学科领域研究对象之美。所以课程需要向多元化和生活化拓展。

---

① 易晓明,杜丽姣.高校公共艺术教育现状、实效及改革建议——基于江苏省12所高校大学生的调查研究[J].美育学刊,2012(6):98-105.

这样的定位转向,其实也体现了当代世界一流高校美育改革的趋向。代表世界高等教育最高水准的哈佛大学,在 2013 年正式完成了通识教育的改革,美育类课程的定位从艺术教育提升到了审美教育的高度。哈佛大学之所以将 1978 年出台的核心课程中的"文学艺术 ABC"改为"审美与阐释理解",是因为要打破原先各门类艺术学科各自为界的状况,改变知识技能取向的定位。"审美与阐释理解"课程目标在于"开发学生审美能力和解读文化表达形式的能力——如文学或宗教文本、绘画、雕塑、建筑、音乐、电影、舞蹈、装饰艺术等",让学生在"了解艺术品的基础上形成审美敏感力以及智慧与感官的互动"。① 所以这类课程的着眼点不是让学生学习各艺术的技艺,而是让学生形成美感,透过艺术丰富对自我、对世界的认知和理解;要求学生知性地以批判的目光理解和发现作品意义是怎样产生、怎样传播和被接受的。这类课程的内容也突破了艺术的范畴,扩大到自然、社会生活等领域。

(二) 美育博雅课程的设置:加大毕业学分要求,精选公共必修课,拓展选修课程门数

与国外相比,我国对于这类课程的毕业学分要求和开设课程的种类数量上都存在一定差距。我国许多高等师范学校对于审美艺术类学分的毕业要求通常是 2 个学分,而世界一流大学的学分要求远远高于我们。比如美国麻省理工学院的所有本科生在学习期间必须修满 8 门人文艺术社科学院的课程,拿到 32 个学分才能毕业。② 所以当审美艺术素养成为当代师范生必备的基本素养时,提高此类课程的学分要求是必需的。根据我国实际情况,我国高等师范学校至少应该要求师范生在毕业时拿到 6 个左右的审美艺术类课程学分,也就是至少保证学生在整个大学期间学习 2—3 门必修和选修课程。此类课程的种类和数量在国外一流高校都相当丰富,例如美国哈佛大学通识

---

① 傅晓微,王毅.从艺术教育到审美教育——哈佛美育类通识课程教育改革镜诠[C]//美育与艺术教育研究新趋势.上海:上海教育出版社,2019:119-143.
② 邢莉.美国大学普通艺术教育及课程设置[J].艺术探索,2005(4):68-74.

课程中,有关"审美与阐释"理解类的课程数量高达约 60 门。① 另外,我国高等师范学校也需要从师范生审美艺术素养发展的角度来考虑设置基本的课程类别,而不是随意地拼凑课程,至少需要包含审美艺术哲学类、艺术史类、具体艺术类、审美艺术与社会生活这几大类。每个师范生都应该必修一门美学或艺术哲学课程,这门课程定位于引导学生对美、艺术的本质和价值进行哲学上的思考,这对于他们形成良好的审美和艺术观非常重要。另外,艺术史可以作为一门必修课程,因为人类的艺术史其实就是一部人类文明发展的历史,通过对中外代表性艺术流派作品的学习和欣赏,学生可以更好地了解艺术与社会、政治、经济、文化、科技、人类生活之间的关系。国外通识类课程中艺术史类课程不仅有些是必修,而且种类丰富。根据学院艺术学会提供的全美 50 所高校调查报告,全美高校在 20 世纪 40 年代已开设了 800 种以上的艺术史课程。其中哈佛大学所开设的艺术史课程包括各类通史和专史,有 61 门之多,涉及面非常广。普林斯顿大学 2004 年为本科生提供的 20 多种艺术课程中,绝大多数属于艺术史类课程。② 我国高等师范学校在选修课的设置上可以整合校内外资源,尽可能地增加其类别和数量,灵活设置课程形态和学分,从而为学生拥有更广阔的审美艺术视野提供丰富的资源。

(三) 美育博雅课程的形态:增加课程的体验性,开发多样的活动性课程

如果把美和艺术也看作一种知识形态的话,那么它们必定是一种独特的形态,既不是以概念和命题呈现的客观事实性知识,也不是基于道德理性的价值判断,而是感性中沉淀着理性的"活的形象"(席勒语)。它们通过鲜活生动、可观可感的形象唤起审美主体的情感、想象,激发他们的思考和理解,促进个体生命的完满。因此"美是感性认识的完善"(鲍姆嘉通语),审美是感性和理性相统一的活动。

---

① 傅晓微,王毅. 从艺术教育到审美教育——哈佛美育类通识课程教育改革镜诠[C]//美育与艺术教育研究新趋势.上海:上海教育出版社,2019:119-143.
② 邢莉.美国大学普通艺术教育及课程设置[J].艺术探索,2005(4):68-74.

由此，提高师范生的审美素养，就不能仅仅局限于通过知识学习来调动学生的记忆和理性思维，还应该通过审美欣赏、创作活动来调动他们的感官，激发他们的情绪情感，唤起他们的想象，引发他们思考，让他们在建立自我与美、与艺术的关联中，实现个体生命的成长。所以，美育博雅课程在改革上，一方面要加大理论课程中审美体验、艺术创作的分量，将审美艺术理论的学习与实践紧密结合。例如，可以开设一些艺术工作坊，让学生在艺术创作和表达中进一步发展审美感觉，提升审美创造能力。另一方面要增加活动性课程，比如各种艺术类社团活动、每年定期举办的大型艺术活动或艺术节等。这不仅有助于调动学生的积极性和参与性，也有助于提高教师的艺术兴趣和素养，形成全校参与艺术、感受艺术、交流艺术、创造艺术的良好氛围。哈佛大学全校性的"艺术优先"（Art First）艺术节就非常有特色。从1993年起每年5月第一周举行，这是校园中规模最大、历时最长、参与人数最多、艺术门类覆盖面最广的艺术节。艺术节期间校园充满着浓郁的艺术气氛。[①] 目前，艺术教育中心是各高校组织和开展公共艺术教育的重要部门。所以如何调动和整合校内外艺术教育资源，统筹策划各种形式的审美艺术活动，调动广大师生参与活动的积极性是我们需要积极思考的问题。

（四）教师教育类课程：凸显美育知识的普及和能力的培养

《教育部关于实施卓越教师培养计划的意见》明确提出："针对小学教育的实际需求，重点探索小学全科教师培养模式，培养一批热爱小学教育事业、知识广博、能力全面、能够胜任小学多学科教育教学需要的卓越小学教师。"这从政策层面确定了我国小学教师的培养方向，即培养全科小学教师。因此，在师范生的培养中，除了关注他们自身的审美艺术素养外，还要使他们具备基本的美育、艺术教育教学知识和能力。欧美许多国家的小学教师基本都是全科教师，小学教师培养的课程体系大都有关于艺术教育方面的理论课程。比如，美国印第安纳大学的小学教育师范生培养方案中，设置了数学、科

---

① 曾繁仁主编.现代中西高校公共艺术教育比较研究[M].北京：经济科学出版社，2009：412.

学、社会、语言、艺术教育五大类核心课程,其中艺术教育方面的课程至少要获得15个学分,所开课程包括"k-12音乐方法和媒材""音乐基础概论""艺术中的自我指导"等。再如,威斯康星大学为师范生开设了"小学中的艺术"课程,着重教授学生开展艺术教育的基本原理,培养他们理解和评价孩子艺术作品的能力。南京师范大学对小学教育师范生也开设了"艺术与艺术教育"课程,其中一个重要内容是教会师范生开展艺术的教育,以及将艺术与其他学科融合的教育教学理念和方法。这收到了很好的实效,学生在见实习以及工作中能够有意识地开展艺术化的教学。所以对于小学教育师范生的培养,学校可以在积极借鉴国内外好的经验的基础上,开设"美育原理""艺术教育""通过艺术的教育"等类似课程。对于中学教师的培养,学校可以在"教育原理""课程与教学""学科教学论"等教师教育类课程内容中增加或凸显美育的内容,强化师范生的美育意识,让他们了解美育是什么,美育的育人价值以及学科美育如何开展等。

(五)校园环境:创设具有艺术性、审美性的校园环境,发挥环境的美育价值

人的审美素养很大程度是被环境熏陶和滋养出来的。一个长期浸润在具有审美艺术性的时空环境中的个体,其审美品位一定会潜移默化地得到提升。所以环境的美育价值必须得到重视。被誉为"中国近代美育之父"的蔡元培先生不仅提出了"以美育带宗教"的教育方针,而且十分重视美育实践,他充分认识到了生活环境对于国民审美素养的重要影响,所以特别强调环境的审美化。他说:"美育之道,不达到市乡悉为美化,则虽学校、家庭尽力推行,而其所受环境之恶影响,终为阻力,故不可不以美化市乡为最重要之工作也。"① 由此他阐述了道路、建筑、公园、名胜的布置,古迹的保存等,对于城市公共环境的美化,他在《文化运动不要忘了美育》中写道:"市中大道,不但分植树,并且间以花畦,逐次移植应时的花。几条大道的交叉点,必设广场,有大树,有喷泉,有花坛,有雕刻品。小的市镇,总有一个花园。大都会的公园,

---

① 聂振斌选编.中国现代美学名家文丛·蔡元培卷[M].杭州:浙江大学出版社,2009:107.

不止一处。又保存自然的林木,加以点缀,作为最自由的公园。一切公私的建筑,陈列器具、书肆的印刷品,各方面的广告,都是从美术家的意匠构成。"① 由此可见,蔡元培非常看重美化的社会环境对国民精神、审美的陶冶作用。

当然目前校园的审美化也是高校非常关注的一方面,尤其是校园的整洁、环境的绿化和花植的装点。然而,校园在整体格局规划和艺术性上仍有较大提升空间。从国外一流大学的校园环境来看,其不仅具有百年以上历史,作为凝固音乐的建筑彰显校园的历史深度和美感,而且各个区域的分割、布置都有较好的规划,给人以整体和谐的感受。尤其值得一提的是,诸如雕塑、装饰、壁画等古典或现代艺术作品常常被安放和点缀在校园的各处,这不仅营造了具有艺术氛围的空间,而且为学生了解和感受艺术提供了极好的面对面的机会。比如,斯坦福大学校园中既有集中展示罗丹雕塑的公共空间,还有散落在校园各处的多样化的现当代艺术作品。我们徜徉漫步在美丽的校园中,犹如在一个开放的艺术馆与各种艺术作品进行着一场不经意的审美相遇。校园是一个独特的时空环境,学校应该通过有意识的规划和布置,使其发挥应有的审美教育价值。

(作者:易晓明)

---

① 单世联,徐林祥.中国美育史导论[M].南宁:广西教育出版社,1992:502.

师范生批判性思维的培养

自20世纪初以来,批判性思维便受到学界的广泛认可和关注。批判性思维被广泛应用到诸多学科领域,各国知名大学纷纷开设批判性思维课程,将批判性思维作为教育的目标加以推广,大学生批判性思维的培养被提升到前所未有的高度。20世纪末,批判性思维作为通识课程,成为美国对所有大学毕业生的要求,被视为美国社会"构思教育改革和教育调整的心脏"[1]。美国学校教育强调培养适应现代社会发展、能够自主判断并处理信息的公民。[2] 为此,美国联邦教育委员会将培养学生的批判性思维视为大学本科教育的最重要的目的,以培养学生能够熟练公正地评价证据质量,检测错误、虚假、篡改、伪装和偏见的能力。21世纪初,联合国教科文组织将批判性思维设定为全球性的教育议题,提出21世纪教育的主旋律是批判性思维与创造力。至此,批判性思维成为全球高等教育公认的目标。[3]

对于教师教育而言,批判性思维近些年来逐渐地走进研讨会和学术论坛,成为教育刊物的热点话题,然而广大学校的教师群体中真正关注和思考者为数并不多。虽然高校研究者和学校教师普遍认为有必要培养学生的批判性思维,然而批判性思维如何落地却罕有提及。为此,南京师范大学小学教育系(下文简称"南师大小教系")经过讨论,在推动批判性思维教育方面采取了一项具体行动,就是自2017年起专门为小学教育本科师范生开设"批判性思维"课程。本文首先阐述我国高校批判性思维教育的总体状况,其后介绍南师大小教系对设立"批判性思维"课程的探索,进而讨论"批判性思维"课程在南师大小教系教师教育课程体系中的定位,最后提出小学教育师范生批

---

① 缪四平.美国批判性思维运动对大学素质教育的启发[J].清华大学教育研究,2007(3):99-105.

② 钟启泉."批判性思维"及其教学[J].全球教育展望,2002(1):34-38.

③ 夏欢欢,钟秉林.大学生批判性思维养成的影响因素及培养策略研究[J].教育研究,2017(5):67-76.

判性思维培养的后续发展方向。

一、我国高校批判性思维教育的状况

我国大学生的批判性思维能力状况常饱受诟病。2010年的"世界著名校长论坛"对我国大学生批判性思维能力状况做了专门讨论。耶鲁大学校长莱文指出,中国大学的本科教育缺少对于批判性思维的培养,学生是被动的倾听者、接受者,不会挑战教授和彼此的观点,把注意力放在对知识要点的掌握上,而不是去开发独立思考的能力和批判性思维能力。牛津大学校长汉密尔顿指出,虽然中国学生容易在和其他国家学生的竞争中获胜,但是他们欠缺挑战教授观点的能力,这需要改善。香港中文大学校长刘遵义指出,学生尊重权威,课堂上对教授的观点不敢有异议,百分之百相信老师,致使创新受到压制。更有相关研究指出,批判性思维能力在大学期间停滞不前。美国斯坦福大学进行的一项研究还发现,中国学生在进入大学后失去了他们在批判性思维方面的优势,在上大学两年之后,学生的批判性思维能力几乎没有表现出任何提高。与其相比,美国和俄罗斯同龄人则取得了明显进步。

我国高校的课程设置体系中,一些高校陆续开设了批判性思维的相关课程。高校设立"批判性思维"的专门课程,有助于推动批判性思维教育的专业化发展,确保批判性思维培养的系统化和制度化。在课程体系中,批判性思维作为通识教育的重要组成部分,有助于提高大学生的综合素养,纠正学生消极而低效的思维习惯,培养学生批判性地观察、阅读、聆听、演讲和写作的能力,使其能够适应社会发展潮流。[1]

批判性思维被视为小学教育师范生形成个体理性和创造性的核心素养,也是培养拔尖创新型人才的关键要素。[2]《小学教师专业标准(试行)》将反

---

① 黄朝阳.加强批判性思维教育培养创新型人才[J].教育研究,2010(5):69-74.
② 刘学东,袁靖宇.美国大学生批判性思维能力培养研究——以斯坦福大学为例[J].高教探索,2018(9):44-50.

思与发展视为小学教师重要的专业能力,要求小学教师能够主动收集分析相关信息,不断进行反思,改进教育教学工作。其后,《培养新时代大国良师——普通高等学校师范类专业认证工作指南》中明确将批判性思维作为师范生的毕业要求,将师范生作为反思型实践者来看待,要求其能够运用批判性思维方法,学会分析和解决教育教学问题。然而,罕有师范类专业开设"批判性思维"课程,师范生的批判性思维培养受到一定的限制。为此,南京师范大学小学教育专业自2017年起针对小学教育师范生开设"批判性思维"课程,致力于培养学生的批判性思维。

二、"批判性思维"课程的探索

批判性思维源自哲学和心理学,关注思考者能做什么和如何思考的,强调人的思维品质和思维过程,属于一种高阶思维能力。1910年,被誉为"现代批判性思维之父"的美国哲学家杜威(John Dewey)首次提出"反省性思维"的理念,将反省性思维视为"思维的最好方式"。① 学生需要对信念或被假定的知识形式,按着其支持的依据以及由它进一步导出的结论,进行主动、持续和缜密的思考。杜威进一步将反省性思维阐述为探究、调查、深思、探索和钻研,以求发现新事物或对已知事物有新的理解。② 杜威将反省性思维的关注重点确定为解决问题的能力,奠定了批判性思维发展的基础。其后,格拉泽(Glaser)沿袭了问题意识,将批判性思维归纳为知识、态度和技能三个方面:有效推理、抽象、概括的知识,质询态度,应用以上知识和态度的技能。③ 此基础上,布朗(Browne)和基利(Keeley)进一步把问题意识定位为对关键问题的处理,将批判性思维视为:有一套相互关联、环环相扣的关键问题的意识、

①② DEWEY, J. How We Think [M]. New York: Dover Publications, 1997.
③ GLASER, E. An Experiment in the development of critical thinking[M]. New York: New York AMS Press, 1972.

恰如其分地提出和回答关键问题的能力、积极主动地利用关键问题的强烈愿望。① 基于布朗和基利对于批判性思维的理解,南师大小教系开设的"批判性思维"课程将师范生的批判性思维的起点定位于师范生有提高思维能力的强烈愿望,致力于兼顾师范生批判性思维能力的训练和心智模式的养成。同时,将批判性思维和师范生的口语表达能力相整合,通过聚焦教学案例中的关键问题,提升师范生的口头表达能力。

南师大小教系的"批判性思维"课程作为必修课,为小学教育专业大二师范生开设。课程采取汉语和英语共同使用的双语授课模式。教学参考书主要采用由布朗(Browne)和基利(Keeley)编写的 *Asking the right questions: a guide to critical thinking* 全英文版教材,并根据小学教育师范生的特点补充大量来自小学教材和现实中的社会问题的案例分析。在课程评价方式上,本课程采取过程性评价和结果性评价相结合的方式,包含课堂参与(30%)、口头演讲(30%)和期末考试(40%)三个部分。课堂参与是指师范生主动参与到课堂讨论当中,或者主动发起讨论的议题,以其参与次数作为评价标准。口头演讲则是由师范生自主选题,按照清晰的逻辑结构阐述观点和理由,开展3分钟的公开演讲。口头演讲依据演讲者的演讲内容、演讲风格和演讲状态这三项指标进行评价,并由任课教师给予点评。期末考试采取闭卷方式,主要采取案例分析的方式测评师范生的批判性思维能力。

本门课程与哲学系开设的逻辑学课程有明显的区别。通常所说的"逻辑学"是一门严谨的有效推理或论证的形式科学,而本系开设的"批判性思维"课程则是一门综合性思维训练课程,其课程内容不仅与语言学、心理学、修辞学、论辩学互相渗透,还与师范生素养有密切关联。针对师范生的特点,将本门课程教学目标设定为:掌握批判性思维基本结构,掌握批判性的提问技能,树立并强化深思熟虑的思考态度;面对实践开放性问题时进行合理思维,培养出能够提出恰当问题和做出合理论证的思维习惯;正确分析、理解各种实际论证,识别常见的谬误,对他人的分析推理做出客观评述。

---

① BROWNE,M. & KEELEY,S. Asking the right questions:a guide to critical thinking[M]. New Jersey:Pearson Education,Inc.,2014.

为此，本课程的核心目标是培养师范生的批判性思维品质，让师范生认识到合理的思维要有证据、有充分理由。师范生对通常被接受的结论能够提出疑问和挑战，而不是无条件地接受专家和权威的结论。师范生能够用分析性、建设性的论理方式对疑问和挑战提出解释并做出判断，而不是同样接受不同解释和判断。① 主讲教师将批判性思维教育融入教师教育的教学过程中，引导师范生不仅在教学过程中传授书本上已有的知识，更要将获取知识的有效途径教给学生；同时鼓励学生敢于大胆批判、质疑既定结论，让学生逐步掌握运用可靠根据修正或推翻原有结论的能力。课程强调让每位师范生都积极参与理智训练，重点在学生头脑中形成以问题意识为特征的思维品质。教师和师范生就课程内容自由平等地发表自己的观点，通过对各种不同观点的辩证，共同批判谬误、发现真理。针对小学教师工作中可能面临不确定情境的特点，本课程让师范生对自己和周遭抱有较为理性且客观的看法，使他们能够在有限的时间内权衡各项安排，做出限制性条件下的最佳决策，帮助他们在教师发展道路上顺利前行。

第一，本课程致力于改变师范生的思维方式，使其从被动的海绵式思维转向主动的淘金式思维。海绵式思维方式强调单纯的知识获取结果，认为任何事件、过程或情境都存在唯一的正确答案。为此，师范生通常习惯于被动吸收教师整理好的系统知识，对教师讲授的知识照单全收，而缺少进一步的分析和评价。海绵式思维方式下，师范生习得的知识多为惰性知识，习惯囿于标准答案，好奇心和想象力不足。惰性知识虽然逻辑相关，然而活性不足，师范生在进入教师行业之后难以运用，陷入专业发展停滞的困境。② 为此，本课程致力于转变师范生对于知识的认知方式，鼓励师范生学会批判地吸收新知识以建构不断发展提升的知识体系，发展淘金式思维。淘金式思维可以引导师范生在知识获取过程中与知识积极互动，建构活性化知识。师范生通过提出关键问题引导思维，在分析评估阅读材料的基础上形成自己的结论。

第二，本课程注重批判性思维的实践运用。本课程选取大量鲜活的案例

---

① 钱颖一.论大学本科教育改革[J].清华大学教育研究，2011(1)：1-8.
② CHAFFEE, J. Teaching critical thinking across the curriculum [J]. Journal of College Reading and Learning, 1988, 21(1): 151-159.

素材,让师范生在课堂教学中围绕案例素材经历批判性思考的真实过程。一方面,让师范生意识到学习是从最初的观察、分析、预判、行动,再到最后的结果被获知的过程。① 师范生需要能够提出疑问,正确鉴别素材中的论题、结论和理由,提取推理素材中的假设,评价论证结构,指出论证中存在的形式谬误和非形式谬误。另一方面,让师范生自己围绕开放的材料形成观点和论证,在指定的时间内条理清晰地讲述出来,能够用有说服力的论证和推理给出解释和判断。

本课程引入证据效力这一操作性工具,引导师范生客观评价证据的可信程度。许多问题是以收集经验性素材为前提的,需要分析素材的信度和效度。② 受到传统观念的影响,师范生易将教师视为真理、智慧和知识的持有者及唯一的正确知识的获取渠道,陷入被动机械式的学习。③ 崇尚知识权威可能阻碍师范生批判性地看待不同来源的知识,导致"唯书""唯上"现象,自主判断受到阻碍。为此,本课程引导师范生进行对信息收集的思考,区分不同的知识来源渠道所产生的信息的效力。本课程梳理了日常生活中常见的八种知识来源渠道:直觉、个人经历、典型案例、当事人证词、专家的权威意见、个人观察、研究报告和类比。由于个体的理解能力、评价系统和反应机制是基于已有知识建构的结果,不同的知识来源渠道所产生的知识的效力也有一定的差别。没有一种知识来源渠道可以获得永久可靠的完美的证据。

第三,本课程使用真实案例或现实中的时事,连接课程与真实世界。本课程所选取的案例素材有一部分来自小学教材,另有一部分案例素材来源于广泛的日常生活实践。通过案例分析,师范生形成对某一问题的批判性思考方式,按照清晰的逻辑结构组织理由,进而得出结论。在此过程中,教师鼓励师范生容忍确定的知识的缺失,自信应对未知情境。在素材的选取方面,小学教材中的案例素材可以让师范生体会到批判性思维与小学教育的紧密联

---

① HUGHES,W.,LAVERY,J. Critical thinking: An introduction to the basic skills (4th edition.)[M].Ontario:Broadview Press,2004.
② 钟启泉."批判性思维"及其教学[J].全球教育展望,2002(1):34-38.
③ CHAN,K-W,ELLIOTT,R. G. Epistemological beliefs across cultures:Critique and analysis of beliefs structure studies[J].Educational Psychology,2004,24(2):123-142.

系,打破其对于小学教材的惯性思维,以新的视角看待教材内容。同时,来自生活实践的案例素材则进一步将批判性思维的运用范围从小学教育延伸到广阔的生活实践之中,为师范生提供广阔的视野。生活实践案例使得师范生感悟到批判性思维与现实生活的密切联系,体会到批判性思维在现实生活中的运用和价值。

第四,本课程引导师范生打破非此即彼的二分式思维方式,发展多元思维。虽然许多学者和教师都在强调多元思维的重要性,鼓励学生采取不同的视角看待问题,然而更多的是强调创设兼容并蓄的学习氛围以及提供开放的学习材料,并未提及如何形成多元思维。师范生即便意识到多元思维的重要性,由于缺少针对性的技能,在面对具体状况时也感觉无从入手。为此,本课程将多元思维技能操作化为备选结论与支持性条件的组合,通过对不同的支持性条件的组合和推理,得到不同甚至相对立的备选结论,使得多元思维得以落地。

三、"批判性思维"在小学教师教育课程体系中的定位

大学生批判性思维能力的培养通常有两种实践模式:一是融入学科的模式,在学科教学中有意识地融入批判性思维策略与态度的学习;二是开设专门的"批判性思维"课程,通过不涉及具体学科知识的实例来探讨批判性思维问题。[1] 目前,南师大小教系主要采取第二种方式,"批判性思维"定位为教师教育课程体系中单独设置的一门综合性思维训练课程,对学生进行有针对性的批判性思维的培养。课程学习的重点是批判性思维的原理和方法,并将之运用到不同的场景环境中。本课程虽然也会从小学教材中选取一些素材作为案例,但并不会过多地涉及具体的学科内容。在课程定位上,本课程定

---

① 刘学东,袁靖宇. 美国大学生批判性思维能力培养研究——以斯坦福大学为例[J].高教探索,2018(9):44-50.

位于通识课程,作为师范生思维训练的基础。这种"独立型"课程开设方式在美国诸多高校均有采用。例如,斯坦福商学院开设了"批判性分析思考"等专题课程,致力于引导学生积极参与批判性思维能力的训练。课程以研讨班的形式进行,每次都会提前设定一个主题,要求学生围绕主题撰写文章并在课堂上参与讨论。在课程考核方面,写作和课堂表现占到学生总体成绩的80%。

在"独立型"批判性思维培养课程体系中,针对师范生的独特状况,为提高教学质量,本课程侧重于培养师范生批判性思维的心智模式,而对于师范生的批判性思维能力则适当降低要求。① 此原则主要考虑到学生为小学教育师范生,其在高中阶段大多为文科生,数学功底相对较差。而批判性思维能力培养大多围绕形式逻辑和非形式逻辑展开,对于师范生来说挑战性较大。批判性思维的心智模式则是一种思维心态和思维习惯,涉及求真度、思想开放度、分析性、系统性、批判性思维自信度、好奇性、成熟度等多个方面,更多的是关注"思考什么"和"问为什么",塑造师范生的价值观和人生态度。为此,主讲教师在设计课程时,对于形式逻辑、非形式逻辑和统计推断的内容仅讲授基础部分,教学过程中深入浅出,避免过多使用专业术语。② 同时,基于实践导向把重点放在围绕具体的素材开展案例分析,鼓励师范生拓宽思维范围,想以前没有想过的问题,问之前没有怀疑过的命题。

然而,"独立型"批判性思维培养模式将发展批判性思维作为明确且唯一的教学目标,在延展性上受到一定的局限。由于学科知识之间存在差异,如何实现批判性思维从一个领域到另一个领域的一般化迁移成为本课程面临的问题。比如,小学语文、数学、科学等不同学科对批判性思维的要求往往是大相径庭的。如何将批判性思维教育融入各门学科的教学过程,借助课程教学潜移默化地培养学生的批判性思维,成为本系教师教育课程体系有待改革的关键。

---

① 钱颖一. 批判性思维与创造性思维教育:理念与实践[J]. 清华大学教育研究,2018(4):1-16.
② 希契柯克. 批判性思维教育理念[J]. 张亦凡,周文慧,译. 高等教育研究,2012(11):54-63.

四、转型与提升：从独立型课程走向综合型课程

"独立型"课程体系重视传授学生批判性思维的原理、方法和技巧，然而与学科教学联系不足，使得师范生对于如何在小学中推行批判性思维教学难以把握。因而，本系不仅需要开展增量改革，开发旨在培养批判性思维的独立课程，同时也需要存量改革，有意识地将有助于培养学生批判性思维的内容融入既有课程内容。为此，本系后续将会把独立型课程发展成为综合型课程，把批判性思维教育贯穿于小学教师教育的全过程，把独立的思维技能教学和常规课程中的思维教学相结合，兼顾批判性思维能力的"深度"和应用的"广度"。① 在发展路径上，本系可以采用二阶段思路：首先要重点建设若干门课程，比如写作、沟通、逻辑、统计、伦理、道德课程，进而将其体现在所有课程和所有培养环节中。

国际上已有许多高校采用综合型课程设计模式，可供借鉴。此类模式通常采用混合教学方法，将一般方法与沉浸方法、讲授法进行不同程度的组合，其典型的形式是先单独教授一段时间批判性思维技能，然后将批判性思维技能训练与学生日常的学科内容教学相结合。在教学内容上，此类模式不仅重视培养师范生批判性思维能力，同时注重培养师范生深度阅读、熟练写作、有效表达的能力。例如，马萨诸塞大学采用限时写作考试的方式评估学生的批判性思维能力，以选择最佳的教学模式；哈佛大学则开设诸如"关于环境与公共卫生的批判性思维""批判性思维与研究报告写作"等专题的批判性思维课程，并将经典的案例教学等批判性思维方法贯穿在通识教育的课程体系中；清华大学经济管理学院在推动批判性思维教育方面重点建设通识教育中的"中文写作"和"批判性思维与道德推理"这两门课程。

（作者：乔雪峰）

---

① 陈振华.批判性思维培养的模式之争及其启示[J].高等教育研究，2014(9):56-63.

专题二
卓越小学教师的核心素养培育

论班主任课程领导力的职前培养

班主任工作的重要性显而易见,班主任工作对教师综合素质的要求也不言而喻,有教师用"全能性物种"来隐喻班主任岗位的职责和能力要求。与这份重要性和高要求形成反差的是,无论是用人学校的意见反馈,还是毕业生的经验交流中,初入职教师班主任工作能力的相对缺乏都是一个焦点问题。我们通过对当前班主任岗位职责、专业发展需求和趋势的田野调查,结合对高等师范学校(简称"高师")相关课程设置的检视反思,认为在职前培养师范生的班主任课程领导力能够帮助其更好地认知和理解、适应和胜任班主任工作。在下文,笔者从班主任课程领导力职前培养的必要性、可能性、功能性三个方面来做一些思考和探讨。

一、班主任课程领导力职前培养:何以必要

作为"课程管理"升级版概念的"课程领导",不是指基于行政、实现权威和控制的科层制领导,而是指基于专业、象征民主和自主的分享合作式领导,其强调民主分权、个人思想和自觉发展,着力转变依赖、接受上级指令才活动运作的被动局面。① 我们提出职前培养师范生班主任课程领导力是因为"课程领导"契合班主任工作职责,顺应基础教育课程改革背景下班主任专业发展的趋势,能够让高师在一定程度上走出相关课程设置的盲区,提高师范生的岗位准备度。

---

① 吴晓玲.班主任课程领导的活动兴趣和实践理性[J].江苏教育,2019(31):42-46.

（一）契合班主任工作职责

虽然"课程领导"是西方课程理论研究的舶来品，但十分契合我国中小学班主任工作的特点。在中小学的运作机制中，比较而言，学科教师的工作职责和方式主要是"课程实施"，从课程目标、课程内容到评价方式，基本都是强预设、强结构和控制；而班主任的工作职责和方式则更加契合"课程领导"。虽然教育部2009年颁布的《中小学班主任工作规定》（以下简称《规定》）对班主任工作的价值、任职条件、主要职责、任务与权利以及考核奖惩做了纲领式的条文规定和说明，但十分概括简略，具体做什么、怎么做、做成怎样、逐年如何进阶和评价，仍需要班主任自己去择定、设计和落实。虽然有教育主管部门和校级层面的领导，班主任在工作内容和方法方面仍然有较大的自主空间。宏观、中观教育层级的领导能否达成预期效果，十分有赖于微观或者可以说"微"微观层面的班主任的工作能力，这就意味着班主任必须有更富主体性的教育理想、教育思想、教育创意与活动的组织落实能力。这与课程领导的理念与价值正相符。换言之，要把工作做好，班主任必须要有教育的主见、远见，必须要有教育的主体性和自觉性，必须要有带班育人的主张和实现主张的魄力、毅力。虽然作为概念术语的"课程领导"在我国的倡议与推广是在21世纪之后，过去没有人用"课程领导"之名来描述班主任工作，老师们也未必认为自己能进行课程领导，但我国许多知名优秀班主任的出色工作无不在强调"课程领导"之实的存在及其重要性。正因为实践的本然需求，所以相关研究明确把班级作为课程领导的一个层级子系统。

（二）顺应班主任专业发展趋势

我国班主任制脱胎于俄国20世纪30年代建立的班主任制，班主任的最初工作职责大约为四个方面：① 同科任教师、学生会、少先队、共青团和企业机关中的学校家庭协助委员会联系；② 辅导本班学生学习，增进学生健康，组织学生公益活动；③ 制订学期工作计划，填写教室日志，检查学生日记；

④ 呈报学生学业成绩、出勤和行为表现等。① 从这些职责来看,班主任的工作大都是些联络性、辅助性、文本性、管理性事务。时代变迁,发展至今,班主任的工作内涵不断变化,且变化显著。一个关于班主任制是否会被取消的研究可以为我们逆向描述其中的发展。当以下条件都满足时班主任将会"消失":教育投入真正到位,教育回归本源追求,专业师资配备齐全,教师全面履行教书育人职责,课程实施水平发展到一定高度,学校管理实现扁平化,家庭教育提高到一定程度,社区教育真正发挥作用。② 这些条件不仅陈述了班主任在学校教育甚至在整个社会教育系统中所发挥的价值传播、引导和校正,及教育资源匮乏时的顶岗、担当和奉献等重要作用,也反映出班主任当下专业发展的变化和趋势。

在传统课程观中,课程即学科知识,课程专属于学科,在很长一段时间,业内外人士大都认为学科教学是教师的正业,班主任工作是协助学科教学的,即使不否认其重要性,也认为其只能算是"副业"。21世纪初期启动并不断深入推进的基础教育课程改革大大加深了教育者们对课程本质和内涵的理解,课程不再被狭隘地理解为学科知识。学生在学校所经历的生活都具有潜在的教育功能和价值,班级作为学生们学习和交往的最基本场所,其中所生发的日常经验具有贴近学生发展需求的教育价值,而且是学科课程无法替代的,尤其当学科教师的课程育人能力更多地受到考试评价制度的制约时,班主任带班育人就显得格外重要。

课程观的转变和解放赋予了班主任专业化发展以新的生机和内涵,班主任课程领导力是班主任有目的、有计划、有组织地对班级教育教学资源进行有效整合,进而形成教育合力的能力,此概念的提出,意味着班主任工作从管理属性向专业属性转变,凸显立德树人的价值诉求。从服务于学校管理职能的需要,向带班育人、协同育人、立德树人的自觉回归,是班主任工作的教育性在课程改革深化阶段的具体体现。③ 因此对课程领导力的关注和发展不

---

① 陈桂生."班主任制"缘起——俄国班主任制要义[J].全球教育展望,2011(11):66-67.
② 刘京翠.聚焦中国班主任政策——第三届"中国班主任研究"圆桌论坛综述[J].教育科学研究,2016(5):80.
③ 齐学红.班主任的课程领导力何以可能[J].江苏教育,2018(7):1.

必也不应等到教师成为学校管理者之后,而应该在教师入职前就有意识地及早培养,激发和挖掘他们的潜能。

(三) 提升师范生的岗位准备度

针对班主任工作高情境性、高综合性的特点,直接指向班主任岗位工作能力培养的高师课程一般来讲由三部分构成:理论学习、案例学习、实践学习。理论学习的内容主要包括:从管理学、社会学、教育学、德育学、伦理学等基础理论推导出班级组织的基本属性和特点、班主任工作的基本内涵和原理、班主任需具备的职业道德和专业能力等。案例学习分为两种形式:一种是文本案例分析,培养学生们发现问题、分析问题和群体建构观点的能力;另一种是优秀班主任经验介绍,给学生们提供一些替代性的岗位经验。实践学习包含见习和实习,学生们走进现实班级情境,观摩和辅助班主任开展常规工作、处理突发事件等。

根据毕业生们的反馈,在这三种内容构成中,理论学习给他们的印象和启发最为单薄,因为理论是以一种抽象、结论化、说教式的方式呈现的。他们当时缺乏实践经验和实际困惑去敦促他们主动寻求理论的解释、解惑,而且学习方式又主要是听老师讲、看课件、记笔记,缺乏互动和参与,等他们到了真实的工作情境,所学理论已所记无几。相对理论学习,学生们对案例学习的热情则较高,但对于课堂上的案例分析,毕业生们认为高校教师选择的案例以及案例分析的方式"学术气息"浓重,不够"接地气",不太能够观照到班主任工作的真实情况,无法解决实际问题,因此相对而言,学生更喜欢听优秀班主任分享工作经验,但是他们又发现把优秀老师的成功经验迁移到自己的工作中时,那些经验往往又没那么有用、好用了。关于见习和实习,同学们的感触是看到、学到不少,但常常流于现象,经验也是碎片状的。

我们在与初入职毕业生交流时发现,他们工作中存在的困惑大多是事务性的,且是零散的,这表明他们即使拥有了实际的岗位经验,也仍然缺乏理论的系统的整体认识和顶层规划。也许他们知道每一天、每一周、每一学期、每一学年要忙哪些事,但是对为什么要忙这些事,这些事彼此之间有什么关系,

这些事和立德树人、助人成长有什么联系都还没有深入的思考和明确的认识。我们在调查中发现,一些有多年工作经验的班主任也常常处于就事忙事的状态:日复一日地例行差事,处理使人心绪烦扰的麻烦事、让人措手不及的应急事、兴师动众的应景事,忙着低头赶路,忘记了赶路的目的,无暇对诸多的事情进行梳理,淡漠了忙事的价值归属。①

可见"忙事"本身未必能为工作者带来对工作更为周全深透的认识,未必能提升工作者的格局和品质。这意味着我们有必要为未来班主任在职前奠定一个整体的、贯通的班主任岗位职责认知和实践的基础,为其职后自觉、持续的专业发展预置一个宽阔的教育视野和高远的格局。课程领导力则是这样一种融通理论与实践,联结教育视野、思维、情怀和行动的综合性的中介能力,通过课程领导力的职前培养可以整合课程体系中的理论、案例和实践学习,师范生明确班主任必须具有顶层观照带班具体事务之规划和统整的能力,发现、挖掘和运用班级育人资源之洞察和设计的能力以及协同工作伙伴合力教育之感召和引导的能力,从而提升班主任岗位工作的准备度和胜任力。

二、班主任课程领导力职前培养:何以可能

班主任课程领导力能在职前培养吗?虽然能力尤其是综合能力的最终形成需要大量实践来支撑,但是我们相信在职前的多学科多形态课程的教学中通过有意识的引导实践和反思,能够为学生发展班主任课程领导力奠定观念自觉(我应该有)、责任自觉(我必须有)和能力自觉(我能够有)的基础。我们无须把班主任课程领导力看作某种"高大上"的能力,也不用再设一门冠名"班主任课程领导力"的课程,我们教的其实已很多,班主任课程领导所需要的理性之知在已有课程设置中基本都能找到,但我们多以讲的形式教,而讲

---

① 吴晓玲.班本德育课程:守护学生的权益[J].江苏教育,2019(79):44.

之功是有限的;教的内容又多遵循学科逻辑,各教各的,知识相互隔离。针对以上问题,我们运用课程理论和技术对班主任工作进行课程化分析,揭示其课程潜质①;并根据高等师范教育特点,对课程领导力内含的课程思维进行解析,把班主任工作的课程潜质与课程思维培养相联结,引导师生尤其是师范生在理论学习、案例学习和岗位学习中自觉参照、运用和思考。

(一) 悉知班主任工作的课程潜质

班主任工作虽是高情境性的,但也有诸多相同、相似、相通的普遍特质,正因为如此,探析班主任工作的课程潜质才既必要也可能。认识这些课程潜质能够帮助师范生更好地理解理论学习中的抽象原理和整合实例实践学习中的事务经验。

1. 方向性和规范性

任何课程都是价值负载,受制于意识形态的。班主任工作的方向性和规范性非常鲜明。《规定》中明确给予班主任以厚望重托:"班主任是中小学重要岗位","班主任是中小学日常思想道德教育和学生管理工作的主要实施者,是中小学生健康成长的引领者,班主任要努力成为中小学生的人生导师"。这些规定都在明示班主任工作的价值和职责,也为我们从课程的视野来认知班主任工作奠定了政策制度基础。课程之术首先是价值选择和目标确定之术,有了国家政策制度的价值引导,我们可以运用目标确定之术对其进行分解,使其具体化、序列化、进阶化,从而更好地规范和调控班主任带班育人工作。

2. 经验性和过程性

班主任工作课程化的一个重要基础也是重要资源,即师生班集体生活的原生经验。现代课程理论特别强调课程的经验化,因为只有进入经验、体验层面的课程才有可能对学生身心产生影响。人的道德认识、情感和自觉行为往往都产生于真实的问题或生活情境中,班集体生活内在地蕴含着德育契

① 吴晓玲.深度理解班本德育课程[J].江苏教育,2019(15):41-46.

机。班主任是班级里陪伴学生时间最多的老师,时间是过程得以存在的重要保障条件,是教育影响得以实现的重要变量。德育活动的开展需要时间,问题的解决需要时间,学生认识的变化需要时间,学生品德的发展需要时间,良好班集体秩序和习惯的形成都需要时间。一切过程都孕育着新质,不断产生新的关系、新的整合、新的现实,因此班主任工作的经验性是开放、富有创生价值的,而不是封闭、因循守旧的。

3. 要素性和关联性

班主任工作看上去繁杂琐碎、缺乏确定性,但依然具有工作的重点和连续性。《规定》指出班主任主要做好以下工作:研究与发展班级每一位学生,班级日常管理,班集体活动组织,安全防护,学生综合素质评价与奖惩建议,协同教育。无论在哪个年级、学段,这些工作都是最基本也是最主要的,这就意味着班主任工作具有连续性;其也是相互关联的,班主任需要敏锐地发现现象、事务、行为、问题之间的内在关系,以及看似无关的生活事件和学习行为表现之间的内在联系,并能够建立学生的原生经验和育人目标之间的联系。把零散的经验统整成一体,需要掌握课程组织的编织之术,而编织之术的关键是找到众多知识、经验或事务中的基本线索或内在结构,即课程要素。《规定》对"每一位学生"的强调,意味着班主任需要把守护学生权益作为带班育人的逻辑起点和奠基性价值,只有这样才能够既公平地关注"每一个",也有针对性地关怀差异化的"这一个"。①

4. 延展性和协同性

相对于学科老师相对固定、区隔的工作时空间,班主任工作的时空间具有更大的延展性,既不局限于某个时段,也不囿于某个地方。因此班主任需要协同同事、家长、社区人士与相关机构工作人员甚至学生建构工作伙伴关系,一起做好工作。建立工作共同体正是实践旨趣课程理论特别强调的课程审议和开发的形式,其认为课程要想最大限度地符合学生的权益、促进其发展,就不能是某个人和某特定群体独自决策的行为。因此以学生权益作为整合班主任工作的组织要素,可以为班主任与工作伙伴评估、发展和援助学生

---

① 吴晓玲.班本德育课程:守护学生的权益[J].江苏教育,2019(79):44.

提供相对统一的工作语言和行动参照框架,可以充分利用学生已有的社会人际网络,协同更多的相关组织机构和专业人士来关注学生的成长和发展。

5. 综合性和评价性

课程综合化是我国基础教育课程结构改革的重要措施和目的,综合课程被看作是学校课程的"另一半",之所以如此强调它,是因为我们的教育太缺乏综合课程。很多学校在为开发综合课程而焦虑时,容易忽略身边或身在此中的综合课程资源:班集体生活。班主任工作所引发的班级学习活动或基于问题、或基于矛盾、或基于项目、或基于任务,皆具有综合课程的潜质。《规定》明确指出:班主任"组织做好学生的综合素质评价工作"。正是因为学生的综合素质能在班集体生活中得到自然真实、比较全面的展现,所以班主任能够便捷、清楚地观察和了解学生。无论课程是作为一段过程还是作为一个物态的成品,其都需要有评价的构成,否则就很难实现课程的影响力。随着时代的发展、教育改革的推进、社会诚信体系的完善,综合素质评价必然会被日益正视、重视和信赖,从而综合素质教育才会真正被重视,富有综合课程潜质的班主任工作也就从重要的"副业"变成统领性的"正业""主业"。

(二) 培养课程领导力内蕴的课程思维

能力是在解决真实问题的过程中得到锻炼和提升的,而解决真实问题的实践机会的相对缺乏是职前教师教育的先天不足,但我们可以在职前培养师范生思考相关问题的能力,即思维。"思维通常限于不直接感知的事物"①,这表明高等师范教育或许能够因短而得长,即给人思维能力的发展提供良好的环境。思维是思索问题留下的路径和痕迹,透现着一个人的问题意识,思维也是"信念的同义语",②隐蕴着一种力量,是思考问题所累积储备下来的习惯。因此,培养课程思维,表面上看是培养问题意识和思考方式,从深层来看则是在塑造工作信念,磨炼工作韧劲。

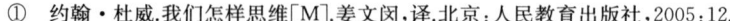

① 约翰·杜威.我们怎样思维[M].姜文闵,译.北京:人民教育出版社,2005:12.
② 约翰·杜威.我们怎样思维[M].姜文闵,译.北京:人民教育出版社,2005:13.

1. 整体—本原性思维

整体—本原性思维为班主任工作奠定思想基础和价值方向，打开工作空间。整体性和本原性思维相辅相成，前者体现的是思考的广度，后者则呈现的是思考的深度，一般来说，思广在前，思深在后，而思深能更好地思广。当人从宽阔的视野来思考问题时，就易渐渐地让思想往深处走，去追问本源——缘何如此、缘何需要，探询本质——本来为何，本应为何……从而让思想具有纵深性、反思性和批判性，让实践具有探究性和变革性，这些都是课程领导所需要的。课程是用广角镜看教育世界，看的是整体大画面，关涉大观点。班主任工作处于教育系统最基层，这决定了接受、执行和操作是其不可避免的工作状态。这种状态久了，班主任的教育视野就会被遮蔽，他就会习惯用显微镜看微观教育世界，看的就是小画面，所以其工作视域狭小、工作内容琐碎。在我们的高等师范课程体系中，一些思政课、专业课和博雅课都在培养学生的整体—本原性思维，让我们的学生从大局、从长远、从根本去思考教育问题，对专业责任和使命的理解和思考不局限于操作、事务性的工作情境，而是延展到更开阔的问题情境，这有利于发展他们的课程领导力。

2. 要素—分析性思维

要素—分析性思维助力班主任深耕工作空间：明思路、突重点、得要领。用课程的眼光来观照班主任工作，一个重要的步骤就是超越原先的管理逻辑，重新格式化，基于育人逻辑主线，挖掘体现和守护育人理念的课程要素，重新架构班主任工作，使之从"看班管人"转向"带班育人"。譬如前文提及的以"学生权益"作为课程要素，用未成年人权益指标作为帮助班主任梳理日常工作的基本线索，班主任就能预先地在基础层面上确定工作的大致范围：身体发展、心理发展、环境建设、班风建设、效能感培养、责任感培养、兴趣志向培养等。工作范围一旦确定下来，就好比建好了大楼的承重墙，贯穿始终，增强了工作的稳定性和确定感。在此基础上，班主任可以根据所带学段和年级学生的身体、认知、情感和精神心智的发展水平来确定权益中每个方面或每个指标的进阶目标，从而更清晰地感知育人过程的渐进性。对《课程论》中课程组织理论的学习、学科课程标准的研读、学校课程规划案例的分析以及校本课程方案的设计都有助于培养师范生的要素—分析性思维。

3. 结构—整合性思维

要素—分析性思维帮助班主任找到工作空间的要点和主线,结构—整合性思维则是寻找、建立和优化点和点、线和线、点和线之间的联系。班主任工作常被看成是琐碎的,常有班主任抱怨整天都是"瞎忙",一个重要的原因就是班主任缺乏工作的结构感。班主任找到工作的内容结构、方法结构和过程结构①,则能够更省力地做好相同相似的工作,能够更敏锐地发现不同工作之间的关联,也能够更好地理解并找到新工作和难工作的思路和方法。结构—整合性思维是专业主体性的显现,对领导力的形成和发展非常重要。优秀班主任之所以工作出色,常常是因为其通过内在挖掘和外在整合的方式赋予工作以合理的结构,并在此基础上对工作时间、育人资源和活动进行科学艺术的整合。结构—整合性思维的培养路径是多样化的,不必束缚于专业理论和实践的学习,因为结构处处有:一个好的理论和政策必定有严谨并富有张力的结构,一篇好文章必然有一个精致并富有逻辑的结构,一段让人记忆深刻、很受鼓舞的演讲离不可精妙并富有言辞魅力的结构……任何好的设计都要有好的结构,班主任工作的关键是要培养学生做一个有心的结构研究者和建构者。

4. 欣赏—协同性思维

如果说前面三种思维指向的是班主任课程领导的内容维度,那么欣赏—协同性思维则是指向班主任课程领导的人际维度。班主任工作的联络性、延展性和协同性说明带班育人需要多主体参与、协商、互助合作。因此班主任要想做好带班育人工作,就必须培养自己建立工作伙伴关系、构建教育共同体的能力。通过阅读优秀班主任工作案例以及采访富有工作成就感和幸福感的班主任,我们发现这些班主任有一个比较普遍的人格特质:善洞察人性,善发现优点,乐于欣赏,以"和"凝人。他们与同事、家长交谈沟通时不是质疑、揭短、责备,而是以欣赏、肯定、理解的态度进行富有诚意和创意的合作,通过寻求和审视个人和组织中积极、美好的面向,来协同工作伙伴一起成长,共同促进班级学生的发展与进步。相比其他思维,欣赏—协同性思维培养的

---

① 李家成.建设具有教育价值和生命意义的班级[J].江苏教育,2018(63):1.

途径和方式既可以向外寻找,即通过阅读优秀班主任案例、见习观察、访谈和比较的方式来了解和思考欣赏—协同性思维;也可以向内体察,即可在自己的学习和生活中感知和体悟欣赏—协同性思维所带来的人际交往效果。

三、班主任课程领导力:何以有为

班主任课程领导力的培养最终是为了提升师范生职后从事班主任工作的专业效能感、成就感和幸福感,职后进一步自觉持续地发展,可在以下四个方面助力班主任带班育人。①

(一) 助力登高望远,富有主体性地带班育人

课程领导力的培养和自觉发展能够助力班主任登高望远,借由课程的路径去寻找失落的主体意识,潜移默化地培育自己的教育价值洞察力、理解力和守护力,对带班育人工作形成富有主体性的整体认识和理解。富有主体性的班主任在教育工作中会有明确的目标感和方向感,能够以一种立体、多维的而不是平面、单维的方式理解学生及学生的成长,从而打开班集体建设和立德树人的教育空间。当一个人对自己要做的事情有了价值上的自觉认同,对想做的事有了专业上的整体把握,其工作的效能感就会提升,负担感必然会减轻。

(二) 助力提要钩玄,以简驭繁地带班育人

课程领导力能够让班主任在越来越多和越来越富有挑战性的工作面前,提要钩玄,明工作要旨、执工作要领,以简驭繁。班主任带班育人围绕"秩序"

---

① 吴晓玲.班本德育课程:助力班主任增能减负[J].江苏教育,2019(95):41-44.

"情感"和"志趣"这三个方面的培养来开展,可以统合许多工作。"秩序"是班集体的底线,"情感"是班集体的底色,"志趣"则显现班集体的"底蕴"。但许多老师只把这三个方面当作是为学生学习考试提分服务的条件或手段,而没有意识到,从更长远的人生发展和社会发展来讲,"秩序""情感"和"志趣"恰恰具有本体和目的性价值。因此在带班育人的过程中,无论是守护学生的权益,还是关怀学生的个性发展,秩序的建构、情感的润泽和志趣的培养都既是手段和途径,又是目的和结果。

(三)助力化整为零,见微知著地带班育人

班主任拥有了课程领导力,能更敏锐地感知到事务性工作和突发性问题的教育归属,于细微之处洞察辨析其育德立德、树人成人的教育价值,以"化整为零"的方式在琐碎中、在重复中、在不确定性中敏锐地捕捉、发现和创造教育契机,为学生的德性成长适配合价值、合规律、合情境的学习经验。"化整为零"是一种从整体到局部、从抽象到具体的课程研发能力,"见微知著"则是一种从具体到抽象、从局部到整体的课程理解和实施能力,两者相向而生、相辅相成,共同助益班主任更敏慧通达地做好带班育人工作。

(四)助力沉着致远,耐烦着实地带班育人

在教育诸领域中,智育课程化的研究做得比较成熟和深入,其课程构建思路也相对明晰:从少至多、由易到难,先模仿再迁移,再到创造、创新。知易行难、坚持行更难的德育内容体系和智育课程有很大差别。教育是慢的艺术,"慢"不只是速度的表征,还是复杂性的体现。德性成长的"慢"尤其体现在道德行为的自觉性、坚定性上。班主任作为承担德育的专业工作者,其应该在这个领域发挥出专业领导力。课程领导的使命是双向的,既通过完善课程来面对和解决"人"的问题,也通过解决"人"的问题来完善课程。这里"人"的问题,也包括班主任自身人格品质的发展和提升。有课程领导意识的班主任必然会承担德育过程课程化探索的重任。班主任只有充分认识和研究德

育过程的复杂性,才会对育人过程中的困难和诸多的反复有充分的预期和准备,既不盲目乐观,也不消极悲观,而是沉着冷静耐心地面对和理解班集体和学生个体诸多不尽如人意的表现,从而更得法、得力、入心地引导和助力学生成长。

(作者:吴晓玲)

师范生的德育意识和能力及其培养

一、现实困境要求每位师范生应具备德育意识和能力

在现有的中小学课程架构以及学校工作模式下,大部分师范生未来不会从事中小学德育课程的教学工作,也不是所有的师范生都会从事班主任工作。面对这种现实境遇,是否每位师范生都应具备德育意识和能力呢?仅从中小学德育的现实困境出发,我们发现至少有三个原因要求每位师范生应具备德育意识和能力。

(一)德育专业化的误区

当前,德育专业化是德育领域的热点话题,总体而言,赞成德育专业化的声音要多于反对德育专业化的声音。赞成德育专业化的人一般认为,由于德育需要专业的知识和技能,因此,德育需要由专业的人士来从事。反对德育专业化的人则认为,由于德育是每一位教师的任务,因此,德育专业化反而会造成大部分教师被排除在德育之外,进而异化了德育与教育的内在联系。

事实上,无论是赞成的声音还是反对的声音,都存在着一定的片面性。相比知识的教学而言,德育更具挑战性。因为学生的道德发展需要涉及知、情、意、行的综合提升。从德育的难度出发,德育确实需要教师拥有更多的专业知识①和专业技能。在以往那个价值确定的时代里,人与人之间更容易形

---

① 教师所需要的德育专业知识,主要不是关于道德的知识,即伦理学的知识,而是从事德育所必需的教育学和心理学知识。

成道德上的共识,这种共识的存在有利于教师通过较为一致的学校生活和课堂教学促进学生的道德发展。但是,在当今这样一个价值多元化的时代里,人们之间已经难以形成道德上的共识,这就使得那种基于道德共识的传统德育失去了基础,从而加大了教师德育的难度。因此,从德育自身的难度和德育的时代遭遇出发,从丰富德育专业知识和专业技能的角度出发,强调德育教师的专业化是有道理的,也是必要的。

值得注意的是,我们赞成德育专业化的主张的同时,却忽视了一个重要的问题,而这个问题正是反对德育专业化的主张所强调的,即德育专业化是谁的专业化:是某些教师的专业化,还是所有教师的专业化呢?如果将一部分教师排除在德育之外,从学理上讲是有问题的。因为教育与德育之间存在着内在的联系。"教育"这个词是一个规范性的用语,而教育实践又是一项道德实践,因此,任何可以称为教育的活动,都必然内在包含着道德目的,在内容和方式上也都应能禁得起道德上的审视。从这个意义上说,只要教师从事教育,那么也是在从事德育。因此,借助德育专业化的名义将一部分教师排除在德育之外,其实质是将这些教师排除在整个教育之外,让他们变成了纯粹的"教书匠"。

因此,面对德育专业化,我们既不能一味地高喊它,也不能彻底地反对它,而应具体地澄清德育专业化的内涵,即在德育知识和技能上要求教师不断地提升专业水平,而在德育教师的队伍上不能搞专门化,将一部分教师排除在德育之外。从德育专业化的误区出发,我们必须重视作为未来教师的师范生的德育意识和能力的培养问题。

(二) 教学与德育的割裂

在当前的中小学教育中,人们常常将教学与德育割裂开来。有调查显示,大多数非德育学科教师将德育工作视为德育学科教师的任务,并从德育工作中"退场"。[①] 事实上,我们强调要在各学科教学中渗透德育的做法,恰

---

① 刘争先.学科德育与教师的德育能力[J].教育理论与实践,2015(9):39-42.

恰从反面揭示了教学与德育割裂的现实。

约翰·杜威(John Dewey)曾从学科教学与德育割裂所造成的德育知识化后果的角度，警示我们不能将教学与德育割裂开来。他说道，"在一切有关道德教育的偏见中，最为根深蒂固的也许是这种信念，即它可以作为一部与学校课程中所有其他学科毫不相关的孤立教材而被教授"①，"这种情况下，道德教育无可避免地沦为记诵的教学，或只是学习有关道德的课程"②。伊丽莎白·坎普贝尔(Elizabeth Campbell)也认为，"教学既是一种知识传递的行为，也是一种培养道德的活动，教学的这两部分内容是绝对不能分开的"③，因此，"教学在本质上是一种道德努力"④。

从教学与德育的应然关系出发，全体教师都应承担起德育的任务，而不是把德育仅仅作为德育课教师和班主任的专属任务，因为无论从事哪一学科的教学，教师都不能不"育人"。由此出发，德育理应成为教师专业化的重要维度。《小学教师专业标准（试行）》就指出，教师要"树立育人为本、德育为先的理念，将小学生的知识学习、能力发展与品德养成相结合，重视小学生全面发展"；教师要"掌握小学生品行养成的特点和规律"⑤。在今天看来，任何一名缺乏德育意识和能力的教师，都不能称之为一名合格的教师。因此，教学与德育割裂的困境也要求每位作为未来教师的师范生应具备德育意识和能力。

（三）学校生活的"去道德化"

学校是学生离开家庭后进入的第一个共同体，也是学生从家庭的私人生活走向社会的公共生活的过渡，随着学生受教育年限的不断延长，学校生活

---

① 约翰·杜威.道德教育原理[M].王承绪，等译.杭州：浙江教育出版社，2003：2.
② 约翰·杜威.民主主义与教育[M].林宝山，译.台北：五南图书出版公司，1978：358.
③ 伊丽莎白·坎普贝尔.伦理型教师[M].王凯，等译.上海：华东师范大学出版社，2011：10-11.
④ 约翰·杜威.民主主义与教育[M].林宝山，译.台北：五南图书出版公司，1978：1.
⑤ 中华人民共和国教育部.教育部关于印发《幼儿园教师专业标准（试行）》《小学教师专业标准（试行）》和《中学教师专业标准（试行）》的通知[EB/OL].[2021-12-14].http://www.moe.gov.cn/srcsite/A10/s6991/201209/t20120913_145603.html.

对于学生的影响也日益凸显。因此,学校生活的道德品性会直接影响学生的道德发展。杜威就曾指出,"道德原理与人类的社会生活是不可分离的"①,这意味着德育应该与学校日常生活联系起来,让学生在有道德的学校日常生活中涵养他们的德性。事实上,"对善的知识不是从书本或别人身上可学到,而是经由长期的教育。那是生活中成熟经验的结晶"②。只有这种和切身经验及个人实践有关的,在经验的试验中获得的知识,才能真正影响品德,而那种二手的或非亲身经历获得的知识,主要是符号性的消息,无法用于行动,也不能真正影响品德。

如果学校日常生活是符合道德的,那么它就会涵养学生的德性,相反,如果学校日常生活是"去道德化"的,那么它就难以涵养学生的德性,甚至还会削弱他们的德性。所以,杜威指出,"威胁着学校运作的重大危险是缺乏可以培养社会精神的情境;这是有效道德训练的大敌。因为这种精神只有在某些情境中才能养成"③。如果说学校日常生活的道德品性是影响学生道德发展的重要因素,那么学校就应积极地关注学校日常生活的道德性。对于这种要求,教师如果缺乏相应的德育意识,那么就很可能在有意和无意间忽视它对于学生德性的积极影响,甚至让学校日常生活"去道德化"。事实上,人们也能看到某些"去道德化"的学校日常生活,比如教师的不礼貌行为、教室的"监狱化"等等④。因此,学校生活的"去道德化"困境也要求每一位作为未来教师的师范生应具备相应的德育意识和能力。

二、当代师范生应具备的德育意识和能力

既然从德育的现实困境出发,每位作为未来教师的师范生都应具备一定

---

① 约翰•杜威.道德教育原理[M].王承绪,等译.杭州:浙江教育出版社,2003:2.
② 约翰•杜威.民主主义与教育[M].林宝山,译.台北:五南图书出版公司,1978:359.
③ 约翰•杜威.道德教育原理[M].王承绪,等译.杭州:浙江教育出版社,2003:361.
④ 高德胜.道德教育的20个细节[M].上海:华东师范大学出版社,2007.

的德育意识和能力,那么当代师范生需要具备哪些德育意识和能力呢?

(一)借助学科开展"教育性教学"的意识和能力

"教育性教学"是约翰·弗里德里希·赫尔巴特(Johann Friedrich Herbart)提出的概念,意在指出教学与道德教育的内在联系。既然教学与德育不能割裂,那么师范生就应该具备这样几种德育意识和能力。

1. 发掘所教学科中蕴含的德育点的意识和能力

要能有效地发掘所教学科中蕴含的德育点,可以从这样几个方面的意识或者能力进行突破:其一,发掘学科中思想含量的意识和能力。任何一门学科都会包含一定思想内容,对于语文和历史这些人文学科而言,教师很容易发掘其中的思想内容,而对于数学、物理和化学等这些理科而言,教师可能会认为较难发掘其中的思想内容。之所以觉得困难是因为教师往往会忽视科学精神也是一种高贵的人文精神,比如,科学精神中那种对真理孜孜以求的精神就是人文精神。其二,关注学科中暗含的价值取向的意识。所谓"暗含的价值取向",就是指在学科中隐含的可向学生传递的价值取向,比如,学科教材中人物榜样的性别比例、城乡比例都会潜移默化地向学生传递不同的价值信息。其三,关注学科所预设的课程价值观的意识。所谓"课程价值观"是指人们如何理解课程,如何定位课程价值的取向。在人类的历史上有两种取向的课程价值观:一种是内在取向的课程价值观,它比较重视课程的内在价值,即课程本身对于学生成长的意义,给予学生的愉悦体验等。另一种是工具取向的课程价值观,它比较重视课程的外在价值,即课程能否给予学生或者社会某些外在的善。不同的课程价值观也会对学生产生不同的道德影响,比如,课程过分强调个人的成功,就容易激化学生间的竞争,让他们变得自私与冷漠。

2. 利用教学方法和学习方法促进学生道德发展的意识和能力

除了学科内容中蕴含丰富的德育点,教学方法和学习方法中也蕴含着丰富的德育点。杜威曾指出,"在讨论学习方法时所描述的那些心理特征,其本身就是道德特质,例如开放的心灵、专心、真诚、远见、追根究底、对所持观念

负责等都是道德特质"①。坎普贝尔也指出,"小组活动中也充满了道德色彩"②。具体而言教师应具备这样两种意识和能力:其一,利用教学方法促进学生的道德发展的意识和能力。坎普贝尔曾说道,"教师建构课堂所做的课程选择,采取的教学决定,与学生非正式的社会交往,对于学科教学和课堂管理的形式化策略,他们的评价方法,以及很多教师在工作中根据需要采取的其他措施,这些都极可能以道德和伦理的方式深刻地影响他人"③,如果教师长期以灌输、压服的教学方法进行教学,学生就会形成一种屈从于权威的性格,相反,如果教师能以一种对话、说服的教学方法进行教学,学生则会形成一种尊重他人的性格。其二,利用学习方法促进学生的道德发展的意识和能力。学生如果采用被动、竞争以及排他式的学习方法,那么就容易形成自私、冷漠的性格。在病态竞争式的学习状态下,学生的心灵会被扭曲。他们甚至希望他人失败,因为在他们看来如果大家都成功就不算成功。既然教学方法和学习方法都是促进学生道德发展的重要路径,那么教师就要确保教学方法和学习方法与现代生活所倡导的道德价值相一致。

(二) 巧用学校整体生活涵养学生德性的意识和能力

教师除了要具备借助所教学科开展"教育性教学"的意识和能力,还要具备巧用学校整体生活涵养学生德性的意识和能力。爱弥尔·涂尔干(Émile Durkheim)就曾指出,"我们不能僵硬地把道德教育范围局限于教室中的课时:它不是某时某刻的事情,而是每时每刻的事情"④。事实上,"学校中每一样工作、学校生活中发生的每一件小事,都充满了进行道德教育的可能性"⑤。如果学校生活中的管理、服务、秩序等都能体现出一种道德的气质,那么学校的道德教育就有希望。然而,这一切又取决于教师的道德意识。黄

---

① 约翰·杜威.民主主义与教育[M].林宝山,译.台北:五南图书出版公司,1978:360.
② 伊丽莎白·坎普贝尔.伦理型教师[M].王凯,等译.上海:华东师范大学出版社,2011:31.
③ 约翰·杜威.民主主义与教育[M].林宝山,译.台北:五南图书出版公司,1978:30.
④ 爱弥儿·涂尔干.道德教育[M].陈光金,等译.上海:上海人民出版社,2001:123.
⑤ 黄向阳.德育原理[M].上海:华东师范大学出版社,2000:204.

向阳指出,"教师如果道德平庸,或者对自己的工作缺乏道德敏感性,就不可能通过这些间接的渠道促进学生的道德发展"①。具体而言,教师应具备这样几种意识和能力。

1. 树立"全员育德"的意识

出于德育专业化的片面理解,人们希望德育成为学校的一项专职工作,并希望德育配备与之相应的专职或兼职的德育工作者队伍。中小学的这种分工制度,虽然本意是为了加强德育,但其实际上减退了中小学全体教师积极参与德育的热情,造成了中小学德育的忽视和削弱,甚至还造成了中小学越是加强德育,越是难以有效地实施德育的困境。从教育与德育的内在联系出发,从学生道德发展与学校整体生活的内在联系出发,教师应树立"全员育德"的意识。

2. 关注自身行为对学生产生的道德影响的意识

教师自身是学校整体生活的重要组成部分,此外,教师又是学生心目中的重要他者。因此,教师要时刻关注自身行为对学生产生的道德影响。事实上,学校生活中存在着大量的道德信息,教师对待他人的行为和态度,尤其是对待学生的行为和态度,往往展现了其对道德原则的敏感性。教师欠考虑的行为,可能投射出其对学生的歧视或者漠不关心。相反,深思熟虑的行为,则可能展示出教师的公平与关爱。尽管教师没有必要采用伦理和道德原则来权衡自己的每一句话和每一个行为,但他应该能够依靠自己的道德知识来管理自己的日常行为。② 因此,教师"作为道德实践者,一个非常重要的方面是由教师自身的品质和行为方式所构成的"③。"教师通过他们的榜样作用,以及他们与学生、青年人多种非正式交往,在教授着道德的行为和态度。"④

3. 从德育视角反思学校生活的意识和能力

学校生活的"去道德化"还要求教师具备反思学校生活的意识和能力。"作为个体教师,我们确实无力对教育的发展产生整体性的影响,确实'无力

---

① 爱弥儿·涂尔干.道德教育[M].陈光金,等译.上海:上海人民出版社,2001:205.
② 约翰·杜威.民主主义与教育[M].林宝山,译.台北:五南图书出版公司,1978:43.
③ 约翰·杜威.民主主义与教育[M].林宝山,译.台北:五南图书出版公司,1978:52.
④ 伊丽莎白·坎普贝尔.伦理型教师[M].王凯,等译.上海:华东师范大学出版社,2011:56-57.

回天',但却可以从日常细节做起,改变自己日常的教育、教学行为。这些日常教育、教学行为,是教师自己的,是教师自身的意志和能力可以控制的,只要教师愿意,只要教师努力,都是可以改变的。"[1] 要想从生活的细节出发进行改变,教师就必须具有从德育视角反思学校生活的意识和能力,通过这种反思,教师才能成为暂时超越于学校生活的主体,客观地看待学校生活中已经出现的或者可能出现的"去道德化"现象,并避免这些现象对于学生的道德发展所产生的消极影响。然而,虽然"我们有思考能力,但在生活和工作中我们并不总是靠思考,而是更多靠习惯……学校教育中诸多司空见惯的做法,就具有习惯的这种性质,我们天天如此行事,以为天经地义,从不对其加以审视和思考"[2]。从这个意义上看,培养师范生从德育视角反思学校生活的意识和能力就显得格外重要。

(三) 引导学生进行自主道德学习的意识和能力

德育的成功既离不开学校整体生活潜移默化的影响,也离不开学生不断地、自主地道德学习,因为人不仅会受环境的影响,也会主动地影响环境。此外,在这样一个价值多元化的时代,学生也需要不断提升自身的道德学习能力,以应对价值多元化所引发的道德冲突和道德困惑。具体而言,教师应该具备以下几种能力。

1. 把握学生生活实际并诊断其道德困惑的意识和能力

要想有效地引导学生的道德学习,教师首先要具备的就是把握学生的生活实际并诊断其道德困惑的意识和能力。以往我们所持的是知识取向的道德观,教师更关注系统化的道德知识,重视将这些道德知识有效地灌输给学生。但是,在道德学习的视野下,教师要关注学生的实际生活,并诊断他们真实的道德困惑,因为只有这样才能有效满足学生道德学习的需求,让学生养成一种审视自己生活的良好习惯。比如,对于"小学三年级学生为什么会

---

[1] 高德胜.道德教育的 30 个细节[M].北京:中国人民大学出版社,2018:2.
[2] 伊丽莎白·坎普贝尔.伦理型教师[M].王凯,等译.上海:华东师范大学出版社,2011:4-5.

撒谎"这个问题,如果教师认为原因仅仅是他们不知道诚实的意义和撒谎的后果,相应地仅从灌输诚实的意义和撒谎的后果入手,那么这种教育就还是停留在抽象的层面,未真正关注学生具体的生活实际。相反,如果教师能够关注到小学三年级学生撒谎往往出现在他们作业没有做或是和同学攀比时,而这是他们的恐惧心理和虚荣心理造成的,那么此时教师就具备了把握学生生活实际并诊断其道德困惑的意识和能力。

2. 指导学生道德学习的意识和能力

将道德教育从"教"转向"学",并不是意味着教师就可以将学生放任自流,相反,这给教师提出了更高的要求,要求教师当学生遇到道德学习的困难时,总能给予及时的帮助,有效且恰当地指导学生道德学习的方法。比如,我们要想让学生发自内心地认同老师工作的辛苦,并学会体谅老师,我们就需要给学生提供一些指导,可以让他们去统计一下老师一周都做了哪些事情,并制作成一个统计表,然后再引导他们结合统计表做些思考,从而让他们自然而然地体会老师的辛苦。再如,我们要引导学生认识自我并接纳自我,可以指导他们从活动中、他人的看法中、理想中和秘密世界中认识自己。这些案例都是在告诉教师要想让学生有效地开展道德学习,教师要做的事情并不轻松,教师需要为学生道德学习提供各种支架。

3. 评价学生道德学习的能力

要想让学生树立起终身的道德学习意识,教师还必须具有评价学生道德学习的能力。通过评价,教师既可以让学生看到自己的成长,这些肯定可以成为学生进一步学习的动力,教师也可以指出学生尚待努力的地方,为他们今后的道德学习指明方向。传统的考试评价方式是与品德培养回归生活的理念相矛盾的,因为考试所追求的是标准化的答案,这就无法真正体现每个学生具体的生活实际和道德困惑。但是如果我们对传统的考试评价方式进行改造,它依然可以成为教师的一种重要评价工具。当考试的出发点不再是最后的标准答案和相应的分数,而是将其作为学生反思自己生活的契机,作为教师了解学生生活实际和道德困惑的契机,那么这种考试就会成为进一步促进学生道德学习的中介环节。考试既能体现教师评价学生道德学习的能力,也能体现教师对已有传统道德评价方式进行改造的能力。

专题二
卓越小学教师的核心素养培育

三、如何培养师范生的德育意识和能力

如果说作为未来教师的师范生需要具备开展"教育学性教学"的意识和能力,需要具备借用学校生活涵养学生德性的意识和能力,需要具备引导学生进行道德学习的意识和能力,那么又该如何通过职前的教师教育让师范生初步具备这些德育意识和能力呢?

(一) 开设与德育相关的必修课程和选修课程

在中小学教师职前培养中,课程是主渠道,对于中小学教师的德育意识和能力的培育也离不开一定的课程。俄罗斯就在教师培养中开设了较丰富的德育类课程。比如,必选课设有专业伦理、教育法律法规等课程,选修课设置"中小学学校冲突""学生行为矫正""学科历史"等课程[①]。南京师范大学(以下简称"南师大")小学教育专业也开设了德育类的课程,比如,必修的专业基础课"德育原理"和"小学生生理心理与社会性发展",必修的专业骨干课"儿童行为观察与评估"和"班主任工作与班级管理",选修的自主发展课"小学品德课程与教学研究"和"儿童心理健康教育",等等。

合理的课程设置只完成了形式层面的工作,在此基础上,我们还需要规划每个课程的具体内容,以期这些内容可以真正提升师范生的德育意识和能力。比如,南京师范大学小学教育专业是这样做的:其一,借助"德育原理"等必修课程帮助师范生树立正确的德育观。比如,澄清教育与德育的内在关系,引导师范生树立起"全员育德"的意识;澄清直接道德教学与间接道德教育的关系,引导他们重视"教育性教学"的意义,并重视学校整体生活对小学

---

① 姜晓燕.俄罗斯教师德育能力如何形成——基于德育实践需求的探索[J].人民教育,2016(23):25-28.

生的影响;揭示知识化取向道德教育的弊端,向他们传递道德培养回归生活的新理念。其二,借助"德育原理"和"班主任工作与班级管理"等必修课程让师范生学习德育的基本方法和基本模式,比如说理、榜样示范、讨论、角色扮演等方法,认知性道德发展模式、体谅关心模式、社会行动模式等模式。引导师范生重视在其他学科教学和日常德育活动中融入这些方法和模式。其三,借助"小学生生理心理与社会性发展"和"儿童行为观察与评估"等课程,帮助师范生了解小学生道德发展的一般特点,以及在当代社会环境中小学生道德发展的特殊性,并帮助他们初步掌握诊断儿童道德需求和困惑的能力。其四,借助"德育原理"等课程帮助师范生了解当代德育的热点问题,并积累相应的理论知识。因为这些热点问题也是当前小学德育所面临的现实问题,如果师范生储备了相应的理论知识,那么他们今后能更好地解决这些问题。当然,南师大小学教育的课程设置也还存在可以进一步完善的空间,比如,可以增设诸如"学校生活的道德审视""学校德育实践问题诊断"等课程,培养师范生反思学校整体生活的意识和能力。

(二) 注重其他专业课程中的德育渗透与融合

除了通过德育类的课程培养师范生的德育意识和能力之外,我们还需要通过其他专业课程中的德育渗透和融合来培养师范生开展"教育性教学"的意识和能力。

其一,寻找其他专业课程,尤其是学科教学类课程与德育的契合点。比如,俄罗斯就注重专业课程中的德育渗透,注重在学科教学过程中挖掘德育潜力。俄罗斯国立赫尔岑师范大学社会科学系设有历史教育专业,该专业培养中小学历史教师。该专业就开设了课程"在历史教学中开展人道主义教育和公民教育的现代路径",通过课程学习,学生要掌握中小学历史课程教学中德育目标实现的形式、方法,培养在中小学历史课教学过程中发掘德育潜力的能力,了解历史课程教学过程中德育的特点,开展人道主义教育和公民教育。①

---

① 伊丽莎白·坎普贝尔.伦理型教师[M].王凯,等译.上海:华东师范大学出版社,2011:56-57.

其二，在其他专业课程中，尤其是学科教学的相关课程中强化教师专业伦理方面的内容，引导教师探索如何用合乎道德的方式进行教学，并通过增加教学的道德反思环节，让教师认识到教学方法会对学生产生道德影响。事实上，当教师意识到其作为道德传授者所具有的影响力，教师就会注重自己的行为举止①。比如，南师大小学教育专业在所开设的"小学语文课程与教学论""小学数学课程与教学论"和"教师教学行为研究"等课程中，就融入了教师伦理学的内容，让学生关注教学的道德性问题。

其三，在各专业课程的教学中，教师要倡导并坚持采用符合现代道德价值的教学方法和学习方法。师范生在接受职前教育的过程中，如果其任课教师能够采用符合现代道德价值的教学方法和学习方法，比如对话教学、合作学习等，将会对他们未来的教学产生潜移默化的影响。再如，现代教育重视学生学习的主体性，将他们当作学习的主人，因此，在各专业课程的教学中，教师还应倡导"以学定教"的教学思路，即根据学生的学情来确定教学内容和方法等。

（三）开设主题式的德育实践类课程

要想教师能够引导学生进行道德学习，在师范生的培养中，我们还应该以道德问题为导向，来建构德育实践类的课程。换言之，师范生要通过问题导向的实践课程，来形成以道德视角看待教育问题的能力，形成反思学校整体生活的意识和能力，形成结合学校日常引导学生进行道德学习的意识和能力。

一般而言，各学校的教师教育都会开设见习和实习等实践类的课程，但是这些实践类课程都是比较笼统的，并没有给学生的见习和实习确定一定的主题。要想提升见习和实习的效果，教师教育可以根据不同的主题明确见习和实习的目的，细化见习和实习类课程，当然其中也可以确定德育主题。比如，俄罗斯的鄂木斯克国立师范大学的小学教育专业就开设有"学校德育过

---

① 刘争先.学科德育与教师的德育能力[J].教育理论与实践,2015(9):39-42.

程"专题实习课,实习设在二年级(第四学期),实习为期两周,学分为3学分。实习课旨在培养未来教师根据中小学生的心理和个性特征,包括特殊需求学生的心理和个性特征开展道德教育的能力,培养在课内和课外教学过程中解决德育和学生精神道德发展问题的能力。实习内容包括组织课外活动、班会、小组活动、讨论,设计并组织其他德育活动,包括集体创造活动等。①

不过,虽然该师范大学尝试开设了主题导向的实践类课程,但是我们不难看出,这个主题化的德育实践课程还是停留在传统的德育思路上,没有拓展到学科教学中的德育问题,也没有拓展到学校整体生活中的德育问题。为了培养教师开展"教育学性教学"的意识和能力,为了培养教师利用学校整体生活涵养学生德性的意识和能力,为了培养教师引导学生进行道德学习的意识和能力,在师范生的培养过程中,我们可以借鉴俄罗斯学校的做法,在具体的德育主题上有所拓展,比如,设置"学科教学的德育渗透""学校日常生活的德育渗透"等专题实习课。

最后需要指出的是,教师的德育意识和能力的培养不能完全依赖职前的教师教育,还需要借助职后的培训和在实践中的学习来不断提升。

(作者:章　乐)

---

① 姜晓燕.俄罗斯教师德育能力如何形成——基于德育实践需求的探索[J].人民教育,2016(23):25-28.

师范生"家—校—社"合育能力培养

教师职前培养主要指向教师未来走上教育岗位从事教育教学所应具备的基本观念、基础知识、基本情感和基本能力,其中挑战最大、讨论最多的是基本能力的培养。对师范生能力的结构以及能力培养到什么程度是师范教育改革的重点领域。国家明确要求"坚持育人为本、实践取向、终身学习的理念,实施《教师教育课程标准(试行)》,创新教师培养模式,强化实践环节,加强师德修养和教育教学能力训练,着力培养师范生的社会责任感、创新精神和实践能力"①。强化实践环节,培养实践能力,加强教育教学能力的训练,这在师范生能力的讨论与表述中几乎没有异议,然而在当今时代,教师的教育教学能力又有哪些新的诉求和新的侧重?这无疑是需要我们进一步思考和厘清的,因为这将会影响职前教师能力培养的方向。

南京师范大学教育科学学院小学教育系多年来始终和合作学校开展"教师教育教学能力"跟踪监测研究,近几年来,小学教育一线管理者与教师均反映,教师目前面临的最大挑战来自与家长的沟通,使彼此理解,满足家长多元的需求等,刚踏上教育岗位的新教师们更是为此感到困难多多、矛盾重重。因此,培养师范生初步具备"家—校—社"合育的能力应成为小学教育专业人才培养的重要目标之一。

一、师范生为什么要培养"家—校—社"合育能力

(一) 家长渴望参与,"倒逼"教师开展合育

随着国民整体受教育水平的提高,关心孩子成长、关注学校教育过程的

---

① 教育部.教育部关于大力推进教师教育课程改革的意见[EB/OL].[2011-10-08].http://www.moe.gov.cn/srcsite/A10/s6991/201110/t20111008_145604.html.

家长越来越多,家长渴望参与孩子的成长过程,渴望了解学校教育过程,希望学校教育能够更多地照顾到自己的孩子,也希望学校的办学管理能够更开放、更民主。在家长重视孩子成长、关注学校发展的热情高涨的同时,因为家长对学校集体教育的特征与功能缺少全面理解,对国家教育政策缺乏足够认知,对自家孩子产生不合理期待等,也造成了不少家校关系的矛盾。

为了更好地"发挥家长作用,促进家校合作,优化育人环境,建设现代学校制度",教育部于2012年专门印发《关于建立中小学幼儿园家长委员会的指导意见》(以下简称《指导意见》),《指导意见》充分认识到建立家长委员会的重要意义,要求学校明确家长委员会的基本职责,积极推进家长委员会的组建,发挥好家长委员会支持学校工作的积极作用,为家长委员会的建设提供有力保障。家长委员会的机制"倒逼"学校必须正视家长的诉求,重视家庭教育的育人价值,重视家长对优化学校教育的价值。因此,教师需要更新育人观念,积极提升合育能力,以满足家长和社会对学校教育的"美好向往"。

(二) 儿童发展需要,吸引教师开展合育

儿童的发展是内在的、系统的,需要德智体美劳诸育共同发展,需要认知、情感、态度、价值观和习惯等方面的共同进步。为了儿童全面的发展,需要给儿童创造系统的成长环境,家庭、学校和社会作为影响儿童发展的共生领域需要相互配合,发挥各自的教育优势,形成教育合力,只有这样才能实现各自的教育目标。

学校教育是规范的集体教育,它具有育人的系统性、规范性等特征,但是它也存在时空限制和个性化不足的短板。为了更好地实现学校教育的目标,提升学校教育的效益,教师必须主动开展家校合作,并利用社区资源促进儿童发展。

(三) 教育改革需要,要求教师开展合育

教育改革是系统工程,只靠学校一方的努力,将会困难重重、举步维

艰，从而收效甚微。如中小学减轻学生学业负担的改革就面临着巨大的挑战，虽然教育主管部门和学校从作业量、在校时间和考试频次等方面努力，希望能够把学生们繁重的课业负担减下来，但是出现了"学校减负，家长增负"的现象。这就需要学校教师和家长开展合作，在教育理念上进行深入分析，让家长能够从儿童发展的长远目标出发理解"减负"的价值。更为重要的是，"减负"需要"增效"，"减负"减掉的应该是重复、粗放的不理性教育所带来的负担，若"减负"后不能通过更专业的教育教学改革提升学生的学习效益与效果，则所有的负担还会"卷土重来"。因此，要增加学生的学习效益，就需要将学习看成系统工程，通过家校合育优化学习的各个环节，从而达到"减负增效"的目的。

（四）社会发展需要，鼓励教师开展合育

社会的发展是系统工程，无论是诚信社会建设还是文明城市创建，无不需要所有社会成员的积极参与。儿童既是学校的学生也是家庭的孩子，更是社会的公民，孩子们在学校习得的道德原则不可能只停留在学校内，还会在不同的场合与情景中得以稳定地练习与体现。

当前的"家—校—社"关系脱节所带来的问题是：孩子们在学校一个样，进入家庭或步入社会又是另一个样。因此要想社会得以进步，社会氛围得以良性发展，就需要以学校为教育资源中心，带动家庭，影响社会。教师可以在合育中通过儿童最大限度地凝聚起相关的家庭和社会资源，从而实现社会的良性发展。因此，无论从儿童成长还是从学校发展与社会进步等的因素考量，"家—校—社"都需要开展合育，而合育的中心在学校，合育的支点在儿童，合育的拓展在家庭和社会。教师要想实现真正意义的合育就需要具备开展合育的能力，因此师范生在职前教育过程中，不仅要获得合育的观念与知识，更要提升合育的能力。

二、师范生的"家—校—社"合育能力的构成

"合育"即合作共育。"家—校—社"三者均可以成为合育的主体,既可以家庭为主(如家长带着孩子参观社区文化场馆,在社区从事志愿者活动,等),也可以社区为主(如社区开展家庭邻里文化节,社区在学校开展消防教育活动,等)。本文主要探讨以学校为主的合育(如以学校为主的家校合育,以学校为主的校社合育,以及以学校为主体的家校社合育等)。

以学校为主体的合育需要教师拥有一定的合育能力。以教育为出发点和归属地的合作与社会其他主体所谈到的合作之间,既有共通性也有各自的特殊性。《教师教育课程标准(试行)》中的"教育知识与能力"板块要求小学教育师范"了解课程开发的知识,学会开发校本课程,设计、实施和指导简单的课外、校外活动","掌握教师所必需的语言技能、沟通与合作技能、运用现代教育技术的技能"[①]。依此,师范生应具备合育的设计、沟通、实施及指导等能力。如图1所示:

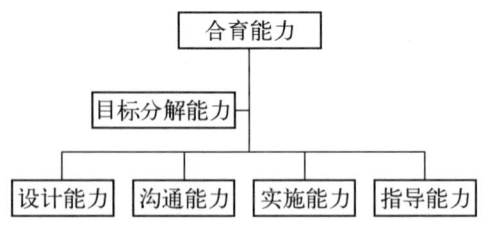

图1 师范生应具备的合育能力

---

① 教育部.教育部关于大力推进教师教育课程改革的意见[EB/OL].[2011-10-08]. http://www.moe.gov.cn/srcsite/A10/s6991/201110/t20111008_145604.html.

（一）目标分解能力

"家—校—社"合育属于教育合作，它的本质亦是教育，是有目的有意识的教育实践，因此合育是围绕一定的目标进行的合作。因此，合育需要教师始终围绕着教育目标进行，失去了目标就失去了教育的方向，目标的混乱或者指向不明一样会导致合育过程出现偏航，甚至出现矛盾和冲突。如合育的首要目标是儿童的发展，如果教师在合育过程中不能坚持与有效分解这一目标，就会让家长或者社区工作者产生疑惑，甚至会怀疑学校开展合作的出发点。因此，师范生首先需要具备目标的分解能力，并在整个合育过程中，始终对照目标，确保整个过程不偏离目标，不损害目标。

合育中的教育目标分解和学校领域的教育教学目标分解具有一定的差异性，教育教学目标的分解主要从时间的纵向维度出发，也就是确定同一个教学目标在不同的时间通过什么课达到什么程度，如新授课实现什么程度的教学目标，练习课和复习课又分别达成什么程度的教学目标，等。"家—校—社"合育的目标分解是从横向的维度出发，在对家庭教育、学校教育和社区教育各自特征分析的基础上，将所要达成的教育目标分解到各领域中去，这样才能做到既不保守又不越界。如在提升孩子学习能力的共育中，教师就应该根据家庭与学校的各自特点，将影响学生系统知识学习的生活体验交给家庭与社区，而将经验的抽象与系统化分解给学校；再如关于提高学生家庭作业的完成质量的分解中，教师就需要将家庭作业的设计与批改等规划给学校，而将做作业的好习惯的养成分解给家长。

（二）设计能力

目标分解后，教师就需要设计相应的合育流程或者合育活动，通过流程和活动实现合育目标。为什么是流程和活动呢？因为"家—校—社"合育和学校教育不同，合育不可能奢望把家长和社区资源整合到学校和课堂中，学校也不能总是让家长请假来学校听课，那样不仅不现实，也不会取得好的效果。因此,教师需要拥有根据一定的目标设计合育流程与合育活动的能力。如不少教师反映农村留守儿童家庭或者城市工薪阶层家庭因为抚养人工作忙碌或者受教育水平有限,不具备配合学校、辅导孩子学业的意识与能力,此时教师不是要放弃对抚养人的指导与合作,而是应该根据抚养人的实际情况设计相应的合育流程,如设计"祖辈合作任务单",鼓励带孩子的祖辈每天协助学校督促孩子准时做作业、控制孩子电子产品的使用、确保孩子按时作息。如果祖辈反映"孩子不服从管教",那么教师还可以设计专项"祖孙合作"活动,由学校教师主导,将祖孙两代人请到学校参加祖辈带养能力提升的活动,一方面提升孩子配合祖辈的认识,另一方面提高祖辈帮助孩子的意识与能力。

(三)沟通能力

设计了合育活动,教师还需要具备一定的沟通能力。沟通是设计与实施活动之间重要的中介能力,没有沟通,再好的设计都无法得到实施,甚至还会带来误解。合育的沟通能力主要涉及互动目的的沟通,让合育双方能够准确理解合育的意义,否则就会让家长或者社区工作者感到被学校"指挥",被布置任务。目前,常有家长在网络上抱怨学校总是给家长布置作业,引起教育主管部门的重视,有些地区的教育主管部门甚至专门发文要求学校不得给家长"布置作业"。这里存在的主要问题正是学校教师的沟通能力不足。很多教师苦心设计了家校合作任务,却没能和家长进行充分沟通,更没能进行专业的指导,只是简单草率地把任务布置给家长,而没有明确合育目标的家长在接到学校任务后,不知道为什么要做,也不知道怎么做,自然产生抵触情绪,认为学校把应该属于自己的任务推给了家长,从而增加了家长的负担。

沟通不仅体现在设计完成后,在设计合育活动的过程中,教师也需要保持与合育方的密切沟通,通过沟通了解对方的困惑、需求与期望。设计完成后为了做好充分的准备,教师还需要与家长和社区工作人员沟通活动的时间、地点、准备与各项合作细节。沟通的过程教师还需要具有倾听能力、整合能力与说服能力等,沟通的目的是不仅是把自己的想法推销给别人,更重要

的是把各方的想法协调地整合在一起,从而达到合作育人的目标。

(四)实施能力

合育活动的实施是复杂的,不同类型的活动和不同场域的活动都对学校教师提出不同的要求,教师需要离开熟悉的教室和校园,在陌生、开放的场所落实合作育人的活动,如在博物馆、纪念馆,在社区的卫生中心、菜场等。开放领域中的活动组织实施,需要教师拥有强大的组织能力,如前期的踩点与演练,对活动区域的安全防控,与同事的配合以及对突发状况的处理等都需要有提前的预案。

教师实施合育的能力除了上述不同场景中的组织能力,还包括活动的协调能力、应变能力等。合育需要一定的资源,但这些资源不是学校所拥有的,而是需要教师能够和多方进行协调,以满足活动开展与实施的条件;在活动的实施过程中,教师将会面临与在学校场域、课堂中完全不同的挑战,因此教师需要具备一定的应变能力,如处理突发状况的应变原则、应变策略与应变替代方案等。

(五)指导能力

共育活动的本质是教育,教育就需要指导,教师通过一定形式的指导把教育的意图落实到学生、家长或者社区成员中。学校开展教育指导的对象主要是学生,而"家—校—社"合育的指导范围扩大了,不仅包括学生,还可能包括学生的抚养人以及社区公众,即多了成人指导的功能。因此,师范生合育能力就增加了成人指导的范畴。

教师在指导成人的过程中需要具备成人间合作的能力,成人间相互理解、信任与支持的能力。教师要尊重参与合育方各类成人的独特性与可能的阶层文化特性,在此基础上给予他们更有效的专业指导与帮助,如指导父母和指导祖辈的策略就应该不同。

三、如何培养师范生"家—校—社"合育能力

师范生的合育能力构成包括通识能力和专业能力,二者在不同的场域有不同的侧重。合育的通识能力是合作、教育等基础性的能力,如沟通能力、合作完成任务的能力等,这些能力在日常的大学学习和社团活动中可以有意识地培养;专业能力是与特定对象(如家长、社区工作人员等)合作教育的能力,这需要在实践场域中重点培养。师范教育中,需要"充分利用模拟课堂、现场教学、情境教学、案例分析等多样化的教学方式,增强师范生的学习兴趣,提高教学效率,着力提高师范生的学习能力、实践能力和创新能力"[①]。

(一)大学场域内的合育能力提升策略

要想在大学场域内提升师范生的合育能力,教师需要充分利用师范生生活和学习的各项活动,挖掘能够提升学生沟通能力与合作能力的环节与过程,进行有效的教学设计与活动策划。

1. 生活中的合育能力提升

陶行知先生认为:生活即教育。师范生的大学生活和其他非师范专业学生的日常生活在教育能力提升上应该有所区别。师范生的日常生活在合育能力提升上应该有所作为。师范生的培养,应该通过日常生活的设计,在任务的完成中形成支撑未来合育能力的目标分解能力、方案设计能力以及沟通协调能力。

例如,教师可以进行"宿舍文化"建设活动,培养师范生小范围内的沟通、设计与建设能力:通过沟通确定宿舍文化建设的主题;根据主题沟通建设的

---

① 教育部.教育部关于大力推进教师教育课程改革的意见[EB/OL].[2011 - 10 - 08].http://www.moe.gov.cn/srcsite/A10/s6991/201110/t20111008_145604.html.

方案,如物质文化的建设、制度文化的建设以及心理氛围的建设;根据建设方案协调人员分工与进度。合育能力就是这样从小范围开始,从熟人的圈子开始,一步步积累而成的。

2. 党团活动中的合育能力提升

大学生党团活动是中国特色高等教育培养人才的机制,共产党和共青团的各项培育活动,提升青年人的政治素养,为共产主义事业培养高素质的接班人和建设者。大学生的党团活动可谓丰富多彩,它和生活中的合作需求不同,参与党团活动让合作增添了更多的理想信念的教育成分,这和未来从事立德树人的"家—校—社"合育具有更为相似的特征。

党团活动可以鼓励大学生走出校门,通过合作设计排练相关主题的节目,向社区宣传党的方针政策。在合作策划活动、排练与送教到社区的过程中,师范生们的主题分解能力、沟通能力、协调与合作能力得到了提升。小学教育师范生的培养单位可以与学生工作处、团委等部门合作,将合育能力的锻炼内容融入党团活动,做到政治素养与专业素养培养的双结合。

3. 专业学习中的合育能力提升

系统的专业知识学习是大学生学习的主要任务,在学生完成学习任务的过程中,教师应该采取多元的教学组织形式,如通过小组合作学习、案例分析、调查研究等方式促进师范生的知识学习能力、教学能力和合作教育能力得到提升。比如,在儿童心理学课程的学习中,教师可以鼓励师范生组成学习研究团队,就某个儿童心理现象进行团队研究,通过设计研究计划,分步骤开展合作研讨,最终形成研究结论,进行团队报告。

师范生的专业学习除了系统知识的学习外还有各种综合能力的培养。师范生"三字一话"技能的练习与提升,可以通过同宿舍或者组建学习小组的形式进行相互提醒、督促,合作坚持来实现,这时的合育不是为了指导别人,合育的主体与客体都是参与项目合作的师范生。通过合作学习,参与项目的每个人彼此独立,又彼此提醒督促,形成合作成长的氛围。未来的教师不仅需要将学校教育的要求和国家教育的方针传播给家庭与社区,更需要与家庭和社区形成合育机制与氛围,支持家庭与社区将大家都认同的教育观念与方法落实到日常的家庭和社区生活中。

(二) 实践场域内的合育能力提升策略

师范生的能力还需要直接在教育实践场域内进行提升。通识性的合作能力是基础性的,教师要在真实的教育情景中发挥作用,还有很长的能力迁移之路要走。如一位大学师范生的沟通能力很强,但是要在小学教育领域中和他所教班级的家长形成合作育儿的氛围,他就需要进行能力的迁移,将通识性的沟通能力转化为直接的家校合育能力。根据师范生培养的基本流程,当前的师范生培养过程有两大类的教育实践:一类是课程教学中的实践,一类是实习课程中的实践。

1. 课程教学中的合育能力提升

教育部《关于实施卓越教师培养计划的意见》提出,要"深化教师培养模式改革,建立高校与地方政府、中小学(幼儿园、中等职业学校、特殊教育学校)协同培养新机制"[1]。高校与基础教育学校之间的协作除了实施实践课程外,更需要重视将师范生培养的课程教学与基础教育的日常教育教学和教科研相结合,形成协同育人的新机制。

师范生的课程实践主体在大学内,协同育人的新机制要求将"象牙塔"内的课程和基础教育相结合,如通过在中小学的"协同培育工作站"将大学日常课程开到工作站去,也可以通过远程智慧教室的建设,将大学与小学课堂联动起来,从而实现协同育人的目标。如"小学生行为观察与评价""小学生生理、心理与社会性发展"这样的课程就可以和小学的教育教学全过程结合起来。通过远程视频或者工作站的方式,师范生进入小学课堂教学的现场,观察儿童、研究儿童,从而达到了解儿童、分析儿童、引领儿童的目的。

在以上协作课程的实施过程中,可以适度扩大合作范围,如师范生可以帮助合作小学建设学生学习档案,通过观察记录、学业情况跟踪等方式,形成完整的儿童观察笔记与成长档案,可以对每个被观察的小学生进行成长分

---

[1] 教育部.教育部关于大力推进教师教育课程改革的意见[EB/OL].[2011-10-08].http://www.moe.gov.cn/srcsite/A10/s6991/201110/t20111008_145604.html.

析,形成学生学业诊断报告,约谈家长,以提高自身家校合育的能力。这样的合作既解决了师范生无法深入接触小学生的问题,也突破了小学因为集体教育,教师缺少精力去有效帮助每个孩子的困境。

当然,目前课程实践中的合育能力提升还受制于大学与中小学合作的机制,"我国师范院校虽有附属学校,但未能对教育实习提供长期稳定的支持,需要理顺机制,加强教师培训基地建设,强化大中小学良好的合作关系,改善教育实习缺乏稳定教师培训基地和大中小学缺乏良好合作的状况"①。

2. 实习课程中的合育能力提升

研究表明,教育实习对师范生的职业发展总体上具有积极的影响,它不仅有助于师范生理论与实践的结合,还能有效加深其对教师职业的认识与体验,最终促进师范生的教师职业发展。②《教师教育课程标准(试行)》的"教育实践与体验"板块要求小学教育师范生"在有指导的情况下,参与指导学习、管理班级和组织班队活动,获得与家庭、社区联系的经历"③。美国宾夕法尼亚州的《师范生教育实习能力标准》明确指出,在不同的实习阶段都有对多样化学习者的关注,如在"观摩、探究阶段"要"能说出与家长、监护人或社区进行有效沟通的做法与时机";在"前教学实习阶段"要"能说出与家庭、监护人以及更广泛的社区进行交流并推动他们积极参与孩子教育的有效做法与合适时机";在"教学实习阶段"要"培养与学校同事、学生家长及社区的专业关系,避免不恰当的关系、行为与接触","与家庭、监护人以及更广泛的社区进行交流并推动他们积极参与到孩子的教育中"。④ 可以说,教育实习是师范生最直接参与"家—校—社"合育的场景。

教育实习是师范生培养课程的重要组成部分,师范生通过进入现场获得对教育过程、儿童发展以及家校关系的直观体验。但是当前的教育实习课程

---

① 张晓光.研究性反思:芬兰师范生教育实习探析[J].教育研究,2019(5):86-93.

② 张晓辉,等.教育实习对师范生职业发展的影响:基于典型个案的质性研究[J].教师教育研究,2015(6):52-58.

③ 教育部.教育部关于大力推进教师教育课程改革的意见[EB/OL].[2011-10-08].http://www.moe.gov.cn/srcsite/A10/s6991/201110/t20111008_145604.html.

④ 李政云.论师范生教育实习能力标准构建——以宾夕法尼亚州为例[J].湖南师范大学教育科学学报,2019(6):85-91.

与体验更多指向于学校的课堂教学,以及部分的班级管理工作,这似乎也很好理解,因为教师的工作正是从课堂教学与管理开始的。

我们在对新进教师的访谈中发现,课堂教学远没有比家长沟通以及与更大范围的社区合作交流更让他们担忧。新进教师普遍反映他们不会,也没有底气和学生的家长开展合作,因此在实践类师范课程中,教师要重视让师范生"获得与家庭、社区联系的经历",当然这样的经历已经不是"模拟的""实验室"性质的,而是真实的、现场的,因此就需要"在有指导的情况下",不能因为实习生不熟练或者不够专业,破坏实习学校现有的"家—校—社"关系。

"有指导的情况"指的是指导老师带着师范生家访,让师范生配合班主任接待来访家长,或者配合组织家长会等。目前,比较常用的模式还有组织亲子活动以及社区拓展活动,在活动中,师范生充满活力的优势对学校人手不足、教师精力有限形成了某种弥补,在丰富的小学家校、校社活动中,师范生们的合育能力也将会得到更好的提升。

合育不仅是理念层面的,更是机制、能力与师德在师范生身上的集中体现,合育不是灵光一闪的"教育艺术",更是持久的整合各方资源促进儿童发展的完整过程。

(作者:殷　飞)

基于课程设置的师范生研究能力及其培养探索

近年来,人们对教师专业化的呼声很高,对教师专业素养的关注逐步由知识转向能力。对教师实践性知识的培养,对卓越教师和研究性全科教师的培养也在逐渐成为人们的共识,引起越来越多的人注意。在这种背景下,面向未来小学教育的工作和人才培养需求,如何根据小学生的成长需求和特点,培养研究性全科小学教师是大学教师在教育改革中和师范生的培养工作中都应该思考的重要问题。师范生研究能力的培养和发展是一个十分重要的方面。

一、教师研究工作及其研究能力特征

(一) 研究与教师研究工作

教师工作是一个创造性的过程,离不开研究,需要借助一般的调查方法或者观察等研究方法,但是教师工作所依赖的途径除了书面的文字描述之外,更多的是行动和身体力行的示范。因此,教师的研究工作具有自身的特殊性质。在这里,我们有必要区分一般的疑问和探索(inquire)、科学调查(investigation)和探究(exploration)之间的关系。

豪(Howe)等人区分了"探究"和"调查"两个概念。他们认为,"探究"作为对我们所有感觉到的物体进行半结构化的处理的一个过程,它包含问题的提出过程,而且这些问题不仅仅是要通过书面的文字来加以解决,还包括用行动来进行解决。作为一种研究,问题的探究过程也包含诸如观察或者问卷等一般的调查方法,但是总体而言,它与一般的调查相比,显得更加开放、有趣却缺少系统性。

相比之下,"调查"则是一个无论在方法、技术、过程还是标准等方面,都更加严苛的研究过程。它依赖一系列的方法,并且强调对调查过程进行严格控制,因而是一个与科学当中的"公平测试"相关的概念。

而"疑问"所包含的范围则更加广泛,它基本上可以涵盖从问题提出到问题解决的全部过程。根据 Howe 等人的观点,"疑问"开始于"质疑",包含问题解决全过程中的"探寻""查询",是一个系统的问题解决过程。主要包括以下内容:① 公平测试。对所要解决的问题或者研究对象的情况进行科学的测量和调查,以便了解基本的情况。② 寻找模式。通过观察、记录等方式,发现数据模式,或者进行一项调查,从而进一步在数据之间获得较为一致的特征和归属特性。③ 分类和区分。将以上获得的一系列对象排列成可以管理的集合,并对它们进行命名,使研究的对象或者问题进一步系列化。④ 探究。使用所有感官进行仔细观察,以便对以上获得的结果进行进一步的核对和检查。⑤ 开发教学材料或进行系统优化。基于以上分类和问题归属,设计以问题解决为导向的活动、测试或者做出相应的调整,使得对问题的解决具有更多的可参照和系统化的过程。⑥ 探索模型。尝试探究,看看是否有意义。这一步骤的目的在于探讨更多的一般性的问题解决原理或者探讨问题解决系统的广泛价值以及特殊情况,因此又可以被称为对以上所有活动过程的审视和"说明性活动"。

"调查"意味着改变一个因素,同时保持其他因素不变,观察或测量相关的影响。在现代教育教学中,受科学主义和追求量化数据与统计结果的影响,这一观念也广泛存在于基础教育的一线教师当中。因为在传统的学校科学实验中,方法往往意味着产出,它是由教师来决定的,并且主要存在于数学教育当中。然而,现在这一情况有了新的改善,尤其是在以培养人为主要目标的教育教学活动当中,"调查"常常被认为是一种要解决问题的活动,其中蕴含着很多的方式和可能性,常常以"你能发现多少种不同的解决方法"的形式开始。尽管与"探究"相比,调查有了更清晰的目标导向,但它还是比传统的学校科学实验给予孩子们更多的主动性和开放性。

在教育教学当中,一项真正意义上的"调查"工作实际上是围绕儿童的学习和成长展开的,也就是说,教育教学中的"调查"尽管也需要一定的科学操

作的方法,包括一些严格的问卷、观察等方法,遵循科学研究活动的规律,但与科学研究所面对的数据和客观事实所不同的是,教育教学中的"调查",尤其是在构成学生素养和能力方面的"调查",在本质上是以学生成长作为目标的,因此它具有这样的一些特征:① 鼓励孩子们提出问题,预测并且描述它,然后进行测试;② 允许孩子们独立工作并做出决定;③ 允许孩子们自己计划如何完成任务;④ 允许孩子们获得证据和信息以检验他们的想法。

因此,我们可以说,作为教师工作的主要领域和内容,教育教学的过程不仅仅是知识和技能的习得与传授,也不仅仅是一般的问卷调查或者观察过程。尤其是对年轻的和正处于各方面能力发展之中的孩子们来说,提出疑问并进行查询和解决问题的过程,实际上就是一种主动探究的过程。这个过程以培养儿童的核心素养作为主要目标和方向,按照 Howe 等人对"探究"和"调查"的区分的观点,这个过程需要科学的知识、方法和技能,是一种可以书面化描述和追求所谓科学方法的过程,同时它也是一种探究的过程。由于孩子们对未知世界和知识的探究,这个过程更多的是以他们的实际行动参与的开放和有趣的过程。

(二) 师范生(教师)研究能力结构

现代心理学的研究结果表明,在感性和理性认知都还处于发展阶段的小学儿童,其对外在世界和他人的感知、学习呈现出一种综合化、整体化的特征。面向小学儿童的教育教学,小学教师不仅需要具备基本的学科知识和教育教学知识,而且需要具备一定的研究小学儿童和小学课程与教学的能力和素养。

小学教师胜任教育教学要求的素养和能力除了来自课堂学习和教育一线实践的经验积累之外,还在很大程度上依赖于教师职前和职后持续不断的学习和自我反思。在这个过程中,师范生(教师)的反思研究能力就显得十分重要,它们为教师持续性的职业发展提供动力和基础。根据以上对教育研究特征的阐述,我们这里着重思考教育研究的特征和教师教育研究能力的结构。

教学和育人是教师工作的两大主要内容,教师的研究能力也围绕教学和育人这两个方面展开。因此,教师要学会教学、学会育人,这是教师工作的基础,也是全部教师工作的基本要求,它们同时也构成教师研究和反思能力的重要方面。除此之外,教师还要在知识学习和教学育人实践经验的基础上,进行基于自我反思的专业可持续发展,反思研究能力的重要性在这里得到进一步的凸显。

因此,我们可以从教学育人和反思发展两个方面来解释教师的研究能力。

1. 学会教学育人

教学育人是教师工作的基本功,也是教师发展和自我反思的基础,教学育人不仅要求教师掌握基本的教育学、心理学等知识和能力,而且要求教师对自身主要承担的教学科目有全面的了解和掌握。具体而言:① 在学科素养上,教师需要对自己所承担的教学科目的教材有熟练的把握和了解,对以教材为基础的学科内容知识有系统、连贯和全面的掌握;② 在教学素养方面,教师需要掌握和具备诸如儿童心理、教学设计、课程设计、校本课程开发、模拟授课、教学评价、书写基本功等的知识;③ 在育人素养和能力方面,教师应该掌握班主任工作的基本功,比如关于儿童心理健康、儿童卫生和身心发展规律的知识,并且具备通过设计、组织和开展综合活动育人的能力与素养,比如开展主题活动、社团活动、少先队活动等等。

2. 学会反思发展

教师的学科素养、教学技能以及综合育人的能力的发展除了通过书本理论学习之外,还可通过工作实践,而且在根本上是教师综合自己的理论知识学习和工作实践而进行自我反思和发展的结果。同时,教师的自我发展和反思本身也作为一种重要的学科素养和教学能力,在教师专业发展和育人等方面发挥着重要的作用。教师的自我发展和反思能力贯穿在教师工作的全过程。具体而言:① 教师对自身工作的反思能力,主要涉及教师如何研究的问题,包括教师所应具备的诊断和发现问题的能力、文献阅读能力、分析问题的能力、解决问题的能力等;② 教师工作过程中的反思能力,主要涉及教师如何进行反思研究的问题,包括教师所应具备的自我情绪控制和反思的能力、

148

与他人合作沟通和开展研究的能力、与同事开展教研活动的能力、和学生以及家长沟通的能力等。

二、基于课程设置的小学教育师范生研究能力培养探索

教师研究能力的培养贯穿他们作为师范生在校学习和职后工作的全过程,不仅对教师自身提出了要求,也对职前的教师教育提出了挑战。教师教育在师范生培养方案的设置、培养过程、毕业评价的导向等方面,都应该将师范生研究能力的培养和研究意识的提升作为重要关注点,甚至可以说,当前师范院校的教师教育从以传统的知识和技能为取向到以研究为取向的发展方向已经越来越引起人们的重视,同时这也是基础教育实践的迫切需求。

在知识更新速度加快,大数据和人工智能对教育的影响越来越大的时代,知识和技能越来越可能被大数据和人工智能所取代。在此情况下,对于未来社会的人才培养,也就越来越强调提升研究能力和自我反思能力的重要性。备受瞩目的当代学生发展核心素养中一个重要方面就是基于研究和反思的创新意识和能力。在此背景下,作为教育研究者,就认知目标而言,我们更认同应该关注学生逻辑思维能力、想象力和创造力等高层次认知能力的培养,而不是以记忆和背诵为代表的低层次认知能力。这成为大学,尤其是教师教育应该重视和关注的任务。

在培养师范生的高层次认知能力方面,传统的教师教育将教师对教育教学技能和学科知识的掌握作为主要关注点,这已经不能满足当代和未来人才培养的实际需要。师范生和未来基础教育教师改变的前提是教师教育自身的改变,应该说,研究型教师教育(Inquiry-Oriented Teacher Education)已经成为面向未来培养基础教育教师的重要诉求。除此之外,还有一种观点认为,教师的素养和能力主要不是来自课本和大学课堂的学习,而是应该从教

育教学实践中获得,教师教育的关注点不是在大学和课堂,师范生在大学中所学习的教育学、心理学、课程与教学论等理论知识无法满足研究型教师的素养和能力尤其是研究能力的发展需要。在人们越来越强调教师职业的实践性特征的过程中,这种观点具有一定的代表性,也有一定的道理。我们不否认实践在教师素养和能力提升中的价值和作用,但是仅仅依赖实践、着眼于实践的教师教育同样无法满足研究型教师的发展和成长需要。教师培养的责任主要还是应该在大学,师范生应学习大量的大学专业课程,单纯以教学实践代替教育类课程的学习,并不能很好地培养教师。

教师的研究工作尽管需要依赖一定的行动和实践,但是这一过程同样需要教师掌握一定的科学方法、工具,并且遵循科学实证的规律和特征。教师培养的专业教育模式不应以牺牲教育理论的学习为代价,而应在理论和实践之间架起一座沟通的桥梁。现在,人们逐渐认可并强调教师的实践性知识和基于实践的理论研究。

在此,我们认为,以大学为基础,按照专业教育的思路和方式,设计大量的大学培养课程和丰富的实践环节来培养教师,是一条可行之路。在南师大小学教育专业,我们将师范生在大学的课程设置作为重要的着力点,希望以"整合性"和"基于实践的问题导向"作为教师教育课程设计和组织的核心原则,帮助师范生形成"关于实践的理论"。

南京师范大学作为国家"211工程"重点建设的江苏省属重点大学、江苏省与教育部共建高校、国家"一流学科"建设高校和江苏高水平大学建设高校,有着悠久的示范教育历史和传统。二十多年来,我们小学教育本科专业始终从基础教育发展的实际需要与当代教师教育改革的趋势出发,先后提出了"双能型教师""多能专业型小学优秀教师""研究型全科小学教师"的培养目标。根据《教育部关于实施卓越教师培养计划的意见》以及学校实际情况,"全科小学教师"是指具有较好的综合素养,能够从事一门主学科的教学,同时可以兼教某门小学科,并且能胜任知识整合教学的小学教师。其中,"研究型"强调的是培养具有教育思维品质,能够主动发现与反思教育现象和问题,并运用教育理论和方法进行研究,以促进教育教学改革的教师。

围绕"研究型全科小学教师"这一培养目标,小学教育专业在课程设置上

重点突出综合素养类、应用性模块课程,推进研究性课堂教学改革,实施浸润式教学辅导和教学实践,提升学生的综合素养、教学实践能力,特别是研究能力。专业特色在于坚持"大小教、大团队"的人才培养思路,依托所在的教育学一级学科的学术资源和研究高地,以科研推动基础教育改革,以科研引领研究型小教人才培养。基于丰硕的教学和科研成果,积极开展培养模式、课程结构以及教学方式等方面的改革,在追求卓越小学教师培养的道路上进行富有成效的探索。目前,一种基于师范生课程设置的教师研究能力提升实践探索正在展开。学校已经成为小学教师培养的人才高地、基础教育课改的专业引领者。

在实践中,我们基于"研究型全科小学教师"为目标的培养方案,确立了相应的师范生课程以及课程教学目标达成度的标准,为小学教育师范生研究能力的培养探索了一条可操作性的课程架构建设的实施路径。

具体而言,本专业的培养目标分为教育信念和职业道德、知识结构和教学能力、班级建设和综合育人、自我规划和专业发展、教育沟通和协作能力五个方面(见下表1),不仅覆盖了小学教师专业标准的基本要求,还有进一步的拓展和深化。

表1 小学教育本科专业的培养目标

目标维度	目标内涵
教育信念和职业道德	具备立德树人的教育观念,有良好的职业道德品质,有献身党和人民教育事业的崇高理想
知识结构和教学能力	具有多学科、跨学科的知识结构,熟练掌握教育理论、教学知识技能和现代教育技术,善于研究学生,具有综合性的教学实践能力、较强的课程开发能力以及学生综合素养的评估能力
班级建设和综合育人	掌握建设班集体和班级文化的基本方法,具有综合育人的创新思维,有指导和引领学生全面发展和个性发展的能力
自我规划和专业发展	具有国际视野,能够自觉地进行自我专业发展规划,具备专业反思和终身发展的能力

续表

目标维度	目标内涵
教育沟通和协作能力	掌握沟通合作技能,具有团队合作精神,能够积极构建教育工作伙伴关系

根据这个培养目标,我们具体确立了师德规范、教育情怀、学科素养、教学能力、班级指导、综合育人、学会反思、沟通合作等8条毕业要求。同时,我们根据培养目标的要求,基于"学科素养"这条毕业要求,提出了更高的"知识整合"要求,将"知识整合"作为一种更高层次的研究素养和能力提出来,强调学生除了要具备主教学科的知识技能外,更要具备跨学科的知识结构和综合的科学人文艺术素养。除此之外,我们在"教学能力"维度增设了"技术融合"的毕业要求,将"学会反思"维度具体细化为"反思研究""自主学习"和"国际视野"3条毕业要求。这些补充和扩展,都旨在提高毕业要求对本专业所设定的研究型全科教师培养目标的支撑力度。具体而言,我们在"反思研究""自主学习"和"国际视野"等3个"学会反思"毕业要求的目标达成点和维度上,将小学教师师范生研究能力细化成若干可以观测和操作的指标(见下表2)。

表2 "学会反思"维度下的3条毕业要求

反思研究 确立教育即研究的观念,具有批判性思维能力,掌握多种教育科研方法,能够自觉运用教育理论反思和解决教育问题,做研究型教师	树立教师是反思型实践者这一观念,改变教师只是教书匠的传统认识,努力把自己锻造成为反思型实践者
	掌握几种常见的批判性思维方法,如怀疑的方法、基于证据进行判断的方法等,能够对所教学科中的问题予以反思和分析
	能够从不同角度,如学科学习、指导学生等方面,坚持写反思日志,形成乐于并善于反思的好习惯
	掌握常见的教育科研方法,形成反思分析问题的意识和习惯
	经历选题、文献综述、选择合适的研究方法、运用相关研究方法收集数据、解决问题等过程,初步掌握独立开展教育科研的方法
	在教学实践中引导学生发现问题,形成小课题,指导学生开展研究性学习,帮助学生感受批判性分析问题的方法

续表

自主学习 确立终身发展理念,具有自我规划和自我发展能力,养成自主学习与不断自我超越的习惯,做终身发展的主人	主动参与在岗培训,不断变革教育教学方式
	了解教师专业发展规律及其发展阶段,能够根据自己实际情况和就业愿景,制订科学合理的继续学习和专业发展规划
	养成自主学习习惯,学会制订学习计划并有效践行,形成有效的自主管理能力,能够把持续不断的自主学习与时代对教育的需要、学校发展要求、自身的专业发展联系起来,用学习推动专业发展
国际视野 树立开放的教育观,具有国际视野和全球意识,能够把世界先进的教育理念、方法和经验灵活地运用于自身的教育教学实践之中	具有全球意识、开放心态,积极关注和学习国外基础教育改革发展的新经验
	认真学习国际理解等相关课程,掌握国际交往的基本规律、方式和注意事项,积极参与国际交换学习和互换学习,能够写出有价值的学习报告
	能够把学到的先进经验与自己的教育教学实践结合起来,将新知识、新方法、新技术运用于自己的教育教学中
	能够将国际经验转换为研究课题,深入开展研究和转化,结合本土实践,不断有所超越

在现行培养方案中,各模块课程均对 11 项毕业要求形成支撑,尤其对"知识整合""教学能力""反思研究"3 项指标,每项指标的高支撑的课程均在 10 门以上,以凸显本专业对教学和反思研究能力的培养和重视,其他每个指标均有 5—7 门课程对其形成高支撑。

表3　课程模块对毕业要求中的"学会反思"的支撑矩阵图

课程模块	毕业要求		
	自主学习	国际视野	反思研究
通识教育课程	H=1 M=1	H=2	H=3
大类平台课程	M=2	H=2 M=1	H=4 M=1
专业基础课程	H=1	H=1 M=1	H=1 M=4
专业主干课程	M=6		H=1 M=2
自主发展课程	H=1 M=4	H=2 M=1	H=4 M=6

注:H 代表强支撑,M 代表中支撑,表格中的数量代表课程门数。

在课程体系以及课程设置方面,我们尤其重视研究方法课程以及对学生观察、研究能力的培养。如开设"质化与量化研究实务""批判性思维""儿童行为观察与评估""教师教学行为研究""比较教育研究""学术规范与论文写作"等,此类课程约占总学分的10%。此外,我们还通过课程教学及第二课堂活动,让学生接触、理解并喜爱儿童,让学生具备一定的研究能力,能够在具体的教育教学实践中发现、诊断问题并具备初步的问题解决能力。

三、小学教育师范生研究能力培养若干途径探索

基于课程设置的研究型教师教育的开展以课程模块和具体的课程设置为基础,围绕教师的研究能力和素养的提升而展开,因此,除了在外部的课程设置方面考虑到其对在校师范生研究能力的支撑之外,这一过程还必须与师范生职前和职后的具体教育实践联系起来,综合考虑师范生在求职就业以及研究和学术取向之间的平衡能力,建立师范生研究能力培养的系统。

当前,师范生的就业取向与学术取向之间,存在着一条看似矛盾的鸿沟,就业取向的师范生相对弱化研究能力,而学术取向的师范生因脱离实践而很难进行支撑教育教学实践的研究。师范生的知识结构和就业取向之间呈现出如图1所示的关系状态:

其中,灰色部分主要代表的是学习科学与教学技能,这二者的结合更加符合初任教师的工作需要,也是当前被大部分学校和教师所广泛认可的师范生知识结构。因此,这一部分的内容是师范生从学校毕业进入职场的敲门砖。但是仅仅有这个部分还是不够的,师范生的专业发展以及面向未来的基础教育改革和人才发展需求,都迫切需要未来的基础教育教师具有持续不断的专业发展动力以及更高的自我反思和研究能力。

因此,在自然科学和社会科学等通识教育的并入下,师范生的知识结构得到了拓宽,为师范生将来的持续性专业发展注入了动力,提供了保障。再往上,黑色部分以实证思维为基础,将实证方法作为贯通的工具,通过科学研

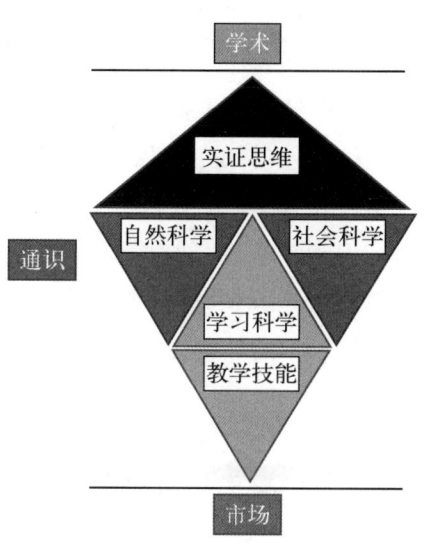

图1 师范生的知识结构与就业取向

究工具、方法的渗入,打通各个知识结构之间的联系,为师范生在职前和职后的研究提供方法和思维保障,从而助力师范生从教育教学的知识技能层面向学术层面发展。

这样一个理想的状态就是以学习科学和教学技能为基础,以通识知识教育为辅助,以实证思维和方法为贯通的工具,打通师范生的知识结构,为师范生提供系统的知识结构和能力发展基础。

为了实现这样的目标,在师范生的培养中,我们应该着重从以下方面着手:

(一) 从教学和育人两个方面帮助师范生建立基础性的知识结构

师范生的研究能力以教学和育人为最终指向,并以教学和育人知识和技能的掌握作为基础。因此,在师范生的研究能力培养方面,我们首先应该注重对他们教学和育人能力的培养。具体而言,在教学育人的对象指向上,我们要帮助师范生了解未来的小学生,尤其是"10后"小学生的成长环境和心理状况，通过儿童心理学、教育学等课程，帮助师范生掌握基本的评估小学生学习状态的方法。未来，对儿童的研究或者说基于儿童的小学教育课程设置和教学将是小学教育师范专业的一个重要转向。除此之外，我们还应该帮助师范生提前了解"10后"小学生家长的心理需求和社会期待，让他们提前了解如何和家长就学生在学校和家庭中的表现进行沟通和交流。同时，师范生要掌握教育教学的基本知识和技能，比如对教材要掌握与了解，基于学生学习经验和实际情况分析教材、使用教材进行教学等。除以上理论知识以外，我们还应该帮助师范生掌握基本的教学技能，比如"三字一话"、演讲、口语表达等能力。

（二）通过教师教育课程学习提升师范生的研究素养和能力

除了基本的教育教学技能、知识结构和能力之外，学校教师教育还应该开设一系列直接针对师范生研究和反思能力的课程，并在合适的课程教学过程中，渗透研究和反思的意识与方法，甚至加入一些能够帮助师范生提升研究能力的教学内容和教学训练，为师范生提供基础的研究技能和方法的学习机会。比如，在日常课程教学中，教师通过案例教学的方式，帮助师范生在具体的事件当中锻炼发现问题、提出问题、凝练问题、聚焦问题的能力；通过分配学生学业导师和让学生参与教师科研项目等方式，训练师范生基本的文献搜集能力、文献阅读能力和文献整理与分析能力；通过质化研究和量化研究课程，帮助师范生掌握 SPSS、NVivo 等分析统计软件的应用，学习基本的因果关系和归纳论证的方法；通过让学生参与助教、助管等活动，锻炼和提升师范生的课堂管理意识、能力，提高师范生参与班级管理的积极性，帮助他们积累班级管理和学生管理的感性经验。

（三）基于教师工作特征进行合作学习和综合研究能力的提升训练

师范生的研究和反思能力不仅仅关涉教学和育人，也不仅仅是在教师教

育课程教学和实践中获得的,还体现并渗透在师范生的合作交往中,尤其是与同伴、同事、家长和学生的交流之中。因此,师范教育也可以通过提供给师范生与他人合作沟通和交流的机会,帮助他们提升研究能力。具体而言,教师可以通过项目和工作坊,为师范生提供更多与他人合作、沟通的机会和桥梁。比如,在专业内部定期开展教育实践的工作坊,在专业内部设置一定的研究项目,鼓励师范生以小组形式参与项目研究,将课堂和课外学习到的经验与研究项目结合起来,在研究中学会对知识的整合和运用,提升研究和自我反思能力。除此之外,还有一些学生管理工作也渗透着培养研究能力的机会,比如师范生可以在综合测评中,学会沟通、合作,树立公平、公正等价值观;师范生在技能大赛中,学习互相帮助、互相提出意见等,不仅仅是为了比赛的名次,更主要的是在比赛过程中学习合作、担当责任和互相沟通,这些也是师范生研究过程中必需的意识和能力,将有助于师范生研究能力的提升和研究能力结构的完善。

(作者:南京师范大学教育科学学院小学教育系)

专题三

卓越小学教师培养体系与评价

课程教学实施与评价是小学教师教育专业的核心要素,合理设置课程并有效实施教学是提高师范人才培养质量的关键。为了推动小学教师专业人才培养质量的持续提升,小学教师教育专业要以师范生为中心配置教育资源、组织课程和实施教学,对照师范毕业生核心能力素质要求评价师范类专业人才培养质量,并将评价结果应用于教学改进。为此,本书第二部分将着重探讨小学教师教育专业课程体系设置、课程资源开发和建设、课堂教学改革、师范类专业人才培养质量的评价等内容,以期能够培养适应新时代要求的大国良师。

专业标准视域下的小学教育专业课程设置的思考

21世纪初,为了培养卓越小学教师,世界各国纷纷开展了系列理论探讨和实践行动。澳大利亚联邦政府于21世纪初制定了《全国教师专业标准》,旨在提升教师的素质和地位;英国教育部于2011年12月12日颁布了《优秀教师标准》,明确了优秀教师的专业实践和专业领导角色;美国奥巴马政府于2012年出台了"RESPECT"项目,以全面改善教师教育质量;2012年德国联邦和各州政府实施"卓越教师教育计划",旨在提高教师的专业技能;我国教育部于2012年颁布了《小学教师专业标准(试行)》(以下简称《专业标准》),明确了一名合格小学教师专业素质的基本要求,这将成为在职小学教师评价的依据,也将成为职前小学教师培养的目标参照。高师院校应该根据《专业标准》完善小学教师培养方案,尤其需科学设置小学教师教育的课程,以提升小学教师的培养质量。

一、《专业标准》对小学教师基本素养的要求

《专业标准》提出了四种教育基本理念,即"师德为先""学生为本""能力为重"和"终身学习"。其中"学生为本"是最大亮点,在教育教学过程中,教师要根据小学生发展性、主动性等特点,树立以学生为本的教育理念,尊重、关爱每一个学生,充分发挥学生学习的主动性、积极性,并为学生提供适宜成长的教育环境,促进每个学生生动活泼地发展。另外,《专业标准》把"师德"作为教师素质的第一要素来提出,要求教师要履行职业道德规范。"能力为重"的"能力"包括教书育人的实践能力和教育教学的专业能力。小学教师除了要掌握基本的学科知识和教育理论知识之外,还要研究小学生身心发展的规律,使自己的教育教学建立在科学基础上,从而提升教学的专业化水平。"终

身学习"是时代的要求,小学教师应该具有主动发展的意识和不断反思的能力,主动学习先进的小学教育理论,把握国内外教育发展的动向,不断优化自己的知识结构,提高自己的文化素养,使学习成为生活、工作中不可或缺的一部分。

《专业标准》从三个维度厘定了小学教师应具备的基本素养,即"专业理念与师德""专业知识""专业能力"。每个维度下设若干领域,每个领域又设了若干"基本要求"。

"专业理念与师德"维度从职业理解与认识、对小学生的态度与行为、教育教学的态度与行为、个人修养与行为四个领域对小学教师的专业理念与师德提出了具体要求。首先,小学教师与其他职业最根本的区别在于教师面对的对象是活生生的人,是身心不断发展中的人,这就决定了并不是任何人都可以从事小学教师这一职业。所以,小学教师是一种特殊的职业,是一种专门化的工作,只有达到教师专业标准的人才能进入教师队伍。其次,小学教师面对的群体是活生生的、身心不断发展的个体,每个个体都有独立的人格和个性差异,教师要信任每一个学生,尊重学生之间的个体差异,主动了解和满足不同学生身心发展的需求,平等对待每一个学生,让学生拥有快乐的学校生活。另外,小学教师要掌握心理、教育等基本理论及新课程基本理念,并在这些规律的指导下引导学生通过"自主·合作·探究"的学习方式,体验学习的乐趣,保持自己的求知欲和好奇心,从而培养小学生的广泛兴趣、动手能力和探究精神,只有这样,才能促进学生的全面发展。最后,《专业标准》提出了教师作为平凡人应具有的品质及作为教育者特有的品性,如保持乐观向上、热情开朗、善于自我调节情绪、保持平和心态,再如,对学生要富有爱心、责任心、耐心。

"专业知识"维度从小学生发展知识、学科知识、教育教学知识、通识性知识四个领域对小学教师的专业知识提出了具体要求。教师教学的主要依据之一就是小学生已有的发展水平,尤其是小学生已有的认知发展水平,因此,小学教师必须要了解和掌握小学生身心发展特点和规律的相关知识。除此之外,由于小学教育具有综合性、整体性的特点,小学教师必须具有综合性的知识结构,必须研读所教学科的课程标准,掌握所教学科的知识体系、基本思

想与方法,尤其要特别关注所教学科与其他学科及社会实践的联系。因此,小学教师应该是通识性的人才,具有相应的自然科学和人文社会科学知识,具有相应的艺术欣赏与表现的知识,这是小学教师作为专业人员必须具备的素质。

"专业能力"维度从教育与教学设计、组织和实施、激励与评价、沟通与合作、反思与发展五个领域对小学教师的专业能力提出了具体要求。在教育教学过程中,由于教学对象的特殊性,每个孩子都是一个主动发展的个体,因此,小学教师要具有根据学生个性发展合理制订小学生个体与集体的教育教学计划的能力。教学设计是小学教师必备的基本功,一名合格的小学教师应认真研究各科课程标准,分析学情、研读教材,在此基础上确定教学目标、教学重点和难点,然后根据学生特点、教学内容、教学目标及教师自身特点,确定教学方法,从而设计整个教学活动。小学教师除了具备教学设计能力之外,还要在教学实施过程中正确处理预设与生成的关系,能够根据教学实际中小学生的具体反应及时调整自己的教学计划,使预期与生成有机整合在一起。另外,因为教学是一项复杂工程,涉及的对象除了学生,还有同事、家长等,因此,小学教师要具有沟通与合作的能力,这是由小学教育工作多维互动的特点决定的。反思与发展能力是对全球教师专业化发展背景下的教师专业发展内在要求的回应,教师专业化是让教师意识到自己在专业发展中的角色,进而在专业发展中体现出自我反思意识和专业发展规划意识与能力。目前,小学教师的反思能力主要体现在研究能力上。这里的"研究"有别于理论工作者的"研究",主要体现在小学教师对自己教学实践的反思、质疑和探讨,只有这样,才能更好地领会、运用教学理论成果,更好地将自己的教学实践建立在可靠的理论基础之上。

通过以上分析不难看出,《专业标准》要求小学教师必须有先进的专业理念和崇高的职业道德(师德),具有综合性的专业知识,具有全面性的专业能力。

二、《专业标准》视域下小学教育专业课程设置现状的审视

综观高师院校小学教育专业课程设置,课程大多分为四部分:全校公共课程(如思想政治课和大学外语)、教育类课程(如教育原理、教育心理学、德育原理、课程与教学论、学科教学法、教育研究方法和教师职业技能等)、学科类课程(如语文、数学、英语、思品、科学等)、实践类课程(包括教育见习、实习、毕业论文、社会实践等)。这种课程设置与教育专业课程设置区别不大,小学教育专业特色不甚明显。有研究表明,全校公共课占总学分的百分比最高,而实践环节最低,教育类课程和学科类课程介于中间。① 目前高师院校小学教育专业课程设置主要存在以下几个方面的问题。

(一)课程结构失衡

小学教育专业的课程结构失衡表现为"重学科专业课程,轻教育专业课程"或"重教育专业课程,轻学科专业课程"。前者主要体现在五年制师范培养模式中,其延续了中师师资培养的优势;后者体现在师范大学人才培养模式中,其传承了教育课程的优势。概言之,这两类课程在广度、深度上没有把握好,在两者的关系上也没有协调好,有过于繁、难或过于简、浅的极端倾向。课程结构失衡还表现在专业理念与师德培养的缺失上。如前所述,高师院校小学教育专业课程设置主要是公共课程、教育类课程、学科类课程和实践类课程,没有专门关于师范生师德培养的课程,对师范生师德的培养主要融在公共课程及各学科课程中。总体而言,小学教育专业课程设置注重学生对教育基本理论知识的掌握,对师范生综合能力和素质的培养相对薄弱。

---

① 赵冬臣,马云鹏,解书.本科小学教育专业培养方案分析[J].当代教师教育,2010(2):59-60.

（二）专业性不明显

高师院校小学教育专业课程的专业性不明显主要表现在教育类课程和学科类课程的设置上。大多数高师院校的教育类课程并未体现小学教育专业的特殊性，与教育学专业的课程设置区别不大。如大部分高师院校小学教育专业教育类课程有：现代教育学基础、教育心理学、课程论、教学论、学科教学论、学科案例分析等。学科类课程的设置只占总学时量的4%不到，有的院校开设了小学阶段主要学科教学法的课程，大多数院校只开设1—2门学科教学法的课程。① 导致课程的专业性不明显的主要原因：一是过度依赖其他专业建设的经验，课程照搬或微调；二是课程设置据原有师资力量而定，"因人设课"。因此开设了大批教师擅长、小学教育专业特点不明显的教育类课程。

（三）理论课程与实践课程断裂

虽然加强实践教学，提高师范生的实践能力逐步成为人们的共识，各高校也在不断探索与改革，加强了实践教学，建立了实践课程体系，增加了实践的分量，扩充了实践的内容，但结果仍然没有得到有效的改善。究其原因在于高师院校小学教育专业课程设置上出现了理论与实践的断裂。小学教育专业的课程体系中虽然有理论教学与实践教学两部分，但二者之间没有很好地融合，处于断裂状态。学生在理论学习过程中没有关涉实践能力的提高，实践训练时又缺少有效的理论支撑，在实践教学中占有重要地位的教育实习，常常是与理论学习无关的日常经验性技能的演练，最终造成小学教育专业学生学术水准下降、实践能力也不强的尴尬境地。

三、《专业标准》视域下小学教育专业课程的优化

《专业标准》对一名优秀的小学教师所应具备的知识和技能做了全面而

---

① 赵冬臣，马云鹏，解书.本科小学教育专业培养方案分析[J].当代教师教育，2010(2)：59-60.

又具体的规定,这些规定涵盖了四类知识:一是学科知识和综合知识,二是专业教育知识,三是学生身心发展知识,四是教师专业发展知识。这四类知识勾画出了小学教师的基本要求。小学教育专业在课程设置方面应以《专业标准》为依据,在课程类型、课程结构和课程实施等方面充分体现标准所要求的小学教师必须具备的知识、技能和能力。

(一) 学科知识与综合知识

教师的学科知识和综合知识,是指作为小学教师所应具备的有关各门学科的知识和融合多门学科的综合知识。学科知识包括小学教育中所涉及的所有学科,如语文、数学、科学、英语、思品等学科知识;综合知识包括数学基础、艺术与人文(文学、艺术、语言)、外语、自然科学概论(天文、地理、气象、生物、化学、物理等)、社会科学概论(历史、社会学、犯罪学、犯罪学等)等。综合课程的设置为下一阶段的专业学习夯实了基础,真正为未来的小学教师打开了广阔的多学科的学术视野。学科课程与综合课程的设置,在一定程度上可以解决当前高师院校课程设置专业性不明显的问题,凸显小学教育专业性的特殊性。

(二) 专业教育知识

专业教育知识真正体现了教育的专业性。这里的专业教育知识不是纯粹的教育理论,如我们现在课程中的心理学、教育学、教育史、教学论等课程,我们应结合小学各学科的具体内容和实际教学场景,分析和探讨具体的教育问题,将教育教学理论知识与具体学科内容和教学实习紧密结合在一起,而非使其高高悬浮于实践的"上空"。这部分课程的设置可以参考美国佐治亚州立大学早期儿童教育专业课程设置的模式。佐治亚州立大学早期儿童教育专业前两年是通识教育,后两年是专业教育。专业教育是进入教师职业岗位的前提条件,因此,专业教育课程是必修的。值得参考的是,他们将后两年的专业教育课程学习与实习结合在一起,在最后的四个学期都安排了实习。

在前三个学期,学生每周有两天在学校上课(有的课程在小学上),有两天在小学实习,有一天时间往往由学生自行安排小组主题作业。这一时期的专业课程有心理学、教育学、教学论、学科教材教法(阅读与语言、数学方法、科学与探究、社会学科教学方法等)及教学管理等。专业课程的学习与学生实习融为一体,教育教学理论不再是空中楼阁,学生对它的理解是建立在许许多多教学案例的基础上的。所以,学生在学习专业知识的同时也解决了教学实践中遇到的问题,从而解决了理论课程与实践课程断裂的问题。

(三) 学生身心发展知识

《专业标准》要求教师要了解小学生发展的知识,如"了解不同年龄及有特殊需要的小学生身心发展特点和规律,掌握保护和促进小学生身心健康发展的策略与方法",了解"不同年龄小学生学习的特点,掌握小学生良好行为习惯养成的知识",了解"对小学生进行青春期和性健康教育的知识和方法"等。有关这类知识的课程主要有:儿童身心发展、问题学生研究、儿童行为观察与评估(含特殊儿童)等。这些课程虽然不多,却是至关重要的。在实际的教育教学过程中,教师要面对的学生大部分都符合儿童发展的一般规律,但每个班多少都会有几个智力超常或低下的特殊儿童,或者心理发展正常但行为存在问题的学生。因此,教师要了解特殊儿童或问题学生的教育教学特点。通过这些课程,教师对自己的教育对象能够有充分的认识,特别是对特殊儿童、问题儿童,可以让教师对教与学开展适当的咨询,这些将为教师顺利而有效地开展教学提供强有力的支持。

《专业标准》还指出"了解幼小和小初衔接阶段小学生的心理特点,掌握帮助小学生顺利过渡的方法"。教师要想做好幼小衔接的工作,必须要对幼儿园的教学有所了解。因此,在专业教育课程中要给师范生提供去幼儿园学习的机会。佐治亚州立大学早期儿童教育专业的课程设置可以给我们很好的启示:以儿童发展的阶段性为主线来设计两年的专业教育课程,从幼儿园、学前班到小学低年级,再到小学高年级来学习课程和进行实习。① 这一课程设计思路旨在让师范生毕业之前具有从幼儿园到小学所有年级的教学实践经验,从而更好地了解幼小衔接阶段学生的心理特点,帮助学生顺利度过这一特殊阶段。

(四) 教师专业发展知识

《专业标准》指出"主动收集分析相关信息,不断进行反思,改进教育教学工作","针对教育教学工作中的现实需要与问题,进行探索和研究","制订专业发展规划,不断提高自身专业素质",这些都要求小学教师不仅是"教书匠",而且是会研究、会思考的教学专业人员,因此教师的专业发展便成了影响教育教学的一个重要因素。美国课程论专家斯滕豪斯提出了"教师即研究者"的命题。这里的"研究"不同于大学研究者的"研究",而是教师作为课程开发的主体对课程教材的研究及对自己教育教学中出现问题的思考及解决。但实践证明,大部分老师不知道如何进行反思、进行研究。因此,在课程设置中,应该给有关教师专业发展的课程以一席之地,就如何进行反思、如何进行研究等,并围绕着教师专业发展及教育教学问题召开一些集体研讨等。

综上所述,基于《专业标准》的高师院校小学教育专业课程设置应该以国家所制定的专业标准为依据,在课程结构、课程类型等方面充分体现标准所要求的小学教师所必须具备的知识、技能和能力。课程类型多种多样,既要设通识课程、学科知识课程、专业教育知识课程,又要设学生身心发展的课程和教师专业发展的课程,这样有利于培养和提升小学教师的综合素质和专业素养。同时应增加实践性课程的比例,并将实践课程与专业课程穿插进行,从而解决理论与实践"两张皮"的问题。

(作者:高　霞)

---

① 刘德华,赵亚莉.美国小学教师标准与小学教育专业的课程设计———以佐治亚州立大学早期儿童教育专业为例[J].教师教育研究,2006(5):77-79.

基于在线开放课程的教育理论课混合式教学改革

教育理论是师范生培养课程框架中的重要组成部分,它作为教师职业发展的条件性知识,在师范生的专业知识结构中有着举足轻重的地位。师范院校的教育理论课程,对于师范生树立正确的教育观念,掌握适当的教育方法,形成一定的教育能力具有重要作用。① 但是,教育理论课因其知识的抽象性,常成为缺少教育体验的师范生的学习难点,导致他们学习动力与信心不足。多年来,为了改进教育理论课的教学效果,研究者们主要从如何增强理论与实践的结合的角度展开教学研究,取得了一定的进展,但受主客观原因的限制,教育理论课的教学效果还有较大的提升空间。

一、当前师范教育理论课课堂教学的挑战

当前师范院校的教育理论课教学的主要方式还是以集体授课制为主的班级课堂教学。结构决定功能,班级集体授课的组织形式必然带来教学的挑战。

(一) 分科细,内容多,课时有限

首先是总课时有限,这是当前师范教育中教育理论课的第一障碍,课时是保证课程质量的第一道防线,教师只有具备充足的时间才能全面而细致地将教育理论知识传授给师范生。绝对时间的保障对于缺乏教育实践经验与体验的师范生而言,显得尤为重要。

---

① 耿文侠.影响师范生教育理论课学习兴趣的因素分析[J].教育研究,2009(12):80.

当前,我国师范院校的教育理论课占总课时的比例总体不高。有研究表明,"教育专业课程在日本占总课时的13%,在美国占总学分的11%,在苏联占总学分的33.3%,在英国占总学分的25%,而在我国,教育理论课的'老三门'仅约占总课时的5%。可见,其比例远远低于国家"①。

其次是结构性时间短缺。所谓结构性问题是指教育理论课的构成"分科细"。一般师范的教育理论课主要指教育学、心理学和教材教学法这三大类课程,当然如果只有这三类课程就会出现前述的课时绝对数不足的问题。南京师范大学小学教育专业是全国首批小学教育本科专业,在高等师范办小学教育,其优势是有比较雄厚的理论学科作支撑,同时也使得教育理论课分科较细,且每门理论课的学科体系内容较多,从而导致每门教育理论课的课时有限。

无论是绝对时间还是因为结构带来的每门教育理论课的相对时间紧张,都会影响教育理论课的教学质量。

(二) 人数多,经验少,方式单一

对于集体教育,无论是中小学课堂还是高等教育课堂,包括成人教育的课堂,班额都是影响教学质量的基础性因素。师范生的教育理论课常常是大课教学,超过50人的班级不鲜见。大班额必然带来教学方式的单一,教师更多采取讲授为主的教学方法,这就很容易导致灌输式教学、接收式学习,这极大地阻碍了学习者深度学习的发生。

除了人数多,师范生的教育理论课还面临着学习者教育实践经验缺乏的挑战。教育学大部分重要的内容是经验科学,由经验提炼出来,和生活有直接密切的联系。② 学习过程和研究形成理论的过程恰恰相反,在学习中如果学习者不具备一定的实践基础,那么在理解这些教育抽象概念与理论时就会出现障碍。

① 尹善君.高师教育理论课的改革构想[J].辽宁师范大学学报,1998,21(3):25.
② 第斯多惠.德国教师培养指南[M].袁一安,译.北京:人民教育出版社,2001:66.

因此,教育理论课的教学应采取更为灵活的方式,如教师要多采用讨论和交流的教学方式,给学生留有思考问题和交流认识的时间和机会。通过师生互动、生生互动的教学方式来诱发学生的自主学习取向,使学生通过发现性学习和建构性学习来加深对教学内容的理解,从而产生学习兴趣。①

解决问题的方式可能正是问题所在。教师试图用讨论的方式打破学生经验不足带来的教学困境,但是恰恰因为师范生教育经验不足,教育理论课中讨论教学法的效果被进一步制约了。

学习人数多,学习者经验少,这两个维度的挤压必然带来教学方式的单一和教学效果不彰的现象。

因此,教师要有目的地为学生创设有利于其深入思考教学内容的教学情境,提出促使学生深刻理解教学内容的学习要求和任务。② 教学情境的提供与呈现就需要有更多的教学时间,而这和时间不足的挑战相冲突。

分析至此,教育理论课的两大教学挑战的解决方式在现有的条件下互为悖论。时间紧,内容多,改革重点应该在"减负增效",减负增效就需要高度整合的教育理论课;而高度整合的教育理论课对所呈现的教学内容、教学方法与学习者的经验提出了更高的要求,教学实践经验的积累却需要更多的时间。

新的挑战需要新的工具、新的形式突破现有的课堂结构制约,只有才能赋予教育理论课的教学以新的功能。

二、在线开放课程的特征与学习挑战

2015年,我国颁布了《关于加强高等学校在线开放课程建设应用与管理的意见》,并提出要构建具有中国特色的在线开放课程体系和课程平台,有力

---

① 耿文侠.影响师范生教育理论课学习兴趣的因素分析[J].教育研究,2009(12):83-84.
② 耿文侠.影响师范生教育理论课学习兴趣的因素分析[J].教育研究,2009(12):83.

地推动了中国在线开放课程的建设与应用。

大规模在线开放课程(Massive Open Online Course,MOOC)的优势是为学习者提供随时随地的开放式学习机会。它的出现从宏观角度分析,将各高校的优质教学资源进行了整合与共享,学习可以打破传统学校的界限,通过在线开放课程获得不同学校不同学科的优质资源,这是人类知识传播方式的一次飞跃,也是高等教育改革与发展的一次机会。

从课堂改革的微观看,在线开放课程不仅仅是将教师的讲课通过视频搬到了网络上,让学生们可以随时随地地不受时空的限制进行学习,更重要的是,它可以让"学生在学习的过程中边学习边收集大量的相关知识数据,根据自身的学习需求优化学习经验,使个性化教学成为可能",还让"学习者可以在学习的过程中与他人合作,这种合作学习的方式使学习者更加自在"。①

总结起来,大规模在线开放课程与传统课堂教学相较,具备如下几个特征。

1. 突破了教学时空限制

基于互联网的在线课程最基础的也是最直接的优势就是对人类交往的时空进行了突破。对教育而言,在空间上学习者和教育者不必同时在场,时间上学习者有了更多的选择性和灵活性,更关键的是,同样的内容可以保持相对稳定的传播质量,因为在传统的课堂上,即使同一位教师讲授同样的内容,在不同的班级与场合也会因为时间和自身状态的原因而造成较大的教学效果差异。

2. 丰富了内容呈现方式

在线开放课程可以为学习者同时提供多种学习资源,既通过多种类型的资源丰富了学习者的间接经验,也满足了不同学习倾向的学习者的个性化需要,即它同时满足了丰富性、个性化与选择性的要求。

如在线开放课程可以在线同时提供文字、图片、课件、音频、视频和超链接,围绕学科知识点,整合多样的资源为学生所用,这就弥补了课堂教学中上

---

① 苏美文.在线课程与高校教学融合的有效性反思——评《大规模开放慕课怎样改变了世界》[J].高教探索,2018(12):144.

课时长短和教室空间狭小的不足。另外,学习者还可以根据教师提供的多种类型的资源,从中选择符合自己认知风格的资源进行学习,这样的个性化选择对于传统课堂而言几乎是不可想象的。

3. 增加了学习过程中的互动

在线开放课程增加了互动的频次、范围与深度。受时空和学习者自尊的影响,传统的课堂学习中的互动可谓教学中的"奢侈行为",课堂中的互动频次与互动深度甚至被看成一堂好课的标准,由此可见集体形态的课堂互动难度非常大。

就互动频次而言,在线开放课程几乎不受时空限制,学习者可以随时向教师和同学提出问题,其他学习者也可以在任何时候就提问者的所提问题进行互动,这无形中就增加了互动的频次。

就互动广度而言,传统课堂一次课的互动只能局限在参与课堂的师生之间,而在线开放课程因为是全网开放,只要是注册在学的人便可以在讨论区就任何发起的话题进行互动,参与互动者可以是实体课堂中的师生,也可以是远在千里之外的某位学友,还有可能是具有丰富教学经验的一线教师。

就互动深度而言,对于教育理论课程,互动深度取决于对教育实践和教育理论的双重把握,传播内容的丰富性、准确性与稳定性的提高,促进了教育学习互动往深入发展。在线学习还因为具有互联网互动的隐私性特点,学习者在表达自己的观点时不容易因为自尊和情感安全性的保护机制而"自我设限",这也加深了学习中的互动深度。

4. 使多维过程性评价成为可能

教师应该把教学目标、教学过程、评价方式结合起来,对学生学习的评价,要将期末一次性书面考试改为课堂教学过程中随时测试与期末考试相结合。① 综合性评价是理想的,在现实的操作中需要投入更多的精力,且工作量相当巨大。传统的课堂教学中过程性评价的指标数据的收集常常是点状的,而在线开放课程能够通过计算机的软件后台记录下更为详细、更具有时间维度的评价数据,如学习者的提问次数,别人对其问题的回应,学习者参与

---

① 耿文侠.影响师范生教育理论课学习兴趣的因素分析[J].教育研究,2009(12):84.

话题讨论的频次与内容,等。

在线开放课程通过教育方式的革新可以为小学教育培养全科小学教师整合理论课资源,促进教学有效互动,但是理想与现实之间永远存在鸿沟。

根据耿文侠的研究,师范生教育理论课学习兴趣的影响因素的影响程度为:学生对教育理论课价值的认识＞学生学习教育理论课的目的＞教育理论课的授课质量＞学生用于教育理论课的学习精力及学习效果。① 也就是说,师范生能否根据在线开放课程设计的目的认真参与学习,更多受其学习兴趣的影响,而对学习兴趣影响最大的因素是对所学内容的认识与学习目的等主观因素。

当前,在线开放课程的使用主要存在的问题不是资源建设,而是课程资源的使用。再好的课程,如果没有人真正去学习如何高效地使用,其效果等于零。

大规模在线开放课程(MOOC)还存在缺乏对学生的监管、学生流失率高、不能提供个性化的学习指导等问题。② 一项研究表明,MOOC的平均流失率为93%,也有很多课程的注册用户甚至没有参与第一堂课。③ 笔者在小学教育专业在线开放课程"家庭与社区教育"的开放过程中也收集了相关数据。

笔者将参与课程的学习者分成三种类型:第一类是自主报名参加的,学习全过程没有人督促监管,完全靠自觉,这一类被称为"自由的学习者";第二类是学校统一要求参加的,学习过程会有人提醒,但是不强求,这一类被称为"被鼓励的学习者";第三类是教育局或者学校要求参加的,每单元课程结束后会有学习简报,学习的每个细节有人督促管理,这一类被称为"被要求的学习者"。经过三个半月的学习,课程结束时,学习情况如下:

"自由的学习者"的学习状况如图1所示:一共参加170人,能坚持参加

---

① 耿文侠.影响师范生教育理论课学习兴趣的因素分析[J].教育研究,2009(12):82.
② 黄丹霞,刘欣欣.基于大规模在线开放课程的学习者模型的设计与实现[J].计算机应用,2018(A2):327.
③ 宋倩倩,曹玉娟,刘振海.深度学习视角下高校在线开放课程教学改革初探[J].盐城工学院学报(社会科学版),2018(4):83.

完的只有10%左右。

"被鼓励的学习者"的学习状况如图2所示：一共参加588人，没能坚持参加完的降到43%，优秀率的比例也上升到31%。

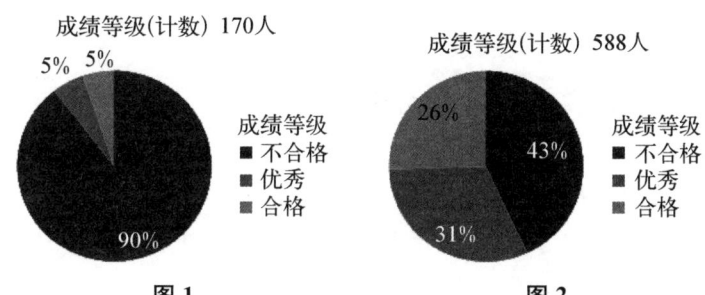

图1　　　　　　　　　图2

"被要求的学习者"的学习状况如图3所示：共有732人参与学习，没完成学习者的比例降到了7%，而优秀率上升到了65%。

从数据可以看出来，在线开放课程完成学习率、学习优秀率与学习管理有着密切的关系，管理越规范、越严格，学员的学习成效越好。

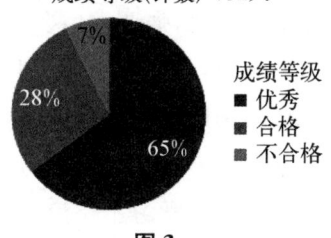

图3

根据以上分析，教育理论课的传统课堂与在线开放课程两者各有优势也各有劣势，试图用一种形式的课堂代替另一种形式的课堂都是理想化的。当下比较务实的实践是，将在线开放课程与面对面课堂教学活动进行有效结合，提高课堂教学活动的有效性。[①] 这种结合被称为"混合式教学"，混合式教学体现"互联网+"的理念，顺应了教育信息化的趋势，融合了网络教学和传统课堂教学的优点。[②] 这种将在线学习与课堂教学相结合的方式，是当前高校教学改革与创新的主要探索方向。

[①] 苏美文.在线课程与高校教学融合的有效性反思——评《大规模开放慕课怎样改变了世界》[J].高教探索，2018(12)：144.

[②] 汪芳，石鑫，秦俊.基于在线开放课程建设的混合式教学效果评价——以产业经济学为例[J].科教导刊，2018(33)：89.

三、混合式教学：平衡线上与线下教学优势的深度学习

（一）混合式教学的学习论基础

混合式教学不是传统课堂教学与在线学习的拼凑与嫁接，而是各自优势的互补整合，是对传统的继承与突破，是对新工具、新方法的吸收与创新。

混合式教学关注的是深度学习，即学习者的学习过程以及对所学知识的深层次理解，强调学生要自主学习和批判性地学习，而浅层学习则仅仅注重学习结果，对知识的接收和记忆都是被动的、机械的。浅层次学习不是不能转化为深层次学习，只是这样的转化很容易被浅层次的学习惯性所忽略，甚至永远达不到深层次学习的水平。

混合式学习不是没有浅层次学习，而是教师基于浅层次学习有意识地、主动地通过教学设计引导学生进入深层次学习，因为浅层次学习不只是教学方法导致的，还与学习者的学习特征有关。思维是有惰性的，当浅层次学习已经足够应付外界世界的需要时，人们就很难有意识地进入深层次的学习。要想有所突破，就需要通过一定的教学设计推动学习者思考、深化认识，形成新的知识框架，从而运用知识创新地解决问题。

（二）教育理论课的混合式教学设计与实施

混合式教学作为促进学习走向深入的线上线下互动教学模式，具备深度学习的 5 个主要特征，即"强调批判理解、注重信息整合、促进知识建构、关注迁移运用和导向问题解决等"①。接下来根据混合式教学流程的步骤介绍基

---

① 张浩,吴秀娟.深度学习的内涵及认知理论基础探析[J].中国电化教育,2012(10):7.

于在线开放课程的教育理论课进行的课堂教学改革。

1. 整合资源,促进知识的有序建构

在线开放课程为教学资源的呈现争取了空间和时间,也让课程资源的呈现趋于科学、有序与稳定。

传统的课堂常常在有序的知识准备与灵动生成的课堂之间产生矛盾与冲突。如果只是根据备课的知识体系进行讲授,就会忽略学生主体性的发挥,很容易变成教师一个人的独角戏表演,学生个体知识的生成不会得到最大程度的重视。事实上,在教育理论课的课堂教学中,不少教师为了吸引学生,为了让学生能够亲近并理解教育的基本理论,会通过案例教学架构理论与实践的桥梁,这样做最常出现的现象就是将有序的知识打散,甚至最终因为时间的关系而放弃部分知识的教学,导致学生知识框架的漏洞。

教学过程是互动的,教师的教学行为与学生的学习期待与反馈紧密相关。学生进入教室既想获得系统的知识,又希望教师在课堂上关注到自己,在共性和个性的学习期望之间必然会出现侧重与倾斜。知识、经验、问题解决样样都到位,这是理想主义的课堂,现实中每位具有自己鲜明个性的教师必然会把课堂带入他所擅长或者所认同的领域。

如此分析,不是试图远离理想课堂的追求方向,而是对传统课堂进行超越。我们可将传统意义上精巧的课堂环节进行重组,将系统有序的知识前置,通过图、文、音、像等途径将需要师范生静静地耐心汲取的知识通过在线开放课程的资源形式提供给学生。与传统教学相比,基于在线开放课程的混合式教学要求教师重新设计编排课程知识,教师需要花费大量时间精心制作课程资源,并将精力和时间投入到与学生交流的过程中。①

无论从学习者对课堂的期待,还是从不同知识类型合理的传播形式考虑,丰富有序的形式将更适合一个人安安静静地学习的知识通过在线课程呈现出来,更有助于促进个体教育学理论知识的有效建构。

2. 生发问题,激发学生批判性理解

当然,学习者不能满足于对知识的听取与记忆接受,要想达到深度学习,

---

① 汪芳,石鑫,秦俊.基于在线开放课程建设的混合式教学效果评价——以产业经济学为例[J].科教导刊,2018(33):92.

学习者就必须将接触到的知识与自己的经验和知识进行内化,从而建构成自己的知识。

每个人的个人经验、知识结构有所差异,因此在建构个人知识的过程中必然会生发出个性化的问题,在传统的课堂中,这个过程如"电光火石"一般,教师在讲台上讲着,有的学生在接受的过程中来不及消化,更来不及产生出新的问题。即使能产生出新的问题,再考虑到个人的自尊、课堂中的群体压力和教学进度等,智慧之光也很微弱了。这正是为什么在教育理论课中,教师每讲完一个知识点,也鼓励学生们提问,展开讨论,但通常情况是气氛沉闷,或者所提问题过于个性化,得不到大多数同学的响应与有效的互动讨论。而学习者在学习在线开放课程时,来自时间、心理和社交等方面的压力消失了,他们可以在无压力之下思考并组织语言,在线呈现自己的问题,还可以通过看其他在线学习者的提问获得启发,反思、修正自己的困惑与问题。

问题是批判性思维的结果,也是批判性思维的起点与过程。在线开放课程架构过程中的自主测试以及讨论题的在线回答,可以激发学生们的批判性思维,避免其陷入思维惰性和人云亦云。

如笔者在"家庭与社区教育"在线开放课程中就设计了大量耳熟能详的家庭教育口号式标语,通过这些传播广泛的"家教箴言"刺激学生去判断:

判断题:

好父母胜过好教师。   (   )

父母好好学习,孩子天天向上。   (   )

对儿童精神世界的影响,家庭的影响最大。   (   )

…………

学习者通过课程的设计,将看似很清晰的观念、司空见惯的认识提出来讨论,然后自测形成认知冲突,激发问题意识,促进深度学习。

3. 互动讨论,促进知识再构

知识的形成不是盖房子似的一层层地有规律地往上垒,而是不断地搭建、不断地推倒、不断地再构重建的过程,这样的学习才能有深度,否则就是接收性地浅层学习。

混合式教学的互动讨论有线上和线下两条路径。线上讨论也分前期讨

论与后期讨论。

线上前期讨论主要由所有学习者自我发起,也就是在自主学习中,每位学习者遇到困惑或者有知识要分享时都可以通过在线提问的方式在平台上向所有学习者提出来,教师团队、其他学习者甚至往期学习者的留言等都可以成为讨论的资源,前期讨论是线下课堂讨论的基础。这有点类似于选秀节目的"海选",通过大家的讨论,有些问题就会成为大家关注的焦点,那是大部分学习者感到困扰的问题。这些问题将成为课程教学的公共议题进入线下的课堂,进行进一步的深入分析与讲解。

线下课堂讨论是混合式教学的重点,也是该教学模式的关键所在,个体的知识被推倒、打散、重构,主要就在这个环节。

经过线上的前期讨论,一些知识性的问题和学习中理解偏差的问题,在所有学习者的帮助下,基本得到了解决,这些问题属于浅层次的是什么或者流程性的怎么办的问题。而很多悬而未决的,或者仁者见仁、智者见智的问题,需要通过面对面的课堂讨论进行进一步的辨析、探讨与厘清,甚至会形成新的问题方向,促成知识的迁移,以及问题的解决。

一方面,在课堂教学中,教师要根据教学需要随时向学生提出问题,与学生交流,给学生表达自己观点的机会,并根据学生反映出来的学习信息及时进行评价。① 在评价的过程中逐步将讨论的成果固定下来,以达到知识生成的目的。

另一方面,线下课堂讨论对课堂组织的要求较高,需要教师根据课堂人数,拟定讨论解决的问题的性质,对学生进行有效的分组与组织,以达到尊重个体、充分讨论与提高效益的基本目的。

线上后期讨论是经过了课堂讨论后的一次知识重构的表达,对于课程设计中相对集中的问题,要求学习者在线陈述自己的认识,教师再根据学习者的语言组织与表达呈现,进一步帮助学习者梳理思维。线上后期讨论还可以通过练习的方式,让学习者用新的思维解决教育实践中的问题,既巩固了新知,又提升了解决问题的能力。

---

① 耿文侠.影响师范生教育理论课学习兴趣的因素分析.教育研究[J],2009(12):84.

4. 多元评价,将学习再度引向深入

混合式教学效果评价不仅要强调结果,还要将学生的学习过程融入评价之中。① 从学习的角度看,评价的目的不是定性,而是更深入的学习。因此可以说,一切的评价都是学习,评价能够对学习结果进行有效把握,为进一步的学习奠定基础;评价能够对过程充分认知,为进一步教与学的过程优化提供依据。

评价的主体也是多元的,混合式教学的评价是真正能够实现低成本高收益的过程性多角色评价。学习者的在线讨论可以通过设置互评的方式,鼓励学习者对其他学习者进行评价,从而将充分的生生互动落到实处;教学团队的评价可以通过解答与追问的方式,刺激学习者在学习过程中将学习再度引向深入。

借助科技发展的新工具,原本存在于教育理论中理想的教学方式和模式,在当代变成了现实,也让传统的班级授课制课堂教学能够走向深入,规避了长期被批判的弊端。基于在线开放课程的混合式教学在师范院校的教育理论课教学改革中的尝试,我们还需要进一步研究教育理论课的目的、定位与特征,以保证教学改革的方向始终不偏离师范教育的基本精神与原则。

(作者:殷　飞)

---

① 裴小琴,夏春明,杜龙兵.MOOC视角下混合式教学效果评价体系研究[J].未来与发展,2015(11):96-98,95.

生活史：一种重要的小学教师教育课程资源

随着课程资源研究的兴起，对课程资源的分类、内容、特点、存在形式及开发途径等，教育学界多有著述，但是，对于"生活史"（life history）这样一种重要的课程资源，研究者却关注较少。本文旨在探究"生活史"在小学教师教育中的课程资源价值，通过阐释生活史"为何"及"何以"成为重要的小学教师教育课程资源，为开发和利用小学教育专业课程资源建设补充新的思考路径。

一、生活史：从研究方法到课程资源

"生活史"一词最早是作为一种新的研究方法出现于人类学、社会学研究中。作为研究方法的"生活史"，是运用各种技术和材料（如访谈、案例、日记、信件、文件、历史文献等），通过阐述被研究者的生活故事，提供与其日常生活和职业生涯有关的重要信息，"从而产生一个更加丰满的人种志研究"；由此，"生活史（或生涯史）方法为我们提供了一个工具，使我们能够去研究一个个体、一个组织或者一个机构的成长经历，研究他们对事物的看法，在这些经历和看法中渗透着他们自己的解释"[1]。生活史研究进入当代教育研究领域后，英国教育社会学者艾沃·古德森（Ivor Goodson）较早地将其引入课程研究和教师研究中；在我国教育研究中，教师生活史研究也日渐增多，并且被看作教师实践知识的重要来源和教师反思与自主发展的重要手段。

其实，仅限于方法、手段的视域来理解和运用"生活史"，还远远不够，应拓展到课程资源的视野来重新认识和利用"生活史"。在课程资源研究中，"教师和学生是重要的课程资源"这一命题已成为共识；然而，人们更多地将

---

[1] 麦克南.课程行动研究[M].朱细文,等译.北京:北京师范大学出版社,2004:114.

教师和学生视为一种生命载体的"条件性课程资源",分析其创造性智慧在课程中的特殊作用,很少从"素材性课程资源"的角度挖掘其生活史在课程教学中的资源价值。事实上,"生活史"不仅能够为教师生活研究提供研究方法,为在"中间地带"建构理论提供论据①,而且其本身就是教师学习和教师教育课程的重要资源。

顾名思义,"生活史"是个人在一定社会、文化和历史情境中的生活经历及其体验。教育是师生视域融合的历程,课程是师生共同建构的产物。教育场域中作为课程资源的"生活史",至少包含"教师生活史"和"学生生活史"。小学教师教育中的"学生"包括小学教育专业"师范生"(小学教师职前教育课程的学习者)和"在职小学教师"(小学教师在职研修课程的学习者)。小学教师教育实践活动中的"教师"含义更为丰富,固然包括"教师教育者",作为课程资源加以开发利用的"教师生活史",还包含小学教育专业师范生未来从事小学教师职业的全部个人生活经历;这既包括其作为"学生"的"受教育史",也包括作为"教师"的"教育实践(教师职业)史",以及既作为"学生"又作为"准教师"的师范教育阶段的"生活史"。教师和学生在生活经历中遭遇的重大事件、重要他人、关键时期等,都是教师教育的课程资源。

作为方法,"教师生活史研究"的目的在于促进教师专业发展;作为课程资源,将"师生生活史"融入教师教育,重视并有效开发利用"生活史"资源,则旨在提高教师教育课程质量,终究为了促进教师专业发展,因此二者殊途同归。

二、生活史在教师教育中的课程潜能

凸显"生活史"在教师教育课程中的资源价值与"课程""教师教育课程"的"概念重构"密不可分。

---

① 赵康.透析生活史研究在古德森教师研究中的角色[J].教师教育学报,2019(3):14-20.

(一)"体验课程"与"建构教育经验"

1. 课程理念的"体验"转换

当代知识观的转变带来课程理解的多元化,人们日益重视个人生活经验、存在体验及人生旅程的"课程"意蕴。"体验"成为当代课程理论的主流话语。派纳将"课程"(curriculum)一词回溯到该词的拉丁文词根 currere 上给予新的阐释。词源学意义上,名词"curriculum"原意为"跑道"(race course),意寓"课程"是静态、预设的;但动词"currere"(跑、跑的体验)的内涵则不同,它关注"跑"的动态过程及其中的个体体验。"课程不只是制造知识的学科(包含目标设计),也是个体内在经验与外在环境相互作用的经验改造与意义的建构。"[①]古德莱德(John I. Goodlad)将"课程"分为五个层次:理想的课程、正式的课程、领悟的课程、运作的课程和经验的课程[②]。理想的课程和正式的课程,对教师而言,都是外在的,只有经由教师的理解和体验才能转化为教师自己"领悟的课程",而"领悟的课程"与走进课堂、面对学生的真正"运作的课程"并不必然一致;更重要的是,"教学好比一条溪流,而不是单一事件"[③],汇入溪流的不仅有课堂环境、班级氛围,还包括学生已有的知识、技能、意愿和生活体验以及师生互动产生的思想碰撞和情感交融,最终生成不同的"经验的课程"。

注重体验是教师生活史研究的突出特点。生活史作为教师教育课程资源,在研究时需要注重体验和感悟自己或他人生活经历中隐含的教育意蕴。师范生受教育史中产生的对教育、教师的认知、情感及信念,只有进入教师教育课程,才能渗透进师范生当下的学习情境乃至未来的工作视野中,成为对他们成长具有意义和价值的东西。正如"体验即课程"所强调的,构成教师教育课程的教育知识、教师、学生等都在"体验"中相互融合,最终生成内在而有意义的"生活关系"。

---

① 袁桂林.派纳论"概念重构"和"理解课程"[J].外国教育研究,2003(1):1-8.
② 施良方.课程理论——课程的基础、原理与问题[M].北京:教育科学出版社,1996:9.
③ 科恩,等.资源、教学与研究[J].华东师范大学学报(教育科学版),2001(4):32-52.

2. 教师教育课程目标的"经验"转型

课程资源是有利于实现课程目标的各种因素。"一个学习做教师的人，必须能够成功地建立起他与教育世界的联系——教育经验。"①教师作为整体的人存在于教育之中，他们的受教育史、教育生涯史、个人生活史等在教师教育过程中都是挥之不去的。

正如康纳利(Connelly,F.M.)指出的，教师教育的过程是对过去历史的回顾和重新体验，并在体验基础上改造自己的教育观念；教师教育不是"注入"而是"重建"。教育者和学习者如果缺乏基于生活体验的交流与互动，教学过程只会成为单向度的知识讲授，这将是教师教育课程的致命之伤。生活史正是有助于实现"建构教育经验"这一教师教育课程目标的有效课程资源。

(二)"生活转向"与"教师个人实践知识"

1. 课程内容的"生活"转向

课程是知识的选择与组织，但课程并不只是知识，而是由知识、文化、人交织构成的一个极其复杂的教育活动场域。课程不是以一种单个教育要素的方式存在的，而是内在地蕴含着教育中的价值、关系、过程和多元活动；课程不是一种"作为事实"的存在，而是一种"作为关系、过程和价值"的实践样式②。学科背景、知识体系、教学材料等是课程内容和形式，但不是全部，文化、经验、个人知识等都不应被排斥于课程之外。

课程本质观由"学科知识"转向"生活经验重构"，"生活体验"(lived experience)便成为课程内容的重要源泉。"生活体验的本质是什么？这个问题居于教育者职业和个人生活的中心，它关注教育学的意义。"③面向生活、联系生活、理解生活、表达生活、服务生活、回归生活、追问生活的意义，成为

---

① 李学农.论教师职前教育的经验课程[J].课程•教材•教法,2008(10):79-83.
② 郭元祥.课程理解的转向:从"作为事实"到"作为实践"——兼论课程研究中的思维方式[J].课程•教材•教法,2008(1):3-8.
③ 马克斯•范梅南.生活体验研究——人文科学视野中的教育学[M].宋广文,等译.北京:教育科学出版社,2003:53.

当代课程改革的核心。

2. 教师教育课程内容的"实践"取向

就课程知识而言,"教师需要何种知识,教育知识的性质如何",这是教师教育课程无法回避的拷问。而答案已成共识,即:教师专业知识是个人在教学过程中经过实践经验的累积与重组,基于专业需要而通过界定、发现、认知、修正与内化等复杂过程,不断将既有知识融入教学并经过主动建构和重新转换的产物,是充满个体性、经验性、建构性和再诠释性的个人实践知识。

这种实践知识的形成无法脱离个体的生活经验及其赋予的经验意义,教师的行动与个人过去的生活经历密不可分,教师曾经的生活内容会慢慢发展为支配其日后思考与行动的影响因素,无所不在地影响着后续经验的选择与重组。教师教育课程改革愈加浓烈的实践取向需要更新课程资源形式,教师拥有和需要的"个人实践知识","存在于人的过去经验之中,存在于当前的大脑和身体之中,存在于未来的计划和行动之中"[①]。"生活史"是一种恰当而适宜的教师教育课程资源。

(三)"视域融合"与"师生共同建构课程"

史密斯在将诠释学"对话理论"引入课程研究时指出,教学应该使人们从课程知识中确认自己的价值,课程和教学中需要恢复"个人真理"(personal truth)、倡导"共享的真理"(shared truth),还要寻求"回家的真理"(truth as home)。如果世界有"真理"存在的话,那只是一种"共享的真理"。"个人真理"肯定个人价值,但也意味着个体之间存在差异,需要接受彼此的局限性。真理的共享性又要求我们不断突破各自视界的局限,达到"视域融合"。因此,课程教学通过"对话"促进个体间相互交流与理解,获得"共享的真理";同时,还要关注并发现事物本身的内在价值,从而克服自我与世界的疏离。[②]

---

① F.迈克尔·康纳利,D.琼·克兰迪宁.教师成为课程研究者——经验叙事(第二版)[M].刘良华,等译.杭州:浙江教育出版社,2004:26.

② 大卫·杰弗里·史密斯.全球化与后现代教育学[M].郭洋生,译.北京:教育科学出版社,2000:27-34.

对"课程"的重新解读,也促使人们重新认识"课程权力"和"课程角色"。"课程权力"不再为"课程专家"独享,"教师"也不再是"法定课程"的"工具"和"附庸";相反,经历了"教师作为影响课程的因素""教师作为课程中介""教师作为课程建构者"等不同认识后,"教师即课程"越来越赢得共识。教师的知识、技能、情感、态度、价值观以及人生体验、社会阅历、思维方式等,都可能是重要的"素材性课程资源",深刻影响教师"领悟的课程",进而渗透在课程实施中。特别是对教师而言具有生命价值意蕴的"生活史",无法也不应被排斥于课程之外。更进一步来说,不仅是教师被赋予更多的"课程权力",成为课程的创造者、开发者、促进者与合作者,课程学习者也同样享有参与课程的权力和机会,他们同样是课程的发现者、诠释者和建构者。教师真正"动作的课程"与学生"经验的课程"之间也并非单向、线性关系,而是师生已有知识经验和生活体验交互作用、视域融合的过程。学生的问题、困惑、感受、经验、智慧、意见和建议等,都会不同程度地进入课程。在以"法定课程"为中介展开交往并生成意义的舞台上,师生都是"主角",真正绽放生命活力的"人"及其"生活"进入课堂,共同建构教师教育课程。

三、生活史课程资源的开发与利用

不是所有的资源都是课程资源;同样,不是所有的教师生活史都能自然地成为教师教育的课程资源。只有真正进入课程、与"课程中的人"发生实质性联系并达成课程目标的生活史,才可能由"潜在的课程资源"变为"显现的课程资源"。讲述和研究生活史是开发、利用其教师教育课程资源价值的重要方法。

(一) 讲述生活史

"人类经验基本上是故事经验","生活史"通过叙说、交流和反思故事进入教师教育课程。

1. 叙说故事与经验呈现

师范生虽然缺乏教育实践经验,但头脑中并不缺乏"教育知识",受教育史便是其审视教育的最直接的窗口。他们曾经遇到的教师、受到的教育对待、接触的学校文化等,都直接影响了他们对"教育""教师""学生""学校""课程""教学"等"教育知识"的"前理解",这又会深刻影响其进入师范院校后对教师教育课程的理解和评价。

教师教育的课堂不能是教师表演、学生观看,教师独白、学生失语,教师生产知识、学生消费知识,可以采取即兴发言、自由谈、课程作业,甚至辩论、演讲等形式,让师范生讲述和书写自己的生活史故事,呈现成长中的喜怒哀乐,思考"如果我是老师/家长,我会怎么办"。在职教师更是拥有独特而丰富的课程资源,这是一个还未充分开发的教育宝藏,更具课程资源价值。教师在职教育中,教师可以梳理自己亲历亲为的教育生活经验和课程实施创生的过程与感受,讲述自己的"教育故事"和"课程故事"。这些生活史故事中必然蕴藏着大量生动鲜活、只属于教师自己的教育案例和独具个性风格的实践经验。讲述和书写这些故事正是教师将自身丰富的教育生活经验转化为课程资源的过程,促进教育经验的可持续建构。

2. 交流故事与体验分享

教师在教育课程教学中,不仅要通过"讲故事"呈现生活经验,还要通过交流分享彼此的体验和感悟。否则,"为讲而讲"只是徒增课堂上一些虚假苍白的笑声而已。开发利用"生活史"这一"素材性课程资源"的目的即在于关注当事人的体验与感受,展示事件细节的教育意义,进而探究事件本身对教师成长的影响。因此,教师教育者要重视故事的动态生成,加强故事言说者与倾听者之间的交流、互动,重视多方的表达与沟通。作为课程实施重要环节的教学过程,一旦缺少了真诚的交流和相互理解,也就丧失了它应有的生机和活力,甚至丧失了其应有的教育价值,成为浪费时间和生命的过程。"一个人对自己生活经历的描述发生在他人身上也是可能的"[①],"任

---

① 马克斯·范梅南.生活体验研究——人文科学视野中的教育学[M].宋广文,等译.北京:教育科学出版社,2003:53.

何现象都是可能的人类体验。就此而言,现象学的描述具有普遍的跨主体性的特征"①。一个好的生活史故事,其价值就在于能够得到许多人的认可,引起大家的关注甚至共鸣,而不再仅仅是一个私己性的个人故事。

3. 反思故事与意义生成

"交流故事"也不是"为交流而交流"。与"接受"既成知识不同,"反思"重在探究批判与意义创造,旨在获取事物的本真意义。"故事本身就是实际理论的例证或主题",故事"使我们有可能参与真实体验,同时又让我们在面对真实体验中蕴含的意义时陷入沉思"。② 叙述故事、交流故事,终究是为了反思故事,并从经验与体验中感受意义。"写得好的故事接近经验,因为它们是人类经验的表述,同时它们也接近理论,因为它们给出的叙事对参与者和读者有教育意义。"③以经验叙事表述出来的生活史故事"承载着教育经验的理论意义,完全具有与其他教育理论话语方式平等的地位,并为教师在教育理论和教育实践之间展开对话搭建了一个平台"③。话语与思想不可分离,"叙说"不仅在于言说场景、人物、事件、情节等,也在于思考和发现意义。"反思即课程","在叙事中反思"既启迪他人也塑造自己;缺少反思,叙说和交流也就丧失了教育的力量。

总之,开发并利用生活史故事作为教师教育课程资源,需把握两个基本原则:一是真实。进入教师教育课程的"生活史故事"必须真实,学生的成长故事、教师的生涯故事或课程故事等都不能编造和杜撰,也不能想象和推演;故事原型必须是当事人亲身遭遇的生活事实,体验和感悟也应真实、可信。二是挖掘教育意蕴。作为素材性课程资源进入教师教育课程的"生活史故事"还必须揭示鲜明深刻的教育意蕴,彰显教育的力量。故事的讲述者和聆听者在"叙说故事"呈现经验、"交流故事"分享体验及"反思故事"生成意义的互动中,进一步挖掘和提炼混沌的经验,不仅体味故事的教育意蕴,而且将其

---

① 马克斯·范梅南.生活体验研究——人文科学视野中的教育学[M].宋广文,等译.北京:教育科学出版社,2003:67.

② 马克斯·范梅南.生活体验研究——人文科学视野中的教育学[M].宋广文,等译.北京:教育科学出版社,2003:72.

③ 丁钢.教育经验的理论方式[J].教育研究,2003(2):22-27.

中蕴含的教育真谛以理性化形式深刻地揭示出来,完成教育理解的自主建构,这便是生活史的课程潜能所在。

(二) 研究生活史

开发生活史课程资源首先要研究生活史。教师教育者为提高课程质量和中小学教师为发展自我专业都需要开展生活史研究。研究主体不同,研究内容和方式也不同。

1. 教师教育者开展生活史研究

教师教育者应重视开展"名师""草根教师""学生(师范生)"以及自己的生活史研究。

名师研究着重挖掘优秀教师(如特级教师)的个人经历(包括其作为受教育者和教育者所经历的教育事件及在此期间所形成的教育信念等)对其专业发展的影响与意义,揭示其专业成长规律,探求名师个人生活与专业生活的教育价值。

草根教师研究以底层视角关注普通教师日常生活的现实意义,发现教师认知特性和人格素质对其成长的影响,寻找影响教师专业发展的转折点和关键事件、人物等,梳理教师常用的教学方法、教学成败案例等,揭示教师如何从自我出发,在课堂教学、师生交流、教师言语行为及教案设计等日常教育领域建构"有意义的实践行为"并谋求专业发展。

师范生生活史研究则透过师范生曾经的教育生活感受去揭示日常教育实践对社会变迁背景下、正处于自我认同与生涯规划关键期的未来教师的真实含义。

此外,拥有丰富教育经验和大量鲜活教育案例的教师教育者在教师教育课程教学中也应充分发挥自身的"生活史"优势,有意识地将生活史故事及感性体验与理性思考等研究成果回归、反哺、融入教师教育课程,真正进入学习者的思想。蓬勃发展的"教师博客""微博""微信公众号"等也为教师教育提供了更加广泛多样的教育生活图景。教师教育者积极关注,并与小学教师及师范生交流、探讨,可使师生的生活感悟、教与学的心得、教研的体会等潜移默化地成为教师教育的课程资源,并通过"自我研究"①和自身的专业发展,赋予不同的教育生活经验以理论思维的价值。

2. 小学教师及小学教育师范生开展生活史研究

小学教师及小学教育专业的师范生可以积极开展自传及合作传记研究,研究成果既可作为素材性资源进入教师职前教育课程中,也可作为生命形态的条件性资源进入教师在职教育课程中。这是"教师成为研究者"的题中要义。虽然婚姻、生育等个人因素也是教师生活史的内容,也会对其专业成长产生影响,但教师教育中的生活史研究及资源调用,重点在教师的师范院校求学(或专业培训)经历、选择教师职业的原因和历程、初任教师时的适应过程、教学成败经历以及逐渐胜任教师工作的历程等。这些阶段是每位教师必须经历的成长阶梯。

"教师自传"是小学教师讲述自己的故事,回忆自己在日常生活、课堂教学、研究实践等活动中发生的事件,并"深描"自己的内心体验和情感变化,将自己的生活经历、情感体验、思想变化等通过文字表达出来。"合作传记"则是小学教师以小组形式完成生活回忆、描述与反思,它使教师有机会从他人那里获得心理支持,减轻孤立无助之感,并且倾听到能够激发自己思维的他人"生活史"。这两种研究方式都是为了促进教师发现、反思并重塑自我,推进专业发展。对于"传记"的撰写者和言说者,这是"现实我"与"历史我"的对话;对于阅读者和聆听者,则是"现实我"与"理想我""未来我"的对话。这种穿越时空的对话帮助我们理解"过去"如何影响"现在","未来"又如何镶嵌于"现在"。

四、生活史叙事:研究方法与课程资源的整合

生活史故事是当事人心灵轨迹的实录,对研究而言是弥足珍贵的第一手

---

① 杨跃.自我研究:教师教育者专业发展的重要途径[J].高等理科教育,2018(5):33-39,32.

资料,对课程而言则是鲜活灵动的素材资源。不同类型的生活史研究都需要细致梳理研究对象的个人生活史和专业成长史,保证研究内容的真实性、研究对象的日常性、研究过程的问题性和研究结果的反思性,从而将生活史故事作为课程资源融入教师教育课程中。

艾沃·古德森(Ivor Goodson)在2004年到2008年间主持的"学习生活"(learning lives)大型研究项目即力图通过考察个体的生活故事来理解学习活动,探索学习过程中的叙事及叙事行为的功能,进而探索学习、身份和能动性之间的复杂关系。在古德森看来,"生活故事的功效"包含叙事及叙事行为的"学习潜能"(learning potential)和"行动潜能"(action potential)两个方面:"学习潜能"涉及人们从他们的故事和讲故事的行为中能够学习的方式和程度,"行动潜能"涉及人们将这种学习"转化"为行动的方式和程度。在此基础上他提出了"叙事学习"(narrative learning)概念,强调将生活叙事与生活叙事行为作为学习的"场域"(site),叙事学习可以"从对叙事内容的学习中显现",也可以"从叙事行为本身显现"。叙事学习"并非仅仅是从叙事内容中学习的活动,而且也是从持续建构生活故事的叙事'行为'中不断学习的活动";"叙事学习可以是获得能动性的重要资源,即叙事学习转化为人们生活的方式,或对生活的方式有一个影响","叙事学习在人们的生活中持续进行,对人们极为重要,并且可以是个人能动性和身份认同建构的重要工具"。①

可见,无论是小学教师的职前教育还是在职研修中,生活史都既是一种研究方法,也是一种生命形态的课程资源。生活史研究通过故事叙说、交流和反思、分析,阐释当事人教育生活经历对其教师专业自我发展的影响及意义,从而帮助师范生找寻职业榜样、建构自我认同并进行职业生涯规划;帮助在职教师回忆并描述自己的生活史与自我专业发展的关系,了解自我专业发展的状况与问题,优化"专业自我"的建构与再建构,实现专业知识、能力、理想和信念的重构。

"从专业社会学来看,专业生涯首先是一个过程,是一个人的专业生命历

---

① 赵康.透析生活史研究在古德森教师研究中的角色[J].教师教育学报,2019(3):14-20.

程或专业生活史。"①作为研究方法的生活史和作为课程资源的生活史有着不谋而合的一致性和水到渠成的承继性。它们都不满足于传统教育研究追求由抽象概念、普遍规律和宏大叙事构成的教育知识,而是致力于回到生活世界,在大量丰富、实在、可感的故事中探寻和建构教育理解。这需要教师教育者细心发现、用心体验、潜心研究教育生活,并善于启发学习者也学会体验和思考自己的(受)教育史,从而充分挖掘、有效发挥生活史的课程潜能,彰显师生的"课程权力"和体验课程的独特魅力。当然,不是所有的"生活"都可以进入课程,对"生活史"进行价值澄清并考察其对课程目标的针对性与有效性,也是教师教育课程资源建设的任务之一。

(作者:杨　跃)

① 刘捷.专业化:挑战 21 世纪的教师[M].北京:教育科学出版社,2002:115.

临床教育学视域下小教师范生课堂教学模式变革

一直以来,我国教师教育模式的最大不足是理论与实践的脱节,师范生学到了很多抽象的概念、定义、"主义",却缺乏实践性知识,缺乏用理论分析、解释教育现象和问题的能力。进入小学工作后,师范生在面对具体、复杂的教育情境时,眼高手低,不知如何应对。针对这一问题,《教师教育课程标准(试行)》(以下简称《课程标准》)明确将"实践取向"作为教师教育的基本理念之一,并提出要"创新教师培养模式,强化实践环节"。在一系列教师教育政策的推动下,将小学教师培养成为"反思性实践者"已成为教师教育界的共识。

如何将小学教育专业本科生培养成具有专业性教育教学能力的小学教师?如何教导小教本科生习得教育专业规范、拥有专业理解力和判断力?如何引导小教本科生形成自己的初步教育智慧,实现由学生角色到教师角色的华丽转变?大学课堂教学模式改革势在必行。改革要突破传统的教学模式,需要重新理解中小学教师日常工作的性质。由荷兰现象学与教育学家兰格威尔德(L.J. Langeveld)提出的"临床教育学"为认识中小学教师日常工作的属性提供了理论基础。作为新兴边缘学科,临床教育学综合心理学、教育学、社会学等学科理论,根据临床教育实践的需要,开拓出真正具有实践性的教育学新领域。① 20世纪80年代以来,临床教育学在日本和美国得到了快速的发展,对教师教育产生了深远的影响。这一理论也为小学教育专业的课堂教学改革提供了新的理论视角。

---

① 武鑫,马云鹏.日本临床教育学与教育病理学对中国教育理论的影响[J].外国教育问题研究,2013(2):89-92.

一、关于临床教育学

"临床"(clinic)这一词汇原是从古希腊语"床"派生出来的,含义为"贴近床头"。"临床医学"是相对于基础医学而言的实地诊断并治疗病人的医学。教育学界借鉴"临床"这一概念以突出教师教育实践能力的案例性、现场性和动态性。1988 年,日本京都大学研究生院设立"临床教育学"专业,标志着这门学科在日本得到正式承认。① 日本学者在临床教育学理论方面的贡献有两个方面:其一,认为临床教育学是以教育病理为研究焦点,以现代社会中的儿童和青年为研究对象,以预防和解决现实中的教育病理问题为意图,作为专门援助青少年和青年的一门应用科学被建构起来的,它注重研究教育病理的发病原因和教育病理的性质诊断,挖掘潜在的教育病理苗头,针对教育病理采取综合有效的预防及矫治策略。② 其二,日本学者泽田稔为"临床教育学"设定了三个基轴,它们构成了彼此独立的三维空间,一是"现场性""实践性"之轴,二是"病理性""问题性"之轴,三是"发现性""批评性"之轴,这三轴的分析,集中体现了临床教育学研究的基本特色。③

日本学者的研究关注的是临床教育学本体论问题和研究范畴,美国学者则关注于培养教师具有临床实践的能力。美国学者提出"临床实践型教师"的培养模式,其目标是为候选教师提供各种实践机会,候选教师在有经验的临床专家指导下,学习学术性知识的同时发展自己的实践性知识,并参照新知识的要求以及学生的学习状况,不断完善实践性知识,把所学知识和教学实践结合起来。其课程由学术人员、教师教育人员和学校人员合作开发,并

---

① 金荷华.临床实践型教师:当代师范生培养的目标取向[J].连云港师范高等专科学校学报,2014(1):50-56.

② 陈青萍.论教育病理危机的突破——临床教育心理学的价值[J].教育理论与实践,2003(21):57-60.

③ 钟启泉.从巴赫金的语言哲学看"临床教育学"——日本教育学者浅昭茂教授访谈[J].全球教育展望,2007(9):8-12.

与螺旋式理论课程、实验室经验和驻校经验进行整合。①

二、临床教育学的内涵

　　处于发展阶段的临床教育学至今尚没有一个被公认的统一定义。1996年施永达曾将"临床教育学"定义为:"临床教育学是一门新的边缘学科,开展临床教育学研究的目的是,开拓包括心理学、教育学、社会学等并且作为真正实践性的教育学新领域。临床教育学不仅以对青少年学生的深层心理的分析为基础,使用咨询、指导等多种多样的方法,对青少年学生心灵上的'病理'进行诊断、治疗,更注重帮助青少年学生健全人格的成长,即进行社会的、文化方面的教育等等。"②无论是国内学者还是日本学者都将临床教育学的研究范畴指向教育病理问题,但是,笔者以为,临床教育学不应只指向教育病理问题,教师在学校的日常教育生活也是一种临床教育学。

　　教师在日常教育教学工作中面对事件和问题时会有自己的态度,倾听事件当事人的陈述,询问了解一些遗漏的信息,分析判断、探寻引发事件或问题的原因,并给出解决的方案。这一系列的思维和行为就如同医生给病人诊病。受法国社会学家米歇尔·福柯(Michel Foucault)《临床医学的诞生》对临床医生论述的启发,笔者以为,"临床教育学"是指教育者在教育实践情境中将其内在的理论知识和个体教育历史经验转化成"望闻问切"的教育实践性知识和智慧,对所遇到的教育事件和教育教学问题以及青少年的成长发展予以理解、分析、判断、解决的过程。"望闻问切"是教师的实践性知识,这种知识是存在于背景的经验性知识,是一种多义、活生生、充满柔性的功能性知识;它是以特定教师、特定教室、特定教材、特定学生为对象而形成的知识,是作为案例知识而积累、传承的;它是凭借经验主动地解释、矫正、深化现成知

---

① 刘燕红,周琴.美国临床实践型教师培养模式评述[J].教育学术月刊,2011(8):80-82.
② 施永达.向教育病理的挑战——关于临床教育学的几个基本理论问题[J].外国中小学教育,1996(6):12-14.

识而形成的综合性知识;它是以教师的个人经验为基础而形成的、具有个性品格的知识。① "望闻问切"是中医的传统问诊方式,在此借用于临床教育学中,有其不同于医学问诊的内涵。

"望"意为看、看见、观察。也是福柯所说的临床目视,福柯将这种目视定义为一种运用逻辑维持的感知行动。它具有分析功能,因为它能重现(事物)构成的发生过程;但是,它没有施加任何干预,因为这种发生过程完全是事物本身处于原始沉默状态时所使用的语言句法。观察的目光和它所感知的事物是通过同一个逻各斯(Logos)来传递的,这种逻各斯既是事物整体的发生过程,又是目视的运作逻辑。② 看,不一定就能看见。临床的看见或者目视,需要那种能够感知现象背后纯正本质的知识之眼。③ 这样的知识之眼能够透过事件的表象洞察其隐藏于背后的深层次社会系统和逻辑关系。

"闻"意为倾听,是积极、共情的聆听。福柯认为倾听也是一种目视。倾听是透过他者的语言还原事物的真相,是对目光所不及处信息的寻找。教育者需要听到关键词语、捕捉到当事人的情绪态度的变化,并透过语言的表层含义领悟到语言的深层含义,从而提取出有教育价值的信息。

"问"意为提问。教育者通过观察到的现象,倾听当事人的陈述,并不一定能够全面地掌握事物或事件的全貌,还需通过提问填补当事人未曾表达的空白及解决教育者对事件的疑虑、困惑,透过提问穿越表象追寻事件发生背后的深层次原因,建立因果关系。"闻"和"问"是一体两面,倾听和提问可以同时进行。

"切"意为在"望""闻""问"之后做出理性的判断。判断有两种:一为事实判断,二为价值判断。由定义事件的性质,进而提出解决问题的方案和策略。

"望闻问切"是一种技术,也是一种艺术。它是教育者将形而上的抽象理论知识与形而下的个体经验型知识融会贯通后而形成的程序性、规范性、生成性知识,这种知识不仅渗透在教师教育的所有课程之中,还渗透在整个教育行业之中。教育者需要通过反复练习方能获得这种知识。因此,小学教师

---

① 王艳玲.近 20 年来教师知识研究的回顾与反思[J].全球教育展望,2007(2):39-43.
② 米歇尔·福柯.临床医学的诞生[M].刘北城,译.南京:译林出版社,2011:120.
③ 米歇尔·福柯.临床医学的诞生[M].刘北城,译.南京:译林出版社,2011:134.

的实践性知识就是对教育临床技能"望闻问切"娴熟、创造性、个性化地应用，这也是小学教师专业化、社会化、个性化的过程。

三、小教专业课堂教学变革

如前所述，临床教育学视域下的教师知识构成主要有三个方面：理论知识、个体经验性知识及由这两种知识转化成的"望闻问切"教育临床操作性知识和智慧。让学生能够通过课堂学习获得临床教育学的知识和能力，需要新的课堂教学范式的转换。

（一）对话教学——临床教育理论知识的获得途径

尼采对大学教育机构有一段形象的描述："如果一个外国人想了解我们的大学机构，他首先会着重问：'在你们这里，学生是怎样与大学相联系的？'我们则回答：'作为听课的人，通过耳朵。'这个外国人惊愕了。'仅仅通过耳朵？'他又问。'仅仅通过耳朵。'我们再次回答。"[①]当前我国教师教育的课堂教学模式，依然多是如尼采所描述的口耳相授的教学模式，保罗·弗莱雷曾把这种平等意识缺位的教学称为"灌输式"教学。他指出这种教学具有以下特征：教师教，学生被教；教师无所不知，学生一无所知；教师思考，学生被考虑；教师讲，学生听——温顺地听；教师制订纪律，学生遵守纪律；教师做出选择并将选择强加于学生，学生唯命是从；教师做出行动，学生则幻想通过教师的行动而行动；教师选择学习内容，学生（没有被征求意见）适应学习内容；教师把自己作为学生自由的对立面而建立起来的专业权威与知识权威混为一谈；教师是学习过程的主体，而学生只纯粹是客体。[②] 这种教学模式压制了

---

① 弗里德里希·尼采.论我们教育机构的未来[M].周国平,译.南京:译林出版社,2012:89.
② 保罗·弗莱雷.被压迫者教育学[M].顾建新,等译.上海:华东师范大学出版社,2001:25-26.

学生主动建构知识的内在动力。对话教学就是打破教师对知识的垄断,形成一种师生平等分享、开放包容、富有活力的新型课堂。也唯有这样的课堂才能使本科生自我建构生成临床教育学理论知识。

1. 对话教学的目标重建

佐藤学认为日本学校文化中共同体现了学校学习的根源性问题。第一,缺乏学习中建构意义的活动性,缺乏工具性思维和问题解决思维。杜威与维果茨基理论的共同点是,所谓学习,不是被动地、机械地习得现成的知识与技能,而是具有"问题解决思维"这种学习的性质:作用于对象——事物、事件与社会,构成问题,运用工具性思维,建构对象的意义,建构世界。第二,形成具体性、经验性、实践性认识与抽象性、概念性、理论性认识的二元论,这两种阶段分割与游离。① 这一现象在中国也同样存在。

佐藤学认为其解决之道在于对话教学。笔者以为,临床教育学视域下的对话教学,主要有四个方面的目标:第一,帮助本科生主动建构自我知识体系,形成工具性思维和问题解决思维。第二,打破理论性认识与实践性认识之间的藩篱和阻隔,通过对话将两者结合起来。第三,帮助本科生形成批判能力和判断能力,体现在对理论的批判性理解,对自我的批判能力,对他人不同观点的正确评判能力。第四,帮助本科生形成一种洞察教育世界的眼光,能够见人之所未见,形成一种临床教育感知力,即能够发现和注意到原先不会感知的部分,或者对原来感知的部分产生新的体认和理解。

2. 建基于文本对话基础之上的对话教学

教师教育的对话教学主要有两种形式:一是主体与主体之间的对话,即师生之间、生生之间的对话;二是主体与客体之间的对话,即师生与教学内容、文本和案例等的对话(也称为文本对话)。主体与主体之间的对话是建立在文本对话的基础上的,没有文本对话,对话教学就会沦为单向的知识输出。

对话教学的第一步是文本对话。首先,师生各自直面与教育相关的理论内容,从事具体课堂的观察、实验和操作,运用概括化的概念和符号,建构客体的意义世界并且构筑结构化的控制关系。这些一连串的活动从其依据的

---

① 佐藤学.学习的快乐——走向对话[M].钟启泉,译.北京:教育科学出版社,2004:35.

语言活动的角度来看,可以视为在一连串的对话中建构的语言性实践。① 其次,"从读者对'文本'的认识情形来看,读者阅读文本是读者个体的参与过程,他对文本的感知、感悟,不论是内容方面,还是形式方面,都由读者个体的具体情况来决定,因为读者对文本的理解是通过自身的语文思维的参与,达到审美情趣、生活体验和文化内涵相整合的过程,是一个读者个体主动构建的过程。在这个过程中,同一文本在不同的读者的头脑中形成了不同的具体的'作品'内容"②。当读者与文本进行交流的时候,读者会带着自己的认知图式、个体经验和价值观与作者的思想观念和价值观进行碰撞,用自己的方式去阐释、理解、批判和发现文本的真正内容,从而形成自己对文本的认识、质疑和困惑,这些将成为课堂对话的出发点和基础。

对话教学的第二步是跟自己对话。学习者建构客体的意义,构筑同世界的关系,同时,通过自我内部的对话,改造自己所拥有的意义关系,重建自己的内部经验。③ 自我对话,就是打破原来的认知模式,重新构建新的认知模式,但这一过程是在否定、怀疑、疑惑中完成的。

对话教学的第三步是课堂对话。教师和学生各自带着对文本的感知、感悟、质疑和疑惑来到课堂上,师生在对话中进行交往、互动,进行心灵的交流与碰撞,通过对话来传递知识、交流经验、启迪思维、培养能力、发展个性。④ 认知深度、思维方式的差异在课堂上交会,整个教学过程不再是程式化、确定性的,而是一个探索知识和真理的发现之旅,有不确定性,有柳暗花明,这正是对话的魅力所在,是一种师生共同生成知识、创新知识的过程,是一种焕发生命力的过程。

(二) 空中课堂——个体临床教育间接经验的获得途径

传统的教师教育课程的构成是"基础理论课程+教育见习、实习","U-G-S伙伴合作"式教师教育模式也日益普及。然而,大学与实验校在空间上的

---

①③　佐藤学.学习的快乐——走向对话[M].钟启泉,译.北京:教育科学出版社,2004:39.
②　成黎明,姚利明.关于对话教学的几点思考[J].当代教育论坛,2007(9):16.
④　成黎明,姚利明.关于对话教学的几点思考[J].当代教育论坛,2007(9):17.

距离以及工作时间上的错位给临床实践带来了一定的阻碍,容易产生大学教师或学生无法经常进入实验校的教育现场、学生见习人数过多影响实验校正常工作、实验校教师忙于工作无法参与临床实践研讨等问题。① 就算大学生因为实习进入教育现场,由于实习指导教师的精力有限,不能同步跟进实习的全过程,无法关注所有实习学生的实践过程,因此学生临床实践的机会和收获完全取决于学生个体自己的投入程度,其教育实习效率难以得到保证。许多学生的教育实习"始于热闹、终于热闹",对临床教育如何发生依然"不知其所以然"。而视频拍摄、网络即时互联等信息技术能突破时空阻隔,可在一定程度上将实验校的教育现场引入大学课堂,使大学老师和学生能身临小学教育的真实情境,实现临床教学。

1. 基于情境性临床观察学习

与传统大学课堂中视频案例的个别化、随机化、片段化的运用不同,空中课堂可以提供系统性、系列性、完整的教育临床情境以供本科生观察学习。空中课堂的临床性表现在视频所呈现的教育现场的日常性、代表性。日常性能够反映普遍的教育规律和教育行为,代表性意味着具有典型意义和个别化。小教专业本科生在学习理论知识的基础上,通过空中课堂所呈现的不同教育情境中的"望闻问切"方式,熟悉教育教学的基本程序,了解教师的不同教育行为与引起的儿童各种行为反应之间的关系,从而习得间接的临床教学经验。这些间接的临床教学经验所涵盖的范畴,正是加涅所提出的五种学习结果:语言信息(指能陈述用语言文字表达的知识)、智慧技能(指运用符号办事的能力)、认知策略(指对内的控制与调节自己的认知活动的特殊认知技能)、动作技能(指习得的协调自身肌肉活动的能力)以及态度(指习得的决定个人行为选择的内部状态)。② 这五种学习结果又分为三个领域:认知、情感和动作技能。

本文以小学语文教师的临床教学为例,通过与大学课程理论相结合,采集系列语文课型(如新授课、写作课、复习课等);每一种课型有不同的课堂结

---

① 李林慧,李燕.聚焦临床智慧:信息技术持下的学前教师教育临床教学探索[J].教育发展研究,2015(24):68.

② 邵瑞珍主编.教育心理学[M].上海:上海教育出版社,1997:50.

构,以新授课为例,包括新课的导入、生字的解释书写、基于课文的语句理解阅读、新知识的巩固练习等。通过空中课堂,本科生可以熟悉教师组织课堂教学的步骤,各个环节的时间安排,以及教师板书等规范性、程序性的实践操作环节。如果是同课异构,本科生还能直观地比较不同的教学方式和课堂结构所产生的不同的教学效果。此外,教师的临床言语、神态表情、教学技能和智慧,对课堂教学秩序的巧妙维持,对儿童学习动机的引发,教师的教学态度与学生的互动方式,同一情境下教师对问题的不同处理方式等,都可以成为本科生临床教学观察的学习内容。这样,系统性的空中课堂可以实现对本科生临床教学范式的基本启蒙。

2. 提供临床教育教学的分析、批判、反思样本

"空中课堂"为教师教育的临床智慧提供了一种类似于医学院"临床查房"的实践教学方式。临床查房的团队由不同级别的医生,即主治医师、住院医生和医学院的学生组成,临床查房要查看一系列病人,要对每个病人的现在病情和过去状况做比对,查房之后团队集体讨论病人的病情,制订下一步治疗和用药的方案。临床查房就是一次集体的"望闻问切"和医学研讨,这样的研讨对医学院的学生形成临床医学智慧至关重要。同样,小学课堂教学的实时直播或录播、远程互动式教学、远程实时研讨等活动,为大学教师和学生提供了共同参与研讨的对象。不同于医学院的几个人参与查房,空中课堂是几十个学生和老师一起参与研讨,进行深入、全面的集体理性反思。师生对空中课堂的临床教学集体研讨主要分三个部分。

第一部分:形成研讨共同体。首先,生生对话,每个学生就空中课堂所观摩的课例与其他同学分享其所"望"与所"闻",培养临床教育感知力和捕捉信息的能力。通常情况下,学生往往是凭本能、直觉去"望"和"闻",捕捉到的是表象信息。其次,师生对话,教师借助不同的理论视角,针对学生发现的表面现象,提出问题,并做系统性分析,让学生体会到借由不同的理论视角,所"望"和所"闻"的深度和广度之殊异。分享、对话使学生意识到"望"和"闻"的程度是建于理论深度的基础上的。

第二部分:分析、批判,即教育诊断,是用专业之眼判断空中课堂优劣的过程。分析、批判的内容主要聚焦于小学教师教学行为背后的教育价值观、

课程目标的达成度、师生的互动方式、课堂结构是否合理、教学方法是否得当,学生的课堂参与程度、投入程度等等。教师可以给学生提供分析的框架,譬如:上课的小学教师有没有构建学习共同体的意识,其行为有没有体现出"以儿童为本"的观念,是重知识的传授还是儿童能力的发展,等等。课堂教学有许多不确定性,当有突发情况发生的时候,如学生突然插嘴问了一个与课程无关的问题却引发全班哄笑,教师的态度、应对方式十分重要。分析、批判是为了让本科生能够超越空中课堂的实例,能够具有多元化思维,具有同理心、沟通能力和思辨精神。

第三部分:诊断、反思。分析、批判的研讨是解构空中课堂,解构的过程是去伪存真,寻求更多和更佳的可能性。而解构的目的是建构,帮助本科生将理论知识应用到实践中,形成自己的教育临床智慧。在这一环节,教师引导学生从自身出发,按照自己的理解和判断同课异构,制订自己的教学方案。教师通过微格教室,记录本科生的教学过程,让学生自己与空中课堂的教师做比对,让学生在实际操作中自己感受到观念与行动之间的距离,从而发现自己的问题,再反思造成这些问题的思想根源,最终形成反躬自省的习惯和个体教育临床经验及智慧。

(三) 案例教学——临床教育学的实践操作

美国学者朱迪思·舒尔曼(Judith H. Shulman)认为案例是一种潜在的、可以被编码化的、传达实践智慧的知识主体,是教学的知识基础的实质,与从教育研究中提取的原则性知识一样。① 案例教学是教师通过一些典型的案例,让学生将自己纳入案例现场或情境之中进行讨论学习的一种开放式、互动式的教学方法。《课程标准》提出,要将案例分析引入大学课堂,增强师范生学习兴趣,提高教学效率。目前案例教学主要应用在管理学、法学和临床医学的教学中,学生通过分析、比较、研究各种各样成功和失败的案例,从中

---

① 于胜刚,冯茹.教师教育中的教学案例:开发与运用[J].北华大学学报(社会科学版),2019(5):152-156.

抽象出某些一般性的结论或原理，以此拓宽自己的视野，丰富自己的学科知识。案例教学的目的不是传授知识，而是让学生成为参与者，唤醒潜藏在学生身上的实践经验和能力。通过对案例的分析讨论，对同一问题的不同态度、观点和解决策略的相互交锋及碰撞，本科生形成像成熟教师那样的专业思维，培养出倾听能力、判断能力、分析能力、协调能力、表达能力和解决问题的教育临床实践能力。

当前我国师范教育重视理论的教授，缺乏实际教育教学案例的分析，导致本科生无法将理论转化为临床教育智慧和职业行为习惯。案例教学可以实现在形而上的教育理论与形而下的教育行为之间建立联系，让学生通过对案例所呈现的表象的研究和分析，发现隐藏在表象背后的思想意识、价值观念和行为逻辑。

案例教学的目标之一是将教育生活引入课堂，启发学生对现实问题的思考、争论和进一步探索，"基于问题""探索问题"是这种教学方法的核心特点，而案例中所富含的鲜明、强烈和错综复杂的问题情境则是引发学生争论与思考的出发点。教育生活的本质是复杂的，具有不确定性、无序性、非线性和偶然性。案例来自教育现实生活，能够反映教育生活的实质，本科生可以透过案例认识、理解未来所要面对的教育世界。

案例教学的目标之二是帮助学生熟练应用教育临床技术并获得属于自己的教育智慧。案例教学是活化理论的过程，也是实践"望闻问切"的过程。以"班主任工作与班级管理"课程为例，学生在案例教学中可以通过班主任身份代入，从班主任的立场解读案例。譬如，中关村小学霸凌事件中，为什么家长和班主任对事件性质的判断和定义有天壤之别？班主任认为是儿童之间的玩笑，可是家长认为孩子遭遇同学的欺负，并且受到了精神伤害。面对同一事件的叙述，家长听到的和班主任听到的怎么会不同？作为旁观者的班主任，你又看到和听到了什么？你如何界定事件的性质？儿童的话语，班主任都听懂了吗？哪些话语是可以被忽略的，哪些话语是应该被班主任听到的？当危机发生的时候，怎样与家长共情，如何进行危机公关，如何把对被欺负儿童的伤害降低到最小？后续有哪些补救措施？如何从心理学、社会学、教育学的不同视角认识"校园霸凌"现象？等等。教师通过案例将问题抛给学生，让学生思考、分析并寻找解决的方案。有时一个问题可能有多种解决方案，不同的解决方案可能导致不同的教育效果。如何判断哪种方案是最合适的？哪种方案是有表面效果却对儿童造成精神伤害的？应该选择理性还是非理性的方案？这种讨论在寻找答案的同时，还可能把学生没有意识到的内在教育理念牵引出来，老师应及时发现并纠正不良的观念。案例教学的课堂是生成性的，在解读、分析案例的过程中，教师对学生提问，学生回答，教师就学生的回答再提问，这种没有预设的追问，就是一种"头脑风暴"，在思维的碰撞中学生建构其思维模式。案例教学在理论与实践之间架起桥梁，让师范生能理解理论与实践的密切关系，在研讨案例的过程中学会用理论之眼审视分析实践，并经历和体会对案例"望闻问切"的过程，形成初步的临床教育智慧。

（作者：王　宁）

基于研究性学习的课堂改革

伴随着人类社会的发展以及人工智能时代的到来,各国都越来越需要具有创新能力、批判性思维、合作精神,能够深度学习的人才。"在全世界范围内,各个国家都达成了一个富有紧迫感的共识,那就是教师对于学生学习和学校效能而言有着非常重大的影响。"[①]改革开放四十多年来,我国的产业链正在由"中国制造"向"中国创造"转型,这对基础教育提出重要命题,作为培养小学教师的小学教育专业必须对此做出回应,要为国家培养具有创新意识和创新能力的小学教师,由此,人才培养目标应当由"教书匠"向"教育家"转型。陶行知先生曾说,教育家必定要在下列两种要素中当得了一种,方才可以算得上第一流的人物:一是敢探未发明的新理,二是敢入未开化的边疆。但是这种人才究竟要到什么时候才能出现?究竟要由什么样的大学造就?究竟要用什么方法养成?这已成为小学教育专业最为关心的问题。为了探索教育家的培养之路,我们需要在课堂教学方面进行理论和实践上的探索和创新。

一、基于研究性学习的课堂改革的背景

(一)国际教师专业发展的趋势

当今时代史无前例地鼓励人进行自由发展,进行"我的探索"。中国的情况也是如此,如何培养出高感知、具有个性和创造性的人,是一个涉及国家和

---

① COCHRAN SMITH, M. & FRIES, K. The AERA Panel on Research and Teacher Education:Context and Goals [A]. In M. Cochran-Smith &K. Zeichner (eds.). Studing Teacher Education .The Report of the AERA Panel on Reseach and Teacher Education. New Jersey:Lawrence Erlbaum Associates,2005:40.

民族战略发展的全局性和根本性问题。站在中国小学教育专业发展的高度,基于使命感和责任感,我们要寻找并确认小学教育专业发展与改革的契机。为了让小学生更具大气、更有灵气,教师的创新意识、创新思维往往比技能、技巧更为重要。在此,笔者改用梁启超《少年中国说》来说明教师对学生的影响:教师智则学生智,教师强则学生强,教师独立则学生独立,教师自由则学生自由,教师进步则学生进步。

教师专业发展是一个与实践密切联系的概念,它是以提高教师教学水平为核心,促进教师有效地完成各种工作任务的有关理念、方法和实践的综合性框架。近年来,国内外对教师专业发展的研究不断增加,从不同的学科之眼揭示与分析教师专业发展的应然与实然,这些研究使教师专业发展的概念、过程、价值等方面的内容被更多的人深刻认知。相当数量的研究表明,教师专业素养是学生全面发展最重要的影响因素;同时已有大量的证据表明,教师的教学效率存在着极大的个人差异。教师是一个有着极高要求的职业,并非每个人都能胜任,也并非每个人都能因为入职时间的增长而变成一个有效率的教师。如果我们希望儿童能具有探索、发现、创新的素养,那么教师首先要具备这样的素养。因此,培养小学教师的师范大学,必须有意识、有目的地对此方面进行研究与实践。

西方学者对此问题进行过深入的探究。拉多克(Rudduck,1991)认为,教师专业发展指的是教师的一种能力,这种能力包括:教师能保持一种对课堂的"好奇心";能在教与学的过程中确立并保持那种十分重要的兴趣;能与有经验的同事们展开"对话",能在"对话"中分析情境、寻求支持、确立价值。所以教师发展更多地指向一种"态度",一种持续提问、不断探索的基本态度。① 海德曼(Heideman,1990)对教师专业发展的界定是,目前对教师发展的认识,已经超越了那种仅仅是"知识增进"(informative stage)的阶段,它表明的是一种对变化的适应力——对变化中的教育活动与学习活动的适应能力。② 艾斯纳(Eisner,2002)认为,真正核心的问题是教师的实践本身,教师

---

① RUDDUCK,J. Innovation and Change[J]. *Open University*,1991:129.

② HEIDEMAN,C. Introduction to staff development.[A].In P.Burke,et al.(eds.). Programming for staff development. London:Falmer Press,1990:4.

通过实践形成的是一种解决问题的智慧,它是与每个具体情境相连的,它必须考虑到在实践中的各种复杂性,它依赖于随时生成的各种判断和决定,它根据各种不确定因素而发生改变,它关注各种特别事件,它随时会在过程中因需要而改变其原定目标。① 基于研究性学习课堂改革的目标就是要培养师范生具有永不满足、追求卓越的精神,知晓知识发现的过程与原理,让他们具备面向未来而教的自信与能力。

(二) 大学生作为成人学习者的心理需求

大学生作为成人,其学习心理与儿童不同。20 世纪 60 年代之后,研究者开始考虑成人智力发展特征与教育之间的关系问题。1968 年美国成人教育学家马尔科姆·诺尔斯(Mslcolm S. Knowles)出版了《现代成人教育实践》一书,他提议使用新标志和新技术以区分成人教育和儿童教育,鲜明并系统地提出成人教育学的根本性问题。"这样,'成人教育学'就成了一个对那些试图将成人教育从其他教育中独立出来的人们极有号召力的理论。"②

诺尔斯认为,成人教育学是帮助成人学习的艺术和科学,儿童教育学是帮助儿童学习的艺术和科学,这是两种理论模式,它们之间不是相互矛盾、相互排斥的,它们是一个系列中的两个端点,"对于处在两个端点中间的特定情境,它们更加有用,可以使理论更加切合实际"③。诺尔斯立足于埃里克·埃里克森的"个体发展八阶段"的个体成熟路线,详细列出了儿童教育学与成人教育学两种模式对比的表格(见表1)。④

---

① EISNER,E.W. *From Episteme to Phronesis to Aristry in the Study and Improvement of Teaching*. In Teacher and Teacher Education,2002:375-385.//姜美玲.教师实践性知识研究[M].上海:华东师范大学出版社,2008:3.
② 雪伦·B 梅里安.成人学习理论的新进展[M].黄健,等译.北京:中国人民大学出版社,2006:7.
③ 马尔科姆·诺尔斯.现代成人教育实践[M].蔺延梓,译.北京:人民教育出版社,1989:40.
④ 马尔科姆·诺尔斯.现代成人教育实践[M].蔺延梓,译.北京:人民教育出版社,1989:41-42.

表 1　儿童教育学和成人教育学的对比

概念	儿童教育学	成人教育学
学习者的概念	学习者的职责被定义为领先型。社会要求教师全部负责确定应学什么,何时学,如何学,学到没有	人从依赖型转变为独立型是成熟过程中的一个正常的方面,但是对于这种转变,不同的人有不同的速度和不同的生活内容。教师有责任鼓励和培养这种转变。成人虽然可能在特定情境中暂时依赖他人,但是有一种心理需要,即希望在一般情况下独立自主
学习者经验的作用	学习者带到学习情境中的经验很少有什么价值。开始时它可能有用处,但是学习者渴望得到的大量有教益的经验,却是教师的经验、教科书编纂者的经验、视听材料制作人和其他专家的经验	人们随着自己的成熟和发展,会积累越来越多的经验。这些经验可以成为他自己和他人丰富的学习资源。另外,人们还常常将从经验中获得的知识赋予新的含义,而不是被动地获取知识。因此,教育的基本技术就是经验型技术——实验室工作、讨论、问题解决实例、模拟学习、现场活动等
学习的准备性	只要有足够的压力(如担心失败),人们就会准备学习社会(特别是学校)认为他们应当学习的东西。因此,对所有学习者来说,学习应当有相当标准的课程,按部就班地前进	人们准备学习某种东西是因为他们觉得有一种需要,即为了更加满意地解决实际生活中的问题。教育工作者有责任创造新的条件,提供新的工具,以帮助学习者弄清需要。学习计划应当根据生活中的需要来组织,根据学习者所要求的学习步骤安排先后顺序
学习的倾向性	学习者把教育看成一个学习书本知识的过程。他们知道,大部分知识只是在人生靠后一段时间才能有用。课程应当按照书本知识的单元(科目)组织。知识单元应遵循科目的逻辑顺序(例如历史课应当从古至今,数学课或其他自然科学应当由简到繁)。在学习方向上,以书本知识为中心	学习者把教育看成一个日益提高能力以充分发挥其生命潜力的过程。他们希望能够把今天学得的任何知识和技能都更加有效地运用于明天的生活中。因此学习活动应当围绕着提高能力来组织,在学习方向上,以实用为中心

诺尔斯大量使用心理学的理论与术语(自我概念、学习准备、个体经验、学习倾向性)来论证成人教育学的正当与必要。从心理学视角来看,成人教

育的意义在于促进个体自我意识和自我概念的成熟,如果教育过程能够促进个体由懵懂无知的"我不知道我是怎样的人"的状态,成长为思路清晰的"我明白我是怎样的人"的状态,那么由儿童教育到成人教育序列的平稳过渡就圆满完成了。"终身教育的概念是圆周式的:只有当人们在儿童时候受到了良好而合理的教育,这种教育以实际生活的需要为基础,又为社会学、心理学、身心健康的研究成果和数据所阐明,他们才可能有名副其实的终身教育;但是,除非成人教育在人们的思想和生活方式中牢固地确立了自己的地位,除非它有了坚实的组织基础,否则就不能完成这样一种教育。"①

大学的责任是培养能独立思考的个体,而这些个体都以服务社会为人生使命。因此,我们要尊重师范生作为成人学习者的心理特点与需求,把自由和自治引入大学课堂,尊重学习者已有的自我概念、生活经验,以及学习的独立性与自主选择性,激发起他们内在的研究兴趣。我们主要关注于个体独特、不可替代、不可复制的生活经历和思维经历,以及其自我意识与潜能的唤醒,让个体看到自己的力量与能力,建构自由与责任相统一的成熟的个体。我们要以师范生学习效果和个性发展为中心进行课堂改革,从以教为中心的传统模式向以学为中心的新模式转变。实现这一转变的难度也是巨大的,师范生要改变从童年起就养成的被动学习的习惯,用强大的自律性和主动性来参与到研究性学习中,这需要时间适应。

二、基于研究性学习的课堂改革的内涵

小学教育专业课堂改革的重要方向之一就是转向"研究性学习",培养具有教育思维品质,能够主动发现和反思教育现象和问题,并运用教育理论和方法进行研究,以促进教育教学改革的未来小学教师。基于研究性学习的课堂改革是指以问题为学习的起点,师范生自己拟定研究主题,收集资料,合作

---

① 保尔·朗格朗.终身教育引论[M].周南照,陈树清,译.北京:中国对外翻译出版公司,1985:16.

论证,呈现研究结果的学习过程或学习方式;其目的在于促使师范生主动学习,在丰富多元的学习环境中充分发挥主体性,提高发现问题、探究问题和解决问题的能力,形成较好的研究意识与研究能力。基于研究性学习课堂改革的内涵体现在以下四个方面:学生中心、跨越学科、自主探究和创新精神。

(一) 学生中心

研究性学习最深层的价值在于人的解放,培养个性健全发展的人,使师范生以研究性学习这种方式来认识自我、发展自我、展示自我。传统的课堂是以教师的讲授为中心,追求知识的系统性与完整性,而基于研究性学习的课堂则反其道而行之,以学生的兴趣为中心,发展学生的能力,强调学生对学习的参与过程和独特体验。研究性学习的起点是学生的需求,让学生跟随自己内心的想法,去选择自己感兴趣的研究专题,主动地寻找信息、综合判断、解释并解决问题。它由上所施下所效的纵向模式转变为双方平等交流的扁平模式,线性论失去市场,给人无限可能、无限希望的未来观占据了上风。通过研究性学习,师范生能够初步掌握反思和研究的方法,具有一定的创新意识,学会运用批判性思维方法,分析和解决教育教学问题,主动建构知识,自定步调。这种"以学定教"的取向突出了学生的主体地位。

(二) 跨越学科

研究性学习不是一门独立的课程,而是一种学习方式,弥散于各个学科课程之中。课程结构的综合化是当今大学教育改革的普遍趋势,跨学科学习是未来创造者的必修课,宽基础、多学科融合培养是研究性学习发生的重要条件。研究性学习要求师范生能够具有多学科、跨学科的知识结构,热爱研究,以极大的热情去探索新知。课堂改革与课程改革相辅相成,基于研究性学习的课堂改革是以全面的课程改革为基础与前提的,要形成多样化、特色化、共生性的课程文化。只有在课程设置上突出综合素养类和活动类课程,才能推进研究性课堂改革,实施浸润式教学实践,提升师范生的研究能力和实践智慧。研究性学习

将发挥综合素养类课程与活动类课程的长处,将两者从形式和内容上统一起来,拓展学生的认知边界,创造更多可能,从而实现知识创新。

(三) 自主探究

基于研究性学习的课堂,重视的是让学生经历科学研究的过程;没有现成的答案,一切都需要学生自主探究。师范生需要发现问题、分工合作、检索文献、准确表达以及撰写报告,这样的课堂改革将极大地帮助师范生培养起独立工作的能力与创新精神。但是自主探究并不意味着教师就从此没有了用武之地,相反,研究性学习需要师生更多地互动,需要教师更有针对性地进行个别化指导。教师要针对学生在自主探究中出现的困惑进行及时的引导与解答;当教师也不能确定解决方案时,师生就要共同学习,共同探究。

(四) 创新精神

基于研究性学习的课堂改革的目的,在于培养师范生的创新思维,促使他们充分发挥主观能动性,鼓励他们突发奇想、天马行空、超越前人,点燃他们自主学习的热情,让他们体会创新带来的惊喜。大学的课堂文化要进行根本性的变革,扭转当前过于功利化的现状,要容忍失败与低效,不能急功近利。新型的课堂文化要民主、宽容,教师对于学生的新观点、新想法要持开放包容的心态,以欣喜与热情去培养学生的创新精神。培养师范生内在、持久地保持对创新的追求,是研究性学习的长远目标。

三、基于研究性学习的课堂改革的多元形态

近年来各个师范院校也开展了相应的教学改革研究,发掘出多元的课堂改革形态。如何将基于研究探讨性学习的课堂改革的内在精神贯穿于不同

学科的课堂之中,是一个有着巨大空间和弹性的话题。"当今主导教育领域的是一种侧重于清晰的起点和明确的终点的课程系统,这是一种线性的、序列的、易于量化的秩序系统。从课程改革的国际趋势看,这种系统将让位于更为复杂的、多元的、不可预测的系统和网络。"[①]以下几种学习形式是目前国内外常见并已经被实践成功的研究性学习形态。

(一) 项目学习

项目学习是一种基于项目、以学生为中心的研究性学习,教师在学科领域或者跨学科领域提供一些关键素材,构建一个环境,学生组建团队,在此环境中解决一个复杂的开放式问题,以团队合作的形式进行研究。在这一过程中,师范生需要厘清概念、定义问题、进行头脑风暴、提出研究假设、独立学习、互换想法、验证假设,并用适当的方式呈现研究结果,从而获得亲身参与研究的真实体验。在项目学习中,课堂重心实现了由知识传授到能力培养、由教师中心到学生中心的转变。项目学习不仅加强了理论与实践的联系,而且有利于促进师范生进行知识整合,并运用知识批判性地思考和创造性地解决现实教育问题。项目学习同时还是培养师范生团队精神的契机,团队合作既是一种手段也是一种目的。研究表明,同伴之间的学习能够对个体的学习动机产生非常积极的激发作用,在团队中他们学会分工与合作,懂得分享与共赢的道理,具有合作意识和互助精神,能理解尊重他人意见,贡献自己的想法,主动承担在团队中的职责,对自我和他人负责。

(二) 混合学习

混合学习是一种将传统面对面授课与在线学习相结合的学习方式,它是数字领域融入现实世界后衍生出来的学习方式,是一种互联网思维,也可以说是人类进入数字时代后的一种必然的课堂形态。很多师范大学已经建设

---

① 王鹏伟.学科教学与研究性学习[J].教育研究,2002(9):80-83.

了远程教学实验室,教师以同步或非同步的方式灵活地开展课堂教学,聚焦于课程中的环境、资源、媒介这些物的要素,探索如何优化课程实施过程中的物的要素,据此进一步改善师生互动的品质、增强专业指导和学习的协同性,从而提升师范生的专业学习品质。拓展师生互动时空,加强教师在课内外与学生互动的频度、针对性和有效性,形成立体化的多模态教学形式,可让学生们常态化、高质量地开展自主学习、合作学习、研究性学习、创新性学习。当前混合学习的关键在于推进网络课程的建设,通过网络资源建设,给予学生线上线下的全方面指导。学生通过线上和线下混合的方式获得大量的文献资料,这比之前单纯由教师提供学习材料所能得到的信息丰富得多,满足了个性化学习的需求;混合学习还增加了师生之间互动交流的机会,拉近了师生之间的距离。与此同时,混合学习还鼓励师范生充分利用网上资源数据库,例如进入中国大学慕课平台进行选课学习,在平台上可以线上提问、导师答疑,还可以将互动交流拓展到国内外不同高校师生之间。混合学习突破了传统的学习时空观,建立起线上线下课程资源体系,实现了一体化设计的课内外学习。在混合学习中,教师将根据每个学生学习的 AI 数据生成学习进度报告,形成个性化的教学评估结果,及时发现问题、解决问题。

(三) 翻转课堂

翻转课堂也是近年来常见的一种课堂改革,翻转的是传统的课堂教学模式,教师不能再照本宣科、按部就班地执行既有的教学方案,而是让学生成为课堂的主人。其具体程序是师范生在课前进行自学,课堂上由学生个体或小组主讲知识点,教师负责点评,或采取多种渠道对师范生进行个性化指导,那么此时的课堂就呈现出学生为主、教师为辅的新秩序。翻转课堂的意义在于激发师范生自身的学习动机,培养他们自我学习的能力,给予他们时间和空间,让他们主动地去了解问题、深入思考,将学习的决定权从教师转移给学生,从而使师范生更加全面、透彻地理解知识。例如,有学者提出这样的想法:"既然学生可以自由选择研究专题,那么为什么不可以把教材交给学生去

'研究'呢？我们可以做这样的设想：用一定比例的时间让学生自主学习教材，然后就学生感兴趣的相关内容展开专题研究，这将会使目前的学科教学大为改观。"[1] 通过翻转课堂，学生建构起自主学习的能力，培养起良好的学习品质，自主、积极、创新，乐于反思与研究，并且具有问题意识和批判性思维。教师的角色也由知识的传播者转变为引导者和协助者，但这并不意味着教师的责任变小了，相反地，翻转课堂对教师提出了更高的要求：要能从课上和课下更大的时空维度对教学内容进行高效的整合；要有足够的知识储备以对学生的讲课内容进行评价；要有一双随时发现灵感与美感的眼睛；要随时能开展以引发思考为目的的对话；要有足够强大的控场能力，把握好整个课堂的节奏和课程的进度；要能够根据不同学生的学习情况设计出有针对性的指导策略。

（四）研究性专业实践

师范生专业实践能力的获得与提升，离不开缄默知识，而这只能通过师范生自己去观察和体悟，所以教育教学实践与教育观察、反思和研究必须相结合。研究性专业实践强调，在专业实践（教育见习或实习）中教师不仅要帮助师范生提高教育教学的技能水平，而且要有目的地培养师范生对教育教学实践不断反思和研究的意识和能力，教会师范生通过反思研究不断改进教育教学实践，这是培养研究性教师的必然要求。比如，师范生们每天要进行课堂教学的反思研讨，在不同的时间维度、空间维度和内容维度随想随记。在实践教学中，教师要不时地提醒师范生"当时只是平常事，过后思量倍有情"，让师范生养成观察、思考、学习、反思的习惯。每个学生都带着一定的教育理论和教学思想，仔细观察、记录、思考发生在实习班级里的所有事件，并将这些所思所想记录下来，通过微信公众号的形式分享给其他同学和实践指导教师，从而加强对教育现实的理解，提高教学实践能力。指导教师在见习和实习群里及时对师范生的所见所得、所感所悟给予反馈与评价，对师范生的创

---

[1] 王鹏伟.学科教学与研究性学习[J].教育研究，2002(9):80-83.

新之举给予积极强化,例如,师范生为小学生撰写"循环日记""反思日志"的做法,就是一种研究性学习的新形式。在实践的第一线培养师范生发现问题、研究问题、解决问题的能力,是他们获得教育智慧、形成教育机智、塑造良好品性不可或缺的重要环节。

(作者:华 伟)

论师范生教育案例教学的整体优化

"教可教吗?"这可能是教师教育者对职前教师教育最为釜底抽薪式的质疑。显然,如此颠覆的反思不是为了取消职前教师教育,因为系统的职前教育和训练是对教师这一职业专业化程度的认可,这是教师行业长期争取和辩护的努力成果。因此"教可教吗?"真正要探讨的问题是:教需要怎样教?案例教学的提倡和推进便是教师教育的一种自我改良。其虽广受青睐,但作为"为什么而教""用什么教"和"怎么教"的集成体,在运用过程中仍然存在若干尚待澄清、强调、规范和优化的问题。这些问题的克服和解决需要师范院校对案例教学进行从观念到制度,从课程到教学的整体设计,唯有各维度相互协同、系统运行方能使其趋于优化。

一、观念建构:澄清价值以凸显功能

关于案例教学,自最初到新近的研究都注重对"案例教学是什么"进行界定。如果说最初的研究是缺乏实践基础的一种预设性界定,那么近年来的研究则是基于大量实践误区而做的一种反思和批判。理论研究像一个努力把自己圆满起来的句号,而实践探索则像一个逗号、一个省略号,无论理论把概念界定得如何逻辑完备,一旦成为一种实践行动,其就会宿命般地出现各种各样的误解、缺失和偏差。① 因此,与其说实践者是遵照概念界定、按图索骥般地来行动,不如说是依照自己的观念、从俗就简地来行动。概念讲究的是学理严谨,观念看重的是常理效用,欲明晰案例教学的常理效用,就需要澄清其价值、凸显其功能。

---

① 吴晓玲.我国近三十年学校文化研究探析:过程哲学的视角[J].教育发展研究,2013(10):21.

（一）立足"被需要"

一个事物价值的大小并非由其自身来决定，而是取决于它在系统组织中的作用，取决于系统的目的以及其他与之共存的教学内容和方法要求它去做什么，即由它的"被需要"程度来决定。① 因此，案例教学的价值基本是由系统理论知识学习和讲授教学法在教师培养系统中的效用决定的。

笔者曾在一次见习指导中听到一位青年教师说，其工作后半年的收获大于大学四年时间学习的所得。这样的感知比较普遍："被教师们认为非常必要的能力是在工作中培养起来的，而不是在教师教育中学到的，不幸的是，被教师们认为不大重要的知识却是职前教育的主要内容。"② 如果把"非常必要的能力"和"不大重要的知识"简化，前者则常指实践能力，后者则泛指理论。理论讲授冗余、实践能力训练不足一直都是职前教师教育为人诟病之处，如若再偏激些，则直接被抨击为"理论无用"。这种评论极为武断偏狭，与其说理论"无用"，不如说"不知如何用"。

理论源自实践，作为知识金字塔的塔尖，其内蕴着信念、情感和方法，富有解释力和统摄力。但是为什么学习理论并没有给学习者带来相应的实践力呢？这和理论知识的学科化表征方式有很大的关系。将以自然科学为典范的知识学科化可保证知识的客观化、规范化、系统化，在知识从个体走向公共，从研究、创造进入学科层面时，采用的是简化机制：去主体、去过程、去情境，采用精确的科学语言，力求消除研究中的主观和偶然因素。但当把知识结论从个体创造的过程中剥离下来，把对知识产生同样很重要的偶然事件、困顿挫折、灵感顿悟、直觉想象、情感变化等这些因素视为不规范而略去时，也就把创知过程中充分体现主体存在价值的因素给舍去了。学生们用静听的方式接收到的是被择得干干净净的知识，这种知识适合传递、易于记忆、便于机械操作，但不适合复杂的富有人文性和不确定性的教育实践。因此，我

---

① 赵汀阳.一个或所有问题[M].南昌：江西教育出版社，1998：131-138.
② 刘录护，扈中平.教师教育中的案例教学：理念、案例与研究批判[J].教师教育研究，2015(3)：80.

们需要寻找一种贴近实践原貌、契合能力转化的知识形态。

美国学者舒尔曼提出"案例知识",他认为案例是一种潜在的可以被编码的、传达实践智慧的知识。① 案例知识明示主体、强调情境、重视过程、内蕴问题和探讨的空间,这样的知识表征易于连接学习者的主体经验,也易于对接真实的实践情境,既相对易于知识的个体建构,也易于知识的群体建构,并且易于被激活、调遣、迁移而转化为实践力。因此,诸多研究者明确规定,案例教学以培养学习者在具体实践情境中发现问题、分析问题以及创造性解决问题的能力为目标。

(二) 悬置"完备性"

虽然案例教学被寄予厚望——不是一种教学方法和技巧,不是一种事例教学,在本质上是一场广泛而深刻的兼具有教育思想和教学方法的完全的人才培养的变革,②但不管何种教育教学思想,或是教育教学内容和方法,都有其限度,都是为学习所创造的内部或外部条件,都只是一种可能,而且其有效实施也需有其他教学思想和方法与之相配合。唯有合理期待,方能持久善用。

从教师培养的大系统来讲,案例教学不可能独自完成使命,其只是一个重要的学习环节,衔接理论讲授与微格教学、实地实习。③ 虽然理论不能直接转化为能力,理论教学不能在短时间内让人得到收获,但是案例教学离不开理论教学的奠基,案例教学也需以"概念""原理"的讲授为基础,④如果学生不具备基本的概念和相关的理论视角、分析框架,案例很可能就只是一段实录、一个故事、一则新闻,学生只能从日常经验的层面上对案例进行分析,不可能提出有深度的独立见解,更不可能重新建构自己的知识体系。好比作家到某地体验生活后能写出文学作品,而天天生活在那里的人却只能重复生

---

① 冯茹,于胜刚. 面向教育硕士培养的教学案例开发:困境与路径[J].中国高教研究,2019(6):94.
② 张新平,冯晓敏. 重思案例教学的知识观、师生观与教学观[J].高等教育研究,2015(11):68.
③ 李玉栋. 论以案例教学为核心的"四位一体"教育硕士教学模式[J].研究生教育研究,2017(3):78.
④ 杨芳.多问题中心建构式案例教学探讨[J].当代教育科学,2013(1):13.

活,这是因为作家有观察生活的视角,有理解生活的思想立场,有重构生活的理论框架。此外,我们发现抱怨理论无甚用的大多是工作经验不足的年轻教师,或对专业发展缺乏热情的教师,而工作经验积累到一定程度,又有钻研热情的资深教师往往对理论心向往之、甘之如饴。这表明我们在强调案例教学诸多价值和功能的同时,不能轻视理论讲授,要看到其充满认识和时间张力的大用。

虽然案例教学探讨的内容贴近实践,但教学中使用的案例毕竟大多是经过不同程度简化、剪裁和再构的"仿真实",是典型化后的"类实践",而实际的情况往往更复杂、更鲜活。因此,即使案例教学着力于培养学生理解、分析、反思、解决问题的能力,仍然需要合理充分地安排教育教学实践环节,使学生能在比案例更接近实际的环境下接触原生态的情境、际遇真实的问题、化解真实的矛盾、完成真实的任务,经历"去情境化"的基础理论学习和"情境化"的案例学习,对来源多样化的知识进行归纳整合,将其转化为"去情境化"的个人知识,然后再基于新的情境对个人知识进行"再情境化"的验证。① 通过主动深入灵活地迁移知识和技能去探究和实证,学生循序渐进地训练自己的求知、创知能力和在不可预知的问题发生时灵活处理问题的能力。②

二、课程观照:完善类型以优化结构

案例教学的关键、核心是案例,这基本是共识。案例的编选是实施案例教学的首要条件,案例编写的质量和案例选择的适切度直接影响着案例教学的目的与效果。③ 为了提升案例的质量,有研究尝试对案例的类型进行梳理和归纳,但鲜有研究从课程的视角来观照案例的分类和编选。笔者以为,如

---

① 赵航.基于"情境化—去情境化—再情境化"的探究式案例教学模式研究[J].管理案例研究与评论,2015(3):284-290.
② 施琰茹,唐虎兵.中美高校课堂案例教学的比较[J].教育与职业,2012(26):145.
③ 兰霞萍,陈大超.案例教学的问题与出路[J].教学与管理,2017(10):1-4.

若要认真对待案例教学的本质——一场人才培养的系统变革,就非常需要从课程的视野对案例教学进行顶层规划设计。缺失顶层规划,案例教学终究是随意化、碎片化甚至片面化的,难以真正提高专业人才的培养质量。这也是我国的院校和案例教学开展得较有影响力的一些国家的高等院校之间的主要差距所在。

(一) 超越学科逻辑

目前我们的案例教学基本是以人才培养方案的具体科目为单位来推进的,为了强调案例教学的重要性,我们大力推广案例教学,几乎每一门课都要求用案例来教学,每一章节教学内容都要有案例与之匹配,看上去案例教学"遍地开花",其实大多只能算是"举例"教学。大学教师具有较高的专业自主权,在拥护和坚持党和国家的基本方针政策的基础上,不同课程,甚至同一门课程教什么、怎么教、怎么评价基本上是由任课教师自己决定的。这一方面体现和维护了大学之独立和自由的精神,另一方面也带来了对于教学教师之间缺乏沟通与合作、课程之间缺乏衔接与协同的弊端。职前教师教育的课程主体是按照学科逻辑来设置的,其追求的是对知识进行专门化的精致加工,强调学科边界,而案例教学是按照实践逻辑来组织的,其强调的是还原和综合的思路,要求学习者能够综合运用多种理论来辨识洞察问题、分析和解决问题。因此,从这个角度来看,不能只把案例教学局限在一门具体课程中由单个老师设计和决定,应该超越具体课程的区隔,对之进行整体规划和设计。

我国普通高等学校师范类专业认证根据"学生中心""产出导向"的理念把师范类人才培养目标(毕业要求)以简驭繁地归纳为四个方面:践行师德、学会教学、学会育人、学会发展。每个方面又分设2—3个子目标,共10个细目目标:师德规范、教学情怀、知识整合、教学能力、技术融合、班级指导、综合育人、自主学习、国际视野、反思研究。这不仅明确了高师人才培养目标,而且对高师课程设置的学科逻辑也是一个突破。我们从美国伊利诺斯大学的师资培训计划中也能看到超越于具体学科的案例编制思路,其将教师所面临

的问题分为10个类别:教师专业地位、学生学习动机、学生纪律、家校关系、教育管理、非教学职责(事务)、时间调控、标准化或其他形式的测验、学生特殊学习需要、教研经费及教师薪酬。[①] 这样的主题设计是岗位需求导向的,能够让接受培训的人迅速了解自己的工作任务,并在案例研讨和分析的过程中来澄清自己的工作观念,建构情境化专业知识,获得替代性的岗位经验。职前教师教育为学生们提供这样的学习机会,能够让他们在职初更好地适应和胜任工作。

(二)权衡案例构成

案例有不同的分类方法,有研究把教师教育教学案例分为理论取向、实践取向、技术取向、个人取向和社会批判取向五大类[②]。有研究强调案例教学与案例研究的内在逻辑一致性,在案例选取上,需要方法论引导,避免不考虑总体而刻意或无意选取了只代表小部分的案例的选择性误差。该研究认为案例应是有目的地去选择,并提出了7种案例的选取方法:极端案例、异常案例、典型案例、多样化案例、极大相似案例、极大不同案例和关键案例。极端案例能给人以鲜明深刻的印象,有利于学生理解理论知识;异常案例帮助学生发现新颖的理论假说;典型案例富有代表性,是阐明理论知识和现象的常用方法;多样化案例可拓宽学生视野,避免学生选择性偏信;极大相似案例和极大不同案例都有利于帮助学生找到主变量,塑造因果关系,培养相关思维;关键案例有助于学生对既有理论进行证实和证伪检验。[③] 从这里我们可以看到,案例的主题构成需要顶层规划,从而让案例能够比较全面地观照岗位需求;案例选取同样也需要整体考量,让案例构成更科学、更丰富,架构与理论之间具有多元多重的联系。

---

① BROUDY H S. Case studies—why and how[J]. Teachers College Record, 1990, 91(3): 449-459.
② 刘录护,扈中平. 教师教育中的案例教学:理念、案例与研究批判[J]. 教师教育研究, 2015(3): 80.
③ 陈慧荣. 案例教学的方法论基础——以公共管理教学为例[J]. 教学与管理, 2014(9): 72-75.

笔者还发现,中小学教师常在课题研究的不同阶段开展三种目的不同的案例研究:初期进行的是揭示实践中存在的问题的批判性案例研究,中期进行的是操作与理念相磨合的探索性案例研究,后期进行的是塑造良好实施样态的示范性案例研究。这很值得我们借鉴思考:目前我们提供给学生的案例大都是问题揭示型的,而后面两种类型的案例明显偏少,使得我们的学生对实践持有固执的偏见,即只看到实践的问题,极少看到实践的改进和创造,更看不到从现实到理想、从发现问题到解决问题所要经历的试错、困惑、探究和坚持,从而导致学生在职前教育阶段缺乏后两种实践所需要的替代性经验。因此,我们需要合理规划案例的构成,给予学生平衡的替代性经验。

我们还需要整体考量不同来源的案例素材(基于行动研究的自编案例,基于非参与性实地研究的自编案例,基于媒体素材的改编案例、引进案例等)的合理比例,既维续团队原创的动力和能力,也积极关注、引进优质案例,保证案例库的开放性。此外案例编选的时间构成也需纳入顶层规划的审视中,既要去粗取精,保留反映常态问题、典型问题的优质案例,又要及时补充探讨新问题、新矛盾、新现象的案例。所有案例在选用时都要经过团队反复的斟酌、讨论,既确保案例质量,也增加案例教学的严肃性。

三、教学组织:精心设计以深化体悟

虽然案例教学的关键是案例质量,隐蕴着超越于教学的教育变革意义,但最终还是要依凭教学来落实达成。案例教学在专业人才培养中看似畅行无阻,却遭遇无形阻碍。高校尤其是研究型高校的教师在教授社会、人文学科课程时往往重教学内容、轻教学组织,擅长现场发挥、忽略预先设计,洒脱粗放有余、精耕细作不足。这样的教学惯习和风格与案例教学对教学准备的充分性和教学组织的精致性要求是冲突的。这并不是说案例教学优于前者,而是表明案例教学作为一种专业人才培养的教学范式,有着自己的规范和程式。

(一) 充分准备教学

开放性和生成性是案例教学的重要特征,但是开放性并不是指没有价值导向、没有目标聚焦、没有结构定位,生成性也不是信马由缰、"脚踩西瓜皮"。相反,只有在对教学过程进行系统、周全、严密的考虑和充分的准备下案例中内蕴的开放的探讨空间才能有质量的生成,开放的价值才能得以彰显。

一些在全球享有美誉的案例教学优质经验都特别重视案例教学的教学准备。譬如,加拿大毅伟商学院强调在学期伊始就要把一门课程所需要的案例装订成册,分发给学生;在第一堂课就要把一学期的案例教学作业、考试形式等全部书面告知学生。只有一切都及早准备,才能为课堂教学有质量地展开奠定良好基础。毅伟商学院对案例教学备课也有着结构化的规定:案例摘要、教学目标、案例分析的知识逻辑线、预设学习问题(主问题、副问题、问题的可拓展性和深入性以及结果的多元性等)、时间大约分配、预设学生可能的困惑、板书设计、案例隐含的理论、参考书籍(帮助学生了解分析此案例的理论支持和必要知识)。其认为相对于传统讲授式教学,案例教学更需要完整、清晰的教学提纲,而不是削弱其准备的充分性、明确性和细致性。[①]

除了教学文本的准备,在课堂教学前,教师还需要对学生的基本信息有一定的了解。有了背景性数据,教师可以更有针对性、更合理地预设学生们在课堂上可能的参与程度、风格,可能会有什么样的价值立场,可能会提出什么问题,可能会用什么样的思维方式,还可以根据基本信息对学生进行初步的分组。熟悉自己的学生显然不是案例教学的特别要求,所有的教学都应如此,但是在我们的高校,往往只有从事学生工作的老师才有机会在开学前看到学生的档案或基本信息。在美国,授课老师都有权限在开学前浏览"学员电子卡片",这些"卡片"记录了每个学生的详细信息,包括照片、姓名、教育背

---

① 张东娇.比较视野中的中国"案例教学"——基于毅伟商学院案例教学经验的分析[J].比较教育研究,2016(11):72-76.

景、工作经历、家庭人口以及业余爱好等。教师会仔细并反复阅读这些信息,以熟悉自己的学生。美国案例教学中教师整门课程的工作量"在课前准备阶段大致已经完成了60%,剩下40%只是按照教学手册去进行讲学"①。虽然这个比例的科学性有待进一步论证,遵照手册来教学也有待商榷,但至少由此可见教学准备得周全充分是多么重要。

(二)提升互动实效

互动性是案例教学被特别强调的重要特征,其不仅规定了教学过程中师生、生生之间的关系——合作与对话,也体现出了学习结果产出的方式——协商建构。有意思的是,关于案例教学课堂上的互动性,有两种不一样的具有代表性的观点。一种是富有浪漫主义气质的,特别关注师生之间的平等性,强调案例教学与传统教学的本质区别,教师要从权威者、中心者、控制者的角色转变为协商者、中立者、促进者,否则案例教学将失去其存在的价值。另一种则充满现实主义的实证理性,想把那种思辨出来的幻想给击破,强调实践证明案例教学的师生关系与传统教学的没有本质区别:教师同样要发挥强有力的牵引作用,才能保证对案例理解、对问题分析、对理论挖掘的学理高度和对课堂有效运作的控制。

持后者观点的研究者认为,追求所谓学生中心的案例教学把课堂大部分时间交与学生分小组讨论和汇报,议题全由学生自主选择和确定,往往导致无法深入、完整地揭示和呈现知识点,教师没有时间到位点评;尤其是学生课前讨论、课上小组汇报的案例教学形式,讨论环节都在课外发生,教师难以对学生的过程性表现进行评价,无法了解学生的思维和观念的发展变化过程。② 其实就是学生们自己对这种几乎由自己包揽的小组讨论汇报式教学也颇有疑惑、微词,认为获得感比较低,自嘲"萝卜炖萝卜还是萝卜"。

---

① 傅伟峰,唐贤清.美国研究生案例教学及启示[J].湖南师范大学教育科学学报,2016(5):125-127.
② 张东娇.比较视野中的中国"案例教学"——基于毅伟商学院案例教学经验的分析[J].比较教育研究,2016(11):72-76.

因此，我们在组织案例教学的过程中处理涉及师生主体性关系的问题时一定要有"主体间性"的智慧，教师和学生不是非此即彼或厚此薄彼的关系，他们的重要性不是由他们自身来决定的，而是要看在教学目标的达成过程中彼此对对方的需要程度，即前文提及的立足"被需要"，如此便不会在二元论中纠结。互动如同课堂教学的能源系统，是为增加课堂的活力和达成教学目标而服务的。在案例讨论过程中教师需要有足够的耐心和克制力，关注学生讨论互动的层次性，从外显的行为互动走向内隐的思维互动，再深入到内核的观念互动；当教师发现学生的对话出现表面化、程序化、同质化甚或松散化等状况时，就应该果断地发挥出启发、点拨和引导的专业力量，推动互动讨论向预设的逻辑线、问题链和关键性理论知识展开，唯有重点突出，方能深入探讨，才能打破思维定式、重塑思维，对知识和经验进行改造和重组，真正走向知识的共同建构。

四、环境建设：完善支持系统以培植运行模式

高校课堂教学改革是比较难整体推行的，案例教学算是诸多举措中被接受得比较广泛和顺畅的，除对其本然的价值和作用的认同外，可能还有两个"接地气"的原因：一是"成本低"，不必有高新技术来支撑，只要有"案例"，就万事俱备；另一是"易操作"，对教学程序没有严格的烦琐的规定，只要有"案例"，效果就水到渠成。恰恰是诸如此类看似重视案例的认识让案例教学成为一种广而误用的教学方法。要想在根本上改变误用案例的现状，就必须加强物质环境和机制环境建设，完善支持系统，培植保障案例教学协调运作的运行模式。①

---

① 李征博,曹红波,郑月龙,胡京波.哈佛大学商学院案例教学运行模式及对我国的启示[J].学位与研究生教育,2018(11):66.

（一）改造空间环境

空间环境是运行模式的重要构成部分。虽然教学环境不是影响案例教学运行的决定性因素，但是其绝对能影响案例教学开展的效果，当效果总是难令人满意时，其形式就会不可避免地落后了。物质环境和思想观念是相互强化的，一种固化的教学环境往往匹配着某种教学方法，折射着某种教学观念，虽然其不言不语，但在无声地排斥与之不匹配的教学观念和方法，通过各种各样的不便捷、不舒服来蚕食师生的使用热情。

牢牢固定的课桌椅、密密秧田式的摆放形式，让小组讨论非常不方便：分组不便、坐姿不顺、声音不聚、交流不畅……讨论往往是匆匆开始、草草结束。在案例教学运行有较长历史的国家的高校里，或是有案例教学的专用教室，或是大多数的教室都可以用来案例教学；有灵活的可随意组合摆放的课桌椅，空间四个方向都安置有屏幕，便于坐在不同方向的学生观看课件和视频，同时还配有多个或固定或可推拉的黑板、白板，便于各个小组对讨论的观点及时进行记录、整理和展示，也便于老师进行板书点评；教室的音响效果与吸音性能良好，各个角落的同学都能清晰地听到其他同学的发言；为了充分利用空间、提高教室的使用率，大教室内安装有多块可灵活推拉或折叠的隔断墙，让大班讲演式教学和小组研讨有机地融合在一起，隔断墙可合可分，使用起来十分便利。在改革的过程中，阻碍我们行走远方的可能并不是缺乏远见卓识，而是没有一双合脚的能长途跋涉的鞋子，或是鞋子里有沙砾。因此改善案例教学环境必须成为案例教学支持系统建设的一个重要方面，要从制度上给予重视和规定，相信空间环境对实践的反推力。

（二）改善评价环境

与建设案例教学物质空间环境的"困难"形成鲜明对比，案例教学的案例常被看作是"容易"的，信手拈来、俯拾即是，尤其是在这个资讯快捷、文献数据化的时代。因此管理部门推动或督查老师们开展案例教学的常用方法就

是填表格,在章节体的理论教学内容后面再增加一列"案例",就算作是理论结合实践、知识讲授结合能力培养的案例教学了。案例教学被广而用之为举例教学,不仅与教师个人的误解和教学定式有关,也与管理部门自身的误解以及轻视有很大的关系。没有经费、没有团队、没有培训、不算成果、缺少环境空间,如何能让本已很忙碌的老师腾出空来转移一部分精力来认真对待案例教学呢?毕竟老师能举些例子让学生抬起头听得有滋味些就算是比较尽力了。即使有些老师依照自己的研究兴趣做了些案例研究,但是如果不按照案例教学的结构和用途改编这些案例,不按照案例教学的组织形式来讨论分析,不整体规划案例库的构成,那么其也只是课堂中的一个"例子"而已。

  案例教学是研究、实践和教学的重要构成体,案例研发、案例教学和案例教学研究三者互为条件、相互制约,没有案例研发,就没有案例教学及其研究;案例研究与案例开发和案例教学相伴而生,使从认知到操作技术不断透彻、修正和完善。① 案例教学具有较长周期的运作过程,并不是临时起意地举个例子编个故事,而是一个系统工程。因此学校应该制定富有诚意、有力度的激励制度,尊重教师的工作投入,保护和提升教师对案例教学的积极性。学校可以将质量较高的原创性案例计入科研成果,职称评定也给予认可,可参照科研论文的评定方法,根据案例的使用范围或录用的案例库的级别,赋予其相应等级。认同案例的学术和教学价值,不仅是对案例研发和教学本身的肯定,也是对教师的肯定,如此教师们才会积极、主动、持续地投入充沛的热情、精力和智慧,才会创作出源源不断的优质案例来更新、充实案例库,案例库也才可能在顶层设计和结构上不断地优化。

(作者:吴晓玲)

---

① 张东娇.比较视野中的中国"案例教学"——基于毅伟商学院案例教学经验的分析[J].比较教育研究,2016(11):72-76.

基于过程性的教师教育类课程评价研究

20世纪80年代以来,我国高校课程经历了多次变革,涉及课程设置的整体调整、课程结构的优化整合、课程内容的调整更新、课程教学的改进创新等。①② 与此同时,课程评价作为高校教育教学的一个重要环节,其改革却稍显滞后,仍停留在传统评价模式占主导地位的阶段。③④ 传统的教学评价方式以纸笔测试为主,主要考查学生知识的记忆与再现能力。这种评价方式具有一定的合理性,但存在重结果轻过程、重知识轻能力等弊端。现代高等教育以"以人为本、德育为先、能力为重、全面发展"为人才培养原则,不适宜沿袭传统单一的卷面考核方式,否则会在一定程度上制约高等教育教学质量和人才培养水平的提高。在此背景下,各高校都在积极探索课程教学评价的改革,其中,突出强调了过程性评价在教育教学改革中的应用。

一、过程性评价概述

首先,对于"评价"一词,文献中有"课程评价""教学评价""学习评价"等相关概念,尤其是"课程评价"的界定比较宽泛⑤,存在与"教学评价"和"课程考核"等概念混用的情况;而不少研究又将"教学评价"等同于"学习评价"。

---

① 何洪,郑确辉. 近年来我国高校课程改革述论[J].理工高教研究,2006,25(1):83-84.
② 罗尧成,陈敬良,姚俭. 我国高校课程与教学改革三十年——历程、经验与瞻望[J].中国高教研究,2009(2):11-14.
③ 张英健,史友进. 问题与对策:高校课程考试改革的深度透视——基于10年教育类期刊文献的统计分析(2006—2015年)[J].中国成人教育,2016(4):72-75.
④ 张浩军. 论基于形成性评价的高校课程考核方法改革[J].大学教育,2018(7):180-182.
⑤ 方勤华. 近年来我国课程评价研究的现状及其发展趋势[J].河南大学学报(社会科学版),2008(6):142-147.

鉴于此，本文旨在探讨基于过程性的学生学习评价，在综述相关文献时涉及的"课程评价""课程考核""教学评价""过程性评价"等概念主要指向学生学习的评价，为了行文简便，文中不再特别说明。

过程性评价是基于加德纳的多元智力理论提出的一种评价方式。多元智力理论认为人的智力是多元的、发展的，且具有差异性、创造性和开发性等特点。① 不同的学生有着不同的智力组合，各种智力也并非一成不变，因此，教师在教学中不适宜采用单一的标准来评价所有的学生。过程性评价侧重以多种形式对学生学习知识的过程和综合应用能力等进行多方面、分阶段的考核。②③ 它关注的重点可以分为两大方面：学生学习的过程和过程性结果的反馈。一方面，学生在学习过程中的情感态度、学习方式、知识建构等是一种动态的表现，会随着学习过程的展开有所调整，同时也会对整个学习过程产生影响；因此，教师需要在学生学习的过程中同时收集、了解相关的信息并加以评价。另一方面，学生学习的过程性结果也需得到及时的反馈或评价，因为过程性结果可以反映出学生前一阶段的学习情况、存在的问题以及需要改进的地方。如此，学习过程和评价过程共同交织的作用，可以使评价更加全面、科学，从而有助于提升学生的学习质量和效果。④

二、高校过程性评价/考核的研究现状

鉴于文献中存在将"过程性考核"与"过程性评价"并用的情况，笔者在中国知网以"过程性考核"或"过程性评价"为主题进行高级检索，截至 2018 年 12 月，共获得 1 801 条期刊文献。图 1 是所得文献的发表年度趋势。可见，

---

① CARDNER, H. Multiple intelligence: The theory in practice[M]. New York: Basic Books, 1993.
② 焦璨. 过程性考核在高校专业课中的实践与探索：以心理测量学为例[J]. 南都学坛(人文社会科学学报), 2006(4): 113-115.
③ 王书立, 张立军. 浅谈过程性考核在高职"企业会计实务"课程教学中的应用[J]. 深圳信息职业技术学院学报, 2007(3): 60-63.
④ 高凌飚. 关于过程性评价的思考[J]. 课程·教材·教法, 2004(10): 15-19.

近年来过程性评价越来越受到我国学者的关注,尤其是在职业教育领域中;但再以"高校"或"大学"作为主题在结果中检索时发现所得文献仅 176 条,发表年度在 2003 年之后。从时间上看,这与高校扩招存在一定关系。

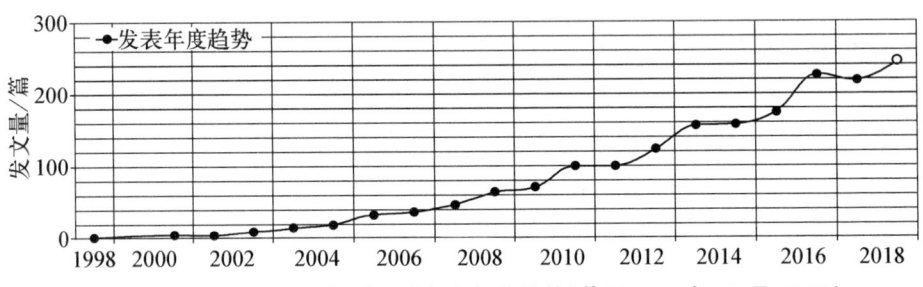

图 1 过程性评价相关期刊文献发表年度趋势(截至 2018 年 12 月 18 日)

虽然检索词的应用可能遗漏部分相关文献,但这 176 条文献能够在一定程度上反映当前高校过程性考核的研究现状。笔者按照涉及的课程类别将所得文献分类,结果如表 1 所示。剔除关于成人教育和自学考试等非全日制高等教育以及聚焦教师教学评价而非学生学习考核的 15 篇无关文献后,余下的 161 篇文献大致可归为两类:一类是综合类,从宏观层面阐述了与过程性考核相关的高校课程考核理念、模式、策略、效果、误区等;另一类是围绕具体的课程进行的探讨,其中体育类(含公共体育、球类、游泳、冰雪运动等)和外语类(以英语为主,含俄语、日语等)课程的相关研究较为丰富。

表 1 按所涉课程分类的高校过程性考核相关文献数量

课程类别	文献数量		课程类别	文献数量
体育类	34	其他课程	数学、物理、生物、地理	9
外语类	33		声乐艺术类	7
计算机类	10		财经类	6
思政及通识类	10		工程管理类	6
综合类	34		心理学	3
无关文献	15		其他	9

其中具有代表性的是,高凌飚[1]从理论层面探讨了过程性评价的理念和功能,认为过程性评价采用的是将过程性与目标性并重的价值取向;相较于传统的终结性评价,过程性评价对教育目标和评价本身的理解都更为全面,同时又不过分追求目标的标准化以及评价程序的规范化,更有利于发挥评价的各种功能。除了优势外,文中也指出了当前过程性评价的局限性。一方面,由于评价的开放性和即时性,过程性评价所收集的资料和判断的标准可能会因时而变、因人而异,因此,很难做到评价标准统一,也很难证明评价的公平与公正。另一方面,过程性评价是贯穿于学习和教学过程的始终的,如何把握好评价的强度和频率对教师而言是一个挑战。

在实践层面中,研究者们结合具体的课程教学开展了以过程性考核为主的课程评价改革。例如,焦璨在"心理测量学"这门实践性很强的基础专业课中,按照由浅到深、循序渐进的思路设计了过程性评价的方案,对包括实践、综合大作业及团队作业、专题讨论等在内的学生学习的全过程进行了考核。研究发现该方案在促进学生的自主学习、提升学生的学习兴趣和能力、增进学生交流、提高教学过程的质量和教师教学的积极性等方面取得了良好的实施效果。

类似的是,周建新、郝静怡[2]及张雪蓉、乔昳玥[3]等研究者们也发现这种内容多元、形式多样的评价方式对高校学生综合能力、协作意识、团队精神等的培养有着良好的促进作用,对提高教学质量也有着重要影响。

虽然与传统评价方式相比,过程性评价有诸多优点,但不少高校在过程性评价实施的过程中也发现了一些误区和问题,降低了过程性评价的作用。例如,不理解考核方式改革的实质价值,将过程性考核片面地理解为不考核,或只规定学生日常要进行多少课时的网上视听学习等做法,改变了过程性考核的本质;再如,不进行统筹设计,没有认真考虑过程性考核的考核标准,或

---

[1] 高凌飚.过程性评价的理念和功能[J].华南师范大学学报(社会科学版),2004(6):102-106.
[2] 周建新,郝静怡.过程考核下的"英语诗歌选读"课程教学与创新思维训练——基于华南理工大学2014—2015年第1学期的课程教学试验分析[J].教育与教学研究,2016(3):93-101.
[3] 张雪蓉,乔昳玥.学习过程性评价实施效果分析——以N大学G专业为个案[J].职业技术教育,2018(14):55-59.

对标准的制定过于随意,导致过程性考核的实施缺乏科学性;也有将过程性考核简单地理解为分阶段进行考试,或不区分课程性质,将过程性考核应用于所有课程的做法。①② 不同高校的办学特色不尽相同,每门课程也都有其特性。是否适用于过程性考核,适用于怎样的过程性考核,这些问题都有待于在具体实施过程中进一步探索和研究。

三、基于过程性的教师教育类课程评价的探索与实践

高校教师教育类课程,与其他专业课程相类似,在课程评价方面存在评价方式单一、评价与教学脱节、缺乏科学的课程评价管理体系等问题③,也需要积极探索多元化的评价方式。但是,由上述高校过程性评价的研究现状可知,现有文献中有关教师教育类课程的过程性评价的探讨较少(参见表1)。究其原因,除了受到学生学业成就评价的历史惯性的影响外,还在于我国关于教师教育类课程的研究相对较少,导致教师在教育类课程的评价上缺乏理论性的指导。④

教师教育类课程有着自身的特殊性,在注重培养专业素质的同时,还需突出其师范性,尤其要把"师范性"渗透在整个高等师范教学内容和课程考核模式改革中,并在平时的实施过程中潜移默化地影响学生,做到"学术性"与"师范性"有机融合。此外,在高校教师教育专业的培养方案中,各课程的地位和作用存在差异但又相互联系,它们共同致力于教师培养。因此,在进行评价时,我们需要明确该课程在整个课程体系中所处的地位,在实现人才培

---

① 邢彦明.关于高职教育过程性考核方式改革的思考[J].北京政法职业学院学报,2013(3):112-116.

② 林进.探究高校过程性考核改革过程中存在的误区及改进策略[J].牡丹江教育学院学报,2015(12):54-55.

③ 王小鹤.高校教师教育专业课程评价的理性探究[J].中国成人教育,2017(20):95-97.

④ 万爱莲.我国教师教育课程评价存在的问题与对策[J].湖北第二师范学院学报,2018(4):121-124.

养目标中所起的作用。

在借鉴其他专业课程的教学模式和评估手段的基础上,笔者以"小学数学课程与教学论"这一教师教育类课程为例,进行了过程性评价的探索与实践。

"小学数学课程与教学论"是面向小学教育专业本科生开设的一门理论与实践并重的课程,以教育学和心理学的相关课程为前置课程,注重培养学生小学数学教育教学的理论知识和实践技能,也涉及教育教学管理能力和教育实践研究能力的培养。该课程的教学内容既涉及宏观的对小学数学课程与教学理论的阐述,又包括微观的对小学数学各主要部分内容教材的解读和教学的研究。因此,在教学过程中,笔者主要围绕"为什么教和学"(数学课程目标)、"教什么"(小学数学课程内容、教材体系和结构)、"怎么教"(教学过程、方法、手段)和"怎么学"(学习理论、数学学习特点)的问题展开,注重以丰富的小学数学教学案例结合学生本科期间的教育实践活动(教育见习、教学观摩、微格教学等)来深化学生对理论知识的理解,同时逐步提升他们的教学技能。

针对以上教学目标和教学内容,采用传统的评价方式(如纸笔测试、教案撰写)很难科学、全面地评价学生,尤其是评价他们的实践技能和教学研究能力。从"小学数学课程与教学论"课程的实际出发,笔者设计了基于高校毕博教学平台的过程性评价方案,尽可能涵盖教学过程的各个环节。

第一,基于毕博教学平台的线上讨论(成绩占比 10%)。要求学生在学习了小学数学课程标准之后,利用课后时间进一步巩固所学;选择课程目标、课程内容、课程理念中的某一个或某几个内容进行解读,并就与课程标准相关的困惑进行提问,班级同学间相互解答,进行线上讨论。

第二,基于案例的分析研讨、共享与交流(成绩占比 10%)。要求学生在学习了小学数学相关学习理论和学习过程之后,借助于教学观摩、教育见习等机会收集小学生在学习数学过程中的典型片段,在课堂上呈现案例,进行分享,并自行组织班级讨论。

第三,基于案例的课堂分享与研讨(成绩占比 10%)。在学生学习了小学数学教学过程与方法之后,由教师呈现教学案例(文字版或视频版),学生以小组为单位,围绕案例中教师的教学进行分析交流,并在班级分享。

第四,撰写模拟授课稿(成绩占比15%)。要求学生在学习了小学数学教学设计、组织,以及教材解读之后,自选授课内容,撰写一节小学数学课的模拟授课稿,并详述教材的编排、教学设计意图及教学创新点。

第五,微格教学与同伴互评(成绩占比15%+5%)。学生依据模拟授课稿,在微格教室操练,择优自选10分钟左右的微格教学视频,提交至毕博教学平台后开展同伴互评。

第六,期末纸笔测试(成绩占比35%)。结合传统的纸笔测试方式,重在考查学生对课程标准和教材编排的理解,对教学设计、学习理论和评价理念的掌握等。

这门课程实施过程性评价之后,取得了良好效果,主要表现在以下四个方面。

第一,提高了教育教学的质量。为了顺利推进过程性评价,教师需要在教学组织上细化教学任务,并及时反馈学生的学习情况,这在很大程度上促进了教学过程的规范化,提高了教学效能。

第二,较为客观、全面地评价了学生的学习。整个过程性评价涉及多方面、多层次的教学目标,同时还兼顾小组讨论、同伴互评等,相较于单一的纸笔测试,这种评价方式能更为全面地评价学生的学习效果,并促使他们更加重视平时的课堂参与,避免考前突击的低效学习。

第三,"师范性"的渗透,促进学生教学实践能力的发展。评价不仅仅是对学习过程和学习结果的考核,同时也是一种学习方式。在本课程过程性评价的设计中,尤其是对案例的研讨以及微格教学任务的完成过程中,学生需要灵活运用理论知识来分析案例,设计教学,并能在微格任务的完成过程中打磨教学技能。

第四,增进交流,提升学生教学评价的能力。过程性评价增进了同学间的互动与交流,也提供了师生之间沟通的机会,大大提高了学生学习的积极性;同时,在参与评价的过程中,学生熟悉了多种形式的评价方式,这为他们今后的教学实践奠定了良好基础。

四、过程性评价的实施建议

过程性评价的提出符合当下课程评价改革的需求。提倡和强调过程性评价,除了能明确学生在学习的过程中对知识与技能的掌握程度、所存在的问题以及需要改进的方向外,对促进教师教学方式和学生学习方式的转变,保障课程改革的有效推行等也具有重要意义。但与此同时,研究者们也指出过程性评价存在一定的局限性或是误区①②③,需要在实施过程中引起注意。

第一,避免与传统评价方式"非此即彼"的简单对立。相对于过程性评价,传统评价方式虽然存在着诸多弊端,在评价学生的内在素质和实践能力等方面较为欠缺,但其评价标准统一、评价程序规范,在甄别学生的知识掌握程度和选拔学生方面有较为突出的表现。在具体实践中,我们应该集传统评价方式和过程性评价二者之优势,为教育教学带来更优的效果。

第二,避免走形式主义的道路。过程性评价是贯穿于学生整个学习过程的一种评价,其目的是更好地适应学生个性化学习的需要,促进学生知识、能力、素质等的全面协调发展。但在实际操作中,有些教师把学生的全面发展简单、错误地理解成评价越多越好,走形式,开展了许多评价,不仅增加了学生的负担,还由于评价数据的收集、整理、分析太过复杂,无法保质保量地完成过程性评价的任务。

第三,应依据课程特色采用合适的评价方式。各高校在人才培养理念、培养模式、培养目标等方面存在诸多差异,因此,在课程评价方面也应该各具特点和侧重点,不应简单套用其他课程的评价设计。此外,研究表明,不同性

---

① 张英健,史友进.问题与对策:高校课程考试改革的深度透视——基于10年教育类期刊文献的统计分析(2006—2015年)[J].中国成人教育,2016(4):72-75.
② 林进.探究高校过程性考核改革过程中存在的误区及改进策略[J].牡丹江教育学院学报,2015(12):54-55.
③ 魏芳波,杨涛.高职院校过程性考核的问题分析及对策研究[J].郧阳师范高等专科学校学报,2013(6):127-129.

质的课程也应根据自身的特点选择合适的评价方式,如果不同课程不加区分地生搬硬套过程性评价会导致学生产生厌烦情绪[1]。

总体而言,高校课程的过程性评价已在政策层面获得支持,但在具体实施层面,还尚未进入系统化、规范化和有效实施的轨道。因此,除了思辨性质的理论分析外,研究者们还需要继续探索,积累丰富的实施案例,以期在实践中进一步总结、归纳和提升。

(作者:金海月)

---

[1] 张雪蓉,乔昳玥.学习过程性评价实施效果分析——以 N 大学 G 专业为个案[J].职业技术教育,2018(14):55-59.

专题四

卓越小学教师培养的实践系统

教师职业具有极强的实践性特点，师范生实践能力培养是职前教师教育的重要使命。21世纪以来，我国各级各类师范院校积极探索和改革包括教育见习、实习在内的教育实践课程。本书第四部分即聚焦于师范生的教育实践能力培养，着重思考和探索实践能力培养的模式和路径。既有对"师范生实践能力"具体内涵的阐释和对师范生专业实践能力培养的支持系统的构建，也有对在教育实习过程中如何指导师范生而进行的包括技术性反思、实践性反思和批判性反思在内的多层次教育反思，还有从"工作场所学习"的角度对小学教育师范生实践教学的思考、对小学教育专业STEM实验室建设的思考与实践，以及有关教育实习对小学教育师范生教师身份认同影响的研究述评。

论师范生专业实践能力支持系统的建构

教师是一份实践性很强的职业,需要在真实的专业情境中面对真实的教育教学对象,解决种种教育教学实践问题。然而无论是教师职前培养、在职培训还是职后教育,不同阶段都始终存在着学习理论及命题性知识与真实的专业实践之间的巨大落差,特别是在职前培养阶段,理论与实践的关系更是一个难解之结。师范生所学理论向实践的转化以及其未来专业地位的高低需要激发对一种显见能力的追问,即"教师专业实践能力"。何为"教师专业实践能力"? 我们既不能仅从技能层面衡量其从教能力,亦不可仅从理论多少判断其水平高低,而是需要基于统一的认识立场和利益关切进行梳理。本文聚焦教师职前培养阶段,尝试在对当下师范生实践能力式微的缘由进行阐释的基础上,明确师范生实践能力的具体内涵,并构建提升师范生专业实践能力的支持系统。

一、师范生专业实践能力式微的原因分析

近年来,无论是在政策话语层面,还是理论研究领域,抑或实践脉络中,教师教育的实践取向都渐趋明朗,增进师范生职前培养阶段的实践体验成为教师教育改革的共识。但是,基础教育实践场域对教师教育人才培养规格,尤其是对师范生实践能力并不认可。这让我们深入反思师范生培养过程中存在的突出问题:首先,我们对实践能力内涵的狭隘理解,导致培养计划及课程体系中对实践性课程及理论课程的实践化实施重视不够;其次,基础教育对高学历师资的追求使得较多师范生以攻读研究生为学业目标,专注于理论知识的研读而弱化了自身专业实践能力的提升;同时,论文、课题导向的高校教师评价制度在一定程度上也弱化了教师团队自身实践能力的传导。

(一)"教师实践能力"概念内涵的误读

对实践能力概念内涵的理解,国内外学者莫衷一是。美国学者斯腾伯格(1983)认为实践能力是一种心理行为,人的社会行为是心理行为的外化。有学者综合心理和生理两个方面,认为实践能力是"保证个体顺利运用已有知识、技能去解决实际问题所必须具备的那些生理和心理特征"①。还有学者将实践能力界定为人类所特有的、能动的探索现实世界所应具备的解决实际问题的能力。② 我们可以看出,学界对实践能力的理解已超越了一般应用能力的内涵,教师实践能力综合了体力、智力和心理的因素,并外显为解决问题的能力。然而,当下现实境遇中的教师实践能力通常被狭隘地理解为对课堂教育教学现实问题的解决能力,指向对技能、技巧层面的能力价值诉求,主要包括语言表达能力、教育教学能力、组织管理能力、现代教育技术的应用能力等。

各行各业都有其专业实践,我们可以借鉴米勒所主张的从知识、能力、表现和行动四个方面评价医生的专业实践的思路③,视教师的专业实践为一个过程,包括可通过纸笔测试的,教师履行专业职能所应具备的基础理论知识,以及运用知识在专业行动的过程中去判断、处理各种情境性问题的综合能力。这种能力是潜在的,需要通过表现和行动外显。因此,教师的专业实践能力是一种过程性能力,并非瞬时或即时获得的,需要教师对所学、所看、所阅进行体悟和反思;教师的专业实践能力亦是融合的,其专业行动并非仅限于课堂场域或师生之间,而是包含更多课堂之外的要素和课堂之外的情境。

(二)"实践课程"内涵的偏狭理解

一直以来,高校师范生的培养囿于理论与实践两种培养目标取向的困

---

① 刘磊,傅维利.实践能力:含义、结构及培养对策[J].教育科学,2005(2):1-5.
② 赵建华.大学生实践能力的概念、结构与影响因素分析[J].中国大学教学,2009(7):67-69.
③ MILLER,G. E. The Assessment of Clinical Skills/Competence/Performance[J]. Academic Medicine,1990(9):S63-S67.

境,表现为"研究型"和"实践型"两种人才培养规格,并在课程设置中显见为"重理论素养、轻技能训练"和"重技能训练、轻理论素养"两种职前教师培养取向。前者以一些综合性大学的研究型教育学院为主,基于深厚的学科优势、突出的理论研究能力丰富师范生的教育教学理论素养,仅以教育见习、实习环节锻炼职前教师的实践能力,但因次数少、时间短,这种实践体验常常是浅尝辄止。后者以一些地方师范学院为代表,强调师范生的"三字一话"及一些艺术技能的训练,实践课程被片面理解为技能课程,以说、唱、写、舞等技能训练代替师范生的合作、反思及探究实践能力的培养。

其实,在教师教育课程体系中,"实践性课程是将理论知识科学地应用于教育实践,发展实践智慧,培育实践情感的系统课程"①。因此,既不能将实践课程偏狭地限定为教育见实习课程,也不能将其囿于技能训练类课程,而应丰富实践课程的内涵,将教育见习、实习、技能训练以及理论课程的实践取向教学融为一体,以支撑师范生专业实践能力的提升。如果说教育见实习与技能训练毫无疑问属于重要的实践课程,那么理论课程的实践取向则因其以研究的视角关注教育现实问题及教师的专业发展而同样彰显课程的实践性,其实践价值不仅表现在关注现实的层面,还可以返回"真实的现象场",以"对实践的反思和新的教育知识的建构支持实践问题的解决与实践能力的发展"。②

(三) 实践教学环节的投入不足

对师范生而言,教育见实习是丰富其实践性知识、提升其专业实践能力的重要契机,也是教师教育实践教学的重要环节之一。世界多个国家教师教育课程中教育专业类课程和实践平均约占总学时比例的44%,并且尤其重视实习环节。"以加拿大各省的师范教育为例,不仅实习绝对时长达20周左右,同时还将课程学习和教育教学实习同步或交替进行的不同模式贯穿于整

---

① 魏善春.师范生实践性知识及其有效教学途径探析[J].课程·教材·教法,2009(7):73-77.
② 王少非.教师教育类课程的实践取向:何为与为何[J].教师教育研究,2013(5):72-75.

个职前培养阶段。"①长期以来,我国部分师范院校仍一直坚持以低年级每学期的短期教育见习和毕业学期的教育实习作为实践教学的重要内容。笔者所在高校从师范生二年级开始,即每学期安排一周的教育见习,第六、八学期分别安排为期4周和6周的教育见习和实习,见实习以及包含实践学分的实践课程的学时占总学时的比例约为13%,虽较过去有所增长,但仍远远低于发达国家的平均水平。除却见实习时间不足,教师指导力量不够亦是导致教育见实习质量不高、效果不明显的重要原因。一线教师工作任务繁重,无暇指导;高校专任教师忙于科研和教学,无力指导;家长对实习老师不放心;一线教师对实习学生上讲台不安心。因此,不少师范生在毕业前的实习中只能争取到一至两次真正走上讲台授课的机会。

教育实践环节时间投入不足、指导力量不够,使得师范生在中小学的实习中走马观花,浮于表象,即使立于真实的教育教学场域中,也如雾里看花般只见轮廓未见真谛。师范生未能真正浸润于真实的课堂对中小学学科内容、教学方法、教学管理、课程资源等进行研究,未能与儿童进行充分的交往以丰富对儿童的了解并进一步确认自我的教师职业信念,也未能将高校理论课堂所学的丰富的理论知识与一线教育教学实际相结合进行反思和应用。

(四) 教师教育师资队伍的建设不力

优秀教师的培养,必须有一支数量充足、结构合理、业务精湛的教师教育团队。当前,为数不少的师范院校或综合性大学的教育学院存在着教师教育师资质量不高、结构不合理,师资队伍自我封闭,与基础教育实际相分离的问题。尤其在师资队伍的人员结构、承担的任务和志趣定向等方面,教师教育师资与职前教师培养团队的需求存在一定差距,突出表现为教师教育队伍共同体缺损、松散,以及表现为学科教育教师和教师教育教师分属不同教学单

---

① 黄菊,陈时见. 加拿大教师职前培养中的教育实习及其借鉴[J]. 比较教育研究,2014(11):1-6.

专题四
卓越小学教师培养的实践系统

位、互不沟通的两张皮现象。[①] 这些问题的存在致使师范生学科课程与教师教育课程严重脱节,学科课程偏于学科理论导向,缺乏教育实践性训练,缺乏真实情境教学或经验传授的浸润,不能满足师范生对实践性教学知识积累的需求。

为改善教师队伍结构,弥补高校教师教育实践教学师资的不足,从20世纪80年代开始各地各校创造性地开展了以加强教师教育师资团队建设为主题的理论研究和实践探索,形成了诸如"聘用兼职、U-G-S('政府—高校—中小学'合作共同体)、PDS(教师专业发展学校)、名师工作室"等形式不一、功能各异、各具特色的教师共同体实践模式[②],意图以校校合作、校地合作、协同发展的机制促进师范生实践能力的提升。但这种协同模式缺乏严格的制度保障,未能做到常态化落实和充分化发展,组织间的合作和变革惯常被个人之间的合作代替,使得共同体间的对话和交流沦于一种随机和偶发的状态。

二、师范生专业实践能力的构成及其养成

宽泛地说,教师的专业实践能力包含一切做教师所需要的知识、策略、技巧、态度和情感,但仅仅如此定义和解释不免过于笼统和抽象,不易全面衡量个体能力水平的高低。反之,如果将能力窄化为与具体教学任务相联系的可测量、可评定的离散式存在的技艺、技术和表现,那么又会带来教学中的技术取向及评价指标的烦冗。而实际上,教师的教学实践是复杂多变的,其复杂性决定了需要综合多种维度去考量其能力的范畴;同时,教师实践能力的养成又是一个长期的过程,正如舍恩(Donald A. Schön)所言:实践者的实践是

[①] 朱旭东. 再论我国师范院校教师教育存在的问题:认识误区、屏障和矛盾[J]. 教育发展研究,2016(2):1-6.

[②] 宋秋前. 教师教育师资队伍共同体建设研究——基于"校地层式名师工作室"的实践与思考[J]. 教育理论与实践,2016(32):34-37.

"以一种不确定性和艺术的方式努力探究的过程"①。

(一)师范生专业实践能力的构成

与理论研究的期望及政策文本的解读不同,教师专业实践能力的建构源自专业内部和教师自身,它根植于教师自身的训练、体验和经验,需要不断地自我体悟、反思并内化,最终外显为一种表现和行为。

于师范生而言,我们可以从三个维度探讨其专业实践能力的构成。首先是教师职业认同,它是指教师能从心底接受教师职业,并能对教师职业的各个方面做出积极的感知和正面的评价,从而愿意长期从事教师职业的主观心理感受。它内蕴着教师的专业意识、专业态度、专业道德、专业情感,在专业实践能力的构架中居于支配地位,体现着教师的职业精神内涵和职业价值导向。其次是专业理论应用能力,它聚焦课堂,以个体的学科知识、技能、教育学心理学知识为基础,根植于教师个人丰富的实践智慧,它内蕴着教师个体的预测、决策、实施能力,以及师师和师生之间的交往与合作能力,是基于教师知识教学之上的一种师生之间的双向互动、启发,和生命质量的提升。师范生专业实践能力的第三个维度可以归纳为教学实践创新能力,即反思体悟能力、研究能力和专业发展能力。按照舍恩的观点,"外在的理论和技术只能解决'实践中的坚硬高地',而只有'行动中的反思'(reflection-in-action)和'行动中的认识'(knowing-in-action)才能解决充满着'复杂性、模糊性、不稳定性、独特性和价值冲突'的'实践中的湿软低地'"②,教师职业面对的是活生生的人,所应对的实践多数处于"实践中的湿软低地",因而通过体悟、反思和研究,教师不断地探究问题情境和解决办法,从而创造出恰当的解决问题的思路,构建一种适用于新情境的理论和方法。

---

①② 唐纳德·A.舍恩.反映的实践者——专业工作者如何在行动中思考[M].夏林清,译.北京:教育科学出版社,2007:39.

（二）师范生专业实践能力的养成

师范生专业实践能力的养成是一个自我建构的过程,既是一种生活方式的建构,亦是一种学习路径的选择,是高校教学实践和基础教育一线场域两者间彼此开放和融通的过程。师范生的专业实践不仅仅局限于每节专业课程,广泛的阅读、师生之间的交往、基础教育课堂中的体验、行动中的探究都应成为师范生提升专业实践能力的重要"现实场",师范生在理论与实践的反复回味、咀嚼反思的过程中获得能力的提升。

师范生专业实践能力的养成首先是一个体悟(体验和感悟)的过程。书本化、理性化的知识学习不可能承担重现教师专业生活全部内容的责任,片面强调认知使得师范生只具备具体的学科和教学知识而缺少对教师专业生活的认同。"体验(lived experience)是建立在认知基础之上,以客观对象为中介,通过亲身经历和移情,获得对人生新的理解的过程,其基本的活动方式是在经历或亲历基础上的理解"[1];"感悟"(reflection and insight)是指人们在接触事物后有所发现、有所感触,从而领悟一些道理或思想情感的过程,是在认知、理解和体验基础上的一种自我觉醒,是一种对意义追问的心理过程,强调"意会"和"不可言传"。体悟的方法有多种多样,如通过参观、访问获得身临其境的感受,通过角色扮演实现心理移情而体会人物的情感,通过观察或模仿强化认知结果,通过讨论交换彼此的感受而学会欣赏他人并接纳他人。体悟能促进师范生专业意识、态度和专业道德、情感的形成及完善。

师范生专业实践能力的养成还是一个交往和建构的过程。"人类世代积累的知识经验可以凝聚在物质财富和精神财富之中,但每一个个体掌握知识经验却是在与人类知识经验活的载体——成人的直接交往中开始的。"[2]"交往"的实质是人与人之间为达成某一目标,凭借语言或非语言而进行的一种沟通、协调,是一种心灵的对话。师范生在专业生活中与教师、同伴、专家、一线实

---

[1] 郭元祥.生活与教育——回归生活世界的基础教育论纲[M].武汉:华中师范大学出版社,2002:164.

[2] 肖川.教育的视界[M].长沙:岳麓书社,2003:160.

践者围绕某一实践问题的解决进行协调、沟通的过程就是一个完整的交往过程,专业实践能力在主体交往中获得提升。交往培养个体分享与合作的能力,交往使个体摒弃个人主义,以一种开放的心态勇于承担更广泛的专业责任,交往使师范生有可能体验更多的角色情感,以更从容的姿态完成自身的教育使命。

师范生专业实践能力的养成更是一个反思和创造的过程。反思又可称为"反省"或"反映",是一种不同于直接认识的间接认识。人们通常将教学反思定义为"教师以复杂的教学情境中的困惑和惊奇的现象为起因,对教学行为及其背后的理论和后果进行反复的、持续的和周密的思考,从而赋予活动以意义,寻求改善实践可能方案的过程"①。反思带来个体行为的变化,更带来价值、情感、信念和伦理的改变。反思能够使师范生从现实的专业学习中暂时停顿下来,以行为的停止换来思维的活跃,让已发生的或体悟到的困惑和惊奇进入自己的思维层面,或者对行为背后的主观思想深入思考,产生新的理论再造和行为再生。师范生专业实践能力的养成不但是反思的过程,更是创造的过程。若教师一直固守单一的、特定的理论指导和研究视角,一直遵循传统的教学和研究路径,容易导致专业生活价值与意义被遮蔽与遗忘。因此,师范生的专业生活需要通过反思和创造展开并生成新的意义。

表1 师范生专业实践能力的构成及养成过程

三维构成	主要内容	养成过程
职业认同能力	专业意识、专业态度、专业情感、专业道德	体验和感悟 交往和建构 反思和创造
专业理论应用能力	预测、决策、实施能力,合作与交往能力	
教学实践创新能力	反思、体悟能力、研究能力、专业发展能力	

---

① 赵明仁,黄显华.从教学反思的过程看教师专业成长——基于新课程实施中4位教师的个案研究[J].教育研究与实验,2007(4):37-42.

三、遵循实践之道:师范生专业实践能力提升的支持系统建构

如果教育理论课程对师范生而言是其获得教育教学知识的重要途径,那么其专业实践能力更需要在不断的实践中修炼,通过有针对性的多样化教育实践获得。因此,"以经验为基础、以案例为手段,与教育真实情境融为一体的教育实践课程成为师范生专业实践能力养成的重要路径"[①]。基于这样的思路,高校课堂和基础教育一线作为提升师范生专业实践能力的重要场域,缺一不可,在两个重要场域之间进行课程资源、教师团队、课题研究等领域的深度合作,构建"资源共享·协同发展"的支持系统,是提升师范生专业实践能力的重要途径。

(一) 强化师范生职业认同与理解

师范生作为未来教师,其对教师职业的认同与理解是从事教师职业的基本心理准备和价值认同,更是保有教师职业情感的原动力,直接影响着学习质量以及未来成为教师后的教育质量。

对教师职业的认同与理解是一个持续性、弥散性的过程。一方面,高校应构建促进师范生职业认同与理解的教育活动支持系统,贯穿教师教育全过程。教师的职业信念和情感并非单纯的认知范畴,不能仅基于高校理论课程学习在课堂内生成,学校开展名著阅读、校友交流、主题报告、专题论坛、教育电影观赏等形式多样且意蕴丰富的教育活动,可让师范生从典型事件、典型人物中感受教育的力量,在经历、经验和交往中体验和学习,在活动中培养能力,表现自我、提升自我,从而增强从教的自信心。另一方面,高校应利用一切机会和途径组织师范生到中小学去、到课堂去、到学生中去,加强其理论学

---

① 何茜.教师职前职后一体化教育实践课程及其保障实施[J].教育研究,2015(8):115-118.

习与实践锻炼的融通,让其有机会接触更多优秀的一线教师,以"身边的榜样"强化其作为未来教师的品格和情感。

(二) 加强校内实训平台系统建设

教育实践课程是教师职前培养阶段课程体系中的重要组成,前文已经对此类课程内涵进行了具体界定。从高校内部实训平台建设的视角,围绕理论课程实践取向的教学以及技能训练加强实验室建设,强化理论课程的实践资源开发与储备,可以为提升师范生的专业实践能力提供平台和契机。

高校应夯实基于实验室建设的技能训练类课程的支持系统;立足培养计划,设置包括教师书写、口语、教育技术应用、艺术、心理教育技能及微格教室综合教学技能演练等技能型课程,以及包括班主任工作研究等在内的专题研究工作坊,让多种训练贯穿职前教育的全过程。"见习"加"讲课"的"教师成长两部曲"不足以让师范生充分感知中小学的课堂教育教学实践,高校应在见习与实习之间增加微格教室"演习"环节,"利用一定的手段和模式人为创造课堂教学活动的仿真环境,尽可能逼真地再现课堂教学活动各环节。这是一种融角色扮演、师生诊断点评于一体的,具有仿真性、综合性、广泛性和开放性等特点的模拟教学模式"①。师范生通过反复的"演和练",不断地进行走上真实讲台前的借鉴、模仿、纠错,不断地对一线观摩学习的知识进行反刍和吸收,真正地提升自身的实践能力。技能训练课程中,"坚持以学生为主体、以指导教师为主导,以训练为主线的原则,不仅有利于学生主体性的发挥和创造性思维的培养,同时,还可以通过丰富扎实的技能外显其个人魅力"②,从而增强师范生做教师的信心。

高校应形成基于基础教育学校实际调研的案例教学资源支持系统。"一个好的案例是对真实事件的描写,其中所包含的内容能够引起大家的思考和争论的兴趣,且富有启发性","一个好的案例向人们展示包含教师和学生的

---

① 周炎林.培养师范生课堂教学能力的模拟教学尝试[J].高等理科教育,2011(3):108-111.
② 魏善春.师范生实践性知识及其有效教学途径探析[J].课程·教材·教法,2009(7):73-77.

典型行为、思想、感情在内的故事"。① 高校应从一线青年教师的专业成长、班主任工作实践经验、学科教学研究、学校管理文化等方面挖掘典型人物及典型事例,从理论高度进行整合和凝练,形成若干案例,以案例教学反哺教师教育理论课程建设,解决师范生实践体验欠缺的问题。高校应充分利用"案例具有多重再认识和多重表征的潜力的特征,将案例教学与各类理论知识教学相结合"②,以案例的多样化应用促进理论课程的实践取向。同时,亦可以让师范生参与案例的收集、分析、讨论和撰写,这本身就是一个体悟、反思、研究教育现象,进而创造新理论和新知识并提升研究性实践能力的过程,将给理论教学带来意外的惊喜。

(三)推进基础教育实践基地系统运行

师范生教育见实习是教师教育的重要环节,这是教师教育理论研究与实践领域一致公认的事实。因此,拓展教育空间,与一线中小学建立互通、稳定的校外实践基地尤为重要。普通中小学乐于为师范生提供教育实践的对象、场地与指导,这可以确保教育见实习有序、保质地完成。

为推进基础教育实践基地建设,高校应与一线中小学深度合作,建立角色明确、利益互惠、责任共担的协同发展机制,以确保实践基地能制度化、充分化和常态化发展。首先,高校应充分发挥研究优势,为基础教育学校的发展战略服务,与中小学共同探讨教育实践课题,为中小学发展提供咨询报告和参考建议,并帮助一线教师实现专业成长。通过双方深度合作,一线中小学与高校成为相互支持、互惠互利的共同体,中小学成为师范生长期稳定的实习基地。其次,高校应细化教育见实习课程质量标准,加强过程性考核。即将教育实践细化为教育见习、演习、实习和研习四个不同阶段和类型,贯穿职前教师教育的全过程。高校应针对在真实场域发生的见习、实习和研习制定分类、分阶段的细致的课程标准,包括课堂管理、班主任工作、学科教学方

---

① 邵光华.教师教育中的案例教学法研究及其启示[J].高等师范教育研究,2001(5):54-59.
② 舒尔曼主编.教师教育中的案例教学法[M].郅庭瑾,等译.上海:华东师范大学出版社,2007:26-28.

法、学生评价、教学反思等,让师范生在教育见习和实习中观察、品味并初步体验、经历教师生活。以师范生四年级教育实习阶段的"课堂管理"能力为例,师范生在课堂管理方面,应能够为学生创设并维持一种目的明确、井然有序的课堂环境,能够利用恰当的奖惩措施维持高效的学习环境,激发学生的兴趣和动机等。针对师范生的教育研习,师范生应通过训练学会课堂观察并记录,学会议课、评课,能够开展"发生和立足于自然状态的课堂教学和管理的行动研究,追求一种有别于教育专业人士的学术科研的'平民研究'"①,能够以案例分析、教育叙事、心得体会等表征师范生教育研习的独特品性。教师据此对师范生在教育实践课程中的行动和表现给予具体评价,以帮助其正视自己的优势和不足,真正提升自己的专业实践能力。

(四)完善专兼职师资队伍建设

拥有一支理论水平高、实践能力强的教师团队是有效提升师范生实践能力的关键。然而,这支队伍如何组成、如何明确专兼职教师职能并充分发挥各自的优势和作用,是摆在教师教育研究者面前亟须解决的问题。

打造集高校内部和一线中小学优秀师资于一体的专兼职导师团队,落实教师教育"双导师"制度,贯穿师范生培养的全过程。首先,高校推进"双导师"作为课程资源的一体化运行和共享方式。要充分发挥中小学一线名师及高校教师自身作为优秀课程资源的价值,建立一线名师、优秀班主任与高校教师互进课堂的长效机制。挖掘名师的教学思想,邀请其进入高校课堂为师范生开设讲座、沙龙、教材文本深度分析等教育教学活动,使一线名师成为教师教育教师团队的重要师资补充;同时,高校理论课教师需联系不同的实践基地,定期开设讲座或帮助一线小学进行校本教研和理论指导。其次,高校强化"双导师"对师范生教育见实习的长期化、个别化指导。要在实践基地选取名师或有经验的骨干教师担任师范生的见实习导师,强化导师对师范生进行所学理论的应用性指导。高校的理论课教师要深入一线学校,指导师范生

---

① 刘涛.教师成为研究者:急需澄清的三个问题[J].教育发展研究,2012(12):58-63.

进行理论的反思和"在场的"行动研究。在"双导师"的指导下,学生边实践边反思,在反思中开展研究,又以研究的成果反哺自己的教学实践,获得理论应用及实践创新能力的迅速提升。

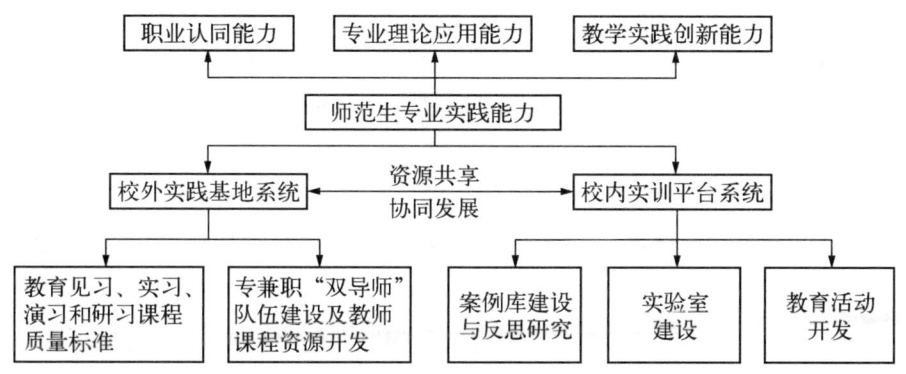

图1　师范生专业实践能力提升支持系统模型

教学是一项专业性较强的实践活动,师范生专业实践能力的养成将为其未来的专业发展奠定良好的基础。师范生专业实践能力只有在专业实践的过程中才能形成和发展起来,因此具有过程性和情境性的特征。师范生专业实践能力的提升不可能在高校教师教育场域内独立完成,它与基础教育一线有极大的相关性,需要理论和实践的不断碰撞和联结,师范生需要在真实情境中不断体悟和反思,需要在持续学习的过程中学会独立思考和自我控制,将各种标准、习惯和技巧加以内化,这将决定他们专业生活的质量。① 故我们需建立高校与基础教育一线资源共享、协同发展的实践教学支持系统,引入关键的、真实的实践情境和实践教学导师,为师范生拓展和提升专业实践能力提供契机和平台,由此助力教师教育改革,并由教师教育质量的提升推进基础教育改革的进程。

（作者：魏善春）

---

① 王立.教育变革中的教师发展——迈克尔·富兰教师教育思想述评[J].高等理科教育,2011(6):21-24.

小学教育专业 STEM 实验室建设的实践研究

进入21世纪,STEM教育已经在全世界引起了广泛关注。STEM教育是基于项目、基于工程设计等方式,将科学(Science)、技术(Technology)、工程(Engineer)、数学(Mathematics)四门学科进行融合的跨学科的教育,旨在打破学科领域之间的边界,培养学生的科学素养、技术素养、工程素养和数学素养,提升国家的竞争力。作为培养未来小学教师的小学教育专业,应该顺应时代潮流,探索STEM实验室的建设,为学生提供基于兴趣的跨学科活动与体验,提高学生STEM素养和解决实际问题的能力。

一、小学教育专业建设 STEM 实验室的必要性

(一) 时代的需要

20世纪90年代,美国科学基金委员会联合科学、技术、工程和数学领域的专家共同提出了STEM教育的概念。2006年,美国时任总统布什在国情咨文中公布了《美国竞争力计划》,提出知识经济时代教育目标之一是培养具有STEM素养的人才,并称其为全球竞争力的关键。之后,美国政府和众多科研机构、高校等,通过立法、拨款、设立专项等方式推动STEM教育的不断深化。

近年来,STEM教育在我国也快速兴起,政府和学术团体对STEM教育进行顶层设计和教育研究。① 教育部于2015年9月发布了《关于"十三五"期间全面深入推进教育信息化工作的指导意见(征求意见稿)》,鼓励探索

---

① 赵宇宣.关于STEM教育实践与发展的思考[J].物理之友,2018(10):42-44.

STEAM教育、创客教育等新教育模式。2017年2月,教育部正式颁布了新的《义务教育小学科学课程标准》,第一次正式将STEM教育写入科学课程标准。新课标明确提出了倡导跨学科的科学学习方式,将STEM教育引入科学课堂。这要求教师除了拥有科学的基础知识,还要掌握跨学科的相关知识,掌握技术和工程领域的基本操作与技能。中央教科院成立了STEM教育研究中心,于2017年6月发布了《中国STEM教育白皮书》,明确指出应将跨学科STEM教育纳入国家创新型人才培养战略。江苏省中小学教学研究室、南京师范大学教科院与江苏凤凰数字传媒联合成立了江苏STEM教育协同创新研究中心,于2018年6月拟订了《江苏省基础教育STEM课程指导纲要(试行)》。与此同时,其他省市科研部门也纷纷展开了相关研究。由此可以看出,STEM教育顺应了时代和社会发展的需求,成为培养未来创新人才的教育模式。

(二) 人才培养的需要

为了响应时代的需要,我国中小学纷纷开始开展STEM教育。但在实施过程中出现了以下几个方面的问题:一是教师短缺。目前学校开展STEM教育的师资力量主要是学校的信息技术、科学或者数学教师。这些教师主要是通过分科课程体系培养出来的,没有专业的STEM知识储备,在教学中很难用STEM教育理念开展基于项目的跨学科活动,远远不能满足学校开展STEM教育的需求。二是缺乏STEM课程。目前为止,国内还没有研制出统一的STEM课程标准,没有相应的STEM教材供学校选择使用,教师也缺乏课程开发的意识和能力,因此"教什么""如何教"等关键问题是不确定的,这在一定程度上阻碍了STEM教育在中小学的实践应用,STEM的实施也就无法达到预期的效果。三是STEM教育实践场域存在实验室换装化。因为STEM是新生事物,没有现成的实验室模板供参考,所以很多学校就将与STEM密切相关的科学实验室进行"换装",在原来基础上增加了一些最新的元素,如3D(三维)打印机、VR(虚拟现实技术)、机床、机器人等设备,没有与学校STEM教育的定位和课程联系起来,具有盲目性。

在当下,虽然 STEM 教育的重要性已经日益凸显,但 STEM 教育仍然没有成为国家课程体系中的构成部分。因此,培养专职的 STEM 教师不太容易实现。那么作为培养全科型小学教师的小学教育专业应该适应时代发展和人才培养的需求,建立 STEM 实验室,利用开发的课程让学生通过亲身体验了解 STEM 教育,践行知识融合,从而培养学生 STEM 素养,提升学生 STEM 课程开发和教学的能力。

二、小学教育专业 STEM 创新实验室的定位与目标

实验室的规模、设备等都与实验室的定位和目标紧密相关。所以在进行 STEM 创新实验室构想时首先要清楚地确定实验室的定位与目标。

STEM 教育是实现国家对创新人才需求的重要途径,它与分科课程不同,是以科学和数学为中心,并将其与技术和工程相结合,真正实现跨学科的整合性教育。因此,STEM 是基于情境,基于问题解决,具有跨学科整合性质,需要团队协作的体验性的课程。据此,小学教育专业 STEM 创新实验室立足于服务小学教育事业发展,优化本科实践教学体系,为培养能够适应当代小学教育发展需要并且在小学从事 STEM 教育的小学教育专业人才搭建一个平台。

(一)为未来小学教师打开视野

正如前文所言,我国中小学 STEM 教育正处于方兴未艾之际,很多学校已经建立了 STEM 实验室,并引进或开发了相关课程。作为小学教育专业培养的未来全科型小学教师不能对此一无所知。通过 STEM 创新实验室的建设,未来小学教师可以了解当下中小学开展 STEM 教育的现状,对 STEM 教育的内涵、特征及 STEM 的教学有个大致的了解和认识。

（二）为未来小学教师提供实践知识融合的平台

STEM教育要求教师打破学科边界组织课程教学，从学科孤立走向学科融合。STEM创新实验室的建设，让学生解决真实问题，完成真实任务，融合各学科知识去探究真实世界，获得真实的"活"知识。通过一系列实践活动，学生亲历从问题提出、方案设计、方案实施、方案修订直至问题解决的整个工程设计流程，充分体验科学探究和工程实践的乐趣，真正培养STEM素养。

（三）帮助未来小学教师培养STEM课程开发与教学能力

全科型小学教师除了学习各学科的基础知识之外，还要学会超越学科内容，依据国家课程标准和课程内容，利用学校已有的资源，融合各个学科，构建适合学生发展的STEM主题型课程体系，同时体验具有学校特色的STEM课程实施模式。因此，通过STEM创新实验室提供的主题课程，学生学习如何根据一个主题开发课程，体验STEM的教学模式，从而掌握课程开发的能力和提升STEM教学的实践能力。

三、小学教育专业STEM创新实验室构成要素

目前，STEM实验室建设存在一定的误区，部分人认为实验室建设主要是硬件建设，因此花了大量经费购买硬件设备。事实上，STEM课程没有统一的课程内容标准，选择什么样的课程与实验室建设的定位及学校的实际情况密切相关。除设备外，STEM创新实验室最重要的构成要素应该是课程。

（一）小学教育专业 STEM 课程建设

1. 小学教育专业 STEM 课程体系的架构

根据小学教育专业 STEM 实验室的定位和目标，结合小学科学教育课程标准的内容及当下小学开展的 STEM 相关项目，我们确定了 STEM 课程体系。STEM 实验室的课程体系是以学生为主体，围绕项目设计和问题解决，由 STEM 基础课程、开源项目及线上课程三部分组成的立体结构。其中，STEM 基础课程主要让学生掌握开源课程中所必需的基本技能，包括小学普遍开设的 3D 打印、激光切割、车床、铣床等；STEM 开源项目是开放性的供学生创造性实施的项目，主要涉及机械、结构搭建、桥梁、电子、能源、动画制作、人工智能等；线上课程主要是利用网络技术实现学科间的融合，包括编程、地理信息系统、模拟城市、微型瞭望台等。

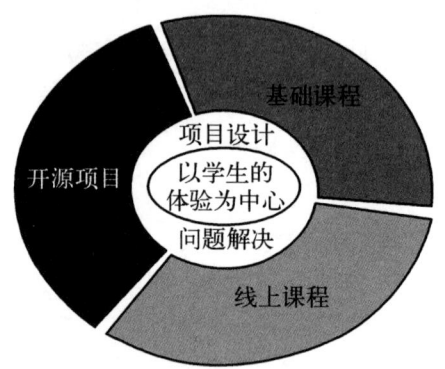

图 1　小学教育专业 STEM 实验室课程结构图

这三类课程之间不是相互割裂的，而是相互联系的。整个课程体系是以学生的体验为中心，以项目设计或问题解决为主要活动形式，在学生掌握一定基本技能的基础上利用开源项目和线上课程展开协作的实践活动。

基于小学教育专业 STEM 实验室的定位与目标，结合上述的课程结构，小学教育专业 STEM 课程设置详见表 1：

表 1　小学教育专业 STEM 课程设置

课程类型	课程名称	课程目标与要求
基础课程	3D 打印	了解 3D 打印技术,学习 3D 打印机操作技术
	激光切割机	了解切割机、车床和铣床的操作技术,并体验创作的乐趣
	车床、铣床	
开源项目	Arduino 编程电路	使用编程技术,理解有关电路、电子等方面的知识,体验创作的乐趣
	电流与电子学	使用编程技术,理解有关电路、电子等方面的知识,体验创作的乐趣
	人工智能系列	使用编程技术,理解知识,体验创作
	智能家居/生活	使用编程技术,了解技术对家居和生活的影响
	桥梁设计	利用虚拟软件搭建桥梁,了解有关结构的知识,体验解决问题的乐趣
	结构检测	通过拼搭和检测设备,了解桥梁结构,解决问题
	结构搭建	通过拼搭模型,了解有关结构的相关知识,体验解决问题的乐趣
	机械模型	通过拼搭模型,了解有关机械及结果的相关知识,体验解决问题的乐趣
	太阳能	通过动手操作,了解太阳能的相关知识,体验太阳能在生活中的应用
	氢燃料电池	通过动手操作,了解氢能源的相关知识,体验氢燃料在生活中的应用
	定格动画	通过摄影技术及布景知识,创作动画
	动画制作	使用软件,创作动画
线上课程	3D 设计	使用 3D 设计的软件进行简单的 3D 设计
	Scratch 编程	使用 Scartch 软件进行简单编程
	地理信息系统	通过虚拟游戏,了解地理信息方面的知识,解决实际问题
	模拟城市	通过虚拟游戏,了解地形地貌、城市治理等方面的知识,创造性地使用相关知识解决实际问题
	微型瞭望台	通过虚拟游戏,了解天文学等方面的知识,体验天文观测的乐趣

2. 小学教育专业 STEM 实验室课程的实施及使用

（1）STEM 实验室为教师和学生提供丰富的设备资源支持。

STEM 实验室所有课程项目尝试将跨学科的学习理念和项目实践结合起来，为学生提供丰富的资源工具。STEM 实验室提供的资源主要包括硬件资源和软件资源。硬件资源不仅包括一些基础设备，如激光切割机、车床、铣床、电脑、打印机等，还包括与开源项目匹配的套件，如机械模型、太阳能、氢燃料电池、人工智能、电子学、集成电路等。软件资源主要包括线上软件及与硬件配套的课程。课程是 STEM 实验室最重要的软件资源，如果没有系统的课程设计，这些套件就是一堆毫无意义的材料，正是一个个具体的活动设计，赋予了这些材料价值和意义。STEM 实验室课程在引进项目设备和材料的基础上，还注重发现生活中的材料，并与新技术进行结合。

（2）STEM 实验室设置的课程，引导学生利用已有的资源学习项目设计或课程开发。

教师是 STEM 创新实验室项目的设计者和开发者，教师要以引进的 STEM 项目为载体设计活动，让学生亲历"设置问题情境—研究设计方案—建立模型—测试优化—解决问题"整个 STEM 过程。在整个过程中，学生模仿科学家、工程师和艺术家设计方案、创建电路、制作工艺品等，甚至可以与科学家、工程师和艺术家一起探索解决现实问题。经过系列 STEM 项目活动的体验后，学生从现实生活中寻找问题，亲身体验 STEM 项目或课程开发的整个过程。所以，学生通过学习 STEM 创新实验室提供的课程，获得相应的知识和技能不是 STEM 实验室设置的最终目的，其最重要的目的是让学生亲历 STEM 教育的整个过程，在此基础上树立 STEM 项目或课程开发的意识，练习 STEM 项目或课程开发的技能。课程开发的意识和能力是未来小学教师必须要掌握的能力。例如在完成提供课程后，学生需选择一个自己感兴趣的课程套件，按照 STEM 课程结构，以小组为单位设计一个 STEM 课程。

有的小组以定格动画课程及套件为支撑资源，要求学生利用这一资源设计制作一个具备一定故事情节的作品，场景布置与角色制作要符合主题设定，动画播放流畅且画面清晰，时长控制在 1—3 分钟。要想完成这一任务，

学生要通过一定的调查研究获得定格动画制作的原理，了解场景布置与切换时人体视觉残留的定律等科学知识；小组共同设计主题内容及场景的安排，并利用黏土捏造、积木拼搭、动画剪辑等技术手段按照设计好的方案制作完整的动画。本课程共设计了"一起来编剧""小小道具家""我是大导演""最佳剪辑师""动画首映会"五个主题活动，这五个主题活动以学生喜欢的形式融入了对科学、技术、数学、工程设计和艺术审美能力的灵活运用，提升了学生对定格动画的认知以及对动画短片创作的整体把握能力，进而实现了知识广度的延伸拓展、跨学科能力的提高。

有的小组基于模拟城市这个软件，开发了一个市长成长计划课程，该课程分实地调查与虚拟游戏两个部分。学生通过实地调查，了解城市地理地貌和自然生态系统循环的规律。学生通过虚拟游戏体验，利用所掌握的科学知识，使用游戏软件进行城市规划设计，体验合理利用城市土地、协调城市空间布局的巧妙。

因此，STEM实验室提供的课程，不仅让学生了解什么是STEM，还让学生亲历STEM的整个过程，更重要的是让学生通过体验树立课程开发的意识，获得依托某一课程资源进行课程开发的能力。

（3）创造性地实施和使用STEM课程及设备。

虽然STEM实验室提供的课程之间具有一定的独立性，每个课程都有一套相对完整的设计，教师可以引导学生利用已有的课程设计展开探究活动，但是有些课程具有一定的关联性，例如机械模型、结构搭建、桥梁设计、结构检测等课程。机械模型和结构搭建是通过拼搭模型，让学生了解并体验有关机械和结构方面的知识，如机器、齿轮、杠杆、轮与轴、滑轮、力学、结构等。桥梁设计主要是让学生利用有关机械和结构方面的知识，采用虚拟的方式完成桥梁设计的任务，利用相关的软件进行不断测试，发现设计过程中的不足并找出解决问题的办法，对设计进行不断的优化完善。结构检测主要是让学生利用提供的材料，如竹签、热熔胶等，根据有关结构方面的知识，设计一个真实的桥梁，并利用结构检测器进行检测，通过仔细观察检测直观看到桥梁容易被压垮的点，发现设计中存在的问题，然后不断优化直至解决问题。

因此，在课程实施过程中，我们可以以桥梁为主题，将机械模型、结构搭建、桥梁设计和结构检测这几个课程整合起来进行。首先，向学生呈现一个搭建有具体承重要求的桥梁的任务。然后，让学生利用机械模型或结构搭建来探究有关桥梁结构的问题，通过多次探索发现什么样的结构是最稳固的；让学生在探究之后根据所获得的有关结构方面的知识，利用虚拟的软件模拟建造桥梁，进一步理解有关结构的知识，并及时完善原先的设计。最后，让学生利用提供的材料，根据前期探究获得的经验，搭建一个符合要求的真实桥梁，并用结构检测器不断地检测完善，解决最初的问题。

（二）小学教育专业 STEM 创新实验室空间环境建设

STEM 创新实验室是教师引领学生基于项目设计或问题解决，通过系列载体，尝试跨学科融合，亲身经历科学探究和工程设计过程，将创想努力变为现实的重要场所。因此，STEM 创新实验室的建设有别于传统的学科实验室的建设。STEM 课程没有统一的标准和要求，每个学校可以根据自己的实际情况和 STEM 课程的目标，创建特色各异的创新实验室，不需要盲目跟风，不必一味追求高尖端的设备。学校在对实验室进行空间环境建设时要遵循以下几个原则：

1. 营造开放的学习环境

与传统的课堂不同，STEM 创新实验室是教师与学生共同提出研究任务，学生在教师引导下进行学习、思考、讨论、设计、制作、表达交流及展示等活动。因此，实验室在座位的排列上改变传统的秧田式排列方式，采用半岛式排列方式。半岛式排列方式最大的特点就是开放性，其好处就是便于学生间开展研讨、实践操作、组间的互动交流及展示等活动。

另外，STEM 学习具有开放性。STEM 创新实验室为学生提供丰富的课程及学习资源，学生可以根据教师教学计划安排，自主地选择感兴趣的主题和学习内容，按照 STEM 课程实施模式自由展开研究活动，尝试在解决实际问题的过程中利用不同学科间的相互联系，在理解学科知识的相通性的基础上对知识进行跨学科的整合，有效地将科学、技术、工程、数学等融合在一起，

进而提高自身综合运用多学科知识解决实际问题的能力,促进自己认识世界的不同侧面,发展复合型思维。①

2. 便于学生实践操作

实践是STEM教育的重要特征之一。STEM课程强调学生动手、动脑参与学习的过程,为学生提供实践的学习体验。学生在参与、体验的过程中,不仅获得结果性知识,还习得蕴含在问题解决中的过程性知识,获得实践的课堂体验。因此,STEM创新实验室不能像科技馆一样,只是设备或模型的陈列或者简单的示范,一定要强调学生的亲身活动,鼓励学生利用实验室提供的课程及资源,在不断的实践中去发现问题,创造、设计、建构、合作并解决问题,从而发展其实践能力和创新能力。

3. 有助于学生共同协作

STEM教育具有协作性的特点,强调在学习群体中相互帮助、相互启发,进行共同的意义建构。STEM课程一般以项目或问题解决的方式展开,在完成项目或解决问题的过程中,学生需要与他人合作,共同搜集和分析学习资料,商讨和制定方案,反复操作验证和修改方案,直至完成项目或解决问题。因此,STEM实验室环境建设一定要有利于学生组成学习共同体。②

四、结语

随着STEM教育在小学的不断推进,STEM师资出现了很大的空缺,作为培养小学教师的小学教育专业在培养具有STEM素养的师资方面责无旁贷。STEM实验室的建设是STEM师资培养中非常重要的组成部分。由于STEM教育具有开放性的特点,不同学校STEM教育的定位和目标不同,所

---

① 余胜泉,胡翔.STEM教育理念与跨学科整合模式[J].开放教育研究,2015(4):13-22.
② 赵慧臣,陆晓婷.美国STEM实验室的特征与启示[J].复印报刊资料(中小学教育),2017(8):87-93.

设置的课程体系也不相同,因此 STEM 实验室的建设也不尽相同。每所学校要根据自己 STEM 教育的目标和定位,选择和组织课程内容,形成符合自己学校特色的课程体系,然后根据课程体系购置实验室的设备和资源,进行空间环境的建设。

（作者：高　霞）

师范生的教育实习反思及指导

教师职业具有极强的实践性特点,包括教育见习、实习在内的教育实践课程一直是重要的教师教育课程内容。21世纪以来,我国各级各类师范院校积极开展教育实践课程的改革与探索,例如增加学分、学时(如从6—8周延长到10—14周等),将学生自行联系实习单位改变为学校有序组织、专业教师带队指导等,取得可喜成效。然而,有研究者指出,时间对教育实习而言,"只是让师范生或教师较有可能朝向与教育经验对话的一个必要条件而已",而非充分条件,"充分的条件存乎实务经验的呈现形式(form of practical experience)或从这种形式中彰显出来的经验的'质'(the quality of the experience)","教育实习能否发挥教育功效并不在于其经验时间的长短,而是要问是什么样的经验,要用什么样的方式运用这些经验才可能使经验产生拓展教育智慧与引导合理的实施方法的价值"。[①]《教师教育课程标准(试行)》中指出,职前教师应"具有研究教育实践的经历与体验,具有在日常学习和实践过程中积累所学所思所想,形成问题意识和一定的解决问题的能力"。因此,院校在探索延长教育实践时间、恢复带队指导等改革举措的同时,有必要继续深入探求在师范生实习指导环节如何进一步有效提升师范生的教育实践能力。本文仅从"实习反思"层面做初步探索,并求教大方。

一、多层次的教育反思

教育反思作为教师捕捉教育教学经验并赋予意义的过程,是教师"做中

---

① 杨秀玉.实践中的学习:教师教育实习理念探析[J].首都师范大学学报(社会科学版),2009(5):57-61.

学"的重要环节和专业成长的重要途径。然而,并非简单地"告诉"或"命令"一个人"要反思",他就能学会"反思"进而改善自己的教育行动。职前教师教育中,教育实习是引导和协助师范生"学会反思"的最佳契机。若缺少有效指导的教育反思,师范生的实习经历只能停留在"直觉"或"普通常识"的意义上,师范生容易将教师的教育教学能力诉诸个人的天赋才能,甚至错误地认为通过观察、模仿和反复练习就可以习得相关的教育教学技能,"实践经验越多,自己的教学能力就会越强"及"学理论没用"等错误认识会愈发顽固。

事实上,单纯的实践经验并不必然形成教师在教学实践中的品质、风格和能力,专业实践能力的形成与提高离不开理性思考与理论指导。包括教育实习在内的师范生教育实践类课程是将理论知识与教育实践融通,进而发展实践智慧、培育实践情感的系统课程;"其目的和任务当以实践性知识的建构为核心,为教师实践性知识的建构和情感的培养创设一种具有'情境性'和'协作性'的互动环境"①。凯米斯(Kemmis,S)、范梅南(Van Manen)等人依据哈巴马斯(Jürgen Habermas)的三类人类认识旨趣,归纳出技术性反思、实践性反思和批判性反思三种教育反思形式。② 以"反思性实践"为核心理念,指导师范生在教育实习中开展多层次反思并在反思中批判、修正自己的理论知识,这有助于帮助师范生克服"学徒观察"③的不足,促进师范生的教育敏感性及教育理论与实践融通能力的发展。

(一) 技术性反思

教师的教学工作中存在有关学科、学习、学科教学与学习等规则性知识,也普遍存在课程开发的技术性步骤。思考如何理解课程标准规定的教学目

---

① 魏善春.师范生实践性知识及其有效教学途径探析[J].课程·教材·教法,2009(7):73-77,83.

② 张贵新,饶从满.反思型教师教育的模式述评[J].东北师大学报(哲学社会科学版),2002(1):103-108.

③ 丹·克莱门特·劳蒂.学校教师的社会学研究[M].饶从满,等译.北京:人民教育出版社,2011:54-55.

标、如何利用教科书内容或根据目标调整内容、如何使教学方法取得最佳效果、如何评价学生的学习成果是否符合预定的教学目标等问题,即属于技术性反思。比如,师范实习生会在课前、课后以自我设问或小组交流的形式,就"这节课的教学设计有无疏漏""组织教学是否适当""师生关系是否正常""因材施教是否做好""教学目标是否实现""学生学习兴趣是否调动起来"等问题进行思考和剖析。这种对有效教学的追求是人类基本的认知旨趣,师范生在实习中需要体验和磨炼;但是,仅此又远远不够,因为技术性反思以经济、效能和效率为原则,重在寻找更经济、有效的途径以达成预期目的,强调对教学手段、策略合理性的反思,但并不质疑既定的目标、教学脉络和已有理论,对手段的精雕细琢远远超过对结果的价值追问。

(二) 实践性反思

实践性反思更关注学习者及社会、学校和班级等情境特征对于实践的意义,着力于检讨目的、手段及其假设以及实际结果,是对学习的本质、学生的学习意向与动机以及社会、学校和班级环境的反思和对自身经验和行动意义的追问与阐释。比如,思考和探究"如何与学生之间建立起学习共同体""如何通过与学生形成良好的专业关系来发挥教师的领导作用""如何根据周围环境和学生需要来选择、组织教学内容""自己的教学及评价如何才能使学生获得全面成长"等问题,便是作为知识生产者的教师在深度诊断和诠释自身的实践经验。具有实践性反思意识的教师能够认识到技术性反思中的每次选择都是在具有价值承诺的诊释性框架中进行的,教师不仅需要反思如何将自己的知识有效运用于实践,而且需要分析和澄清自己教育教学行动中的经验、意义和假设。这对教师转变教育理念至关重要。

(三) 批判性反思

批判性反思则在实践性反思的基础上进一步强调教育的伦理性、社会性和政治性,以公平、正义等道德、伦理标准来评判专业实践;强调教育实践不仅负载价值,而且这些价值由于社会、政治、文化和历史等原因会被扭曲而具有压迫性;主张教育反思应深入检视和阐释价值系统及其公平程度,揭示和批判具有压迫性、支配性的教育事实,并努力将批判性意识付诸教育行动。美国课程社会学学者迈克尔·阿普尔(Michael W.Apple)曾将批判性反思概括为四个代表性问题:"这是谁的知识""知识是由谁来选择的""为什么要这样组织知识并以这种方式施教""这对某个特定的群体是否有利"。① 教师关注教育实践之文化政治含义,具备进行政治、道德、伦理反思的意识和能力,有助于积极重构自己的教师意象及"习以为常"的教学假定,认识到权利和意识形态对课程与教学的影响,规避将技术理性模式不加区分地机械应用而产生的、手段与目的相分离的"控制性的技术性反思",在提高教学技能的同时改变可能存在的个人偏见、利益偏好及错误观念,自觉提高弱势群体的教育生活质量,尊重学生追求自主与负责的权利,成为促进社会公正的教育变革行动者。

　　教育、教学实践是复杂的工作系统,要求从业者具备在实践中综合把握现实真相并提出解决方略的能力,这需要从业者在师范教育中打下坚实基础。然而,师范生缺乏教育敏感性,不善于发现、提出以及分析、解释问题,在教育实习中常常是"想反思,但不知从何下手"。因此,如果师范生通过教育实习只是熟悉常规的教学工作方式、锻炼备课上课等一系列教学技能,而没有学习到如何有意识、有目的地对学校教育真相做出自己的分析和阐释,那么师范生恐怕难以从实习经历中体验和生发自己的教育实践智慧。教育实践智慧不同于只关注方法或手段的技术性知识,它蕴含着对目的合理性的省察和对现实行动富含道德性的洞察,具有"洞识与理解力""反思与批判力""沟通协调与执行力"及"审美与创造力"等重要内涵②。杜威(J.Dewey)在强调"能够引发深思熟虑的行动(Reflective Action)的经验才具有教育价值"时也主张对经验进行批判性反思应持有开放(Open Mindedness)、负责

---

① 施良方.课程理论:课程的基础、原理与问题[M].北京:教育科学出版社,1996:223.
② 于泽元.教师专业发展视野中的高师课程改革[J].高等师范教育,2004(3):55-60.

(Attitude of Responsibility)和全心全意的态度(Whole Heartedness)①。

二、教育实习反思指导

虽然"教师应具备反思能力"早已成为学界共识,但师范生培养中对教育反思的强调大多囿于技术性反思,教育实习中少有对实践性反思和批判性反思的要求与指导。在转型中的当今中国社会,教育对社会流动、阶层分化的影响日益深刻,教师作为专业人员,其对教育实践的技术性反思、实践性反思与批判性反思愈显重要。

(一) 全面认识、清晰阐释教育实习目标

长期以来,教育实习被视为师范生锻炼、提高教学技能的过程;在"教师职业需要实践智慧"的学术思想影响下,人们认识到不能狭隘地将教育实习理解为以训练动作技能为任务,而应致力于发展师范生的实践智慧与实践能力,培养具有实践智慧的问题解决者、反思型的教育研究者、具有专业精神的敬业者和具有持续的专业发展能力的教育者。② 教育实习目标应与教师教育目标相一致,而"培养什么样的教师"又与基础教育目的紧密关联。如果说,"学校不能仅仅提供最低工资水平工作所需要的基本读写能力训练,而是要有一个更高的目标:把学生培养成为负责任的社会成员",那么,"教学和教师教育最重要的目标是社会责任、社会变革和社会公正";"如果一个社会中所有自由、平等的公民都要得到民主教育的益处,那么所有的教师必须教授学生接近民主理想的知识、技能和意向。尤其在今天这样快速变化和日益多样化的社会中,所有的教师都需要有关对教育的社会文化背景有影响的知识

---

① 杨秀玉.实践中的学习:教师教育实习理念探析[J].首都师范大学学报(社会科学版),2009(5):57-61.
② 殷晓静.师范教育实践性课程的思考[J].教师教育研究,2004(1):26-29,7.

和有关协调学习(mediating learning)中文化和语言的角色的知识"。① 只有当教师在形成个人观点和专业身份的过程中融入对社会公正的信奉,意识到学校中的社会不公正与结构性不平等,以及自己对社会公正的价值,并对减少不公正做出道德承诺,教师才可能成为社会进步的推动者。

从这个意义上说,教育实习不仅仅要为师范生演练和改进教学技能提供现场机会,还要让师范生增加对教师职业的感性认识,了解自己的职业兴趣、特长与不足,以更好地规划自己的职业发展方向;更要为增强师范生对社会文化多样性的敏感性和理解力,为提升师范生的社会责任感创设环境。为此,教育实习工作有必要融入"服务学习"(service learning)的思想理念,探索、构建有师范教育专业特色的实践教学模式,充分发挥教育实习的综合教育价值,有效提升师范生的就业能力并培养其职业道德和公民责任感,促进其对自身的教育教学行动进行实践性反思和批判性反思。

服务学习是20世纪80年代在美国兴起并迅速发展成为声势浩大的教育改革运动的教育哲学理念,旨在将社区服务与课程学习相结合,通过有计划的服务活动及反思,计学生参与到有组织的社会服务行动中,促进学生知识、技能的获得和能力的提高,并使其在关注社会、服务他人中增强公民意识和合作精神,成长为富有社会责任感并有能力服务于社会的人。② 这一实践教学取向非常强调服务活动的学习价值,关注学生的责任感、正义感等社会性品质的发展,很快成为大、中、小学课程改革的重要走向。鉴于师范生需要在未来的教学生涯中有效运用并指导中小学生开展服务学习,美国教师教育通过独立设计、融入教育实习或其他课程之中、设置辅修专业、纳入社团活动等课程形式,开展以中小学服务为主、社区服务为辅的"专业性服务学习"(academic service learning);但是,"发展和执行服务学习计划的一个关键挑战是,清晰地说出并培养这种共同的关于服务学习目的的理解。参与者可能有着不同的观点,如把服务学习看成职业发展、慈善行为、履行公民义务或促进社会公正的一种方法。调查显示,服务学习的默认观点即它是慈善行为。

---

① 尼古拉斯·M.米凯利,戴维·李·凯泽.为了民主和社会公正的教师教育[M].任友群,等译.上海:华东师范大学出版社,2009:48-57.
② 赵希斌,邹泓.美国服务学习实践及研究综述[J].比较教育研究,2001(8):35-39.

专题四
卓越小学教师培养的实践系统

如果不对服务学习的目标进行清楚的讨论,大多数年轻人(包括许多成年人)会把他们的服务学习活动看成是'一群较幸运的人'在帮助'一群不太幸运的人'"①。

同样,师范生教育实习要能真正促进面对不同文化背景的学生的未来教师们发展其社会公正的观念,需要实习组织者和指导教师向师范生清晰阐释这一教育实习目标,使其正确认识并积极投身于教育实习。为了增强师范生对社会文化多样性的敏感性和理解力,高校可以扩大师范生教育实习学校的选择范围,而不仅仅局限于优质学校;还可以带领师范生在走进基础教育的同时,有组织、有计划地走出校园,接触和关怀流动人口、下岗工人、单亲家庭子女及少数民族学生等社会弱势群体,在社会情境中体验贫穷、健康、公平、正义等人类本质问题。这将促进师范生个人德性及教师职业道德的升华,增进他们对文化差异的理解与包容,并使他们从中反思自己的价值观,在未来教育工作中秉持民主、平等、正义的责任意识。"未来教师通过在社会和学校中获得的直接经验,使他们能对社会、教师和学生都很重要的问题更加敏感。那些花时间在种族、民族和社会经济条件异于自身的学校和社会的未来教师,有机会增强他们对社会文化多样性的理解和敏感性,并能学会欣赏其他不同背景的人们的生活。"②

虽然教育实习存在诸多现实困难,但其应努力使师范生与基础教育学校及社会文化情境产生直接接触并充分互动,这样才能有助于师范生通过实习更加了解真实的教育和社会,了解教育改革的背景与过程,发现教育和社会的问题,自觉开展实践性和批判性反思,在建构教育知识、锻炼教学技能的同时,积极参与教育和社会变革,因为"在培养未来教师对社会公正的信奉的过程中,认识到不公平仅是其中的一步。如果这样的认识只能让他们焦急、伤心、无望的话,这对他们未来的学生是没有好处的。教师还必须把自身看成是处在促进社会公正斗争中的参与者,有能力和权利批评社会和教育实践,

---

① 李广平,苏敏.美国教师教育中的服务学习[J].外国教育研究,2006(6):55-59.
② 尼古拉斯·M.米凯利,戴维·李·凯泽.为了民主和社会公正的教师教育[M].任友群,等译.上海:华东师范大学出版社,2009:157-159.

并带来社会和教育的变革"①。

（二）明确要求、全面示范多层次教育反思

反思性实践作为教育实习的重要指导原则，落到实处是保证质量的关键。研究表明，教育实践是模糊、复杂又不断变化的，从实践情境中抽离出来的抽象、概括性知识对教师帮助甚微，教师需要为教育行动提供情境化的特殊知识。因此，学习者只有在教师教育中通过理论学习获得关照教育实践情境的理性知识，开展的是重视理性思考并带有批判性反思的实践，才能真正学习"如何像教师一样思维"并初步体验教育实践智慧。因此，对于师范生教育实习除了需要对实习生的听课记录、备课教案、班主任工作计划、班会设计、教育调查等提出明确、具体的要求之外，还应要求师范生通过日志、叙事写作等方式进行教育反思，并且向师范生全面示范如何进行多层次的教育反思，从而促进教育实习质量的提高。

首先，提出明确、具体的实习反思要求。师范院校要对师范生开展实习反思提出明确、具体的要求，一是可以编撰《教育实习反思指南》，为实习生提供反思框架与建议，指导师范生开展实习反思。比如，针对师范生缺少问题意识，可以提出诸如"我以怎样的'开场白'吸引学生注意""我怎样提问才能使学生思维更有条理""这节课是否需要开展小组学习、何时开展、如何开展""我如何评价学生在这节课的学习成果和进步"等一系列具体、细致的问题，引发师范生对自己实习中的教学设计思想、策略及能力进行反思，从而逐渐增强其反思意识。二是可以明确要求实习生通过观察课堂、学生、学校、社区等，完成一定数量的专业反思记录（包括撰写反思日记或周记），建立网络系统，支持和促进师范生与实习小组的伙伴及指导教师们进行合作反思。师范生通过写作来记录和展现真实经历的教育生活事件，通过开展团体交流、讨论等教研活动来表达自己对教育教学事件、问题

---

① 尼古拉斯·M.米凯利,戴维·李·凯泽.为了民主和社会公正的教师教育[M].任友群,等译.上海:华东师范大学出版社,2009:163-164.

及自我的认识、困惑与分析,从而不断增强理性审视自己教育、教学行动的意识、能力和习惯。

其次,提供明晰的范例,进行反思示范。教育、教学反思是高度个人化的思维活动,是对个体所经历的独特教育、教学情境加以重构的过程,要使实习生真正体会和理解"反思",还需要指导教师密切关注实习生在实习现场的经验与困惑,通过提供由理论转化为实践的明晰的范例(包括案例、日志、自传、专业教学档案袋等)进行反思性实践的示范,并详细指导实习生学习如何搜集和留存录音、录像、照片、文档、信件(邮件)等各种"实习档案袋资料",如何撰写反思日志、课例分析、个人总结及研究报告等反思性教研文章,以及如何开展小组讨论、集体评课等。

再次,督促并反馈师范生的实习反思。指导教师要对师范生的教育实习反思活动给予督促和反馈,引导师范生在分析、解决教育教学问题的过程中审视并检讨自己的教育教学理念乃至学校教育的社会文化情境,从而促进其技术性、实践性、批判性反思能力的发展及教育实践智慧的生长,培养其良好的专业素养。

最后,实习结束后继续跟进理论研习。师范生对教育教学活动的反思不能止于实习期间,实习结束后师范生还应带着困惑和疑难问题继续跟进专业理论的深入研习,寻找解决问题的可能路径;指导教师也要继续提供资源、提示线索,促进师范生对理论与实践互嵌关系的体认,锻炼将经验性实践提升为专业性实践的能力。

三、指导教师队伍建设

以反思为导向的师范生教育实习对指导教师的"实习指导"提出了非常高的要求,"当未来教师得到具有文化敏感性和有资格的成人的监督和指导时,他们的经验就可以作为反思及批判检验的沃土。这个过程能明显地促使他们发展成为具有社会意识和文化敏感性的教师"①。师范院校和实习学校的指导教师是师范生教育实践课程实施中缺一不可的两支重要力量,其指导作用十分关键;教育实习指导教师队伍建设至关重要。实习组织工作有必要明确指导教师的职责和规范相关要求,努力突破体制、机制障碍。

(一) 基于实习目标,明确指导教师职责

实习指导中专业精神的引领远比教育教学技能的打磨更为重要,因为专业精神、态度是教师个体对自身职业的理智性价值判断与情感性体验,是教师专业发展的题中要义,更是教师专业发展的成熟标志。实习工作组织应明晰实习指导教师的职责,比如,帮助实习生认识到自己的学习需要,发现并详细反思有价值的经验或经历,引导实习生了解社会、关注不同(特别是弱势)的教育群体,勇于承担青年人应有的社会责任等。

(二) 加强指导教师队伍管理制度的建设

西方国家教师教育中的门特制度(mentoring)要求指导教师必须经过专门培训,以确保对实习教师和初任教师的有效指导,但我国尚缺少这方面的制度建设。我们可以学习、借鉴西方国家经验,设定科学、合理的指导教师任职资格标准(如具有强烈的教育责任感与职业道德,扎实、丰富的教育理论素养与实践经验,卓越的语言表达与人际沟通能力,等),规范选拔程序,明确指导职责,加强专业培训,完善考核评价标准,以及实质性地推进大学与中小学的深度合作。

(三) 指导教师率先开展反思性教学实践

高等师范院校和中小学校的实习指导教师都应身体力行地开展反思性

---

① 尼古拉斯·M.米凯利,戴维·李·凯泽.为了民主和社会公正的教师教育[M].任友群,等译.上海:华东师范大学出版社,2009:158.

教学实践,撰写实习指导日志、开展教学课例研究等,从而有效熏陶师范生的反思意识,培养师范生的反思能力与习惯,为师范生学习反思提供范例和榜样。

总之,教育实习中,师范生不仅需要学习如何对各种教育教学技能的有效性、策略使用的合理性等进行技术性反思以锻炼教学能力,而且需要学习如何缜密地审视和探究自身实践背后的个人信念以改变可能存在的错误观念、价值观偏见及利益偏好等,更需要对学校教育现实与社会正义的关系秉持批判性反思的开放态度,致力于成为促进社会公正的教育变革行动者。教育实习改革并非"多长时间适宜"或"集中与分散,孰优孰劣"那么简单,它需要进行课程体系的科学建构和指导教师队伍的制度与文化建设。全面认识、清晰阐释教育实习目标,明确要求、全面示范,指导师范生进行包括技术性反思、实践性反思和批判性反思在内的多层次教育反思,并加强指导教师队伍管理制度的建设,是师范生教育实习得到优质指导的重要保证。

(作者:杨 跃)

工作场所学习:师范生实践教学的新视角

一、"工作场所学习"的理论要义

近二十年来,西方成人教育场域兴起了一场关于"工作场所学习"(workplace learning)的潮流,它区别于传统学习场域的地方在于:将工作场所与学习场所融为一体,希望将学习融入日常工作之中,使原来年复一年、日复一日的日常工作(routine)因为变化与创新因素的注入而不再那么单调与乏味,而是变得更为自由与活泼,同时工作效率也大为提高。这一具有迷人前景的理论已经在涉及知识传播、转化与生产的行业中开始尝试实践,如 IT 业、企业、医疗保健以及教师行业,并初步形成"工作场所教育学"体系。其奥秘就在于,尊重并遵从成人自己的发展意愿,将成人自己的发展意愿与组织的发展意愿融为一体,将个体兴趣的价值与组织的价值融为一体,在工作情境中自然地引入有意义的活动与指导,因势利导,因材施教,达成个体与组织的双赢。恰如《论语》中所说,"因民之所利而利之,斯之亦惠而不费乎"。

马修斯(Matthews 1999)提出,工作场所学习不能局限于仅仅训练人们获得那些狭窄(narrow)、表层(surface level)的技能与技巧;工作场所学习应当具有广阔的视野与巨大的潜能,它能使个体、组织和公司获得长远的发展。学习是一种发展、一种过程、一种结果。如果社会与经验的发展将学习从教室中解放出来,那么"工作场所"就不仅仅是一种物理上的空间,还是一种集物理性、意义性、行为性和情意性等所有方面于一体的存在。于是,这里的学习也就由以完成任务为目的转为以发展潜能为目的了。[①]

---

① MATTHEWS, P. Workplace learning: Developing an holistic model [J]. The Learning Organization: An International Journal, 1999(1): 18-29.

专题四
卓越小学教师培养的实践系统

卡伦(Cullen 2002)等认为:只有理解了知识社会(knowledge society),才能理解工作场所学习。我们不能撇开背景(context)来孤立地理解工作场所学习,这些背景包括变化中的工作的本质、知识的本质以及学习的本质。如果我们撇开了这些背景,那么我们只能简单地培训人们使之具有一定的技巧与技能,他们也只能被动地适应今天,而无法主动地创造明天。从传统的培训到现在的工作场所学习,必须经历以下四个转变:从个体和私人性质的发展转变为团体竞争力的发展;从带有责任和义务性质的培训转变为更为广阔的全纳性质(如策略、文化和结构)的全面发展;从陈述性知识、抽象知识、理论知识转变为程序性知识或缄默知识,而后者的特点是"只可意会,不可言传";从重视那些可观察、可转移的技能技巧转变为认识无形的地图、图式、隐喻、性格、忠诚等学习过程中的结果。①

沃恩(Vaughan 2006)也提出相似的观点:进入知识社会以来,随着人们对知识大厦的日益重视,学习变得越来越重要。人口统计数据的变化、对科技和技术要求的增高、人际关系在不同场域的变换,这些都促使着工作场所学习成为一种学习趋势。那种认为工作与学习泾渭分明的观点已经过时:学习不再被定义为一种仅存在于教室情境中的"前置性"(front loader)的活动,而工作也不再被视为是静态的、能预先被确定的存在。②

在我国的成人教育学界,工作场所学习正在成为一个重要的研究领域。顾名思义,"工作场所学习"意喻着在一起工作,也在一起学习。"对于一个组织、地区和国家来说,工作场所学习既是最为直接、最为有效的人力资源开发途径,也是个人、组织与社会可持续发展的必要保障,是构成学习型社会的重要基石。因此,工作场所学习已然作为教育学科的'新疆域',是学习型社会

---

① CULLEN,J., HADJIVASSILIOU, K., HAMILTON, E., KELLEHER, J., SOMMERLAD, E. & STERN, E. Review of current pedagogic research and practice in the fields of post-compulsory education and lifelong learning (final report submitted to the Economic and Social Research Council)[C]. London: The Tavistock Institute, 2002.

② VAUGHAN, K., ROBERTS, J. & GARDINER, B. Young people producing careers and identities[M]. //The first report from the pathways and prospects project. Wellington: New Zealand Council for Educational Research, 2006.

和终身教育体系建设不可或缺的内容。"①

近几年来,我们小学教育专业实践教学的改革思路之一,就是探索工作场所学习理论在小学教育培养中的适应性和适应度,研究的焦点在于,如何通过"工作场所学习"来帮助师范生更有效地理解并融入真正的小学教育情境,在鲜活真实的学校生活中自然地唤起这些未来的小学教师们终身学习的内在诉求,让其置身于学习共同体中,养成终身学习的习惯并自由、自主、自觉地实现专业发展。

二、小学教育专业的技术特点

教学论中常讨论这样的话题:教学是技术还是艺术？仁者见仁,智者见智。但有一点是肯定的,即对于绝大多数的新手教师以及师范生而言,教学始于技术。有学者指出,当代技术知识呈现出多样性:事实知识与价值知识共存,陈述性知识与程序性知识兼备,理性知识与经验知识互补,显性知识与缄默知识同在。② 以上认识有助于我们把握小学教育专业的技术特点。

(一) 陈述性知识与程序性知识兼备

从信息加工心理学的观点看,知识可分为陈述性知识和程序性知识。陈述性知识也叫描述性知识,是个人可以有意识地回忆出来的关于事物及其关系的知识,主要说明事物是什么、为什么、怎么样。目前小学教育专业课程传授的主要是这类知识。程序性知识也叫操作性知识,是个体难以清楚陈述、只能借助于某种作业形式间接推测其存在的知识。它主要用来解决做什么和怎么做的问题。这类课程的比例相当小。

---

① 黄健,吴刚,刘德恩.工作场所学习:学习型社会的重要基石——第九届国际人力资源开发学会年会(亚洲分会)述评[J].开放教育研究,2011(1):22.

② 顾建军.技术知识的特性及其对职业教育的影响[J].职业与教育,2004(29):16-18.

对于师范生而言，当他们进入职业市场（小学）时，市场最为关注的是他们标志性的职业操作能力——课堂教学能力。这是一个典型的程序性知识，是属于技术层面的知识。当代科学技术的发展，导致技术知识不再是科学理论的附庸，而是一个独立的体系。心理学研究告诉我们，程序性知识（无论是操作技能还是心智技能）的习得有着自己独特的规律，主体要在大量的练习中完成"定向—操作—内化"的过程，这完全不同于陈述性知识的获得。所以，一些专业课程特别是小学各科教学法必须按照程序性知识的习得规律来开展，教学为学生提供大量的课堂训练机会。

（二）理性知识与经验知识互补

技术中的理性知识主要是指对技术作用的对象、过程、程序等事物或现象既知其是（what）、知其然（how），又知其所以然（why）所形成的认识，它是逻辑思维的产物。技术中的经验知识是人们在反复的实践和丰富的感性活动中不断积累和总结而形成的认识。

在科技发展史上，理性往往与哲学家相关，而经验则与工匠相关。教师职业有个别名——"教书匠"，意思是教学是属于经验层面的，与理性、哲学、思想无涉。"教书匠"的名称在理论界饱受批判，它常常是作为"教育家"的反义词而出现的："教书匠"只会教书，呆头呆脑，"教育家"博大精深，灵活生动；"教书匠"囿于书本，"教育家"则能观照学生的全部世界。普通高校的目标是培养教育家，而不是教书匠。这种观点暗含了"重理性而轻经验"的价值观。笔者认为，从实现理想社会的角度看，这是一个美好的方向；但在目前的中国，从学生就业的角度看，这样的观点并不务实。对于师范生而言，他们的确应当志存高远，但是不能好高骛远。想跳过"教书匠"而直接成为"教育家"，这一理想虽然美好，但却是无源之水、无本之木。很难想象，一个连"匠"的基本专长都不具备的人能成为"家"。在求职尚未成功的阶段，轻视甚至贬斥"教书匠"的做法是不明智的。

（三）显性知识与缄默知识同在

人类有两种知识：一种是显性知识，即能用书面文字、地图、数学公式来表达的知识，它是可教的知识；另一种是缄默知识，即难以被明确表达出来的个体经验，它不可教，学生只能通过观察和体悟的方式来获得。

教学是可以"教会"的吗？如果可以"教会"，那么为何师范生学了那么多教学论知识却不会上课？如果不可以"教会"，那么该如何让学生习得呢？笔者认为，实际教学能力不是"教会"的，而是在实际教学活动中"体验"得到的，它在本质上属于缄默知识，是"只可意会，难以言传"的智慧。所以我们常常会看到一线教师中有很多无师自通的高手，他们便是凭借悟性在"摸着石头过河"中获得了缄默知识。

这种奇妙的缄默知识只能在实践的过程中获得，而这种实践的最好形式则是——学徒制。学徒制起源于古希腊，是一种私人性质的教育，指的是在实际生产过程中师傅主要以口传手授的形式向徒弟传授技能的制度，师徒之间自然而然地建立起如同家人般的温情关系。"中世纪的学徒制度，是一种真正理想的技术教育体制，同时也是一种卓越的社会教育组织。"①但是，在公共性质的学校教育发展到极致的今天，学徒制早已被挤至历史边缘，所幸的是这种"口传手授"的教学基因被保留下来。小学教师面对的是小学生，小学生天真无邪，至情至性，小学老师也要保有这份童真，才能以情教书，以情育人。这种情感的能力、爱的能力难以从标准化、高效率的班级授课制中获得，而费时费力、个性化的学徒制恰是最好的方式。

人们一旦从工作场所学习的视角研究师范生的专业养成，那么就必然认同这样的观点：师范生作为成人学习者的学习，不再是传统意义上的前置性的、课堂中的、一劳永逸式的知识累积与技能掌握，而是一种集陈述性知识、程序性知识和缄默知识于一体的渐进式的实践智慧增长。

---

① 细谷俊夫.技术教育概论[M].肇永和,王立精,译.北京：清华大学出版社,1984：23.

专题四
卓越小学教师培养的实践系统

三、目前高校小学教育专业建设遇到的问题

（一）从课程设置上看，过于强调学科知识的学习，这种"理论至上"的倾向导致高校教学重陈述性知识而轻程序性知识

工作场所学习带来了对传统学习的挑战，这种挑战可被视为"学术型学习—职业性学习"之间的张力。

表1 关于学习与知识的两种思路：学术型与职业型（Karen Vaughan，2008）①

	学术型	职业型
知识类型	抽象的 客观、普适、永恒、专注于脑力的 学科取向 理论型	应用的 主观、联系上下文、手动、情绪型 跨学科取向 经验型、观察型
在社会中的地位	主流 高地位	供人选择 低地位
教育理论	传统的教育	进取的培训
从学校到工作之间的路径	大学，高等教育 适用于专业型、管理型的人群	理工专科学校，学徒制，企业培训，适于那些不熟练的劳动力群体
学校课程	语言、数学、科学、历史 线性的（从学校到工作情境） 主流课程	工作场所学习，应用性专业的学科 综合性或补偿性的项目训练 供人选择的课程
适用学生	高成就动机、高能力、学术倾向	低成就动机、失败者、辍学者、擅长手工者、边缘者

---

① KAREN VAUGHAN. Workplace leaning: a literature review[M]. Auckland: Competenz, 2008: 11.

续表

	学术型	职业型
评价	学术标准；获得学位	综合评价；获得证书
教学论	大班教学、师生保持较远的距离、同步性、学科中心	小班教学，师生关系紧密，学生中心，与家庭、社会、雇主亲密接触

高校小学教育专业一般的课程安排顺序被称为"三段论"，即文化基础课—专业基础课—专业课，在专业课中包含了见习与实习。其逻辑是这样的：学生应当先学习足够丰富的理论知识，然后通过实践把这些理论知识转换成能力。比如学生学习"小学语文教学法"，必须先学习"人文与社会"（文化基础课，有时也叫博雅课），再学习"课程论""教学论"（专业基础课），这样就掌握了丰富的理论知识，即"宽口径"的学科论基础，然后再学习小学语文专业课，最后进行专业实习，在实习中就能自然而然地把所学的理论应用于实践了。

这样的课程设置暗含了"理论至上"的倾向，教学中重陈述性知识而轻程序性知识，因为程序性知识会因陈述性知识的掌握而轻而易举地被获得。可是现实情况是，很多学生知晓理论但并不会上课，在求职市场上毫无竞争力，这说明我们需要反思这种倾向。小学教育的重要特点就在于，它包含了典型的程序性知识，不经过大量的练习是不可能被掌握的。所以我们要正确定位陈述性知识与程序性知识这两类不同性质的知识的教学，把程序性知识的教学作为一个独立的教育体系，尊重客观规律，进行科学的课程安排。

（二）从教学组织形式看，学校情境中的班级授课制过多，而职业情境的实践机会太少，导致学生的经验知识和缄默知识难以积累

职业技术教育发展史说明，当社会经济从手工业发展到现代大工业，职业技术教育也从古代的学徒制升级为标准化的学校教育制度。这种升级使得教学的效率大为提高，但同时这种升级也是有成本的，"在给学生大量标准

化知识的同时,也使学生在远离工作情境的学校情境中难以建构知识的职业意义"[1]。小学教师这一职业面对的是真实的生活情境,所以,师范生职业能力的培养肯定无法从生活情境中割裂出来。这就要求高校小学师资培养必须回归生活、回归真实的职业情境。在四年的课程中,师范生在小学课堂上进行实践的机会是很少的,即使现在学校增加了见实习的课时比例,其力度也远远不够。

从市场需求看,小学需要大量实实在在的"能工巧匠"。所谓"匠",就是有着丰富经验、掌握娴熟技能的人,按照职业教育 CBE 课程论的说法,就是"任务胜任力"。市场对年轻师资的首要要求,是能胜任课堂教学这一任务,能做一个娴熟的"教书匠"。所以我们要重新认识实习的意义,大量扩展实践性技术课程,让学生在实践中体验真实的教学,积累个体的经验知识和缄默知识,形成专、精且富有个性的职业能力。

四、"工作场所学习"给我们的启示

"工作场所学习"既是一种制度上的建议,也是一种思想,即一种注重实践、技能,为未来工作而学习的思想,不让师范生在一种自我摸索中成长,而是通过有意识、有设计的开发活动使他们从事更高层次、更深境界的教育教学工作。

(一) 市场意识:要根据小学(市场)的需求来制定实践教学的课程标准

专业发展是否满足社会需求的一个主要体现,就是其专业设置是否与产业结构及经济发展的变化相适应。吸纳行业专家参与学生培养的全过程,让他们参与实践教学课程的设计与执行,实行"订单式"培养人才的模式,较好

---

[1] 徐国庆.职业教育课程论[M].上海:华东师范大学出版社,2008:29.

地解决了这一问题。由产业界而不是学者来决定课程内容,是因为行业专家比大学教师更能准确地把握职业教育内容。

某个岗位需要什么职业能力,只有长期从事该岗位工作并达到相当熟练程度的人最清楚。这是一个既浅显又深刻的道理。可惜长期以来我国高校却忽视了这一道理。小学教育专业建设基本由高校自己负责,鲜有基层学校参与,由于长期听不到,或者不愿意听到基层学校即市场的声音,高校的专业建设和课程改革常常是劳而无功,毕业生难以进入职业市场也就不足为怪了。所以我们要增强市场意识,将小学校长和一线老师请进来,请他们进行职业分析,如:构成小学教师这一职业的主要活动内容,该职业所特有的知识与技能,该职业对个性的要求,等。这种做法科学、高效、经济。

高校可以与优质小学签订培训合同,让小学负责师范生的见习与实习任务。这样做一方面可以解决本专业课程设置与社会需求脱节的问题,另一方面可以让小学依托高校的智力资源,通过"订单"模式培养自己需要的师资,可谓"双赢"的好办法。

(二)活动课程:以专业实践活动为本位,让学生在大量实习中获得直接的职业经验

以专业实践活动为中心选择实践教学的课程内容,实践课程的编排与选择非常注重直接性的职业经验。作为一种典型的活动课程模式,其最显著的特点就是理论课程与实践课程的明确分工与紧密联系。一方面用理论来指导实践,同时又强调理论必须在实践中得到验证,并通过实践加深对理论的理解;另一方面,无论何种课程内容都强调学以致用的实用性,如专业课程就是把有关的专业知识综合成专业技术实用知识体系,而不去追求学科知识体系的系统性和完整性。①

目前高校小学教育专业课程设置正好与"活动课程"相悖,是典型的"学科课程",具有逻辑性和系统性,其缺点也十分明显:忽视学生已有经验而脱离生活实际。所以,学生常常反映难以理解一些课程的设置,如:教育心理学

① 黄克孝,等.职业和技术教育课程概论[M].上海:华东师范大学出版社,2001:122.

与教学论明明内容重复而为什么相继开设;哲学与教育哲学到底有什么区别;与求职密切相关的小学各科教学法为什么被放置于大三、大四开设,且实习的机会少;等等。这些问题都提示我们:必须更新思维! 教学不能再按照学科逻辑进行,而要按照活动过程进行,让学习与个人的特殊经验发生联系,让学生边做边学。大胆删减内容重叠的科目,创造性地以实践活动为核心来聚焦知识,明确就业所必需的技能和知识及课程内容的组成部分,由此诱导并督促学生去反复练习、强化,以达到符合要求的程度。所以,大量的教育见习、实习必不可少,且要以"螺旋式"课程的形式贯穿四年,让学生有充分的时间观察、模仿、实践与反思。

(三) 着眼未来:关注能力的广泛迁移性,增强灵活性和超前性

工作场所指的是个人获取与发展其职业能力的环境。近十年来,人们出于实用主义的考虑,越来越强调将工作场所作为一个学习的环境。一旦在工作场所中引入有意义的活动与指导,那么工作场所学习就开始了。理解个体如何能在工作场所进行最好的学习,是一个非常值得研究的教育教学的项目。"工作场所学习"有三种模式[①]:

一是在日常工作中开始"参与学习"。员工在每天的工作活动中被赋予机会参与、观察、聆听,并且在活动中被要求循序渐进地完成一定的目标任务。(例如:由低到高的责任心、由部分到整体的参与度)

二是在日常工作中开始"被引导学习"。员工开始接受经验丰富人士的指导,模仿并采用各种技术加以训练强化,进行自我导向的学习。

三是在日常工作中开始"迁移能力"。用提问、问题解决以及场景建构等方法,让学习者扩展知识面并将之运用到新环境之中。

这对小学教育专业建设的启发是,高校进行小学教育专业建设必须要着眼于未来。其一是师范生的教师职业生涯发展的未来。时代发展对小学教

---

① STEPHEN BILLETT. Guidance, activities and participation: towards a workplace pedagogy [C]. Annual international conference on post compulsory education and training: Learning together, working together, 2000(1):216-223.

师的素养提出越来越高的要求,小学教师不仅是传道授业的人,还要是研究者、班级管理者、人际关系协调者、心理咨询师、职业规划师,甚至更多。师范生进入职场以后必须有很强的适应能力和可持续发展能力,方能跟上时代步伐。其二是学生脱离教师职业后的未来。每个人在未来都有着无限的发展空间,转换职业是正当且普遍的,学生要有能力适应并胜任新职业。所以,小学教育专业建设在关注职业化、专业化的同时,还要顾及培养学生跨职业的能力,即迁移力。

增加基础理论课的数量无助于迁移力的培养,因为"并非学习的知识越抽象,越有利于能力的迁移;抽象知识只有当它与具体情境获得联系时,才对能力迁移具有意义;知识的迁移效应并非取决于其抽象水平,而是取决于其被建构的方式"①。可见,迁移力培养的关键还应立足职业教育的扎实开展。因为,任何一种职业都不是孤立存在的,而是处于社会这一大系统之中的,职业能综合反映该社会的价值观念和行为方式,所以我们完全可以通过具体的职业活动让学生建构具有普通意义的社会价值观念,从而让职业活动成为"组织知识的纽带"(杜威语),让职业活动能"陶冶"人的全部身心(黄炎培语),通过专业化实现普通化的教育目标。

(作者:华 伟)

---

① 徐国庆.职业教育课程论[M].上海:华东师范大学出版社,2008:4.

专题四
卓越小学教师培养的实践系统

校友资源的开发和利用

校友是当今大学发展的重要资源,校友资源已成为国际上评价大学的重要指标。"校友资源是校友自身作为人才资源的价值,以及校友所拥有的财力、物力、信息、文化和社会影响力等资源的总和。"①近年来,我国大学越来越重视校友工作,从理论上加深对校友工作的认识,从实践上积极凝聚校友群体的力量。师范大学的小学教育专业也要充分开发和利用校友资源,在小学教育领域打造一个"泛卓越工程",形成教师发展的共同体,建立健全校友工作机制,使师范生培养工作能够无障碍地穿梭于鲜活的专业生活世界中,充分共享大学和小学的各类资源,优势互补,形成协同创新的合作文化。深化母校情节,重视校友资源,目的在于通过搭建大学与小学之间沟通交流的平台,开展多方的经验交流、思想交锋,探索有利于基础教育和高等教育有效对接的育人理念和育人途径,不断引领基础教育师资培养工作的良性发展。

一、校友资源对小学教育专业建设的意义

2003年《中共中央国务院关于进一步加强人才工作的决定》中就指出,"高校毕业生是国家十分宝贵的人才资源"②。校友活跃于世界各地和各个领域,师范大学要积极开展校友服务工作,建立各种机制,开拓各种渠道,将校友联结起来,并为校友提供一流的服务,最大限度地发挥集聚人才、形成辐射、实现引领的关键作用。

---

① 贺美英,郭樑,钱锡康.对高校校友资源的再认识[J].清华大学教育研究,2004(6):78-82.
② 中共中央国务院关于进一步加强人才工作的决定[EB/OL].(2003-12-26)[2019-08-21]. http://www.most.gov.cn/ztzl/qgkjgzhy/2007/2007kjrc/2007kjrczc/200701/t20070126_40010.html.

（一）"产学研融合"探索

按照《中国教育现代化2035》的要求，我国要建立以师范院校为主体、优质小学为实践基地的开放、协同、联动的中国特色教师教育体系，强化职前教师培养和职后教师发展的有机衔接。大学开发与利用校友资源，可以从研究、实践、展示和推广等方面探索"产学研融合"的理论与实践，充分运用大学的学术优势，为已经毕业的校友们提供学术深造与研究的机会，坚持"走出去，请进来"，邀请校友们重回母校，为师生做新课程改革和教师专业成长等专题报告，参与实践教学，举办各种形式的沙龙。校友工作将实现优质资源的共享，真正建成有实质意义的教师教育共同体，实现校友资源的可持续发展，形成良性循环。

（二）专业发展与校友成长融为一体

按照国家最新的对小学教育专业发展的要求，大学要负责监测毕业生在职后五年内的教师的专业成长状态，以深厚、扎实的教育研究支撑校友的专业发展，为其提供"菜单式"的成长支持。因此，大学要把自身的发展与每一位校友的个人发展联系起来，把校友成长与大学文化建设联系起来，大学有义务为校友的专业交流活动提供支持。同时，大学教师也需要扎根一线，更新实践知识库，弥补远离实践的不足。所以，专业发展与校友成长如果能融为一体，将是一件双赢、互惠的好事，例如建设协同创新研究团队，开展小学教育发展主题的实践课题研究，为小学教育改进服务，也给大学教师开拓科研与教研的实验场所。

（三）让校友成为人才培养的重要力量

小学教育专业毕业的校友在若干年后都将成长为成熟教师，其中有相当一批人还获得特级教师、优秀教师、学科带头人等荣誉称号，或成为校长、教育行政管理者。大学要努力让校友积极参与专业培养的目标评价与修订工

作。召开校友座谈会,针对大学培养方案中的培养目标、课程设置、评价体系等方面,听取校友的建议和意见。例如,在校友中发起问卷调查,了解他们毕业后在专业学习过程中对课程和教学的意见和建议;举行校友座谈会,当面听取校友的意见,发现问题,及时整理,认真地、有针对性地修订培养目标,并将其中好的建议融入培养目标之中,增强校友对专业培养目标的认同感。随着我国综合国力的提高,海外留学人员归国潮也正在兴起,他们会带来国际上教师教育的最新理念与实践,大学如果能择其善者而从之,也将极大促进专业的发展,跻身国际前沿,在教师教育理论和实践方面取得国际话语权。

二、开发与利用校友资源的路径

开发与利用校友资源,对于师范大学的人才培养和社会服务工作具有重要意义。但是从现状看,大学目前仍然存在校友资源意识缺乏、平台建设不力、校友资源多样性被忽视等问题。"利用校友资源推进世界一流大学建设是一项十分复杂的实践性工作,包括校友资源的定性、校友资源的管理、校友资源的利用等多个环节,需制定系统而全面的战略。这就呼吁我们必须加强专业性,做到校友资源的善用。"[①]基于现状,师范大学要勇于创新,开拓进取,积极思考与开拓校友工作的路径,形成母校与校友同呼吸共命运的制度及文化。

(一) 建立平台

校友工作应被视为大学治理的重要组成部分,大学应重视校友数据库建设,建立起校友资源开发和利用的平台,追踪校友的足迹,挖掘校友的先进事

---

① 何志伟."双一流"建设背景下校友资源的理性认识与有效利用[J].中国高教研究.2018(6):77-82.

迹,使与校友的沟通制度化、常规化。例如,大学邀请校友担任本科生的实践导师;定期邀请校友回校,用沙龙、研讨会等方式请校友们与在读的本科生们交流;成立学术共同体,共同发布一些研究报告或倡议;成立校友工作室;等等。这些可让校友与母校建立起休戚与共、肝胆相照的情感联系。大学要充分运用自身的优势资源,尤其是研究、学术、教学资源,为已经走上一线的校友提供学术学习和研究的机会,使他们在毕业后依然能够享受到母校的滋养,得到专业水平的提升。大学要充分发挥平台的作用,坚持双向沟通,邀请校友回母校访问,为师生做新课程改革、教师专业成长等专题报告。这些措施能实现优质资源的共享,真正建成有实质意义的有效共同体。大学借助校友资源这一平台,还能将大学教师的研究成果不断推广,给更多的实践工作者带来新的灵感。优势互补,可解决长期以来理论和实践脱离的重大问题,形成合作共同体协同机制,这将对小学教师教育产生长远的影响。

(二) 完善机制

完善大学的校友互动机制,增加与校友之间的情感关联,成立与校友保持密切联系的校友工作站,并建立健全校友工作的网络平台。完善的机制能将大学和小学有机整合起来,起到减负增能的作用,符合大学和小学的共同利益,有助于大学和小学的长效合作。校友为母校做贡献,大学还应完善对校友的激励机制,设置专项经费,简化经费使用手续,做好政策上的支持,保障校友工作的服务性、科学性、灵活性和多样性。通过平台建立起及时沟通交流、意见收集的常规机制。通过实体机构和网络平台,定期向所有校友发放调查问卷,及时收集他们对小学教育专业人才的需求和评价意见,同时定期整理资料并提交书面评估分析报告,定期召开反馈意见分析会议,及时将反馈意见转化成研究报告,力争及时地、持续地改进培养目标,跟上时代发展和一线教育需求的步伐,始终立于教育教学改革的前沿,培养国家和社会的"四有"好教师。

（三）投入情感

大学要实实在在地关心校友,重视他们各方面的发展,为他们提供支持与帮助。校友对母校有一种天然的认同感和亲近感,校友视母校为温馨的港湾,当校友获得事业上的成功时,总是念念不忘母校的栽培,"今日我以母校为荣,明日母校以我为荣",母校的校风学风、师长教诲、同窗之情,都是校友一生珍贵的精神财富。各个年龄阶段的校友,当他们返回母校时,都会带着真挚的情感向年轻的大学生讲述自己的成长故事,其中有成功的喜悦,也有失败的困顿,更有选择时的迷惘,这对于青年学生来说就是学习的机会。萧伯纳说:"我不是你的教师,只是一个旅伴而已。你向我问路,我指向我们俩的前方。"在校师范生与校友有着一样的教育情怀与教育追求,他们建立起纯粹的友谊,相互激荡、相互启发、相互鼓励,也会带着思索继续追问、继续寻找、继续成长。校友与母校既是学缘共同体,也是情感与文化的共同体。有学者预测,"随着高等教育的社会化以及民主化程度的不断深化,校友问题已不能仅仅由校友捐赠或校友资源涵盖。与'校友捐赠'或'校友资源'相比,'校友文化'这一概念应更具解释力"[①]。

三、母校与校友合作的空间

校友与母校相互支持,共同发展,有着极为广阔的合作空间与前景。母校秉持双向互惠的原则,充分发挥校友的作用;同时为校友提供各种学术交流和学习的机会,共同开展课题研究,形成共生文化,以更好地满足国家发展对高素质教师队伍的需求。

---

① 罗志敏.大学校友问题研究:当代挑战与范式转换[J].教育研究,2014(6):53-57,90.

（一）提升师范生的专业实践能力

按照《教师教育课程标准（试行）》和《教育部关于加强师范生教育实践的意见》的规定，师范生的实训时间要完整充裕，具体安排要科学合理。师范生在教育实习期间具有足够的上课时数，上课类型多，能够形成小学教育教学的基本能力，有利于自身实践能力的提高和实践智慧的生成。但师范生实践教学能力的提升仅仅依靠大学教师是远远不够的，必须还要依靠校外实践教师的支持与指导。专业实践能力的提升强调程序性知识，师范生必须在大量的练习中完成"定向—操作—内化"的过程，所以，在临床教学实践方面，大学要充分发挥校友的作用，让他们对师范生做出引导和示范，请他们为师范生开展教育教学讲座和说课技能辅导，帮助师范生积累讲台教学的经验、师德体验、优秀的课堂教学案例、班级管理经验，突出对实际教育问题的应对，以及各种教育教学问题解决策略的讨论，这将对师范生的专业实践能力提升起到非常大的帮助。

（二）开发与完善大学的课程资源

大学在课程建设方面，注重将最新的研究成果引入教学，开阔师范生的眼界，提升其理论思维水平；同时，注重邀请校友走进大学课堂，开设微课程和微讲座，分享优秀教育者的教育教学经验，动态拓展师范生在校学习资源，让师范生在高校课程内即能感受基础教育一线最新的教学变化；还要充分利用网络平台优势，如大学里的远程教学观摩室、智慧教室，实现与一线课堂对接，帮助师范生跨越时空参与小学教育教学的实时观摩和研讨，大学教师也可对部分课程内容适时地进行调整与更新。校友提供的在线教学案例、试题库和数字化教学资源库等，也为职前职后一体化的优质教师培养提供了全面高效的支撑。

（三）产生实践导向的课题并协同研究

在与校友沟通的过程中，大学专业教师与校友互相激发灵感，凝聚集体智慧，有望产生出实践导向的课题研究，并在合理的机制中开展协同创新研究。教师与校友合作开展教育研究，形成互补型跨学科研究团队，开展小学教育学、儿童品德发展与德育、小学课程与教学论、家校合作与家长教育、小学教师学习与发展、国际小学教育及小学教师发展等小学教育专业学科群建设，共同提升研究能力和一体化指导能力，有效指导师范生的发展与职业规划，从而产生积极的社会效应和实践效能。

（四）构建教育工作伙伴关系

对于师范生来说，他们要理解学习共同体的作用，具有团队协作精神，掌握沟通合作技能，具有小组互助和合作学习体验；要学会建构积极的人际关系和行为策略，能够主动寻求、创造并保持和同事、家长、社区之间合适的教育工作伙伴关系，来关照每一位小学生的健康成长，支持每一位小学生的学习和发展。在与校友进行常规性的沟通过程中，师范生将得到历练，获得与他人交流与合作的宝贵经验。师范院校要尽可能地创造机会，让师范生能与校友有各种形式的交流，并通过校友的推荐，尽早进入小学教师工作的真实情境中，从观察开始，学着与人合作，构建教育工作伙伴关系。

（作者：华　伟）

教育实习对师范生教师身份认同的影响

近二十年,教师身份认同成为教育学领域的重要研究议题之一。[1] 教师身份认同是指个体对自身作为教师这一职业角色的认知。[2] 在实证研究的推动下,教师身份认同的重要性已被充分证明:它不仅影响教师教学的内容、风格、与学生的关系以及学生的学业成就,还决定了教师自身寻求职业发展的决心与方式。[3][4] 近些年,大批学者开始考察教师身份认同的形成机制。[5] 他们发现,教师身份认同并不稳定,也非先验,而是动态发展的:从职前学习实践到正式进入职场进行教学工作,教师身份认同在个体内部(如认知、情绪、动力系统等)与外部(如环境、教学经历等)因素的交互影响下不断被创造再创造[6]。关注师范生培养的学者进一步发现,现有的师范生项目注重教育理论与具体的教学方法学习,但这些知识不能直接帮助学生合理融合自我与职业自我,师范生们依然面对这样的困境——难以在保有个性的同时扮演好文化赋予的职业角色。[7] 相较而言,教育实习对于职前教师的身份认同有更加显著的影响[8]:实习不仅提供学生将理论转化为实践的机会,帮助他们提升对于教师职业领域的感性认识,还帮助他们发展出独有的职业

---

[1][8] LAMOTE C, ENGLES N. The development of student teachers' professional identity[J]. European Journal of Teacher Education, 2010, 33(1): 3 - 18.

[2] CATTLEY G. Emergence of professional identity for the pre-service teacher [J]. International Education Journal, 2007, 8(2): 337 - 347.

[3] SAMMONA P, DAY C, KINGTON A, et al. Exploring variations in teachers' work, lives and their effects on pupils: key findings and implications from a longitudinal mixed - method study [J]. British Educational Research Journal, 2007, 33(5): 681 - 701.

[4][6] BEIJAARD D, MEIJER P C, VERLOOP N. Reconsidering research on teachers' professional identity[J]. Teaching and Teacher Education, 2004, 20(2): 107 - 128.

[5] IZADINIA M. A review of research on student teachers' professional identity[J]. British Educational Research Journal, 2013, 39(4): 694 - 713.

[7] ALSUP J. Teacher identity discourses: Negotiating personal and professional spaces[M]. Lawrence Erlbaum Associates, Incorporated, 2006.

专题四
卓越小学教师培养的实践系统

"个性"①。本文对国内外关于教育实习对教师身份认同影响的前沿研究做出综述,其后结合前沿研究结果对小学教育师范生教育实习提出建议。

一、国外研究综述

从学术史的角度来看,国外研究经历了如下演进:对于教师身份认同概念的界定与维度划分—考察教育实习前后教师身份认同的变化—考察具体的教育实习因素的影响,主要包括师生关系和同辈关系。

(一) 教师身份认同的内涵

国外研究中,教师身份认同往往不是一个单一维度的概念,而是包含了几个不同面向。其中比较主流的维度划分包括个体对教师职业角色的解读和理解(分为专业取向与任务取向)、教师自我效能感以及职业承诺。②

专业取向反映出个体多大程度上将自己的职业角色定义为一个外延不断扩展的专业人员。当今世界对教师的期待不断发生变化,近些年又越来越强调教师职责的多元属性,例如教师间的团队合作,为制定学校政策出力,自主学习更新知识,与家长及校外其他机构合作,等。③在这种环境下,拥有专业取向的教师更能够满足不断发生变化的社会期待。任务取向反映出个体将自己的职业任务定位为设定教学目标以及如何实现这些目标,具体又分为两种理念:学生中心取向与内容中心取向。持有学生中心取向的教师在教学法方面更注重课堂中的自我卷入,更注重教育的个体性和社会性目标,也更

---

① SGROI C A, RYNIKER M. Preparing for the real world: A prelude to a fieldwork experience[J]. Journal of Criminal Justice Education, 2002, 13(1): 187-200.

②③ LAMOTE C, ENGLES N. The development of student teachers' professional identity[J]. European Journal of Teacher Education, 2010, 33(1): 3-18.

293

注重学生的学习过程;相反,持有内容中心取向的教师更注重课堂秩序,教育目标是个体的职业生涯发展,更看重结果而非过程。①

教师效能感体现出个体对于自己达成教学效果的信念和信心,是既往经历(个体经验、替代经验、说服经验以及情绪反馈)的产出,深深影响着实际教学效果。② 教师职业承诺指个体对于教师这份职业的心理联结和依存感,在进行教学实践时产生的情绪情感可以帮助教师衡量自己对于这份职业的真实态度和动机。③

除此之外,一些教师身份认同的维度划分方法也得到了广泛应用。例如,克尔克特曼斯(Kelchtermans)将教师身份认同分为五个维度——对自我的描述、对自我能力的评估、内外部动机、工作知觉以及对未来的职业规划④;宏(Hong)针对职前教师群体,将教师身份认同划分为六个维度——核心价值观、自我效能感、任教承诺、职业情感、知识信念以及微观政治⑤。

(二) 教育实习对师范生的教师身份认同发展的影响

在实习时,师范生可能会经历一定程度的心理冲击,这些冲击有助于他们不断调和在实习前自身对于教与学既有的假设和身份认同,以及在教学实

---

① LAMOTE C, ENGLES N. The development of student teachers' professional identity[J]. European Journal of Teacher Education, 2010, 33(1): 3-18.
② BANDURA A. Social cognitive theory of self-regulation[J]. Organizational Behavior and Human Decision Processes, 1991, 50(2): 248-287.
③ VAN HUIZEN P H. Becoming a teacher. Development of a professional identity by prospective teachers in the context of university-based teacher education[D]. Amsterdam: Bureau Grafische Producties, UvA, 2000.
④ KELCHTERMANS G. Getting the story, understanding the lives: From career stories to teachers' professional development[J]. Teaching and Teacher Education, 1993, 9(5-6): 443-456.
⑤ HONG J Y. Pre-service and beginning teachers' professional identity and its relation to dropping out of the profession[J]. Teaching and Teacher Education, 2010, 26(8): 1530-1543.

习工作中实际面对的现实需求和期待。① 一些研究表明,经历过教育实习后,学生的身份认同可能出现一些积极的发展:他们对于教学工作更有自信,变得更像教师了,对未来的愿景也更清晰了。② 然而,与预期相反,另外一些研究表明,实习后师范生的教师效能感可能出现下降③④;师范生可能因为无法很好地融入实习学校和满足学校的期待而感到受挫,这些负面情绪导致他们原有的身份认同发生瓦解。一些研究进一步提出,这些负面结果可能部分归咎于实习学生与带教老师之间存在的"伪学徒制"——实习项目所期待和假设的双方互利互惠的学徒关系并未建立起来,这些实习生往往没有机会在带教老师的帮助下系统地学习和实践各种教学策略。⑤

(三) 师生(实习带教—师范生)关系对教师身份认同的影响

师生关系目前是教育实习研究领域最受关注的研究点。在实习关系开始之前,学生对于这段关系就已经有了相当清晰的预期,虽然具体期待因人而异。⑥ 例如,有些学生期待带教老师允许他们在课堂上自由试验他们的教学想法,有些学生期待与带教老师建立更为平等亲近的同事关系,还有一些学生渴望从带教老师那里获得学习和生活上的双重关注和帮助。⑦ 除此之外,一些期待是学生所共有的,比如:从带教老师那里获得教学反馈,特别是

---

①⑤ BULLOCK S M. Learning to teach and the false apprenticeship: Emotion and identity development during the field experience placement[M]//Emotion and school: Understanding how the hidden curriculum influences relationships, leadership, teaching, and learning. Bingley: Emerald Group Publishing Limited, 2013:119-140.

② IZADINIA M. Preservice teachers' professional identity development and the role of mentor teachers[J]. International Journal of Mentoring and Coaching in Education, 2016, 5(2): 127-143.

③⑥ ERDEM E, DEMIREL Ö. Teacher self-efficacy belief[J]. Social Behavior and Personality: An International Journal, 2007, 35(5): 573-586.

④ LAMOTE C, ENGLES N. The development of student teachers' professional identity[J]. European Journal of Teacher Education, 2010, 33(1): 3-18.

⑦ FULLAN M. Professional development in education: New paradigms and practices[M]// The limits and the potential of professional development. NY: Teachers College Press, 1995: 253-267.

诚实的、有建设性、有情感的反馈;从带教老师那里得到持续的支持与建议。① 当学生对师生关系的期待得到满足时,他们更有自信去开启正式的教师生涯,对自己有更积极的评价;相反,当师生关系变得不尽如人意,或者学生的期待没有得到关注时,他们会感到沮丧,觉得不受欢迎,对自己的表现不满意,整体效能感也会下降。由于学生在师生关系中处于弱势,当师生关系出现矛盾和紧张时,他们常常羞于表达想法和感受,容易把这些负面情绪转化为对自身教师身份的负面评价。②

(四) 朋辈关系对教师身份认同的影响

一些师范生在实施实习项目时会采用结伴实习的方式。这种双人结伴实习隐含了多重关系:他们是彼此的朋友,是指导对方的老师,也是客观的观察者。研究发现,结伴实习有助于教师身份认同发展。③ 结伴实习时学生必须形成合作伙伴关系,各种各样的合作能够帮助他们强化作为教师的自我形象,提供反馈,帮助彼此进行反思,并探索新的教学方式④⑤;这种密切的互动也能帮助他们提升对于实习学校的归属感,增进实习投入度⑥。有时,结伴关系中也会出现一些矛盾,他们需要去协调彼此的多重身份,而在解决矛盾的过程中,他们能够发现学习的机会,并由此发展自己的教师身份认同。⑦

---

①② IZADINIA M. Preservice teachers' professional identity development and the role of mentor teachers[J]. International Journal of Mentoring and Coaching in Education, 2016, 5(2): 127 - 143.

③ NUGYEN H T M. Peer mentoring: a way forward for supporting preservice EFL teachers psychosocially during the practicum[J]. Australian Journal of Teacher Education, 2013, 38(7): 31 - 44.

④⑦ DANG T K A. Identity in activity: Examining teacher professional identity formation in the paired-placement of student teachers[J]. Teaching and Teacher Education, 2013, 30: 47 - 59.

⑤ GUTIERREZ A. Exploring the becoming of pre-service teachers in paired placement models [M]//Teacher Education. Singapore: Springer, 2016: 139 - 155.

⑥ NUGYEN H T M, LOUGHLAND T. Pre-service teachers' construction of professional identity through peer collaboration during professional experience: a case study in Australia[J]. Teaching Education, 2018, 29(1): 81 - 97.

二、国内研究综述

我国相关研究脉络与国外基本一致:概念维度划分尚未统一,非常关注师生关系互动对教师身份认同的影响。不同之处在于,国内研究对同辈关系的探讨较少,一些研究关注实习情境中的地点、形式(自主/跟队)等因素的影响作用;但总体而言,国内相关研究历史较短,研究总量较少。

(一) 教师身份认同的内涵

除了与国外研究相似的四维度划分法(专业取向、任务取向、自我效能、职业承诺)外,国内研究一般还会采用两种本土化的维度划分方式:一种包含两个维度,分别是教师作为职业群体成员的归属感和教师效能感[1];另外一种从认同的三种心理成分进行划分,包括认知(对自我形象、教师角色、专业知识和环境的理解、感知与评价)、情感(归属感与情感承诺)和行为倾向[2](准备状态)。

(二) 教育实习对师范生的教师身份认同发展的影响

我国研究者提出,教育实习作为实践类课程,可以为师范生提供教师身份的体验场域,帮助学生真正体验作为教师的感觉。师范生在前期学习过程中所发展出的教师身份认同可能得到延续,也可能遭遇困扰和焦虑,还可能获得重建。因此,教育实习对师范生的影响重大,既可能帮助他们进一步发展教师身

---

[1] 魏戈,陈向明. 社会互动与身份认同——基于全国7个省(市)实习教师的实证研究[J]. 教育学报,2015(4): 55-66,76.
[2] 林一钢,冯虹. 师范生教师身份认同的实证研究[J]. 教育发展研究,2013(10): 78-82.

份认同,也可能造成教师身份的断裂。① 与此相统一,实证研究发现,经历实习后,师范生的教师身份认同存在较大的个体差异②,一些实习生的教师身份认同在实习期间从稳固过渡到模糊反思的状态③。这些研究结果也进一步表明教育实习中的一些关键因素可能对个体的教师身份认同发展有重要影响。

(三) 师生(实习带教—师范生)关系对教师身份认同的影响

学者魏戈与陈向明对全国7个省(市)近2 000名师范实习生进行了调查。结果发现,实习导师态度越认真,与学生交流时民主氛围越强,师生关系中的情感联结就越强,最终越能够促进学生解决实习中遇到的问题,增强教师职业承诺。相反,师生互动次数少、时间短、个性化交流较少则不利于学生发展教师身份认同。④ 类似的,学者 Zhao H 和 Zhang X 的研究也证明了来自实习指导老师的支持对学生发展教师身份认同与职业承诺的重要性。⑤ 除此之外,实习指导老师的个人教学风格会直接影响实习生的教学定位(任务取向)。⑥

(四) 朋辈关系对教师身份认同的影响

我国探讨朋辈关系的研究较少,但结果与国外研究趋于一致。例如,学者陈柏华与李江小对40名英语专业实习生进行访谈,结果发现,跟着同一名

---

① 杨宏丽,陈旭远. 基于实践课程的实习教师身份认同考究[J]. 教育理论与实践,2012,(28):33-36.
②⑥ 陈柏华,李江小. 小学英语实习教师专业身份认知研究[J]. 基础外语教育,2016(5):37-45,109.
③ 邱俊杰. 从情态意义看实习教师身份认同重构——基于个案的研究[J]. 教育与教学研究,2013(9):40-43.
④ 魏戈,陈向明. 社会互动与身份认同——基于全国7个省(市)实习教师的实证研究[J]. 教育学报,2015(4):55-66,76.
⑤ ZHAO HY, ZHANG XH. The influence of field teaching practice on pre-service teachers' professional identity: A mixed methods study[J]. Frontiers in Psychology, 2017(8):1264.

实习指导老师的师范生之间由于存在共同的目标和实习身份,会自发结成学习同盟,彼此之间给予鼓励,为对方提供反馈。这种方式能够促进实习期间的学习反思和提升,也有助于师范生教师身份认同的发展。①

(五)其他教育实习因素对教师身份认同的影响

除了实习共同体中的指导老师与其他实习生外,实习生与实习教学中面对的学生、学校领导与其他教师团体等社会关系都能够帮助师范生形成教师身份意识。良好的社会关系与沟通能够促进实习生的教学反思、教师效能感与职业情感性承诺的形成。②③ 除此之外,实习方式与地区对教师身份认同的发展也有一定的影响,跟队实习与农村实习似乎比自主实习与城镇实习更有助于教师身份认同的发展。④

三、综述小结

目前国内外相关研究的结果趋于一致:教育实习对于师范生教师身份认同的影响存在较大的个体差异,即教育实习中的多种因素匹配不同实习生的个体特征可能呈现出较大的结果差异。在可能具有关键影响作用的因素中,实习带教—师范生的师生关系以及实习生之间的朋辈关系是当前研究的重点,得到了国内外学者的较多关注。研究结果显示,当实习带教老师可以满足实习生的关系期待时,实习生更容易在实习过程中建立教学自信,进而发展出教师身份认同;相反,当关系间的互动较少、支持力度不足时,学生容易

---

① 陈柏华,李江小. 小学英语实习教师专业身份认知研究[J]. 基础外语教育,2016(5):37-45,109.
② 李文婷. 教育实习期英语教师身份认同研究[D].青岛:青岛大学,2018.
③ 丰莹莹. 基于学校情景的小学英语实习教师身份认同研究[D].宁波:宁波大学,2018.
④ 王琳君,徐徐,林梦怡. 教育实习期间师范生教师身份认同变化研究[J]. 教育教学论坛,2016(4):91-92.

觉得沮丧,教师身份认同难以发展甚至会瓦解。实习生之间的关系也能够对师生关系起到一定的补充支撑作用:当实习生之间能够主动形成学习联盟,彼此督促、观摩、提供反馈时,能够帮助彼此发展教师身份认同和对实习学校的归属感。虽然研究者已然充分意识到教育实习对于师范生教师身份认同发展的重要性,也进行了一系列有益的探索,但我国研究仍存在一些亟待补充的地方。

首先,定性研究多,定量研究少。大多研究以定性研究为主,对几个或者几十个实习生进行定性访谈,从中抽取并描述教育实习中的重要影响因素。相反,仅有少数研究采用大规模量化研究的方法进行数据收集并得到相关关系,探索关系强度,且主要集中在师生关系这一影响因素,对朋辈关系探讨较少。未来研究需要进一步在定性研究的基础上定量考察关系效应值,进一步明确教育实习中有哪些因素在多大程度上影响教师身份认同的哪些具体维度的发展。定量研究有助于进一步形成对策和干预方案。

其次,相关研究多,因果研究少。在仅有的一些定量研究中,研究者多采用横断相关研究,即在同一时间点收集教育实习因素及教师身份认同结果数据。这一类研究无法观测师生关系或者朋辈关系变化对师范生教师身份认同的动态影响,因此结论的推广性及可应用性还有待商榷。考虑到教育实习的现实情境在实验研究中较难以操控,未来研究可以采用日记或周记,或者三个以上时间点的动态跟踪调查,进一步探索教育实习中各因素的动态变化是否以及如何引起身份认同的变化,为对策和干预研究提供更坚实的实证基础。

四、建议与对策

国内外研究一致认为,实习指导老师在师范生教育实习中扮演着领路人和模仿对象的关键角色。然而,目前我国师范生在教育实习过程中得到的来自实习指导老师的支持较少,普遍存在课后指导为主、互动次

专题四 卓越小学教师培养的实践系统

数少、时间较短、指导内容以客观知识方法为主、较少关注学生情绪情感个性需要等情况。① 而事实上,实习生在实习前往往内心充斥着各种各样的恐惧与自我怀疑②,在实习过程中也面临各种困难和挑战,时常需要指导老师给予知识与情感支持。因此,为实习生在教育实习期建立一个正式的、具有反馈机制的社会支持网络(实习导师为中心,朋辈关系为主要支撑)对于他们的教师身份认同发展极为关键。这个社会支持网络需要完成以下职责。

第一,完善实习导师工作职责。实习生在正式开始实习前,需要与分管实习导师进行充分、开放的沟通,表达自己对于实习的期待、担忧和需求。实习导师可以由此帮助实习生设置合理的实习目标,对于每个实习生的个性化需求做到心中有数,便于日后指导。③ 此外,在实习期间,实习导师需要为实习生提供持续性的反馈和指导,反馈内容需兼顾支持性与建设性,且提供的频率和方式需要规范化、制度化。在指导风格方面,实习导师应给予实习生尊重和信任,并提供有一定自由度的实习空间,激发实习生的激情与创造力,以及效能感。④

第二,完善实习导师选拔与培训制度。作为实习师范生的主要观摩对象,实习导师应该是对教育事业较有激情也具备较好教学水平的教师,需要起到一定的模范作用。⑤ 选拔过程主要需要排除一些正处于职业倦怠期的导师,他们容易将一些负面情绪传递给实习生。此外,国内目前的实习导师制度大多缺乏培训机制,导师的指导水平参差不齐。建立完善的培训制度有助于帮助实习导师明确自己的职责、工作价值、指导策略等,进而促进其指导工作和提升师生关系质量。⑥

第三,建立实习生同盟制度。目前一些实习师范生会自发形成同盟,互

---

①④ 魏戈,陈向明. 社会互动与身份认同——基于全国7个省(市)实习教师的实证研究[J]. 教育学报,2015(4):55-66,72.

②③⑤⑥ IZADINIA M. Preservice teachers' professional identity development and the role of mentor teachers[J]. International Journal of Mentoring & Coaching in Education,2016,5(2):127-143.

相听课、点评、反思并做出教学改进,还会与实习导师一同进行团队讨论。[1]这些活动有助于促进实习生形成自我认知和对教师职业的归属感[2],也可以在实习导师功能缺位的情况下进行补偿。因而,我们有必要从制度层面建立这类同盟制度。

第四,提供资源以激励实习学校支持教育实习工作。我国现有师范生教育实习体系中一个比较显著的问题是,实习学校在一定程度上缺少动力支持师范生的教育实习工作。对于实习学校来说,配合教育实习工作几乎是一件麻烦事。[3]从源头上说,在缺乏对等资源的情况下,师范院校也难以对实习学校和实习导师提出要求,即便这些要求对于实习效果至关重要。因此,一方面,师范院校有必要给予实习学校合理的财力支持,调动实习导师和学校的积极性,激发他们的外部动机;另一方面,师范院校有必要提供有利于实习学校和实习导师的教育、学术资源和机会,激发他们的内部动机。

(作者:胡　湜)

---

[1][3]　陈柏华,李江小.小学英语实习教师专业身份认知研究[J].基础外语教育,2016,18(5):37-45,109.

[2]　DANG T K A. Identity in activity: Examining teacher professional identity formation in the paired-placement of student teachers[J]. *Teaching and Teacher Education*,2013(30):47-59.

专题五

卓越小学教师培养的国际视野

国际视野是全球化时代教师发展的创新性素养。小学教师教育应指引师范生树立全球教育意识,关注全球重大的社会与教育发展问题。小学教师教育既要立足于中国国情和教育发展阶段,又要与国际同频共振,与世界水平相结合,提升国际竞争力和影响力。小学教师教育需要了解国际小学教育改革发展的趋势和学科教育前沿动态,积极参与国际教育交流。为此,本书第五部分将选取国外典型国家小学教师教育个案,探讨其小学教师教育改革理念、发展历程、政策取向等内容,以期能够将国际先进教育理念和经验为我所用。

专题五
卓越小学教师培养的国际视野

面向全球、扎根实践的美国小学教师培养

小学教师培养为基础教育发展奠定坚实基础,全球范围内教师教育改革的关注点有逐渐向小学教师培养转移的趋势。美国是一个教师教育发展较早,现阶段水平和层次都比较高的国家,其两百余年的教师教育经历了从无到有、不完善到逐渐完善、制度化和层次水平都不断提高的发展历程。[①] 现阶段美国作为一个多元文化背景的教育大国兼教育强国,已形成了较为成熟的全科型小学教师培养体系。"他山之石可以攻玉",本文对其小学教育教师培养模式进行探索,以期对我国基础教育发展和教师培养提供一定的启示与借鉴。

一、美国教师教育理念的主要表现

教育理念是教育改革的风向标,在教育过程中,教育理念会对教育制度、教育方法、教育内容等产生深刻的影响。美国的教师教育理念不仅体现为美国众多教育家对教育理论体系方面的生成与建构,或写在与教育相关的政策文本中,还表现为美国政府、美国政党及美国社会的具体实践。[②] 教师教育理念熔铸于国家的教育理念中,近半个世纪以来,美国的教育理念主要表现为四个方面。

其一,在教育理念中倡导教育公平与教育机会平等。不管是布什政府的《不让一个孩子掉队》法案(*No Child Left Behind*,简称 NCLB,*2002*)[③],还

---

① 骆昱炜.中美优秀教师的比较研究[D].上海:华东师范大学,2013.
② 赵玉展.中美教育理念的对比研究[J].才智,2015(3):34-35.
③ BUSH, GEORGE W. No Child Left Behind [R/OL]. [2021-12-20]. Department of Education, Washington, DC. Office of the Secretary. 2002. https://files.eric.ed.gov/fulltext/ED447608.pdf.

是奥巴马政府的《每个学生都成功》法案(Every Student Succeeds Act,简称ESSA,2015)①,都将追求教育公平及受教育机会平等作为美国基础教育的长期目标。美国政府与社会为了实现这一目标相继采取了系列措施,并取得了良好成效。

其二,在教育理念中强调教育目标在于培养合格的公民。美国教师之重任在于培育合格的美国公民,因此在基础教育教师培养体系中倡导多元文化的教育理念,致力于培养多元文化下的跨文化教师,将"全能型教师""卓越型教师""反思型教师"作为教师教育的培养目标,培养教师超越学科界限的多元文化教育能力。

其三,在教育理念中倡导人文精神,提倡以学生为中心,培养学生的创新与质疑思想。人文精神的倡导有利于学生形成独有的判断能力,并实现人与自然的和谐相处;质疑思想的培养有利于学生形成独立思考的能力,从而进行创新。②

其四,在教育理念中倡导教育是一种伴随人一生的虔诚的信仰,强调作为国本的教育的终身性、系统性和连续性,提倡终身教育与终身学习,构建学习型社区和学习型社会。国家层面的教育理念可以透视出教师教育理念强调教师的多元文化、专业发展和终身学习。

回溯美国近半个世纪的教育改革,1983年里根政府发布《国家在危机之中:教育改革势在必行》③的报告,揭开了美国新一轮教育改革的序幕。随后霍姆斯小组(The Holmes Group)发布的报告《明日之教师》(Tomorrow's teachers)④及卡内基小组(Carnegie Task Force)发布的报告《准备就绪的国家:21世纪的教师》(A nation prepared:Teachers for the 21st century)⑤,掀起教师

---

① OBAMA, BARACK H. Remarks on signing the Every Student Succeeds Act[R]. Daily Compilation of Presidential Documents,2015.
② 赵玉展.中美教育理念的对比研究[J].才智,2015(3):34-35.
③ An Open Letter to the American People [M/OL].//A nation at risk: The imperative for educational reform. https://www2.ed.gov/pubs/NatAtRisk/risk.html.
④ The Holmes Group. Tomorrow's teachers [R]. East Lansing,MI:The Holmes Group,Inc,1986.
⑤ Carnegie Forum on Education and the Economy. Task force on teaching as a profession. A nation prepared:Teachers for the 21st century[R]. New York:Carnegie Corporation,1986.

教育改革的热潮,以教育理念掀起教育改革,引领教育实践。

二、美国教师教育职前职后一体化发展

基础教育是国家发展的基石,基础教育的发展很大程度取决于基础教育阶段的教师,基础教育阶段教师素质的提高在很大程度上取决于基础教师教育。一般来说,教师教育包括教师培养与教师培训两个重要部分。教师培养相对于教师培训,指向教师的职前教育,指通过高质量的正规化教育,使有志成为教师的受教育者达到"为完成教育教学任务所应具备的身心和行为品质的基本条件"[1]。教师培训,更多地指向教师的职后培训,即教师的在职培训,指通过有效多样的培训活动使教师持续成长。

美国的基础教育教师培养体系也分为职前培养与职后培训两部分。在两百余年的教师教育发展过程中,美国的职前教师培养逐渐向专业化、高层次方向发展,目前已形成多元、开放和具有较高培养层次及水平的教师教育制度。而职后培训和职前培养并不是分裂式的,职后培训(在职培训)在继续教育和终身教育思潮的不断影响下,应教师专业发展的需要,得到美联邦政府和美国各州、各地方学区的普遍重视,职后培训作为职前培养的有力补充,更加注重教师专业发展的连贯性,职前培养和职后培训向一体化方向发展。

(一) 美国教师职前培养

美国现阶段高等教育十分发达,有较为完善的教育体系。为应对新一轮科技革命和国际竞争的需要,美国提出以培养"全能型教师""卓越型教师""反思型教师"等作为基础教育教师的培养目标,并指出达到这些培养目标的教师应该具备广博的文理基础知识、宽广的学术视野、精深的学科专业知识,

---

[1] 骆昱炜.中美优秀教师的比较研究[D].上海:华东师范大学,2013.

掌握教育专业方面的各种知识和技能,具备高尚的人格和良好的性格特征。① 为实现教师培养目标,美国逐年提高师范生的入学标准,形成了州政府教育部门、教师教育专业认证组织以及各类专业协会联合共治的一体化教师专业认证体系,规定所有从事教师职业的人员必须经过专门的教师培养及专门的机构考核后才能获得教师资格证。美国教师教育的高标准入学和高标准入职异于当前我国开放式的教师资格考试及认证制度。

美国基础教育教师培养已逐步形成由综合性大学培养的态势,较多的综合性大学的教师教育学院内设有小学教育专业(elementary education program),且约三分之一的小学教师会取得硕士学位,更甚有部分州大学取消本科阶段的教育主修专业,代之以硕士水平的教师培养。② 但美国并不是完全由综合性大学的教育院系独立完成基础教育的教师培养,而是通常与大学其他院系及中小学合作来共同培养未来的中小学教师,因此形成的教师专业发展学校(Professional Development School,简称PDS)成为美国教师培养的新特色之一。

教师教育项目(teacher training program)的专业设置通常分为初等教育专业、中等教育专业、体育教育专业、艺术教育专业、教育领导专业等大类,每一大类专业下细分许多小的专业方向;层次上也有本科、硕士和博士等不同程度。因此,基础教育的教师教育项目的学制有四年、五年或六年不等,呈现培养模式多元化的特点。但四年制本科水平的培养方案(专业设置)在美国的基础教育教师培养中仍占有重要地位,以俄亥俄州大学教育系为例,该机构设置了早期儿童教育(幼儿园到3年级)专业、中期儿童教育(4—9年级)专业和青少年至青年教育(7—12年级)专业等3个本科水平的培养方案。③

美国采用的是地方分权的教育管理机制,且各所大学历来较为注重学术自由,教师教育课程多由大学自行设置,州教育行政部门对其进行认可,并不过多地干涉。鉴于每个州对教师的要求有所差异,对教师教育的目标定位不同,且小学的学制设置也不尽相同,因此各教师教育机构的小学教育专业在

---

① 骆昱炜.中美优秀教师的比较研究[D].上海:华东师范大学,2013.
② 蒋蓉.美国小学教师培养:现状、特点与启示[J].贵州师范学院学报,2017(11):76-80.
③ 肖甦主编.比较教师教育[M].南京:江苏教育出版社,2010:217-218.

课程设置的名称、内容等方面呈现出不同的特色,存在一定的差异性。概括而言,美国各所大学的教师教育课程大概由通识教育课程、学科教育课程、教育专业课程(其中教育实习经历是其重要组成部分)组成。这三类课程构成的总学分设置在 120—160 之间,三类课程各占三分之一左右,学分分布较均匀(见表1),较为重视学生的均衡发展。三大类课程中,通识教育课程主要是选修课程,学科教育课程和教育专业课程主要是必修课程。①

表1 美国小学教育专业的课程类型与学分分配(以密歇根州立大学为例)

课程类型	学分	比例(100%)
通识教育课程	45	34.6
学科教育课程	39	30
教育专业课程	46	35.4
总计	130	100

通识教育课程或称普通教育课程(general education curriculum),是美国包括小学教师培养在内的整个高等教育课程体系的一个重要特点,一般在入学后的一、二年级开设,涵盖范围非常广泛,总体涉及自然、社会、人文三大领域,能为学生提供几乎所有专业的课程选择,主要包括:① 大学学习入门指导;② 哲学、社会科学和人文科学,如哲学、历史、政治经济学、社会学、伦理学、人口生态学、家庭社会学、宗教学、法律与哲学、人类学、英语与语言艺术、外语、古典语言(拉丁语、希腊语等)、文学概论、东西方文明、戏剧和小说名著等;③ 数学与自然科学,如高等数学、概率论、数理逻辑、人体解剖生理学、生命科学、人类生物学、地质科学、物理、化学、天文、地理、心理学、电子计算机科学等;④ 体育与艺术修养,如体育基础知识、各种体育运动、音乐基础知识、音乐欣赏、艺术研究、美术及舞蹈等。② 学校各个院系向全校师范生开放,师范生需从人文社科、数学、自然科学及文化艺术修养等领域选择课程来修满规定的必修和选修的文理基础知识课程学分。该课程设置旨在为未来

---

① 洪成丹,蔡志凌.美国小学教师教育课程设置对我国"全科型"小学教师教育的启示[J].教育现代化,2016(3):175-177.
② 高明颖.美国教师职前教育阶段的教育实习研究[D].大连:辽宁师范大学,2010.

的教师打下雄厚的文理知识基础,培养师范生从事教师职业必不可少的最基本的文化知识和修养,增强师范生在未来的学习和工作中的适应能力和应变能力,为小学教师拥有所需的全面的综合知识结构提供保障,为小学教师未来进行交叉学科的教学与研究提供条件。

学科教育课程或称专业教育课程(specialization education curriculum),是与师范生未来要从事的某种学科教学相关的学术性课程,该课程内容重视教育理论与学科内容的融合。因为美国的初等教育分科不明显,所以其培养的小学教师在一定意义上就是"通才",即具有全科教学的能力。例如,师范生如想获得小学教育(幼儿园到6年级)任职资格,则必须修完"小学多学科教学"的课程,完成小学教育专业的学习。① 小学教育专业的学科方向虽有侧重但是不分学科,要求教师必须具备胜任各门课程教学工作的能力,即要修习初等教育领域所有的科目,如数学、英语、自然研究、社会研究等,且不分主次,这体现了小学教育的融合化和综合化要求。

教育专业课程(professional education curriculum)主要包括:① 教育专业基础理论课程,如教育原理、教育哲学、教育史、教育心理学、教学社会学等;② 学科教学法及相关知识,如各科教学法、课程与教学论、教育心理学、学习心理学、儿童心理发展、教学评估等;③ 教育实习活动,如教育临床实践(clinical experience)、现场试验(field experience)、教育实习与研讨等,从实践中学习关于实践的知识是教师专业发展的主要途径。其中,教育专业基础理论课程与教育实习活动占的比例较大,教育专业基础理论课程是提升教师职业专业化水平的重要课程,而教育实习活动则一直被视为教师培养的重要组成部分。②

在不同的培养模式下,这三种类型的课程之间既分工明确又具有内在的层次感,体现出教师教育课程体系较强的结构性。在美国众多的教师教育培养模式下,综合性大学教师教育学院的教师培养和教师专业发展学校是最具衍生性和特色的。

① 赵章靖.美国基础教育[M].上海:同济大学出版社,2015:182.
② 蒋蓉.美国小学教师培养:现状、特点与启示[J].贵州师范学院学报,2017(11):76-80.

美国综合性大学在培养教师的过程中，主要采用"大学＋师范"的模式，有四年制和五年制。五年制模式具体表现为：入学前两年不分专业，侧重通识教育，第二年才进行少许学科课程和教育专业科目的教育，第三年开始进入专门的教育专业课程的学习，第四年授予学生学士学位，第五年教育教学的重心在教育课程的专业训练和教学实习，授予学生硕士学位。

教师专业发展学校是指美国综合性大学的教育学院与地方的公立中小学或是学区合作成立的一种师资培养学校，融教师职前培养、在职进修和学校改革为一体，打破了大学与中小学之间的围墙，解决了师范生缺乏实际教学经验和一线教师跟不上时代发展需要的问题，实现了大学与中小学在教师发展方面的责任共担、利益共享。① 教师专业发展学校在不断实践摸索中衍生出教师培养的新模式——城市教师驻校培养（Urban Teacher Residency，简称 UTR）、临床实践型教师培养模式（Clinically Based Model for Teacher Preparation）。

（二）美国教师职后培训

教师在职进修可以补充和提高教师在某个学科或领域的知识结构和水平，为教师提供一个相互交流教学经验和问题的平台，帮助教师们诊断和评价实际教学工作的表现，改进课堂教学。教师在职进修、培训被理解为职前教育的继续，既是教师的义务，也是教育程序化的必需。

教师职后培训的内容受到社会、科学技术、知识体系的发展，中小学教育内容的改革以及社会对教师职业不断提出的新要求的制约，教师培训的内容会随着上述诸方面的变化而做出相应的调整，但教师职后培训的主要内容仍是一般文理课程、学科专业课程及教育专业课程等方面。由于大量新知识激增及知识更新频率加快，美国进行了一系列中小学教育内容的改革，随即也对教师职后培训内容进行了相应的调整和改革，以期通过职后培训的方式实现教师的终身学习与专业发展，其培训内容的调整和改革主要体现在以下几

---

① 赵章靖.美国基础教育[M].上海：同济大学出版社，2015：182.

个方面:① 删去陈旧过时的内容,增加反映现代科学技术方面新成就的内容,更新教师现代化的知识和技能;② 重视对提高教师教育能力有实际性帮助的课程;③ 重视加强理论与实际的联系,加强大学和中小学教师教育知识和资源方面的共享,初步形成了基于教师专业发展学校的校本教师教育培训。

教师职后培训的途径主要有以下几种:① 高校、教师教育机构组织的培训;② 学区、地方当局组织的培训;③ 各种教育团体组织的教师培训,其中主要的有"全国教育协会"(National Educational Association)和"美国教师联盟"(American Federation of Teachers)两大组织机构①;④ 中小学内部与大学合作开展的校本培训;⑤ 通过网络远程教育为教师提供各种课程的培训;等。职后培训的方式十分多样,主要是通过在职攻读学位、暑期学校(Summer School)、大学推广课程(University Extension Course)、研讨会(Workshop)、专业发展学校等方式进行。

三、美国教师教育课程改革

美国历次教育改革中有关教师教育方面的趋势是强调未来的教师教育要适应美国社会的发展要求并积极地参与到社会变革的进程之中,即符合时代变革和终身教育的潮流,故教师教育的培养课程也在不断微调中与社会发展紧密结合。美国教师教育课程改革主要表现出了以下几点趋势。

第一,更加注重普通文理知识的教育,且具有综合性、广博性与选择性,强调所谓的"综合核心课程"。通识教育课程涉及大学学习入门指导,哲学、社会科学和人文科学,数学与自然科学,体育与艺术修养等多个学科领域,具有一定的选修性质,为学生提供了丰富多样的选择,可为未来的小学教师奠定广阔的多学科的学术基础,继而将广博的普通教育熏陶和扎实的学科课程训练紧密结合起来。

---

① 黄小丹.美国基础教育的多种办学模式[J].教育导刊(上半月),2001(3):18-21.

第二，教育专业课程和学科教育课程有相互融合的趋势。一方面，教育专业课程凸显整合性与实践性，突破了以往学科教育法、教学法、教育见习的旧框架，突出教师对教育心理学、儿童发展、人的成长与学习、课程教学管理与评价及关于学校与社会的知识等领域的关注，把学科内容、教育心理学理论、儿童身心发展和教学实习活动有机结合；另一方面，学科教育课程教育学化，即主张按照学生的心理发展特点和认知规律合理地进行知识的编排与讲授，使教师善教、学生善学，进而有利于学生发展。

第三，高度重视实践课程的设置并使之贯穿整个教学过程，强调教师学习的实践性，即基于实践、在实践中、向实践学习、为了更好地实践的教师成长规律。将教育理论与教育实习经验有机衔接，使学生切实参与到实习学校的具体事务中，尝试处理教育教学中遇到的各种问题，丰富实践经验，加速教师教育教学经验的成熟，促使教师实际教学能力的形成。

第四，课程设置兼顾学生来源的多样化，关注"弱势教师"培养，促进职前教师教育公平化。美国虽然是一个多种族、多元文化融合鲜明的国家，不同种族、不同阶层的学生存在较大的差异性，但在教师培养上强调对学生的民主、公平意识的培养，且针对不同背景的学生进行专门的教学能力强化培养。其一，招生具有较大的开放性，即在校学生、在职教师及其他行业有志从事小学教育工作的人员均可申请。其二，设有专门的"弱势教师"培养项目，加大对农村、民族地区以及双语学科、薄弱学科的中小学教师的培养力度。其三，师范专业学生毕业，也需经过专门机构的考核认证后才能获得教师资格证，且在一定年限内完成课程进修方可进行资格再认证。其四，在课程设置上，专门设置了培养学生民主、公平意识的课程。

第五，提出"高质量教师"及"卓越教师"培养计划，致力于教师的专业发展，建立专业学习共同体，为教师奠定了终身学习的基础。教师的专业发展是一个持续漫长的过程，职前教师教育培养只能为预备教师提供发展的基础，拓展其发展潜能，培养其从实践中学习的技能、方法与信念。基于学习共同体的学习，美国教师教育课程改革强调预备教师与同伴、教师教育机构与中小学间的合作同盟关系建设，使新手教师与成熟教师及学生共同进行教学研究，从而构建教师专业学习共同体，有力地促进职前教师的专业发展。

四、美国教师教育特色

美国的教师教育历经两百余年的特色发展,使得美国成为具有多元文化的教育强国,教育水平和教育层次不断提高,并逐渐形成自身的一些特色,可简要总结为以下三点。

第一,教师教育的培养机构趋向统一,培养模式多样化。美国现阶段已完成教师教育培养层次的本科化(起码由本科以上的培养机构进行教师教育培养与培训),培养机构趋向统一(主要由综合大学或独立的普通文理学院负责教师培养,幼儿园、中小学师资同时在大学里的不同院系进行培养),培养模式多样开放(课程整合更趋科学性,课程范围更宽泛,课程内容更深刻)。

第二,组织管理的分散与多样性。在美国的分权教育管理体制下,各州的教师教育政策及其对教师教育的管理存在很大的差异。各教师教育机构在专业设置、课程安排、学术要求及毕业标准等方面自主权较大,很难找到统一的标准,因此教师教育工作的组织与管理呈现出显而易见的分散特点。但同时,组织和管理上的分散又是美国教师教育多样性实践的前提,各教师教育机构因此有较大的空间和选择余地安排具有自身特色的教师教育计划,而学生也能够结合自身的特点和需要对教师教育机构的教学计划和开设的课程进行一定程度的选择。

第三,专业化水平较高,注重教师专业发展的连贯性。美国教师教育发展的历史就是教师教育专业化水平不断提高的过程。美国的教师教育已经基本完成本科化的过程,正逐渐朝着五年制、六年制的硕士培养层次发展。现阶段美国各州基本上都要求中小学教师至少具有学士学位,若干州要求高中教师必须达到硕士程度。可以预见,美国基础教育教师培养的水平向硕博士层次推进是大势所趋。基础教育教师的职前培养和职后培训密切结合,使得教师专业发展具有连贯性和一体化趋势。

(作者:冯攀静 乔雪峰)

中美卓越小学教师培养模式及途径比较研究

2014年,教育部在《关于实施卓越教师培养计划的意见》(以下简称《意见》)①中明确提出:"卓越小学教师的培养目标是:针对小学教育的实际需求,重点探索小学全科教师培养模式,培养一批热爱小学教育事业、知识广博、能力全面,能够胜任小学多科教育教学需要的卓越小学教师。"国内各高校在国家的号召下,开始开展以"三位一体协同培养"模式为主的小学教师职前培养和职后培训,同时还衍生出了职前职后一体培养模式以及职前职后培训途径。美国各高校早在20世纪末就在职前阶段开展了培养卓越小学教师的各种工作,其培养模式也是以"多方协同培养""实践为导向"为主,其培养途径包括开展丰富的教师教育项目、建立卓越教师评价机制、实施卓越教师培养质量年度报告制度等。我们可以发现,中美两国在卓越小学教师培养模式中都是以"三位一体协同培养"为主,其职前职后培养途径都以开展教师培训项目为主。但是由于中美两国教育行政管理体制的不同,国家、学校、社会这三个主体在这些模式和途径的实施过程中所发挥的功能是不同的。中美两国的国家、学校、社会三个主体在卓越小学教师培养中担当的角色和体现的功能有何异同?我们可以从这些异同中发现我国卓越小学教师培养的问题有哪些?我们又可以从中获得哪些启示?这些是本文主要探究的内容。

一、国家教育行政管理体制的影响

教育行政管理体制决定了国家干预教育的方式,不同的干预方式能直接影响同一个教育决策的实施情况。美国对于卓越小学教师培养的研究早于

---

① 教育部.关于实施卓越教师培养计划的意见[Z].2014.

我国许多年,其研究的成果也很丰硕。因此,处于起步阶段的我国研究借鉴了美国的很多教育经验,例如"三位一体协同培养模式"。我国的"三位一体协同培养模式"与美国的"多方协同培养模式"都是在国家的引导下鼓励学校和社会共同为培养卓越小学教师做出努力。但是由于两国教育行政管理体制的不同,即使是采用类似的"多方协同培养模式",也表现出差异性,为此,采用的途径实施起来的难度也有所不同。

(一) 多方参与

美国教育行政管理体制主要表现为以下特点:第一,以州教育为代表,各州教育具有相对独立性;第二,教育行政权力正在从地方分权制向均权制方向转化,加大了国家干预教育的力度;第三,美国实行的是三权分立体制,教育权归地方所有,联邦政府可以对各州教育事业进行指导、服务和援助,但是没有直接干预和管理的权力。① 因此,美国的"多方协同"指的是以联邦政府为代表的国家、州政府、高校、与此合作的小学、社会力量(家长和民间组织)等多方面协同。国家在教育模式的实施过程中主要起立法引领的作用,州政府和高校有较高的教育自主权,而且除了政府和高校外,家长和民间组织等第三方力量都涵盖在"多方"这个广泛的范围中。我国的教育行政管理体制与美国存在很大差异,对应上述美国教育行政管理体制的三个特点,我国教育行政管理体制呈现出以下特点:第一,地方政府从属于国家政府,独立性不高;第二,中央集权制削弱了地方教育的自主权;第三,国家对高校采取集权式管理,各地方高校直接归中央领导和管理。② 所以,我国明确提出的"三方协同",主要指的就是政府、高校、小学三方面的协同培养。尽管这里的"政府"指的也是国家和地方政府两个层面,但是国家政府的教育管理权是明显高于地方政府的,地方政府缺少自主发挥的空间。由此我们可以看出,美国"多方"的内涵相较于我国更加丰富,国家为"多方协同培养模式"起到立法引领

---

①② 王莉.中美教育行政管理体制比较及其对我国的启示[J].经济与社会发展研究,2014(10):156.

的支持作用,而地方政府的教育管理具有较强的自主权。我国教育部则是通过颁布《关于实施卓越教师培养计划的意见》等文件的形式直接号召地方政府和各高校积极开展卓越教师培养计划,地方政府的教育决策需与国家高度一致。

(二) 建立"卓越教师培养质量年度报告制度"

中美两国在协同培养的过程中都提出建立"卓越教师培养质量年度报告制度",在政府—高校—小学等"多方协同培养模式"中起扶持和监督的作用。由于州政府具有较大的教育自主权,自20世纪90年代以来,美国政府部门就与部分知名大学联合起来开展一系列以实践为导向的教师教育项目。除此以外,联邦政府以立法的形式要求各州呈交"卓越教师培养质量年度报告",建立了一套完整的"卓越教师培养项目"的质量评价机制,并且以此为依据将各州的培养质量与年度拨款援助资金联系起来,借此加强对教师教育的监督和干预力度。① 我国教育部则是遴选了部分高校自主进行"卓越小学教师培养改革项目",并对此进行拨款援助。不过,我国的"卓越教师培养质量年度报告"在当前还只是一个概念,报告的内容及其评价机制还未形成完整的体系。② 美国教育部还通过创建电子化教师专业发展平台以及启动全国性的"教师互动项目"等多种途径,满足美国中小学教师自主学习的需要。我国教育部当前还未就卓越小学教师的培养提出全国性的、具体化的举措,只是给出培养意见以及要求,供地方政府及各高校参考。

二、学校的举措

学校培养途径直接受到国家政府和地方政府的影响。美国州政府相对于

---

① 付淑琼.多方协同:美国"卓越教师培养项目"的质量评价机制[J].教育研究,2016(4):146-152.
② 付淑琼.美国卓越教师教育奖研究[J].比较教育研究,2016(8):50-56.

国家来说具有一定的教育自主权,高校和中小学相对于州政府来说也具有一定教育自主权。因此,美国各高校和中小学对卓越教师培养的自主性更强。我国则存在高校和中小学依赖于地方政府,地方政府则依赖于国家政府的现象。

(一) 职前培养

对卓越小学教师职前培养的重担显然是落在了各高校的肩膀上。中美两国在教师教育的课程设置、教师的招聘以及教师的实习三个方面均做出了不同程度的努力和尝试。

1. 开展以实践为导向的"教师教育培训项目"

2001年布什政府提出"高质量教师计划"(High Qualified Teachers,简称 HQT),将培养卓越教师的热情推向了高潮。21世纪以来,许多美国高校开始开发自己的"卓越教师培养项目"。这些教师教育项目将教师教育课程与实践紧密联系起来,以实践为导向。例如,各高校在以实践为导向的教师教育项目下开设了以个案研究、教学表现展示、教学档案袋、问题导向研究为主的丰富的教师教育课程。①

自2014年我国提出申报、遴选卓越教师培养项目的要求以来,经过高等学校申报、教育行政部门推荐、专家会议遴选,我国确定了首都师范大学"小学卓越教师培养路径的研究与探索"等20个卓越小学教师培养计划改革项目。② 很多高校针对以培养"小学全科教师"为目标的小学教育专业设置的课程提出构想,例如构建模块化的课程体系,科学建构教师教育课、教师实践课,增设师德课,等。③

如上所述,美国高校开展教师教育培训项目具有较大的自主性,可以根据州教育委员会或者高校自己的具体情况开展丰富多彩的培训项目,不需要

---

① 左岚.实践导向下美国教师教育课程探索[J].高教发展与评估,2017(1):97-103,130-131.
② 刘尧."卓越教师培养计划"旨在教师教育革故鼎新——从我国高校培养小学"全科教师"谈起[J].比较教育研究高校教育管理,2016(1):20-24.
③ 蒋蓉,李金国."卓越小学教师"培养目标、模式与课程设置[J].课程·教材·教法,2017(4):113-118.

得到国家的允许,可以有自己的特色。我国高校教师教育项目的开展在很大程度上还是依托于国家的意见和要求,缺乏自主权,而且关于培养卓越小学教师的课程设置也不够完善,依然处于摸索阶段。不过,两国的培训项目以及课程设置都是以实践为导向的,希望通过增加实践机会来培养卓越小学教师。

2. 完善生源录取和实习制度

在学生的录取方面,美国教师培养对象的选择逐渐走向制度化,主要采用个人自愿申请为先的制度,学校看重学生的兴趣和态度;实行推荐制,教育学院的教师根据学生本科四年的专业成绩判断并确定该学生是否可以进入教育学院学习;实行面试制,学校通过面试以了解学生是否具备合格教师的专业潜质。我国为把控生源质量,增加了面试环节,而不仅仅关注学生的应试成绩。

以实践为导向进行卓越小学教师的培养是中美两国共同认可的理念。因此,在教师教育课程方面,中美两国都提出学生应该在小学的实习中提升自身的专业技能。美国提出"三位一体教师实习制度",即大学和中小学达成共识,共同培养卓越教师,政府在其中起搭建桥梁的作用。我国也提出"职前职后一体化培养机制",不过高校的教学内容往往与中小学的教学实践脱节,两校之间也没有进行及时良好的沟通并且缺乏对实践学习的重视,因此导致学生实习效率低下。[①] 在理论学习和教育实践时间的分配上,美国很多高校的教育实习时间远远多于我国,有些高校从学生大一起就安排学生定期去小学实习,而我国学生一般只有在大四毕业那年才有几个月时间实习,其余时间还是偏重理论学习。

(二) 职后培养

1. 建立教师共同体

这里的教师共同体实际上包括教师学习共同体和教师教育共同体两个层面。教师学习共同体是指那些为提升自己教学水平而组织在一起共同学

---

① 纪国和,曲冬雪,焦胜男.小学卓越教师职前培养的研究与思考[J].亚太教育,2016(19):201-202.

习的在职教师。2004年,美国教育部启动了全国性的"教师互动项目"。该项目以教师会议、教师训练班、教师培训团队的形式展开,各高校的优秀教师欢聚一堂,分享教学研究成果和先进教育理念等,相互学习,以成为"高质量教师"为目标。① 教师教育共同体是指以培养卓越教师为目标而组织起来的团体,主要包括一线优秀教师、高校教师两个主体。例如,上述提到的教师培训团队就是由美国各地的一线教师组成的。同时,大学教育学院与学区共建的教师发展学校也是以高校和小学教师合作的形式共同培养在职教师。

当前,我国京苏粤浙四地合作的中小学卓越教师研修项目就建立了区域合作形式的共同体,该共同体是由一群关注、研究教师教育并志在做好教师教育的个体或组织组成的。② 海南省"好校长、好教师"培养工程通过成立卓越校长工作室、卓越教师工作室来推进教师发展,其中卓越教师工作室就是发挥名教师在教师成长中的引领和示范作用。我国对于入门教师的培养以小组指导、学区集中指导的形式展开,实际上就是形成教师教育共同体,致力于培养卓越小学教师。我国教师教育共同体的建构还处于起步和探索阶段,相较于美国,我国的教师教育共同体还不成熟,其成立的形式、成员的选择等方面还有待完善。

2. 建立卓越小学教师的评价机制

对卓越小学教师的评价主要包括职前高校对学生学习的评价和职后小学对教师工作的评价两个方面。

(1) 职前高校对学生学习的评价。

美国高校的评价呈现以下三个特点:第一,采用过程性评价方式,对学生学习之初的水平进行测试,在阶段学习结束后再次进行测试,用以检验学生对知识和能力的掌握情况,并且记录学生在学校参加卓越教师项目的过程中所产生的变化及成长情况。第二,学生参与评价,高校除了评价学生的学习情况外,还会邀请学生对自己的学习和学校的卓越教师教育课程进行评价,以获得学生的反馈和改善建议。第三,考核内容注重教师的实践知识。与之相

---

① 蔡敏.近年美国提高中小学教师队伍质量的核心举措[J].教育科学,2009(3):74-78.
② 王慧.基于区域合作的教师教育共同体运行要素分析——以京苏粤浙中小学卓越教师高级研修项目为例[J].中小学教师培训(中学版),2016(10):6-10.

比,我国小学教育专业的考核评价则是采用终结性评价方式,即闭卷考试方式为主、考核的内容以理论知识为主、考核的主体以高校为主,缺乏学生的反馈。

(2)职后小学对教师工作的评价。

自 2002 年美国政府颁布《不让一个孩子掉队》法案以来,各州便纷纷开始研制教师专业标准,以期通过评价机制来判断教师的专业水平,并且激励教师进一步发展。2013 年,美国密苏里州《中小学示范教师标准》出台,该标准将教师划分为候选教师、新任教师、发展中的教师、熟练教师、卓越教师五个发展阶段,不同阶段的教师其标准固然不同,这有利于教师循序渐进地进步。① 各中小学对教师的评价则是采用课堂观察、同行和校长评价、教师的自我评价与反思、对学生学业成绩的评价、学生家长的评价等多主体、多形式的评价方式。

2012 年,我国教育部颁布了《小学教师专业标准(试行)》。该标准是针对全国预备小学教师提出来的,提出了合格教师的基本要求。2014 年教育部《关于实施卓越教师培养计划的意见》提出"……培养一批热爱小学教育事业、知识广博、能力全面,能够胜任小学多学科教育教学需要的卓越小学教师",但是并没有制定具体的卓越小学教师的标准。因此,我国中小学对卓越教师的定位还比较模糊。怎样才称得上一名卓越小学教师?怎样判断是否为卓越小学教师?这两个问题还未解决。

三、社会的力量

参与培养卓越小学教师的社会力量主要有家长、民间组织、专业团体等。这些社会力量在卓越小学教师的培养过程中发挥了不可替代的监督和调适作用。

---

① 张守波.通过教师评价引领教师走向卓越——美国密苏里州《中小学示范教师标准》述评[J].外国中小学教育,2014(9):52-58.

美国因为其历史、文化、教育管理体制等众多因素的影响,以专业团体为主的第三方力量一直很活跃。美国公立大学联合会(简称 AASCU)是一个全国性、非政府性质的高等教育协会,是由美国境内 400 多所公立大学、学院和高等教育机构组成的,其在 2002 年设立了"卓越教师教育奖",用来奖励那些在实施"卓越教师培养项目"上取得卓越成效的高校。① 美国教师教育者协会(简称 ATE)也通过颁布"卓越教师教育项目奖"来对各高校的培养项目进行质量评选。在对卓越教师进行评价时,除了第三方专业团体和民间组织加入,各高校还通过对学生和家长进行问卷调查来收集相关数据。

我国在 2003 年 9 月 25 日成立的中国高等教育学会教师教育分会(简称全国教师教育学会),是全国各级各类教师教育院校、教育科研单位、其他与教师教育有关的教育和管理机构及广大教育工作者自愿组成的群众性学术团体。2015 年 10 月 15 日,全国教师教育学会小学教师教育委员会在连云港师范高等专科学校召开了主题为"追求卓越:小学教师培养的机遇与挑战"的年会,年会就"卓越小学教师培养的实践与思考"进行了深入的交流。2016 年 6 月 12 日,由教育部小学教师培养教学指导委员会和全国教师教育学会小学教师教育委员会主办的"卓越小学教师培养"首届国际论坛在上海师范大学拉开帷幕,本次论坛旨在促进卓越小学教师培养的国际交流与比较,提高小学教师的培养质量。

由此我们可以看出,美国以家长、专业团体、民间组织为主的第三方力量活跃在卓越小学教师培养的舞台上。我国的第三方力量相对来说还比较薄弱,尽管也出现了全国教师教育学会这样的群众性学术团体开始参与到卓越小学教师的培养过程中去,但是民间机构和团体的力量还未成长起来。

四、我国卓越小学教师培养存在的问题

通过从国家、学校、社会这三个层面对中美卓越小学教师的培养模式和

---

① 付淑琼.美国卓越教师教育奖研究[J].比较教育研究,2016(8):50-56.

途径进行简单的描述和比较，我们可以发现，我国卓越小学教师的培养在教育自主权分配、法律规范、课程设置、制度体系、评价机制、社会力量等方面还存在需要进一步完善的地方。

第一，地方缺乏自主权和法律引领。中央集权制削弱了地方教育的自主权。"三位一体协同培养模式"中，国家占据主导地位，地方政府和各高校直接归国家管理，因此在培养卓越小学教师的模式、策略、途径等方面受到国家的监督和制约，缺乏自主发挥的空间。国家虽然颁布了相关文件引领开展卓越小学教师培养活动，但是并没有以立法的形式要求各高校必须呈交"卓越教师培养质量年度报告"。因缺乏法律规范的强制作用，各高校可能存在对卓越小学教师培养活动不重视、不谨慎的现象。

第二，"卓越教师培养质量年度报告制度"试行困难。我国的"卓越教师培养质量年度报告制度"在当前还只是一个概念，对于报告应呈现的核心内容、报告呈交给国家的方式、报告的评价机制等还没有形成具体的体系。总之，报告还未制度化，也不够系统和完善，所以在当前试行起来还比较困难。

第三，教师教育课程设置不完善。随着"卓越小学教师教育项目"如火如荼地展开，许多学者针对高校的小学教育专业的课程设置提出构建模块化教师教育课程、增设师德课、增加教师实践课等构想。但是课程在实施过程中仍然存在诸多问题：① 教师课程设置的内容对于小学教育实际缺乏针对性。高校主要设置专业课程，而通识类课程较少。小学全科教师既需要具备深厚的专业知识，也需要广博的生活和科学知识等，这样才能更好地开展小学教育。② 缺乏系统的以实践为导向的课程。我国的实践性课程主要以定期去小学实习和见习、课堂交流汇报为主。这类课程主要是由任课教师自主安排，没有自成体系、单独设科，而且形式单调枯燥。

第四，学校生源录取和实习制度不完善。我国高校在把控生源质量方面增加了面试环节，除了关注学生的专业成绩，还关注学生在面试过程中表现出来的综合能力。但是高校只靠学生的专业成绩和一次面试就判断学生是否有资格进入教师教育学院学习的做法不够合理，学生对教育的兴趣、学习能力和先有水平仅靠考试和面试来断定还过于武断。我国高校通常安排学生在毕业那一年进入小学进行实习，教育实践时间远远少于理论知识学习时间。不管是学校生源录取的形式、对学生的要求,还是实习时间的安排、实习的具体要求和标准都未形成一套制度化的体系,以发挥其指导和规范的作用。

第五,卓越小学教师评价机制不健全。我国当前卓越小学教师评价还存在以下几个问题:① 形式单调,以考试为主,缺乏对教师的综合性评价。② 考核内容与卓越小学教师培养目标脱节,高校偏重理论知识的考核,不重视学生实践内容的考核。① ③ 评价主体单一,以高校和教师评价为主,很少让学生参与评价,缺乏学生的反馈。④ 卓越小学教师标准定位模糊。对于采用什么方式评判一名小学教师是否为卓越教师,我国还没有制定针对性的卓越小学教师标准。

第六,社会力量薄弱。我国的"三位一体协同培养模式"以政府、高校、中小学为主体。参与卓越小学教师培养的民间组织、专业团体以及家长等第三方力量还比较薄弱。

五、启示

培养卓越小学教师是提高小学教师队伍质量的重要举措。针对我国卓越小学教师培养存在的问题,借鉴美国的培养经验,我国可以制定以下策略来完善"多方协同培养模式",充分发挥国家、地方、高校、小学、社会等多方参与的力量,使之相互合作和监督,促进卓越小学教师培养工作顺利开展。

(一)国家:简政放权,立法引领,并完善"卓越教师培养质量年度报告制度"

国家需要进一步下放教育自主权,允许地方政府及高校根据本地和本校的特色制定卓越小学教师培养模式,充分给予地方政府和高校自主探索和创

---

① 王丽君.卓越小学教师学习评价体系的建构研究[J].求知导刊,2016(9):65.

专题五　卓越小学教师培养的国际视野

新的空间。国家可以通过制定相关政策和法律法规来保证卓越小学教师培养的进度和质量,通过立法的形式提高各地政府及高校对卓越小学教师培养的重视程度以及引领地方政府及高校积极开展卓越小学教师培养活动。例如,法律规定"卓越教师培养质量年度报告"必须定期呈交给国家,为培养卓越小学教师要求社会及政府必须积极满足高校合理的要求并且提供相应的资源和资金保障等。

美国各高校每年都要准备一份年度报告上交给州政府,再由州政府呈交给国家,以此作为各高校卓越教师培养项目的评价依据。我国政府应该立法要求各高校每年提交一份年度报告给地方政府,再由地方政府统一提交给中央政府,由中央政府进行监督和评价,对卓越小学教师培养取得显著成效的高校进行奖励。关于年度报告的具体内容,国家应该要求各高校呈现卓越小学教师培养情况的核心内容:项目名称、项目内容、招生情况、课程设置、教师队伍、学生成长、就业情况、毕业生成长情况、存在问题、明年计划等。除了上述核心内容外,国家还允许地方政府及高校在年度报告上呈现自己的特色与成果,以鼓励地方政府及高校自主发展、创新。

(二)高校:设置以实践为导向的课程体系,使学生的录取和实习形成制度化的体系

高校是培养卓越小学教师的主体,尤其小学教育专业是培养"小学全科教师"的关键主体。《意见》提出"构建公共基础课程、学科专业课程、教师教育课程比重适当、结构合理、理论与实践深度融合的课程体系"。小学教育专业可以增设师德课,不断提升教师的品质;设计形式多样的实践类课程,例如微格教学、教学表现展示、案例研究等,用以丰富教师的实践性知识,提升教师理论与实践知识相结合的能力。[①]

高校需构建学生录取和教育实习的一整套制度化体系。高校在招收学生时可以从生源的选择、考核两个方面来考虑:第一,通过多种形式选择生

---

① 兰惠敏.基于卓越教师培养的小学教育专业课程设置[J].平顶山学院学报,2016(3):122-125.

源,学生可以通过自愿申请和教师推荐的形式进入高校学习。第二,增加面试和才艺表现环节,除了依据学生的理论成绩,还可以通过学生在面试过程中表现出来的教师素养(知识深度、表达能力、教师职业道德等)以及才艺表现等来综合评判学生是否有资格、有潜力成为一名卓越的小学全科教师。高校应规定学生在每一学期或者每一学年定期去小学实习,在实习过程中写实习日记。实习日记的内容主要包括听课记录、上课表现(备课、教学、反思)、班主任实习情况、存在问题、解决方法等。每一阶段实习结束后,高校举行实习汇报与交流大会,并且要求学生提交实习日记,由学校收录在学生的成长记录袋中。

(三) 小学:与高校合作构建"职前职后一体化"的卓越教师评价机制

小学应该与高校合作构建"职前职后一体化"的卓越教师评价机制。关于评价的内容,职前高校应该从学生的专业类知识、学科类知识、通识类知识、实践类知识、教师职业道德五个方面对学生进行综合评价,职后小学除评价上述五个方面内容之外,还应重视评价教师合作和教育研究等方面。我国当前应着重对教师的实践类知识和师德两个方面进行考察。关于评价的形式,职前高校可以运用纸笔测验、教学技能展示、课堂观察、学生成长记录袋等方式对学生进行过程性与终结性评价相结合的动态评价,职后小学则可以通过赛课、教师技能大赛、课题研究等方式进行评价。关于评价的主体,职前高校的教师、校长、学生都是评价的主体,职后小学的领导、同事、所教学生、学生家长、教师自己都应该参与到评价过程中去。① 高校与小学应该针对学生的知识、技能、品德、能力构建职前职后学习内容衔接的一体化教师评价机制,使高校与小学的培养紧密联系起来。政府可以在高校和小学间起搭建桥梁的作用,使卓越教师评价机制顺利构建。

---

① 王志广.谈卓越教师评价指标体系的构建[J].教育理论与实践,2013(32):28-31.

(四) 社会:激发第三方力量成长

我们还应激发更多的民间教育组织、专业团体、教育培训机构等第三方力量成长起来,共同参与到卓越小学教师培养中去。专业学会与政府教育行政机构的互动有利于进一步推动小学教师的发展,帮助教师各取所需,从而实现卓越。① 自愿组成的群众性学术团体、师范高校联合会、教师教育培训机构、地方教师教育协会、家长委员会等社会力量都可以对卓越小学教师的培养工作出谋划策,发挥监督和评价的作用。

(作者:王　琼)

---

① 张洪萍.专业学会与小学卓越教师的培养研究——近代教育会对小学教师专业发展的推动及其启示[J].淮南师范学院学报,2016(6):113-117.

培养教师的全球素养:美国的举措及启示

目前,培养学生的全球素养已经成为全球化时代各国教育改革的主要策略之一。这对教师提出了新的要求,教师自身应该先具备全球素养,才能肩负起培养学生全球素养的重任。美国自 20 世纪 80 年代以来开始在教师教育中融入全球教育,注重培养教师的全球素养,其经验非常值得我们思考和借鉴。

一、教师全球素养的内涵

美国较早就关注到了教师的全球素养问题。1923 年,在美国全国教育协会(The National Education Association)主办的世界教育大会(World Conference on Education)上,大会主席奥古斯都·托马斯(Augustus Thomas)针对国际课程和教师培训问题指出:"今天的公民必须是世界的公民。他必须了解世界,知道这个世界正在发生着什么,知道如何用和世界相关的语言解释世界。因此,今天的孩子们必须掌握世界的观点、把握对世界的理解,而这些观点和理解又都必须有赖于我们在座的学校教师。"①

随着全球化趋势的加强,培养学生的全球素养逐渐成为美国国家教育战略的中心,教师全球素养问题也由此得到重视。美国在 1988 年发布的《为全球素养而教:国际教育交流咨询委员会报告》(Educating for Global Competence: The Report of the Advisory Council for International Educational Exchange)中提出了"全球素养"的概念,要求在高等教育领域帮助学生增强与世界的联系,理解世界的变化,并能有效参与全球劳动力市场

---

① 王涛.二战前的国际教育——教育国际化的起源与发展[J].外国教育研究,2008(11):16-20.

专题五
卓越小学教师培养的国际视野

的竞争。2001年"9·11"事件之后,全球教育的重要性更为突出,提升全体学生的全球素养成为美国教育战略的首要任务。2002年,美国教育理事会(American Council on Education)发表了《超越"9·11":国际教育的综合国家政策》(Beyond September 11: A Comprehensive National Policy on International Education),建议加强对所有中小学生"全球素养"的培养。2012年,美国颁布《通过国际教育及参与的全球性成功:美国联邦教育部国际战略(2012—2016年)》(Succeeding Globally Through International Education and Engagement: U.S. Department of Education's International Strategy for 2012—2016),强调"全球素养不是奢侈品,不是仅针对精英阶层,而是所有人必备的技能"①。

培养学生的全球素养,教师是先决条件。在探讨学生全球素养含义的过程中,美国教育界对教师全球素养的内涵也进行了探讨。1995年,美国学者麦瑞菲尔德(Merryfield)就在发表的文章中总结指出,在探求自身、其他民族及地球方面,具有全球素养的教师开展的教学与传统教学有很大的区别。具备全球素养的教师关注人类文化共性,拥有跨文化理解能力和开放的意识,能够摒弃成见,欣赏和接受不同的文化;把世界看作一个完整的体系,在这个体系中,技术、生态、经济、社会和政治等方面的问题跨越了国家和地区的界限;主张通过交流与合作,把不同民族和国家的文化整合成为课程,促进人们的相互理解;知道每一个人所做的选择都会影响到世界上的其他人,全球教育包括决策、分享和参与社区及世界活动的知识及技能;强调培养学生分析和处理信息的能力。② 华裔学者赵勇在2010年撰文指出,全球化时代,教师应该具备全球素养,能够作为全球公民,理解全球体系,能够有效地与日益增长的文化和语言多样性的学生群体合作,为学

---

① U. S. Department of Education. Succeeding Globally Through International Education and Engagement: U. S. Department of Education's International Strategy for 2012 – 2016 [EB/OL]. [2021 –12 – 20]. http://www2.ed.gov/about/inits/ed/internationaled/international-strategy-2012-16.pdf.

② MERRYFIELD M. Teacher Education in Global and International Education [R/OL]. [2017 –09 – 16]. https://files.eric.ed.gov/fulltext/ED384601.pdf.

生提供面向全球的教育。①

成立于1966年的"为了世界事务和国际理解教育的远见基金会"（Longview Foundation for Education in World Affairs and International Understanding）致力于帮助美国学生了解世界区域及全球问题。该基金会非常重视教师全球素养的培养问题，于2008年发表了报告《面向全球时代的教师准备：变革势在必行》（Teacher Preparation for the Global Age: The Imperative for Change）。报告指出，为了培养学生的全球素养，教师必须具备相关的知识、技能及态度，包括：具有对世界历史、地理、文化、环境及经济体系、当前国际问题的知识储备和探究欲，熟悉自己学科领域的国际知识；具有与不同国家的人有效交流的语言和跨文化技能，理解多种观点，能够运用来自世界各地的主要信息源；具有开展全球教育的教学技巧，能够引导学生去分析来自世界各地的主要信息源，学会欣赏多种观点和识别成见；具有对道德公民权的承诺，致力于帮助学生成为对世界及社区负责任的公民。②

2011年，全美州首席教育官理事会（The Council of Chief State School Officers）和亚洲协会（Asia Society）联合发布了报告《为全球素养而教：为我们的年轻一代参与世界做好准备》（Educating for Global Competence: Preparing Our Youth to Engage the World），认为全球素养是理解具有全球意义的问题并采取行动的能力和态度。为了培养学生的全球素养，教师需要做到以下几点：① 创建支持协同工作的专业学习社区，为学生精心设计课程，使他们有机会去调查和分析具有全球意义的问题，与不同的受众交流，发现并改善条件；② 在课程中设置高效率目标的切入点，让学生参与严格的全球调查，把国家、地方和学校的期望（如共同核心和国家标准）作为深度学习和智力发展的门户；③ 将课堂和课程与文化和教育机构联系起来，让学生有更多的机会去学会调查世界，认识观点，与不同的受众交流，并采取行动；④ 利用机会学习世界文化、语言和相互依存的系统，通过旅行和出国学习来

---

① ZHAO YONG. Preparing Globally Competent Teachers: A New Imperative for Teacher Education [J]. Journal of Teacher Education, 2010, 61(5): 422 - 431.

② Teacher Preparation for the Global Age: The Imperative for Change [R]. Silver Spring: Longview Foundation for Education in World Affairs and International Understanding, Inc., 2008: 7.

专题五
卓越小学教师培养的国际视野

开阔视野,以提升自己的全球素养。①

尽管美国目前对教师全球素养并没有一个统一的界定,但大多数人认为教师全球素养是教师专业素养的重要组成部分,主要指教师自身在全球社会生存与发展及对学生进行全球教育所需的观念、知识、能力、方法、态度和价值观。教师不仅要有开阔的文化视野,了解健康、环境、人口、国际组织、和平、人权等全球知识,而且要有对其他文化的敏感性,批判分析、解决冲突、与人合作的能力,以及开展全球教育的教学技能,更要有民主、公正、尊重他人、宽容、责任心等品质。

二、美国培养教师全球素养的措施

为了应对全球化的挑战,积极回应"为全球素养而教",美国日益重视教师全球素养的培养。20世纪80年代,许多专业组织和政治团体纷纷呼吁在教师教育中树立全球观。美国州长协会(National Governors Association)指出,教师培养中全球教育及国际学习的缺失是美国应对当前经济、政治和社会挑战的主要障碍,亟须予以改变。20世纪90年代,美国全国教师教育认证委员会(National Council of Accreditation of Teacher Education)在其新的评价标准中要求,必须将全球和国际教育纳入教师教育项目中。② 美国教师教育学院协会(American Association of Colleges for Teacher Education)、教师教育者协会(The Association of Teacher Educators)、美国州立学院与大学协会(American Association of State Colleges and Universities)和全美社会研究协会(National Council for the Social Studies)等专业组织也都对此给予了积极响应。

---

① MANSILLA V B, Jackson A. Educating for Global Competence: Preparing Our Youth to Engage the World[R]. New York: Asia Society, 2011: 98.
② BRUCE M G, Podemski R S, Anderson C M. Developing a Global Perspective: Strategies for Teacher Education Programs [J]. Journal of Teacher Education, 1991, 42(1): 21 - 27.

进入 21 世纪后,美国教育界明确强调为了培养学生的全球素养,必须重视中小学教师培训在整个全球教育过程中的关键作用,大力提倡培养教师的全球素养。2000 年,卡耐基基金会发表了报告,提出"将全球视角带入课堂必须从帮助教师形成全球观点开始","具备全球意识和国际知识的教师"是抓住全球化时代发展机遇的关键。① 2006 年 9 月,美国州教育委员会协会(National Association of State Boards of Education)在一份报告中要求教师培训应关注全球视角。同年 11 月,全美州首席教育官理事会发表了全球教育的政策声明,强烈建议教师认证标准包括"所有职前教师都能流利使用一种外语,并受过外语教学的训练"②。各州也都采取了相应的有效措施,如:俄克拉荷马州 2000 年发布了全球教育计划,要求对教师进行暑期国际知识培训;北卡罗来纳州教育委员会在 2007 年采用了新的州教师标准,这一标准首次包含了全球素养的要求;威斯康星州 2009 年制定了帮助教师将国际内容整合进主要课程领域的专业发展方案和指南。

(一) 把全球素养作为教师专业标准的内容之一

20 世纪 80 年代以来,美国一些著名的学术机构或专业组织通过制定或修订教师专业标准,加强了对教师全球素养的要求。同时,各州也把全球素养作为教师资格认证的一项重要内容。这一举措为教师全球素养的培养提供了指导,促进了美国教师教育领域的改革。

国家专业教学标准委员会(National Board for Professional Teaching Standards,简称 NBPTS)是美国有影响的国家层面的教师教育质量认证机构之一,其成立宗旨是"提高教与学的质量",主要的工作内容之一为"制定高水平的、严格的优秀教师专业标准"。1989 年,NBPTS 公布了一份政策声

---

① BARKER C M. Education for International Understanding and Global Competence [EB/OL]. [2021-12-20]. http://media.carnegie.org/filer_public/6d/b0/6d60fdc1-f2b1-4eea-982a-a313cea6822c/ccny_meeting_2000_competence.pdf.

② SCHNEIDER A T. To Leave No Teacher Behind: Building International Competence into the Undergraduate Training of K-12 Teachers [EB/OL]. [2021-12-20]. http://www.internationaledadvice.org/pdfs/A.I.Schneider.Complete.Report.pdf.

明——《教师应该知道和能够做什么》(What Teachers Should Know and Be Able to Do),并在2016年对其进行了重新修订。这份文件提出了优秀教师的专业标准,其中包括全球素养方面的要求,如:优秀的教师应能够创建体现多元和平等的学习环境,培养学生的自尊、学习动机、性格、公民责任感以及对个人、文化、宗教和种族差异的尊重;优秀的教师以自身的榜样作用向学生展现应该具备的美德(如好奇、容忍、诚实、公正、尊重多样性和欣赏文化差异)及能力(如推理能力、以多维视角去创造和敢于冒险的能力、实践和解决问题的能力);优秀的教师能够超越教室的界限,去接触更广泛的学习社区,他们联系当地、州、国家和全球的团体以利用广泛的专业知识。①

以这项声明为基础,NBPTS从20世纪90年代开始制定面向基础教育的各学科教师专业标准,并不断进行修订,在每一科目的教师专业标准中都有明确的对教师全球素养的要求。2001年,NBPTS制定了《优秀音乐教师专业标准》(Music Standards for Teachers of Students Ages 3-18+),其中一项标准即"珍视多样性",要求:优秀的音乐教师应尊重学生在语言背景、文化、种族、性别、经济地位、宗教、文化经历等方面的不同;认识到在音乐课堂上反映出的日益鲜明的地球村特点,关注多样化语境中音乐的文化意义;善于从新的曲目中融入和改编音乐,以培养学生对世界共同体和文化的认识。② 2010年,NBPTS颁布了第二版《优秀外语教师标准》(World Language Standards for Teachers of Students Ages 3-18+),其中要求优秀的外语教师应熟知目标语言中丰富的文化知识,认识到文化的多样性,能够提供机会帮助学生理解文化与语言之间的互动关系,提高学生对他者文化的敏感度,并培养学生对他者文化的鉴赏能力。③

---

① NBPTS. What Teachers Should Know and Be Able to Do [EB/OL]. [2021-12-20]. http://files.eric.ed.gov/fulltext/ED475447.pdf.
② NBPTS. Music Standards for Teachers of Students Ages 3-18+ [EB/OL]. [2021-12-20]. http://www.nbpts.org/wp-content/uploads/2021/09/ECYA-MUSIC.pdf.
③ NBPTS. World Languages Standards for Teachers of Students Ages 3-18+ [EB/OL]. [2021-12-20]. http://www.nbpts.org/wp-content/uploads/2021/09/ECYA-WL.pdf.

在全国具有代表性的各学科学术团体或研究机构也纷纷出台了各学科的教师标准,其中均包含有对教师全球素养的要求。如 2002 年,美国州际新教师评估与支持联合会(Interstate New Teacher Assessment and Support Consortium)颁布了《新任科学教师认证与发展的专业标准:一份州际交流的资料》(Model Standards in Science for Beginning Teacher Licensing and Development: A Resource for State Dialogue),要求新任科学教师应理解学生学习方式的不同,尊重学生的多元文化,采取各种教学方法,创造教育机会以适应学生的差异。① 2009 年,美国国家艺术教育协会(National Art Education Association)颁布了《视觉艺术教师专业标准》(Professional Standards for Visual Arts Educators),其中强调"理解社会与文化多样性"是视觉艺术教师的必备素养之一。② 2017 年,全美社会研究协会制定了《社会学科预备教师国家标准》(National Standards for the Preparation of Social Studies Teachers),要求:社会学科预备教师不断提高自己的社会学科知识、调查能力、态度与价值观;探索和反思自己的文化框架,关注学校和社区中的平等、多样性、人权和社会正义等问题;能够开展各种教学活动,促进学生对多元政治、社会、文化、宗教及伦理价值的思考与理解。③

各州均参照国家层面的教师专业标准,把对教师全球素养的要求加入到了本州的教师专业标准中。2002 年,伊利诺伊州教育委员会(Illinois State Board of Education)颁布了《伊利诺伊州专业教学标准》(Illinois Professional Teaching Standards),其中提出的标准之一即"多样性",认为合格的教师应尊重学生的语言、文化、能力等的差异,充分理解文化和社区的多样性,能够

---

① INTASC. Model Standards in Science for Beginning Teacher Licensing and Development: A Resource for State Dialogue [EB/OL].[2017 - 09 - 20]. http://files.eric.ed.gov/fulltext/ED470534.pdf.

② NAEA. Professional Standards for Visual Arts Educators [EB/OL].[2017 - 10 - 12]. https://www.arteducators.org/learn-tools/national-visual-arts-standards.

③ NCSS. National Standards for the Preparation of Social Studies Teachers [EB/OL].[2017 - 10 - 27]. https://www.socialstudies.org/sites/default/files/NSPSST-NCSS%20Website%20DRAFT.pdf.

将学生的经验、文化和社区资源融入教学。① 同时,伊利诺伊州教育委员会于2000年制定了《教育工作者内容领域标准》(Content-Area Standards for Educators),并不断修订。2017年新修订的内容中,要求小学社会学科的合格教师应掌握社会科学中的各种知识,了解公民的权利与义务,能以多元视角理解本州、本国和世界的历史与现状,充分利用各种教育资源和技术来展开教学,培养所有学生在多元文化、民主社会和相互依存的世界中做出明智决定的能力,等等。②

(二) 在教师职前教育课程中融入全球教育

随着教师专业标准的改革,许多高校及组织机构也纷纷致力于探讨和开展教师教育改革,力求通过在现有教师职前教育课程中渗透全球教育内容及创建有关全球问题的课程,来培养未来教师的全球素养。

1. 将全球教育模块整合到普通教育课程中

大多数高校都把设置有关全球的普通教育课程视为培养师范生全球素养的一个有效途径。威斯康星大学麦迪逊分校教育学院为所有师范生设计了一个"全球视野"课程证书。为了获得这一证书,学生必须学习各学院开设的21个学分的普通教育课程,包括3学分的美国历史或欧洲历史,3学分的全球文化、世界地理或文化人类学,12学分的聚焦两个地区的非西方或非欧洲系列课程,3学分的关于教育和全球化的专门课程(该课程的任务之一即帮助学生将所学知识融入他们的教学实践中)。用于完成该证书要求的学分也可以用来满足学生的其他学习要求。③ 在新泽西州的威廉帕特森大学,师范生必须在全球或国际教育方面获得12个学分。作为普通教育课程的一部分,全球或国际教育方面的课程必须包括一年的外语、一门非西方课程以及

---

① ISBE, Standards for All Illinois Teachers: Illinois Professional Teaching Standards[EB/OL]. http://www.wiu.edu/coehs/tpep/documents/24100_ipts.pdf.

② ISBE. 23 Illinois Administrative Code 26 [EB/OL]. [2017-11-03]. https://www.isbe.net/Documents/26ark.pdf.

③ Teacher Preparation for the Global Age: The Imperative for Change [R]. Silver Spring: Longview Foundation for Education in World Affairs and International Understanding, Inc., 2008:25.

一学期的"西方与世界"历史课程。①

2. 在学科专业课程中渗透全球教育

为了使师范生将来能够教授本学科有关全球维度的内容,许多高校非常重视将国际视角融入幼儿教育、初等教育、中等教育等学科专业的相关课程中。马里兰大学帕克分校在"探索幼儿教育教学"这门课程中融入了国际信息和视角,为此开发的课程资源可供教授相关课程的所有教师使用;并通过修订科学教育专业的一门方法课程,帮助该专业的师范生学会教授全球范围内的概念。在亚利桑那大学,"儿童文学"课程是所有初等教育专业学生的一门必修课。这门课程所涉及的儿童文学作品均聚焦于讨论形成跨文化理解和澄清对全球问题及世界文化的误解。印第安纳大学语言教育系与学校的非洲研究中心和法语系建立了合作关系,通过开设儿童文学课,以培养师范生的读写能力,促进其对主要社会问题的理解和展开行动。

3. 将全球教育融入教育专业课程中

在教育专业课程领域,大多数高校一般通过两个途径来培养师范生胜任全球教育教学的能力。

一方面是设置专门的全球教育课程,如"跨文化教育:全球和美国视野"课程、"全球语境下的教育入门"课程、和平教育课程等。马里兰大学帕克分校为师范生专门开设了一门全球教育课程"教育的国际和多元文化视角"。印第安纳大学教育学院在2007年建立了一个10万美元的激励基金,该基金支持的活动包括资助教师开设国际或全球主题的本科教育课程。②

另一方面是推行各种师范生海外教学实习项目,把师范生派遣到国外,通过语言训练课程、在当地家庭或院校宿舍寄宿、学校课堂教学等活动,使师范生形成全球观念,具备丰富的跨文化教学体验。成立于1972年的海外教学实习联合会(Consortium for Overseas Student Teaching)是一个致力于为师范生提供优质海外教学实习经验的机构,旨在促进全球理解、跨文化交流

---

① Teacher Preparation for the Global Age: The Imperative for Change [R]. Silver Spring: Longview Foundation for Education in World Affairs and International Understanding, Inc., 2008:10.

② Teacher Preparation for the Global Age: The Imperative for Change [R]. Silver Spring: Longview Foundation for Education in World Affairs and International Understanding, Inc., 2008:9.

和形成有意义的教育经验。其会员单位包括美国国内15所学院和大学。目前,该机构与14个国家的教师教育机构建立了合作关系,可以为会员学校的师范生提供到国外学前教育机构及中小学开展为期最多12周的教学实习机会。印第安纳大学为师范生提供了一个海外教学实习项目。该项目分为三个阶段,即一年的深入准备、10周的州内教学实习、8周的国外中小学实习。准备成为K-12年级的教师的师范生都要有海外教学实习经历,学习其他国家和民族的教育、文化和生活习俗。为此,学校与哥斯达黎加、印度、爱尔兰、肯尼亚、俄罗斯、中国、澳大利亚、英国、厄瓜多尔、日本、新西兰、西班牙和土耳其等国家的学校建立了合作伙伴关系。凡是参与并完成海外教学实习的师范生均可以获得毕业要求的3个学分。①

(三) 开展教师全球教育在职培训

美国中小学教师的全球教育在职培训方式比较多样化,主要包括:

1. 举办全球教育主题研讨班

这种培训大多是由教育部授权和资助设有"国家资源中心项目"(The National Resource Center Program)的大学为中小学教师提供的。印第安纳大学的全球变化研究中心(The Center for the Study of Global Change)和东亚研究中心(The East Asian Studies Center)是对在职教师进行全球教育培训的主要阵地。全球变化研究中心为在职教师提供有关国际专题的暑期研讨班,专题范围涉及贸易、全球气候变化、人口危机和冲突解决等。东亚研究中心有着两个旗舰项目:针对高中英语教师的东亚文学(The East Asian Literature)研讨会,针对初高中教师的国家亚洲教学联盟(National Consortium for Teaching about Asia)研讨会。此外,一些基金会也积极参与教师全球素养培训,如国家人文基金会(The National Endowment for the Humanities)就定期为教师举办暑期研习班。仅2000年,研习班所开设的课

---

① 2005 Excellence in International Education Prize Winners[EB/OL].[2014 - 07 - 10]. http://sites.asiasociety.org/education/prizes/2005.winners.htm.

程将近一半都是有关其他国家文化或全球视角的。①

2. 开展全球教育校本培训

许多中小学注重通过举办全球教育工作坊、开展有关全球问题的读书研讨会、组织教师参加有关全球教育的会议、邀请大学或研究机构的专家到校指导等方式来开阔本校教师的国际视野,以帮助教师学会如何将课堂国际化。位于康涅狄格州首府哈特福德郊外的都市学习中心(Metropolitan Learning Center)是一所小型公立学校,因为其在国际教育领域的突出表现,曾于 2004 年获得由亚洲协会和高盛基金会(The Goldman Sachs Foundation)设立的"高盛基金会国际教育卓越表现奖"(The Goldman Sachs Foundation Prizes for Excellence in International Education)。该学校与耶鲁大学、布朗大学和当地大学建立了合作关系,并与亚洲协会、国际教育和资源网络(International Education and Resource Network)、世界游牧民族(Global Nomads)、国际学生交流协会(Youth For Understanding)等涉及国际教育的组织机构保持密切联系,为教师的全球教育校本培训提供了丰富的资源,促进了教师的专业发展。②

3. 建设全球教育网上资源库

近年来,美国各州、高校及学术团体都开发了针对中小学的全球教育网站,设有专门的全球教育网络培训课程,便于教师自主培训。内布拉斯加州教育局制定了"走向全球"项目(Going Global Project),为全州教师提供丰富的进修机会,国际教育的资源可以在州教育局网站上获得。在俄亥俄州立大学,"地区研究项目"(the Title VI Area Studies Programs)与教育学院合作,进行在线全球教育课程资源的开发,这些资源可以在全球教学网(teachglobaled.net)上获得。美国历史协会(American Historical Association)在网上发布了指导教师以全球视角进行历史教学的刊物《历史透视》(*Perspectives on*

---

① BARKER C M. Education for International Understanding and Global Competence [EB/OL]. [2017 - 06 - 12]. https://media.carnegie.org/filer_public/6d/b0/6db0fdc1 - f2b1 - 4eea - 982a - a313cea6822c/ccny_meeting_2000_competence.pdf.

② 2004 Prizes for Excellence in International Education [EB/OL]. [2017 - 11 - 29]. http://sites.asiasociety.org/education/prizes/metropolitanlearningcenter.html.

History)。亚洲协会与哥伦比亚大学教育学院共同开发了"全球素养证书项目"(Global Competence Certificate Program),这是美国针对在职中小学教师全球素养教育的首个在线的、研究生层次的证书课程。该项目为期16个月,旨在提升中小学教师的全球素养,使他们能够为全球素养而教。① 同时,亚洲协会也在自己的网站上为教师提供了有关全球教育的教学资源。

4. 组织中小学教师参加海外培训活动

这类培训主要由从事全球教育研究的高等院校组织,由美国教育部门和私人基金会提供资助,对提高中小学教师的全球素养有着积极作用。其中,联邦教育部资助的两个海外培训项目影响较大:一是"富布赖特—海斯团体海外项目计划"(Fulbright-Hays Group Projects Abroad Program),主要为教师及学生提供侧重外语课程开发和地区研究的短期到中长期的海外培训机会;二是"富布赖特—海斯海外双边项目研讨班"(Fulbright-Hays Seminars Abroad Bilateral Projects),主要是为社会科学和人文学科领域的中小学教师提供短期的海外学习和旅行机会,以促进他们对其他文化的理解。② 同时,美国各州及各中小学校也积极与国外地区及学校建立合作关系,开展教师交流项目,以开阔教师的国际视野。

三、对中国培养教师全球素养的启示

当前,中国正在积极推行国际理解教育,重视培养学生的国际理解素养。③ 2010年7月印发的《国家中长期教育改革和发展规划纲要(2010—2020年)》中明确要求"加强国际理解教育",2016年9月发布的《中国学生发展核心素

---

① Global Competence Certificate(GCC)[EB/OL]. [2021-12-15]. http://www.worldsavvy.org/our-programs/online-learning/.

② U.S. Department of Education. About OPE-International and Foreign Language Education [EB/OL]. [2017-12-02]. https://www2.ed.gov/about/offices/list/ope/iegps/index.html.

③ 国内目前对国际理解教育、国际理解素养的概念界定并不统一,但一般将其视为与全球教育、全球素养意义相近的概念。

养》提出"国际理解"是"责任担当"素养的基本要点之一。但中国的国际理解教育起步较晚,认识不足,在教师培养中对国际理解教育重视不够,教师的全球素养比较欠缺。现阶段中国大多数中小学教师对国际理解教育的认识还比较模糊,国际知识相对匮乏,外语交流能力不强,较少有机会通过互访活动直接参与国际交流。为此,我们需要借鉴国外优秀经验,进一步改革现有的教师教育体制,以提高教师的全球素养。

(一)完善教师专业标准,明确对教师全球素养的要求

教师专业标准是国家对合格教师专业素质的基本要求,是教师实施教育教学行为的基本规范,是引领教师专业发展的基本准则,是评价教师培养、准入、培训、考核等工作的重要依据,也是提高教育质量的前提条件。为了促进教师专业化,国际社会非常重视教师专业标准的开发与实施。美国通过具有代表性和权威性的专业团体或研究机构主持制定了教师的专业标准,既提出了对教师专业发展的总体要求,又提出了对各学科教师专业发展的具体要求,这两个层面的专业标准中均明确包含对教师全球素养的要求,从而为教师全球素养的培养起到了积极的导向作用。

目前,中国也在积极研究和制定教师专业标准。2012年,教育部印发了《幼儿园教师专业标准(试行)》《小学教师专业标准(试行)》和《中学教师专业标准(试行)》,但我国还处在教师专业化发展的初期阶段,尚缺乏具体的各学科教师专业标准,且已颁布的教师专业标准对教师全球素养的要求也不明晰。为了促进教师专业发展,提高教育质量,我们亟须充分发挥专业性组织对教师专业标准的制定和评估作用,进一步完善教师的专业标准,明确教师全球素养的要求。

(二)改革教师职前培养体制,建立国际理解教育课程体系

课程是教师职前培养体制的核心。为了培养职前教师的全球素养,我们应该进一步改革与提升师资培养体制,调整课程结构,积极融入国际理解教育。参与师资培养的综合性大学和师范院校都应建立多元开放的师资培养

理念,不应过早地对学生进行专业定向;应适当增加通识教育课程的门类及学习时间,其中可单独开设有关国际理解教育的课程,如世界历史、世界音乐、人文地理、环境教育、人权研究等;同时,适当减少学科专业课程的门类,并把国际理解教育的内容融入学科课程,也可多学科交叉授课,设计有关共存、多元化、文化冲突、贫困、和平等国际理解教育问题的综合主题课程;另外,应加强教育专业课程,补充有关国际理解教育教学法的课程,增加师范生教育实习的时间和海外实习的机会,提高师范生从事国际理解教育教学活动的能力。

(三)采取灵活多样的方式,积极开展在职教师国际理解教育培训

国内相关研究证明,在职教师参与国际理解教育培训活动对提升自身全球素养有显著作用,有出国经历的教师的全球素养水平较没有出国经历的教师更高;外语水平越高的教师,其全球素养水平也越高。[1] 而教师的全球素养水平与其教学现状存在显著的正相关关系,拥有较高全球素养水平的教师能够优化教育教学。[2]

因此,我们需要重视对在职教师的国际理解教育培训。高等师范院校、教师进修学校等承担在职教师培训任务的机构应定期为在职教师开设有关国际理解教育的专门研讨班或培训课程,或利用广播电视教学、计算机网络教学等多种现代教育技术手段向中小学教师提供有关国际理解教育的进修机会等。此外,各中小学也应积极与当地的高等院校或教师培训机构进行合作,邀请专家学者来学校进行有关国际理解教育问题的指导,如举办国际理解教育专题研讨会、咨询活动、演讲等;加强校际的交流与合作,尤其是普通学校与国际学校间的交流,实现资源共享;并扩大国际教育交流,派遣教师到国外学习、考察,吸引国际化师资到本校任教。

(作者:张 蓉)

---

[1] 王丹,郭娜.中小学教师国际素养现状及建议——基于北京市朝阳区教师国际素养调查报告的分析[J].世界教育信息,2017(9):44-47.

[2] 邓少军,贾春杨.高中师生的国际视野研究:调查与分析——以北京市第二十五中学为例[J].中小学管理,2012(9):52-54.

英国小学教师教育专业化发展模式

英国自 18 世纪末产生师范教育,再发展到今日的教师教育,已有 200 余年。二战后,随着中等教育的普及和高等教育的发展,欧美发达国家不约而同地增加了对师资培养的投入,希望通过提高教育质量的方式在政治和经济上夺得胜利,英国也不例外。由于大学在人力、物力、财力等方面具有优势,传统的师范教育体系被改造,师资培养模式开始向非定向型培养模式转变,综合型大学逐渐成为培养师资的主体。1972 年,英国学者詹姆斯关于"师资培养三段论"的报告发表,提出了"教师专业化"的理念。"教师教育"一词开始取代师范教育。在教师教育体系逐渐完备的过程中,英国的教师教育由最初低层次的师资培训向中等师范教育,乃至高等教师教育发展;由私立走向公私立并存,直至完全公立化;由只收男性的师范教育走向男女兼收、女性人数占优的师范教育;由着眼于教学技能的培养转向专业化的卓越教师的培育;由重视职前培养到职前在职教师教育一体化。英国教师教育的发展历程,可以反映教师教育发展的一般走向或规律;英国教师教育的现状和未来的发展趋势,可以为我国建立完善而科学的教师教育体系提供一定的参考价值。

一、英国小学教师培养的理念

英国是一个有着悠久教师教育传统的国家。英国的小学教师教育随着实践需要的不断变革和发展,也逐渐孕育出了与时代特点相符而又不乏本国特色的教育理念。近些年来,英国教师教育改革的背后,起重要推动作用的是专业化的、有高度的工作热情和具有以反思能力为主的多元能力的"卓越"教师,以及推动教师教育专业化的教育理念。

从人才培养标准的角度来说,英国的教师教育理念是培养卓越教师。卓越教师的概念在美国兴起,后传入英国,并且伴随着系列法律法规的诞生,成为教师教育改革的一大思想基础。从20世纪80年代到现在,英国对教师专业标准进行了多次修正和补充。在教育职能部门、标准制定机构、教师质量监管机构等多方因素相互制衡的复杂环境下,英国在2012年颁布的《教师标准》①及《杰出教师标准》中强调卓越的教师要具有专业化的特征,有高度的工作热情和以反思能力为主的多元能力②,这基本上成为后续英国教师培养的标准参照。

首先,卓越教师培养的首要标准就是教师专业化,这是卓越教师区别于普通教师最重要的一点。从专业知识上看,卓越教师的专业化要求教师对学科和教学相关知识及技能的学习不能只限于表面浅显的了解,而是要能够进行专业的纵深分析。从学习方式上看,英国教师标准强调,对于具有复杂结构的知识体系,教师有意识地去思考与反思才是学习方法的核心。因此,卓越教师应当能够通过积累和反思,建立属于自己的专业化发展的学习体系。从研究水平上看,卓越教师不仅需要掌握独立开展一个科目的完整教学的能力,还要具备卓越的学科理论研究能力。对学科专业的深入探究是卓越教师的基本职责。③

其次,教师以反思作为专业发展的重要手段。英国教师专业化的进程同时也是反思型教师教育发展的进程。反思型教师教育也叫以研究为本的教师教育,或探究型教师教育。这一理论起源于美国教育家杜威,在其1933年出版的《我们怎样思维》一书中,他就将反思界定为:"对于任何信念或假设性的知识,按其所依据的基础和进一步结论而进行主动的、持续的和周密的思考。"杜威还提出了五步反思法:暗示、产生问题、假设、推演假设和检验假设。美国当代哲学家、教育家舍恩(Schon)在20世纪80年代奠定了反思实践的

---

① The Department for Education. Teacher's Standards [R/OL]. [2021-12-20]. https://www.gov.uk/government/publications/teachers-standards.
② The Department for Education. Second report of the independent review of teachers' standards [R]. 2012.
③ 朱文佳. 英国卓越教师培养计划研究[D]. 武汉:武汉大学,2018.

理论基础,后来美国著名教育家舒尔曼(Shulman)和范斯特马切尔(Fenstermacher)对舍恩的反思实践理论进行了完善①。

英国在2000年12月颁布了《职前教师教育质量保障:苏格兰职前教师教育标准基准信息》,其中明确了要将反思型教师教育作为未来教师教育的方向。在此之后的教师教育改革中,无论是为职前实习教师设计的课程,还是为在职教师提供的继续教育与督导,英国的教师培养都体现出"反思—归纳"的取向。例如,在大学与高等教育学院的课程中,案例学习和学校实习占有相当大的比例,通过在中小学的教学观摩、小组合作、教学工作坊等实践教学形式,学生能够反思自己的教学水平、对教育的理解乃至自己的职业信念等。与此同时,英国非常重视对在职教师的培训和督导,鼓励一线教师以各种形式进行继续教育,形成终身教师教育机制,鼓励教师养成探究、归纳和反思的良好学习习惯。

2015年1月,英国在颁布的《优秀校长国家标准》中要求,校长需要加强专业的自我反思,提出"自我发展是校长发展的关键,校长标准是被校长用作自我发展的框架,为他们去思考他们已经做了什么,什么需要去做,以靠近标准所期望的。基于标准,校长可以选择从同事和管理者那里获得反馈"②。从教师到校长,这些政策都旨在督促整个教师体系自上而下、由内到外地形成反思性的习惯与文化。从实际应用情况来看,《21世纪教师品质和技能:受访者的观点》③这一调查显示,英国多数教师已经认可反思型教师教育在提高教学水平、促进教师专业发展中的重要作用,"优秀教师的关键特征是具有反思、批判与创造性思维"。

此外,英国对于卓越教师的另一要求是,教师要爱岗敬业,对教育工作始终保持高涨的热情。这并不是一项简单的要求,因为它不仅仅是对道德层面上"哪些不可为"的规定,还指向教师由内而外展现出的工作态度,它主要包

---

① 洪明."反思实践"思想及其在教师教育中的争议——来自舍恩、舒尔曼和范斯特马切尔的争论[J].比较教育研究,2004(10):1-5.

② The Department for Education. National standards of excellence for headteachers. [R/OL]. [2015-01-20]. https://dera.ioe.ac.uk/21834.

③ DONALDSON, G. Teaching Scotland's future: Report of a review of teacher education in Scotland [R/OL].2010. https://dera.ioe.ac.uk/2178.

括教师的教学热情、科研热情和人际交往热情。①

教师的教学热情要求教师批判性地理解最有效的教学、学习和行为管理策略,主动实施个性化教学,在个人优缺点、成就、进步和有待发展之处等方面为每个学生提供准确、建设性的反馈,包括进一步的行动计划。教学热情也体现在教师能够积极解决学生当中少数群体乃至个体的问题。例如,教师能够主动学习如何保护有特殊教育需要的儿童及残疾儿童,有发现潜在的虐待儿童与忽视儿童行为的能力,并能够及时采取相关的安全措施。

教师专业化理念的发展要求教师具有科研热情。教师的科研热情要求教师成为"研究者"而非"教书匠",不仅表现在教师是教研团队中的一员,更表现在教师是国家教育发展政策和法律制定上的"一线专家"。教师在时刻反思自己的教育理念、教学方式和班级管理方式的同时,要积极加入校内或校际科研团队,通过指导与监督、有效教学的演示、提供建议和反馈等方式,为同事及团队的专业发展做出贡献,甚至是在学校的政策制定、实施及对教学实践的评价方面发挥引领作用,进而推动学校进步。对于教育政策和教育法律法规的制定和实施,教师应该主动监督,提出专业的意见。

教师的人际交往热情体现在教师能够认识到沟通是双向的过程,要鼓励家长(监护人)参与关于孩子教育情况的讨论,认可并尊重同事和家长(监护人)在儿童、青少年的发展与健康成长,以及提高学业成就方面做出的贡献,积极参与协作、合作式的工作。

二、英国教师教育专业化发展模式

培养专业化的人才,需要专业的教育方法,这进一步对教育机构、课程设置和评价方式等各种方面提出了新的要求。因此,教师专业化理论的盛行和付诸实践,促进了教师教育专业化理念的发展和实践。

---

① 贺卫东.新世纪英国教师教育改革取向与现实启示[J].当代教师教育,2016(1):57-64.

在教师的职前教育上,自 20 世纪 60 年代起,英国政府开始将各种师资培训机构改为教育学院,迈出了将教师教育纳入高等教育范畴的步伐。1969 年,21 所大学颁发了教育学士学位,确立了教师教育在高等教育中的地位。1975 年,针对当时各种师资培训组织效率低下、教学质量不达标的问题,英国的 100 多所师范学院有的被关闭,有的并入综合性大学或者多科技术学院。到了 20 世纪 80 年代,单科性的地方教育学院完全让位于新组建的多科高等教育学院,大学的研究特性为教师的专业发展和质量的提高提供了便利。同一时期,英国的教师资格证制度(certificate of qualified teacher status)也开始实行,英国政府要求拥有学士学位并受过教师教育的人才可以获得教师资格证书,担任中小学新教师。①

(一) 英国小学教师教育课程结构

英国根据国家教师教育标准,通过面试选拔优质生源,以多种培养途径吸纳各方人才从事教育职业。主要的课程类型包括教育学士学位课程(BEd course)和研究生教育证书课程(PGCE course)。②

教育学士学位课程是面向中学毕业生开设的四年制师资培训课程,主要由大学和高等教育学院开设,以小学师资为主要培养目标。教育学士学位的课程方案一般分为核心课程研究、专业研究、学科研究和学校体验四大模块。③ 核心课程研究指每个师范生都要学习英语、数学、科学三门国家核心课程和该课程指向的教学方法。专业研究主要针对教师资格标准当中对于教师备课、教学、课堂管理以及监控、评估、记录、报告学生的成绩等方面的要求,帮助师范生理解教育教学规律、儿童身心发展规律和国家教育政策。学科研究则是让师范生基于自己的兴趣,选择小学阶段的一门学科作为自己的重点研究领域。部分大学会要求师范生在第一、第二学年从小学基础科目中

---

① 靳希斌,黄耀军. 教师专业化与教师教育模式研究[J]. 集美大学学报(教育科学版),2006(1):22-26.
② 王艳玲,苟顺明. 试析英国教师职前教育课程与教学的特征[J]. 教育科学,2007(1):78-83.
③ 李淑敏. 英国综合大学教育学院中职前教师教育课程设置研究[D]. 重庆:西南大学,2009.

各选择一门,分别作为主攻科目和选修科目。学校体验要求师范生去小学进行实践,实践项目包括教育见习、实习、研究等诸多方面的内容,是一个将理论应用于实践的过程。

以剑桥大学的教育学士学位课程为例,一般师范生在入学后的前两年主要从事学科研究,学习教学必备的学科知识和掌握学科教学技能。从第三年开始,在继续学科研究的同时,师范生开始侧重于专业研究和学校体验项目。

表1 剑桥大学教育学士学位课程设置情况①

课程要素	课程名称(内容)	开设时间	开设方式	
			必修	选修
教育理论	儿童发展、教育哲学、教育心理学、教育社会学、课程研究、教育管理等	一、二年级	占总课时25%—40%	每年按需开设,一般安排在三年级
	比较教育、特殊教育、人权与教育、社区教育、多文化中的教育	三年级		
	教育研究课程	四年级	占总课时33%—50%	
教学技能	学校与课堂教学中的人际关系,学生个别差异与因材施教,语言交流中的问题,学习的选择与准备,表达技巧,评估方式,学科单元教学	一至三年级	占课时30%	三年级开设
主要课程	中小学"国家课程"中相关学科	一至三年级	占总课时30%—50%	1门
教育实践	教育实习,教育见习	一至三年级	70—75天	
		四年级	5—8周	

研究生教育证书课程采取"3+1"的培训模式,是指学生进行了三年的本科学习,获得了学科专业的学士学位后,再接受为期一年的理论学习和教育实习。研究生教育证书课程一般由学科研究、专业研究和教学实践经验三个部分组成。学科研究指对师范生某一特定学科知识的理解及教学能力的培

---

① 贺晔.英国教师教育课程改革及启示[J].教育理论与实践,2010(3):29-31.

养,强调其对学科知识、学科教学能力和评定能力的掌握。专业研究主要培养师范生对学生、对学校和对教师个人以及专业发展的认识,对教育中主要问题的理解,对教学工具的应用,以及教育评价和评估、课堂组织管理等能力。而教学实践经验主要是培养新教师在教学中的自信心和胜任力,确保他们能够有效地从事教学工作。目前研究生教育证书课程模式已经成为教师职前培养模式的主体,越来越受到英国政府的推崇。① 下面以剑桥大学和伦敦大学学院教育学院的研究生教育证书课程为例,介绍英国小学教师职前教育课程的基本结构。

剑桥大学研究生教育证书课程的设置针对的是未来教师在教育实践中的实际需要,尤其是教学方法,因此非常重视教学实习。课程一共由四个部分构成,分别是教育理论、各科教学法、学科专业课和以学校为基地的教育实践。

表2 剑桥大学研究生教育证书课程设置情况②

课程要素	课时	课程内容
教育理论	4—8课时/周	教育原理、教育史、教育哲学、教育心理学、儿童发展等。选择性开设:心理学、社会学、视听教学、学习学、课程研究、教育制度与行政
各科教学法	6课时/周	教学材料的准备、教科书的使用、教案的制定、评价方法、小队教学、低能儿童教学、学生的实验室作业组织、所教学科教学方法、课堂的管理组织等
学科专业课	视专业而定	选择一门"国家课程"作为自己的主要发展领域进行学习,同时学习1—2门其他学科的课程
教育实践	12—19周	在小学见习和实习

伦敦大学学院教育学院的研究生教育证书课程由三个核心模块组成,没有选修模块。核心模块包括:教与学模块(Teaching and Learning Module)、专业模块(Specialism Module)、专业实践模块(Professional Practice Module)。其中教与学模块、专业模块这两个为硕士级别;专业实践模块为本

---

① 李淑敏.英国综合大学教育学院中职前教师教育课程设置研究[D].重庆:西南大学,2009.
② 闵晓.英国"研究生教育证书"(PGCE)的课程设置研究[D].重庆:西南大学,2018.

专题五
卓越小学教师培养的国际视野

科级别,其中包含了三个学校实习的课程。师范生成功完成两个硕士级别模块后获得60个硕士学分。如果师范生在硕士级别模块达不到60学分,但顺利通过本科级别模块,学校则会为其颁发专业研究生教育证书并推荐其为合格教师;完成了硕士级别模块但未通过专业实践模块的师范生将被授予研究生证书,但不会被授予合格教师资格。

该课程的教学途径主要是讲座、讲习班、一对一辅导和自学相结合,评估通过作业、演示、审计、反馈和教程来完成。最终,学校对完成课程的师范生进行评估的依据是一系列的学习成果,包括师范生的教学观察、论文作业、学科知识发展程度、专业教学行为水平和自主学习水平。值得一提的是,伦敦大学学院教育学院与大约350所小学有合作,参与课程的师范生在学院导师和学校导师的支持下,将在小学进行为期120天的教育见习和实习,为担任小学教师做充足的实践准备。①

(二) 英国小学教师在职培训

20世纪60年代以来,随着终身教育思潮的兴起,教育者们越来越清晰地认识到,职前教育的完成不是教师发展的终点。继续教育对于提升教育质量的重要作用促进了各类教师在职培训的开展。英国中小学教师在职培训的模式多种多样,其中以教师为中心的模式、以大学为中心的模式和以中小学为基地的模式是最主要的三种。

1. 以教师为中心的模式

这种模式又称"培训机构本位"模式,是指建立专门的教师培训基地,以在职教师为培训对象,根据教师职业发展中出现的实际问题,提供多方面的学习资源,设立内容多样化的课程。教师培训基地可以由小学开设,由校长担任负责人,也可以另请专人负责。截至2014年,全英国9个区共有15个教师培训中心,每个区至少开设了一个设施齐全的教师培训中心,主要提供

---

① 张玲.英美中小学教师在职培训的特征及启示[J].广西师范大学学报(哲学社会科学版),2014(2):149-154.

短期的在职教师进修课程。教师中心的培训模式与教师教育工作实际联系紧密,可以有效帮助一线教师提高教学能力,同时还加强了不同学校群体间的沟通交流。

2. 以大学为中心的模式

这一模式指高等学校通过开设全日制的学士、硕士乃至博士学位的进修课程,提升教师学历,帮助教师在各自专业领域内进行进一步的学习。当下,除了上述传统的全日制学习项目外,英国大学与一些教育学院还开设了不同科目的业余进修班。教师按自己的实际情况,进行为期2—3年的业余学习,通过考核后,也可以获得教育证书,如伦敦大学学院就长期开设在职教师进修班来支持在职教师参加继续教育。此外,"教育诊断医院""教师专业发展学校"等远程教育模式也在英国逐渐得到推广。

3. 以中小学为基地的模式

以中小学为基地的培训模式的开展分为小学提出己方需要、小学与大学谈判、双方签署协议、大学培训机构理论引导、以小学为基地开展实践指导和总结反思指导六个阶段。这种模式强调大学教育学院与小学协同合作,强调将理论和实践相结合,打破传统教师教育模式中小学与大学之间相互隔绝的状态。这种有效的交流促使教育专家和学者能及时观察并应对中小学的需要,并根据实际情况的变化迅速调整教师培训的细节,从而给予在职教师更多更实际的职业发展机会。①

三、英国小学教师教育特征分析

我们从英国颁布的教育法律法规、教师教育课程的设置等诸多方面可以看出,英国的小学教师教育发展注重准教师的实践学习,强调中小学重要的指导地位,致力于推动教师专业发展一体化,并且在信息公开透明的前提下

---

① 朱艳. 比较视角中的英国中小学教师培训[J]. 教育研究与实验,2014(6):73-76.

听取多方指导意见,进而有针对性地提高了教师质量,使教师教育能更好地适应社会和经济发展的需求。英国的教师教育改革是国际教师教育改革的典型范例,对我国教师教育改革具有借鉴和启示意义。

(一) 注重教师在实践中发展

英国的教师教育课程特别重视未来教师的教学实践能力,尤其是职前课程,把教育实践作为重头戏,从第一学年起就安排学生到学校实习,此后逐年增加实习时间,达到平均每学年至少实习4周。在英国的教育实习中,实习教师每学年的任务都不相同,任务设置一般都是从易到难。学生通过完成每次实习的任务逐渐锻炼自己的实践能力,最终达到合格教师的资格标准。

英国教师教育注重实践的理念带来的是大学与中小学之间紧密的合作伙伴关系。两者分工协作,共同培养教师,构建合作共赢的互惠局面。以英国伦敦大学学院教师教育学院的研究生教育证书课程为例,其课程内容的比例分配是三分之二的课程在合作学校,三分之一的课程在大学。培训和反馈意见既来自学院导师,也来自学校导师。目前,中小学校在教师教育中的地位逐渐提升,甚至有人提出"以中小学为中心进行教师教育"的观点。政府也通过项目拨款的方式,将经费拨给教学质量优秀、有资质的中小学校,让其与大学共同承担职前教师的培养责任,可见中小学在教师教育中占据了重要的指导地位。①

(二) 教师职前教育与在职教育一体化

英国近些年来的教师教育改革不仅针对职前教师教育,而且着重加强了职前教育与在职教育之间的联系,尤其是将职前教育与在职教育连为一体,强调职前教育和在职教育的衔接和过渡,注重从教师成长的整个历程来推动

---

① 赵菊梅,张玉成. 高质量、多途径的英国职前教师培养——赴英国参加教师教育培训考察报告[J].现代教育科学,2018(12):140-143.

教师教育的改革。1998年开始实施的"入职档案"和2003年开始实施的"入职与发展档案"都旨在促进新教师的专业成长,将教师的职前教育与在职教育有机地结合起来。入职培训制度的正式建立,改变了教师职前教育和在职进修相互割裂的状况,开创了新的教师培养模式,使师资培养和教师水平的提高真正成为一个连续的过程,这在新教师的早期专业成长中发挥了重要作用。①

(三) 在博弈与制衡之中改革的教师教育

在英国,参与教师教育的机构有教会、中央和地方政府、大学、中小学等。此外,英国的社会团体、专家、社会中介组织对教师教育的发展影响也很大。最典型的就是教师教育立法的过程,体现了英国社会各界的意愿。新闻媒介报道、评论和调查教育政策、法规的执行情况,这是人们监督教育法规实施的有力武器。教育法规颁布之后,除在报纸网络上公布外,还在书店出售,广为宣传,为人们监督这些法案的实施提供了依据。应该说,教育立法是保证国家教师教育事业发展的重要措施。英国运用立法职能对教师教育进行管理,主要是从宏观上对全国教育发展做总体规划和原则规定,例如教育行政管理、教育体制设置和学校经费分配等;在微观上控制干涉各地各类型学校的教学,学校当局学术评议会行使治校权利,学校教育管理委员会以及校长、教授具体安排招生、考试、科研、学衔评定、聘任师资等工作。这种指导型教育管理的方法,成为英国教师教育能够适应政治经济战略发展的需要,从而享誉世界的重要原因。②

总而言之,随着教育大环境的发展和教师教育的改革,政府、大学、中小学、专家以及社会团体等各方因素在教师教育中的地位不断改变,彼此之间的博弈和相互制约共同推动了英国教师教育的发展。

(作者:简玉婷 乔雪峰)

---

① 肖甦主编. 比较教师教育[M].南京:江苏教育出版社,2010:58-59.
② 李先军. 英国近现代教师教育发展研究[D].武汉:华中师范大学,2006.

专题五
卓越小学教师培养的国际视野

基于渐进式标准的苏格兰教师核心素养探讨

2012年,苏格兰普通教育委员会先后发布三份文件——《注册教师标准》(The Standards for Registration)、《教师职业生涯学习标准》(The Standard for Career-Long Professional Learning)和《领导与管理层教师标准》(The Standards for Leadership and Management),对处于职业生涯不同阶段的教师提出了相应标准,包括职前与刚入职后的教师的标准,以及入职后教师职内发展和行政管理层教师的标准,文件涵盖教师发展的多个阶段。研究文件所表征的苏格兰教师核心素养,有助于丰富教师核心素养的理论和指导学生实践。

一、教师核心素养的内涵

教师核心素养是教师必备的基础性素养。聚焦教师核心素养是时代的要求,处于信息化学习和终身学习时代的教师需要在职业生涯的整个阶段关注自身的专业化发展以不断适应时代。教师核心素养可以为教师终身学习提供指引,也设定了教师职业的准入门槛,有利于实现教师专业化。此外,由于教师核心素养能够促进教师专业化发展,因此它也能够为发展学生的核心素养提供支持。[①]

国内关于教师核心素养的研究主要集中在对于我国教师核心素养内容的探讨和对外国教师核心素养的分析。其中对我国教师核心素养内容的探讨包括对不同阶段不同学科教师应具备的核心素养和教师整体核心素养的探讨。在探讨教师整体的核心素养时,不同的学者有不同的划分方式:如王光明等人区分了教师核心素养和能力,认为两者在教师的专业发展中是双螺旋结构模型的关系,并将教师核心素养分为政治素养、道德素养、文化素养和

---

① 曾文茜,罗生全. 国外中小学教师核心素养的价值分析[J]. 外国中小学教育,2017(7):9-16.

教育精神四个方面,认为其分别是教师专业发展的政治方向、本源保障、本体保障和动力源泉;①而桑国元等人在概括教师核心素养的基本框架时,将其分为三大类型八大素养,其中三大类型包括师德与理念素养、知识与能力素养和综合素养,教师能力包含于核心素养之中。② 在对国外教师核心素养进行分析时,学者对欧盟、美国、新加坡等组织和国家的教师核心素养及其相关文件进行了分析,提炼出各国的教师核心素养。

目前国内关于苏格兰教师核心素养的研究较少,主要的相关研究是:对苏格兰教师职业标准文件,如《苏格兰职前教师教育课程指导纲要》《教师职业生涯学习标准》进行探究和评析;对苏格兰地区教师教育课程进行研究,通过研究本科生教师教育的课程内容来揭示其对教师提出的专业技能要求;对苏格兰教师教育改革进行研究,呈现当前苏格兰教师教育的历史背景。

当前我国直接涉及苏格兰教师核心素养的研究几乎为空白;略有涉及的研究大多数没有参考最新文本,不能够体现苏格兰对于教师核心素养的最新要求,且大多数研究集中于教师职前教育,或是教师发展过程中某一阶段,没有结合教师整体发展。综上,本研究将基于苏格兰普通教育委员会2012年发布的针对教师不同发展阶段的三份"标准",探讨苏格兰教师核心素养。

二、苏格兰教师标准的政策文本分析

2012年,苏格兰普通教育委员会发布《注册教师标准》《教师职业生涯学习标准》和《领导与管理层教师标准》三份文件。三份文件有不同的面向对象:《注册教师标准》面向临时注册和临时注册后通过持续的专业学习实现完全注册的两类教师;《教师职业生涯学习标准》帮助获得完全注册资格的教师确定、规划和发展自己的专业学习需求,不断发展专业实践;《领导与管理层教师标准》则

---

① 王光明,卫倩平,张永健,吴立宝.教师核心素养和能力结构体系再探[J].中国教育科学(中英文),2019(4):59-73.
② 桑国元,郑立平,李进成.21世纪教师的核心素养[M].北京:北京师范大学出版社,2017.

专题五
卓越小学教师培养的国际视野

针对已在或想要获得正式领导职位的教师。内容上,三份文件有共同的专业价值观与个人义务部分,但因为面向对象不同,也有不同阶段的独特性。

(一) 文件颁布的背景

苏格兰普通教育委员会颁布的三份文件受到世界教师职业化变革的影响。进入"后现代职业化"时期,教师职业化呈现多样性的特点,同时呈现更加复杂的动态变化,因此教师需要在整个职业生涯内不断实践探究,从而适应教育环境。同时,国家针对教师职业生涯制定标准也成为必需的选择。同时,三份文件的成型也是苏格兰地区教育环境和教师教育变革的结果。苏格兰政府一直重视教师教育,以大学为基础的职前教师教育和以标准为基础的继续专业发展是苏格兰教师教育的两大鲜明特色。① 进入21世纪,苏格兰开展了三次教师教育研究和改革。2000年,为考察教师工作状况,苏格兰议会成立委员会,并于同年发表了名为《21世纪的教师专业》(A Teaching Profession for the 21st Century)的报告,针对不愿意进入行政管理岗位的教师的专业发展提出了特许教师计划,提出了教师入职教育期,并决定开展两次教师教育研究。这些举措适应了当时在劳工运动中教师要求改善工作条件的需求。2009年,在全球化、社会变革和科技革命的背景下,各国开始教育改革,苏格兰也开展了第三次教师教育研究,并于2011年颁布《教育苏格兰的未来》(Teaching Scotland's Future)的结果报告,提出双轨制的学位路线计划、职前与入职教师教育一体化、以标准为基础的专业发展等,还提出帮助建构教师职业能力的建议。② 2011年,在前一次调查报告的基础上,苏格兰政府再次委托研究并且发布《加强教师专业化的文件》(Advancing Professionalism in Teaching)。③ 该报告敦促国家尽快实现前一次报告提出的教师职业生涯规划,并提出了保留教师的四级晋升制度和取消特许教师制度等建议。

在2012年颁布三份标准之前,苏格兰普通教育委员会于2005年颁布了

---

① 邱超. 新世纪苏格兰教师教育改革回眸[J]. 外国中小学教育,2013(9):36-42.
② 李茹. 苏格兰《教师职业生涯学习标准》评析与借鉴[J]. 外国中小学教育,2017(7):50-56,49.
③ 陈时见,覃丽君. 苏格兰教师标准改革及启示[J]. 外国中小学教育,2013(4):28-33.

一套教师标准,有《领导力标准》(Standard for Headship)、《职前教师教育标准》(Standard for Initial Teacher Education)、《完全注册教师标准》(The Standard for Full Registration)以及《特许教师标准》(The Standard for Chartered Teacher)。① 相比这一套标准,2012年的标准将职前与完全注册时期的教师标准合并为《注册教师标准》,《教师职业生涯学习标准》则取代了《特许教师标准》。特许教师违背了全体教师公平发展的原则,于2010年被取消。而《领导与管理层教师标准》相比于2005年颁布的《领导力标准》,细分为两个层面,对中级管理层和高级领导层教师分别提出了要求。

(二)共同的专业价值观与个人义务

教师专业价值观与个人义务是教师职业标准的核心,不同的价值观衍生出不同的教学行为,最终影响受教育者,因此三份文件的第一部分,均为教师专业价值观与个人义务。

表1 三份文件中的教师专业价值观与个人义务②

项 目	具体要求
社会公正	在当地与全球推广的、可持续的、平等与公正的教育与社会价值观,认同当前与未来人类的权利与责任
	致力于通过公平、透明、包容和可持续的政策和实践,在包括年龄、残疾、性别和性别认同、种族、民族、宗教和信仰以及性取向等方面,实现民主和社会公正的原则
	尊重并重视社会、文化和生态多样性并且学习有关当地和全球公民身份的原则与实践
	致力于让学习者参与到现实世界的问题中来,以积累学习经验和成果,鼓励学生为了更好的未来而努力学习
	尊重联合国《儿童权利公约》中所概述的所有儿童的权利,以及支持学生各方面幸福康乐的权利

---

① 陈时见,覃丽君. 苏格兰教师标准改革及启示[J].外国中小学教育,2013(4):28-33.
② The General Teaching Council for Scotland. The Standard for Career-Long Professional Learning: Supporting the Development of Teacher professional Learning [EB/OL]. [2021-09]. https://www.gtcs.org.uk/wp-content/uploads/2021/09/archive-2021-standard-for-career-long-professional-learning.pdf.

续表

项　目	具体要求
整体性	运用开放、诚实、勇敢和智慧的方法进行教学
	批判性检查个人与专业态度、信仰,进行挑战性假设与专业实践
	批判性检查个人和专业态度与信念、价值观和实践之间的联系,以促进改革,并适时实现实践中的变革
信任和尊重	以培养信任和尊重文化的方式行事,例如信任和尊重学校内的其他人,以及所有影响学习者在学习社区内外生活的人
	怀着关怀、慈悲的精神和对幸福的理解,为所有学生提供并确保安全有保障的环境
	尽最大能力激励和启发学生,了解学生的社会背景、经济背景、个性和特殊的学习需求,为学生解除学习障碍。
专业投入	全方面投入专业实践,带着热情、适应性与建设性的批判与教育团体内的所有成员展开合作
	致力于专业化与合作实践,进行终身研究、学习、专业发展和提高领导力

根据表1,"社会公正"与"信任和尊重"部分都对教师和学生的关系提出了要求。"社会公正"要求教师遵循社会主流价值观并且带领学生参与其中,尊重学生作为社会主体之一所拥有的社会性权利。"信任与尊重"指向对学校内部人员关系,特别是师生关系的建构,涉及对学生作为"学校的人"而拥有的学习者的权利的尊重。"整体性"和"专业投入"都对教师的专业活动提出了要求。其中"整体性"指向更为具体的教学实践,涵盖从教学方法到运用职业态度与信念进行实践,再到实践后进行反思、改进。"专业投入"则从横向和纵向分别对教师的专业发展提出要求:横向要求教师加强和教育团体内成员的合作研究,纵向要求教师致力于个人的终身学习与领导力发展。

(三) 渐进与不同阶段的独特性

三份文件包含了教师职前、在职初期、职内与进入管理层四个阶段,三份文件的结构图如图1所示。

三份文件均包括"专业价值观与个人义务""职业知识与理解"和"职业技能与能力"三个模块,后两个模块中的内容有所不同且呈现渐进性。每份文件都是对前一份文件的补充,如《领导与管理层教师标准》开头提到"职业知识与理解"和"职业技能与能力"模块是前两份标准的补充。① 这种渐进性在《注册教师标准》这份文件中体现得较为明显,该文件是在此前针对职前和初在职教师提出的两份标准文件的基础上进行合并和修改而成的,文件对职前和初在职教师提出了渐进性的不同要求。

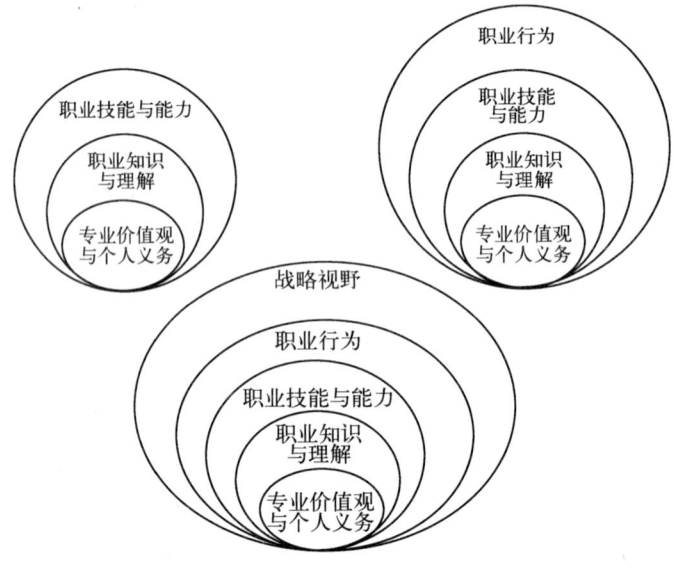

图 1　三份文件结构图

相比于职前与在职初期,标准文件对入职后教师的各项技能提出了进一步发展的要求,其主要落脚点是包括从事科研在内的持续学习。《教师职业生涯学习标准》的一开始就写道:"考虑到教学的多维性,专业知识、技能与能力以及专业行为是多重的,需要教师能够适应多变的环境,通过知识建构、实践调研、团队合作以及对自己的研究与学习采取批判立场来理解这种动态语境。"② 因此,《教师职业生涯学习标准》不仅仅要求教师熟悉掌握专业知识和技能,还

---

① The General Teaching Council for Scotland. The Standards for Leadership and Management: Supporting Leadership and Management Development[EB/OL]. [2021-09]. https://www.gtcs.org.uk/wp-content/uploads/2021/09/archive-2012-standards-for-leadership-and-management.pdf.

② General Teaching Council for Scotland. The Standard for Career-Long Professional Learning: Supporting the Development of Teacher Professional Learning[EB/OL]. [2021-09]. https://www.gtcs.org.uk/wp-content/uploads/2021/09/archive-2021-standard-for-career-long-professional-learning.pdf.

要求教师能够理解、参与、带领科研,能够了解教育的背景和政策制定中的辩论,并理解、引导可持续性的学习。

而针对将要成为管理层的教师,《领导与管理层教师标准》提出了将更多教师带入职内学习与发展,以改进教学实践来增强教师、学生、家长及社区对教育的信心的战略构想。其"职业知识与理解"标准要求教师通过学习研究和发展及与他人合作提高教学水平;通过了解教育政策推动学校的发展,掌握社会与环境的变化趋势和发展;运用综合素质,反思管理带来的影响,在实践中不断发展管理与领导策略。"职业技能与能力"标准主要列举了一系列与人际关系处理有关的技能与能力,包括自我意识、激励他人、思考决策、沟通与政治洞察力。"职业行为"标准对中级管理层与高级管理层的教师提出了不同的要求:中级管理层,指向普通教师和校长以下的管理层教师,他们的主要任务是领导、组建团队合作,他们的团队以部门或者项目为单位,致力于完成学习与发展相关事项;高级管理层,即校长,担任学校领导与地方政府官员,主要任务是领导学校社区,建设整个学校的学风和文化。在个人与集体的自我评价上,中级管理层寻找策略引导教师进行个人与集体自评,高级管理层则要引导形成一种自评文化。在改进教师教学方法、提高学校教学水平方面,中级管理层通过领导、合作来巩固能带来高质量学习的教学方法,高级管理层则需要带动高质量的教与学统一。中级管理层通过连贯的专业学习维持教师们的教学实践;高级管理层通过发展工作人员,尤其是中级管理层的能力来实现这一点。①

(四) 三份标准的特点

三份标准有针对性强、专业化和去专业化的优点,但也有规定不够明确等缺点。

渐进式的标准对于教师发展更有针对性。从文件中我们可以看出,苏格兰普通教育委员会第一份标准对于第一阶段教师的要求基础性较强,是对全

---

① General Teaching Council for Scotland. The Standards for Leadership and Management: Supporting Leadership and Management Development[EB/OL].[2021−09]. https://www.gtcs.org.uk/wp-content/uploads/2021/09/archive-2012-standards-for-leadership-and-management.pdf.

体教师较为强制的要求，而第二份标准是带有建议性、鼓励性的，第三份标准则是针对特定教师群体所制定的。不同阶段的教师主要研读与自己所处发展阶段有关的标准，按照标准去发展，更有效率。不同阶段有不同要求，也避免对教师要求过于"假大空"，更具有科学性。渐进性不仅仅是针对每一个发展阶段而言，由于其将教师发展的各个阶段都呈现出来，将更高阶段的要求呈现给教师，能够鼓励教师用更高标准要求自己，让教师对更高的标准有所了解，从而结合自己的实际情况，选择是否上升一个阶段，这样能够让师范生或刚入职教师对职业生涯发展有一个整体规划。

三份标准是对教师专业提出的一个连贯而有阶段性的发展目标。标准由苏格兰普通教育委员会制定并监督执行，有专门机构进行专业管理，其作为要求和考核评查指标又属于国家专门认定的制度，并且与教师职业生涯发展阶段紧密相关，层层递进，对教师应当具备的专业价值观与个人义务、专业知识和专业能力做出了明确要求，体现了职业专业性。实现初步注册的教师并未完成整个职业生涯，教师在其职业发展中渐进成长，使得教师专业与其他专业更好地被区分。而第一份标准又体现了去专业化的特点，想要从事教师职业的非教育专业本科人员可在本科基础上，参加大学或政府认可的教育机构举办的为期一年的教师教育课程。而大学本科就读教育专业的师范生也不能够直接获得类似于教师资格证的教师注册认证，完成注册必须要达到《注册教师标准》所提出的目标，注册后仍然要接受考察。

三份标准所体现的专业化与去专业化结合的特征解决了完全专业化和完全去专业化所带来的问题。学生在结束为期一年的培训之后可完成初步注册，避免了过度专业化会导致的师资短缺问题，让教师培养体系更加多元开放。而师范生接受标准限制，也提高了师资质量，这与中国的教师资格证考试所起的作用类似。对于非师范专业申请者的条件限制、为期一年的兼具教育理论与实践的硕士课程以及针对不同阶段提出的不同标准，增强了教师的专业认同感和价值感，同时也提升了全体教师的质量。

三份标准所存在的主要问题是一些规定不够明确，一些词语描述并未给出明确解释，其中的一些评价也就难以给出明确界定。三份标准所包含的价值观作为精神标准难以量化，因此其实施过程也会存在一定困难。

三、苏格兰教师核心素养：基于渐进式标准的建构

苏格兰普通教育委员会的三部标准对不同阶段的教师提出了要求，渐进式的标准对于教师发展来说有更大的借鉴意义。但三个阶段的标准并非所有教师都能够达到，实际的状况大致是前两个阶段的教师数量会远远大于第三个阶段的教师数，管理层由于其角色地位，所占教师比重较低。我们从标准内容也可看出，普通教育委员会第一份标准对于第一阶段教师的要求基础性较强，是对全体教师较为强制的要求，第二份标准是带有建议性、鼓励性的标准，第三份标准是针对特定教师群体所制定的，内容更注重这一教师群体的职位特点。

按照《国外中小学教师核心素养的价值分析》中的分类方式，从标准的制定方式来看，苏格兰教师核心素养是经过"顶层设计"的"以共同标准为指导的素养发展模式"；从内容和对象来看，每份教师标准有共同的专业价值观与个人义务标准，其他的标准具有阶段性特征，这又属于"以关键技能为重点的素养训练模式"。①三份文件包含共同的专业价值观与个人义务规定，又面向教师不同发展阶段提出了具体的有针对性的规定，因此，从三份教师标准中提炼出的苏格兰教师核心素养也是复杂渐进而有针对性的。我们根据三份标准分析出的苏格兰教师核心素养框架图如下图2：

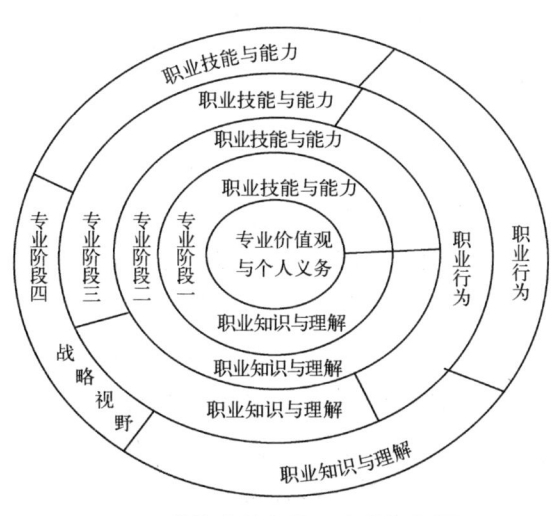

图 2　苏格兰教师核心素养框架图

---

① 曾文茜，罗生全. 国外中小学教师核心素养的价值分析[J]. 外国中小学教育，2017(7)：9-16.

上图的四个阶段分别对应苏格兰教师临时注册、完全注册、入职后一段时间和获得正式管理职位的阶段。由图2可见,在苏格兰,不同阶段的教师对应不同的核心素养,不同阶段的专业价值观与个人义务素养要求是一致的。不同阶段都有对教师知识和技能的核心素养要求,但要求的具体内容不同,而后一阶段是教师在拥有了前一阶段核心素养的基础上通过专业学习和发展达到的更高阶段。此外,文件对第三阶段和第四阶段的教师还增加了职业行为、战略视野等内容的核心素养要求。

苏格兰教师核心素养具有阶段性、渐进性的特点,便于教师对整个职业生涯较早地做出规划,有方向性地进行专业发展。与其他国家相比,苏格兰将完成临时注册,即刚结束政府提供的临时注册培训的教师也纳入教师核心素养培养对象中,为教师培训提供了检验标准。而正式领导职位作为一种选择,其标准也向教师开放,以便教师可以提前准备。此外,虽然苏格兰普通教育委员会没有单独列出各科目教师的核心素养和要求,但其在《注册教师标准》和其他标准中都提到要求教师掌握课程、学科相关的知识。①

(作者:徐 婷)

---

① General Teaching Council for Scotland. The Standards for Registration: Mandatory Requirements for Registration with the General Teaching Council for Scotland[EB/OL].[2021-09]. https://www.gtcs.org.uk/wp-content/uploads/2021/09/archive-2021-standards-for-registration.pdf.